书海一勺

民国书衣三百品

严家炎

A Taste of the Sea of Books:

Three Hundred
Book Covers
of the Republic of China Era

书海一勺

民国书衣300品

藏书文化系列丛书

中国现代文学馆
嘉德艺术中心 编

国家图书馆出版社

前言

1985年1月5日，在中国作家协会第四次代表大会上，中国第一座文学馆——中国现代文学馆宣告成立。中国现代文学馆是中国作家协会主管的公益一类事业单位，是国内最早、世界上最大的文学类博物馆，是中国作家协会和文学界的宝库和窗口。2024年5月18日被评定为国家一级博物馆。

中国现代文学馆包括茅盾故居在内，占地46亩，建筑面积3万平方米，藏有中国现当代文学名家的手稿、作品初版本、照片、书信、字画、音视频、实物等藏品98万件，其中国家一级文物143件，并建有142个作家文库。

2025年是中国现代文学馆建馆40周年。经过40年的发展，中国现代文学馆已成为兼具图书馆、档案馆、研究、展览、故居、博物馆综合功能的理想文学馆，这在全世界的文学馆中难得一见。

为深入学习贯彻习近平文化思想，全面落实新时代文物工作方针，落实“让文物活起来”的要求，努力打造人气活跃的文学现场、让人敬重的文学阵地、数字赋能文学的靓丽窗口，我们成立编辑委员会，推出《歌以咏志 星汉灿烂：新时代文学成就展图录》、《中国现代文学馆藏珍贵文物图录》、巴金《赴朝日记》释读、《阿英日记手稿》、《欲书花叶：北平笺谱》、“推开文学之门”等系列图书、文创，以庆祝中国现代文学馆建馆40周年。《书海一勺：民国书衣300品》就是其中的一种。

绿兮衣兮，绿衣黄裳。对于书籍的内容而言，装帧犹如人的衣裳。我们现代意义上的书籍装帧与新文学的诞生发展密不可分。一批年轻的艺术家满怀热忱投入这一新兴设计门类中，大胆尝试绘画、装饰图案、书法、篆刻、摄影及现代抽象艺术等表现手法，使新文学的装帧设计精品迭出，异彩纷呈，不仅为新文化的内容服务，本身也成为新文化运动的一个重要部分，具有现代的革新意义。

这其中尤其要提到鲁迅先生的先锋作用，他把装帧看作书籍的重要组成部分，不仅亲自动手，设计了数十种书刊封面，还引导了一批青年画家大胆创作。他强调书籍装帧是一门独立的艺术，同时也特别注意运用民族形式，他认为我国古代的青铜器和画像石，都有极其优秀的图案纹样和人物描写，提倡把这种传统运用到封面设计中，以体现我们的民族风格。

本书收入的300种书籍均来自中国现代文学馆的珍藏，其中出自“唐弢文库”的居多，所选图书偏重版本的装帧艺术特色。巴金先生曾说：“中国现代文学馆要是有了唐弢先生的藏书，就有了现代文学一半重要的书籍。”“书海一勺”即化用唐弢先生《晦庵书话》第二编“诗海一勺”的名字。

聊借画图怡倦眼，只研朱墨作春山。新文学的装帧艺术，为作品构想出新鲜的意境、生动的形象，为观者描绘出明媚的图景、深远的向往，调剂精神，解除疲劳，增添了爱书人的兴致，也为一代代读者带来美的享受，指引我们走近那些风华绝代的文学大师，沉醉在他们的故事中。

中国现代文学馆常务副馆长　王军

2025年3月

鲁迅时代的书籍设计

汪家明

1

现在看，20 世纪二三十年代的中国应当算作一个“大时代”，出版业的兴盛就是一个证明。从鸦片战争、洋务运动、戊戌变法到辛亥革命，中国上千年的封闭从逐渐到突然被打破，外国东西潮水般涌进。政权稳定在于反复对决，经济建设需要时日，而精神变革却似乎很容易见到成效。于是有了新文化运动，于是在上海、北京几乎一夜间出现了数不清的出版社和杂志。大概因为政权不稳，也由于思想混乱，为个人精神留出的空间就多一些，艺术家、作家、学者的才情可以穿凿挥洒，迸发出惊人的创造能量。短短一二十年间，中国的创作和出版已经迫近世界潮头，各种流派、风格花样翻新，某些方面，比如漫画，据称达到当时世界顶尖水平。

中国现代书装艺术就是这样附丽于出版业的繁盛而繁盛起来。鲁迅在这方面用心颇多。他在当时的作家里是一个独特的人物，除了数一数二的文学地位外，他懂美术，而且涉猎甚广，古今中外、传统现代，他都喜欢。他小时候就迷恋《山海经》一类带画的书，一生收集古碑拓片达六千多枚，买了大量画片和画册，还开办美术展览；他做出版，主持过多家出版社和刊物，对出版的兴趣不下于写作。他在五十岁后，似乎更倾心于出版美术书籍，有多种计划未及完成便去世了。因为美术和出版这两个爱好，1909 年在日本自费出版他和周作人编辑翻译的《域外小说集》时，就自己设计封面：

上方选用一幅外国插图，书名请陈师曾（陈衡恪，画家，陈寅恪之兄）书写。

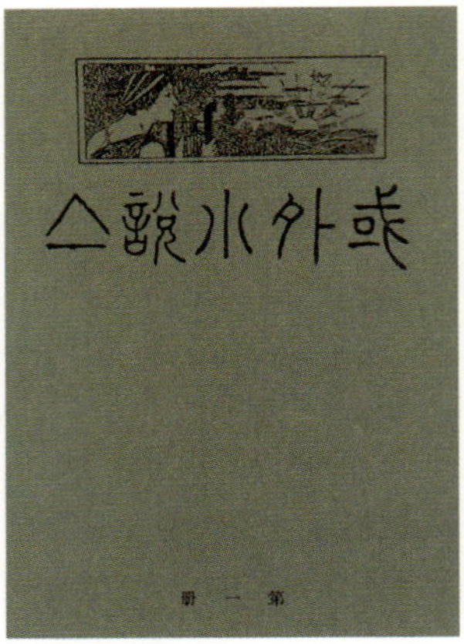

《域外小说集》封面（1909年）

鲁迅真正的书籍设计活动开始于 1923 年。那年北京新潮社出版了他的小说集《呐喊》、学术著作《中国小说史略》及译作《桃色的云》（爱罗先珂的童话），封面都是他自己设计的。其中《桃色的云》使用汉代石刻图案装帧。此后，随着出版活动的展开，他所设计的书刊越来越多，同时也请其他艺术家设计封面或画封面画。其中他最器重的是陶元庆。

陶元庆是鲁迅的绍兴同乡，小鲁迅十二岁，字璇卿。他在上海时报馆做美术工作时，有机会看到名家收藏的古代名画及日本、印度等国的图案复制品，深受影响，后在师范专科学校随丰子恺、陈抱一学油画，在中国画、东方图案、西洋画上皆有所成。他先后在多所学校任教。1924 年冬，由作家许钦文介绍认识鲁迅后，两人颇多往来。他受鲁迅所托为日本厨川白村的《苦闷的象征》（鲁迅译，1924）画封面画，从此走上书籍设计之路，成为 20 年代的代表人物。1925 年 3 月，鲁迅帮他于北京举办画展，并为展览会目录作序。1927 年 12 月，其作品在上海江湾立达学园美术馆再次展出，鲁迅亲往观看，又写了《当陶元庆君绘画展览时我所要说的几句话》，称赞“他以新的形，尤其是新的色来写出他自己的世界，而其中仍有中国向来的魂灵”。

陶元庆设计《苦闷的象征》封面（1924年）

陶元庆先后为鲁迅多种著译作封面画。《苦闷的象征》的封面画的是一个裸女，正在用舌舔舐戟的利刃。整个画面是抽象的、图案化的。既有内容的残酷，也有形式的美丽，与书的内容有一种含蓄的关系。鲁迅很满意，认为“使这书披上了凄艳的新装”。这是灵感之作，似乎只宜意会，难以解说——这正是陶氏书装艺术的特点。有意思的是，鲁迅起初对设计的要求是：“璇卿兄如作书面，不妨毫不切题，自行挥洒也。”

陶元庆设计
《彷徨》封面
（1926 年）

陶元庆设计
《朝花夕拾》封面
（1928 年）

鲁迅的第二部小说集《彷徨》（1926）出版时，在扉页摘引了《离骚》句：路漫漫其修远兮，吾将上下而求索。陶元庆画的封面是三个坐在长椅上的人物，两个向前看，一个看向天空。一轮放光的太阳照耀着他们。橘红色的地儿，深蓝色的图案，强烈的对比，却有一种时光静止感。仍是图案，仍是抽象，难以解说，又似有多种解说的可能（比如“上下而求索”）。鲁迅说“看了使人感动”。这似乎是作者和设计者的心灵默契。鲁迅杂文集《坟》（1927）出版时，鲁迅对设计的要求是：“只要和‘坟’的意义绝无关系的装饰就好。”但陶元庆画的封面还是有坟、树、台的图案，在一片似乎是黄土的底色上，有一种凄美的静寂。颜色微妙、雅致，灰而亮，似可看出西欧印象派的影响。

大约在 1927 年 4 月，鲁迅就开始筹划《旧事重提》的插画的事情了。这是一部回忆性散文集，后改名《朝花夕拾》（1928），是他自己所珍爱的。由于未找到合适的设计者，内文已经准备付印，封面还没着落。这年 10 月商定请孙福熙画封面，鲁迅遂嘱咐出版者在预先发印的内文第一页的背后印上“孙福熙作书面”字样。不知为何，1928 年 1 月，鲁迅在给李霁野的信中说，《朝花夕拾》的封面不再请人，选一张陈师曾画的信笺作图，自己写个书名罢了。3 月 14 日，鲁迅通知李霁野，已请陶元庆画封面。半个月后画成，“但系三色，怕北京印不好，便托他去印”。如此拖宕，这本薄薄的小册子从编成到出版用了一年半时间。由此可看出鲁迅对书籍设计的重视。

《朝花夕拾》的封面黑、黄加上白底儿共三色，素淡、怀旧；一位仕女披着袍，似乎是刚睡醒就来到园里；花、草、灌木、小亭都是图案化的；整幅封面看上去就像鲁迅儿时描摹的古代神话故事。书名和作者名也采用孩童体，一派稚气。同样风格的还有《唐宋传奇集》（1927）的书面：一条不规则的横线上，走着一队古人，有车有马，有伞，颜色是黑和赭。内容当然是表现唐宋，但又极具西方古典意味，造型则近于几何体。这就是鲁迅所称赞的“内外两面，都和世界的时代思潮合流，而又并未梏亡中国的民族性”了。

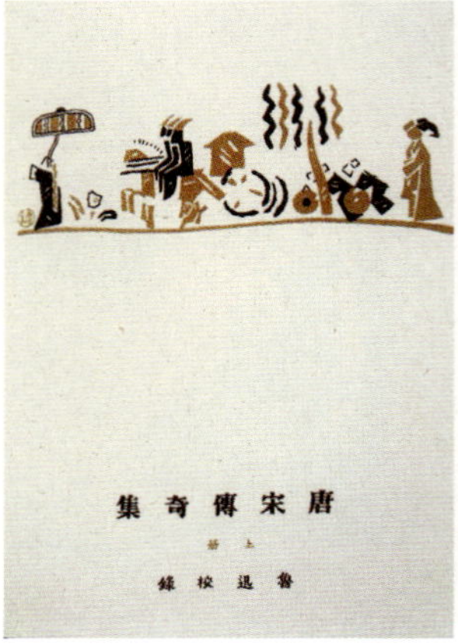

陶元庆设计《唐宋传奇集》封面（1927年）

鲁迅好像很善于识别艺术家。早在1926年，他在给许广平的信中就说：“陶元庆画的封面很别致，似乎自成一派，将来仿效的人恐怕要多起来。”果然，陶元庆的书籍设计生涯虽然只有短短的几年，但他对中国现代书装艺术的影响是无人可比的。

1929年8月，陶元庆在杭州病逝，年仅三十六岁。鲁迅痛惜失去一位知音。他拿三百元钱，请许钦文在西湖边买一块冢地——他知道陶元庆喜欢西湖，“索性就把他葬在西湖边上罢”。从那以后，与鲁迅交往较多的书装艺术家是钱君匋。

1927年，钱君匋在开明书店做美术编辑。一天，鲁迅来店访友，看见他设计的书，很感兴趣，说：“受了一些陶元庆的影响是不是？但颇有你自己的风格，努力下去，是不会错的。”这番话对他起到决定性作用。他对图案有独特的兴趣，擅长金石和书法，他把这兴趣和专长运用到书装艺术中。在装饰性、图案化方面他确实深受陶元庆影响（连在设计中的署名都近似），但他的用色更近中国传统，多用石绿、赭石和黑色，似乎受墓室和石窟壁画影响，这也许与他不擅西画有关。与陶元庆相比也许不够丰富，然个性更明显，俨然独立的一派。现在能看到的他最早的设计作品是1926年出版的蒋山青短篇小说集《秋蝉》，据说是陶元庆推荐他设计的。这个设计模仿陶元庆痕迹明显，几可乱真。当时他只有二十岁。他早期的设计还有《文艺与性爱》(1927)、《两条血痕》(1927)、《茂娜凡娜》(1928)，都能看出大胆和果断，气势逼人。

据钱君匋回忆，一次，他与陶元庆拜访鲁迅时，曾讨论

孙福熙设计
《野草》封面（1927年）

书籍设计的民族化问题。鲁迅拿出珍藏的画像石拓片给他们欣赏，一幅幅从楼上摆到楼下，逐幅进行讲解，足足用了半天。鲁迅希望他们从中汲取设计元素。鲁迅曾说，“至于怎样的是中国精神，我实在不知道……我的意思，是以为倘参酌汉代的石刻画像，明清的书籍插画，并且留心民间所赏玩的所谓‘年画’，和欧洲的新法融合起来，也许能够创出一种更好的版画”。钱君匋受鲁迅感染，后来在许多封面中运用了汉画拓片的构图和技法。鲁迅曾请他设计《艺术论》（1930）、《死魂灵》（1938）等五种书。他是除了陶元庆以外为鲁迅著译设计最多的艺术家。

孙福熙也是鲁迅同乡。他1922年赴法国勤工俭学，入法国国立美术专科学校学习，1925年归国，在北京协助其兄孙伏园编辑《京报》副刊，1927年为鲁迅散文诗集《野草》（1927）设计封面。这本书内容深邃斑驳，表述奇特怪诞，设计主题很难把握。孙福熙用近于铜版画的手法，大面积的灰黑和微小但顽强的深绿套印，鲁迅题写的书名也像镌刻一样，十分协调。整幅画面是写意的，表现出丰厚的意境。这一设计奠定了孙福熙在书装艺术界的地位。

鲁迅所关注的书装艺术家还有司徒乔。1926年6月，还是燕京大学学生的司徒乔在中央公园举办画展，鲁迅前往观看，并买了两幅画。此前，他曾请司徒乔设计《莽原》（1926）的封面。司徒乔的封面喜用速写人物画，基本是写实风格，在当时很受欢迎。他设计了大量书籍，如《卷葹》（1927）、《饥饿》（1928）等。《饥饿》是苏联小说，封面画一位顶着风雪站在路上的少女，有苏联插图味道。当时中国画家写实人物画的水平不高，司徒乔是其中的佼佼者。这也许是他的封面画受欢迎的原因之一吧。

2

鲁迅对书籍设计的关注是全方位的，不仅封面画，也包括美术字、插图、扉页、内文版式、用纸和印制，也就是现在所谓的“整体设计”。他在1925年《忽然想到（二）》一文中，甚至将内文版式问题“上纲上线”，说：“我于书的形式上有一种偏见，就是在书的开头和每个题目前后，总喜欢留些空白，所以付印的时候，一定明白地注明。但待排出寄来，却大抵一篇一篇挤得很紧，并不依所注的办。查看别的书，也一样，多是行行挤得极紧的。较好的中国书和西洋书，每本前后总有一两张空白的副页，上下的天地头也很宽。而近来中国排印的新书……满本是密密层层的黑字；加以油臭扑鼻，使人发生一种压迫和窘促之感，不特很少‘读书之乐’，且觉得仿佛人生已没有‘余裕’，‘不留余地’了……在这样‘不留余地’空气的围绕里，人们的精神大抵要被挤小的。”

《坟》出版时，鲁迅自己设计扉页图案，并给出版者写信，告知后记《写在坟的后面》题目和结尾的排版样式，附图说明；他为《朝花夕拾》设计了多种扉页版样，无论是字距、题目与页边距、字号大小都有周密安排。

鲁迅编书，特爱插图，常常是不遗余力，倾力搜求。他主编《译文》杂志（1934），提出，“文字之外多加插图，也有和文字有关系的，意在助趣；也有和文字没有关系的，那就算是我们贡献给读者的一点小意思”；他在《生活》周刊广告上，看到邹韬奋“已做成《高尔基》”，便主动去信说：“我以为如果能有插图，就更加有趣味。我有一本《高尔基画像集》，从他壮年至老年的像都有，也有漫画。倘要用，我可以奉借制版。制定后，用的是那几张，我可以将作者的姓名译出来”；他购得德国梅斐尔德（珂勒惠支的学生）为前苏联小说《士敏土》所创作的原拓木刻插图后，非常欣赏，认为是“放刀直干”的，不同于英国木刻的细腻风格，“为替艺术学徒着想”，立即筹划出版，以便年轻的艺术家借鉴；他喜欢孙用翻译的《勇敢的约翰》，也喜欢原版的十二幅插图，很想文图一起出版，“但做成铜版单色印，和画片比较起来，就很不成样子。倘也用彩色，则每张印一千枚，至少六十元，印全图须七百二十元，为现在的出版界及读书界能力所不及的”，“我想，个人的力量是不能印刷的了，于是拿到小说月报社去，想他们仍用三色版每期印四张，并登译文，将来我们借他的版，印单行本一千部……”。

鲁迅自费精印的《梅斐尔德木刻士敏土之图》（1930），销售并不好，出版十个月后，他拟了一则广告：“德国有名的青年木刻家凯尔梅斐尔德曾作图画十幅，气象雄伟，旧艺术家无人可以比方。现据输入中国之唯一的原版印本，复制玻璃版，用中国夹层宣纸，影印二百五十部，大至尺余，神采不爽。出版以后，已仅存百部，而几乎尽是德日两国人所购，中国读者只二十余人。出版者极希望中国也从速购置，售完后决不再版，而定价低廉，较原版画便宜至一百倍也。图十幅，序目两页，中国式装，实价大洋一元五角。”鲁迅对书籍插图的热心和苦心由此可见一斑。在他生命的最后两年里，曾想印一本文学书的插图集，并请曹靖华代为搜集，惜未果。

鲁迅自己设计的封面，经常把字作为主体，但变化多端，讲究情趣。比如《奔流》（1928）、《而已集》（1928）、《萌芽月刊》（1930）、《木刻纪程》（1934）、《海上述林》（瞿秋白文集，1936）等。他有书法和金石修养，美术字也写得好。《华盖集续编》（1927）中“华盖集”三个字，手写的扁宋体，却很像宋版木刻字，美观而见功力；“续编”二字，画作红色印章，斜压在书名下半部；英文“LUSIN”则完全如

鲁迅设计

《萌芽月刊》（第一卷）封面（1930年）

木刻，印在书名上方；在书封的地边，手写“一九二六”。整幅作品简洁，有现代感。外国木刻集《引玉集》(1934)则完全使用木刻的手法，将手写体中文和外文拼放在一方红色块上，古朴又很“西洋”，与内容相得益彰，似乎仿自一部外国书的样式。

陶元庆去世后，也许鲁迅“曾经沧海难为水”，新编著译集和刊物，很少请人画封面了，多是自己设计。他一生题写书名的封面近四十种，其中完全以文字作为设计主体的有二十多种。

鲁迅对书的印装要求很高，对印刷工价也很熟悉。陶元庆在世时，鲁迅有一阵甚至“对于他有些难于开口，因为他所作的画，有时竟印得不成样子，这回《彷徨》在上海再版，颜色都不对了，这在他看来，就如别人将我们的文章改得不通一样”。《朝花夕拾》出版时，鲁迅认为李霁野提出的黄纸不适合印封面，后来陶元庆设计的彩色封面，鲁迅又怕北京印不好，便托陶元庆去印；他曾对比中、日、英、德诸国的彩印，深知中国三色版印刷，即使是商务、中华“这些独步的印刷局”，虽“气焰万丈”，也水平有限。这也许是他常常采用单色设计封面的原因之一吧。

3

鲁迅的书装艺术，当时影响很大。他是文坛领袖之一，思想又很超前，得到许多年轻人的追捧。他的设计理念本来就新颖，常常成为引领潮流者。其中一个明显的表征就是，许多作家、出版家、专业画家、书法家都参与设计书籍，出现了一大批新颖、富有创意的装帧作品。

设计书籍较多的是丰子恺和叶灵凤。丰子恺是教师、画家、作家。好友朱自清等编《我们的七月》《我们的六月》

（文学丛刊，1924、1925）时就帮忙设计。此时他的漫画手法已成熟，用于设计，简洁优美，很得读者好评。从此一发不可收，不但画书衣，而且饰内文，画书的广告。他为朱自清的诗集《踪迹》（1924）画的封面讲究构图，但没脱出图案化的传统；而为“文学研究丛书”之一《醉里》（短篇小说集，1928）设计的封面，则已将人物漫画和封面设计融为一体。

叶灵凤一生编辑报刊，写了大量与书有关的文章，还写过小说。他毕业于上海美专，1925年入郭沫若、郁达夫创办的文学团体创造社，主编过多种刊物，如《洪水》（1925）、《幻洲》（1926）、《戈壁》（1928）等。他自己又编又设计，同时给现代书局画了不少封面，还画插图。他的封面设计喜欢采用日本花草图案，插画则明显受到英国画家比亚兹莱（1872—1898）影响。

闻一多也是有美术根底的学者、诗人。他画过一些插画，封面设计则出手不凡。他为徐志摩诗集《猛虎集》（1931）作的设计，信笔寥寥，写出虎皮花纹，很大气。书面空出书名位置，恰到好处。这样的作品在中国现代书籍设计史上几乎是独树一帜的。林徽因学过美术，是建筑学家，也写诗和小说。《新月》杂志停刊后，续办的《学文》（1934）杂志就请她设计封面。她的设计，图案取自汉碑，结构于方正中有变化，严密、轻灵、典雅，有古建筑之美。

20世纪二三十年代中国漫画家活力充沛，他们参与书籍设计，是书界一大特色。丰子恺之外，张光宇、叶浅予也有许多作品。这两位都是才华横溢的人物，设计的图书不同寻常。张光宇当时主办过多种杂志，大都是图文并茂的，从里到外都要设计。他擅长黑白装饰画，偏好民间艺术，图案则是他的专业之一，他的书籍设计这几点很明显。他还独创了一种横细竖粗的新型美术字，用在封面上，与图案十分协调。

丰子恺设计《西湖漫拾》封面（1933年）

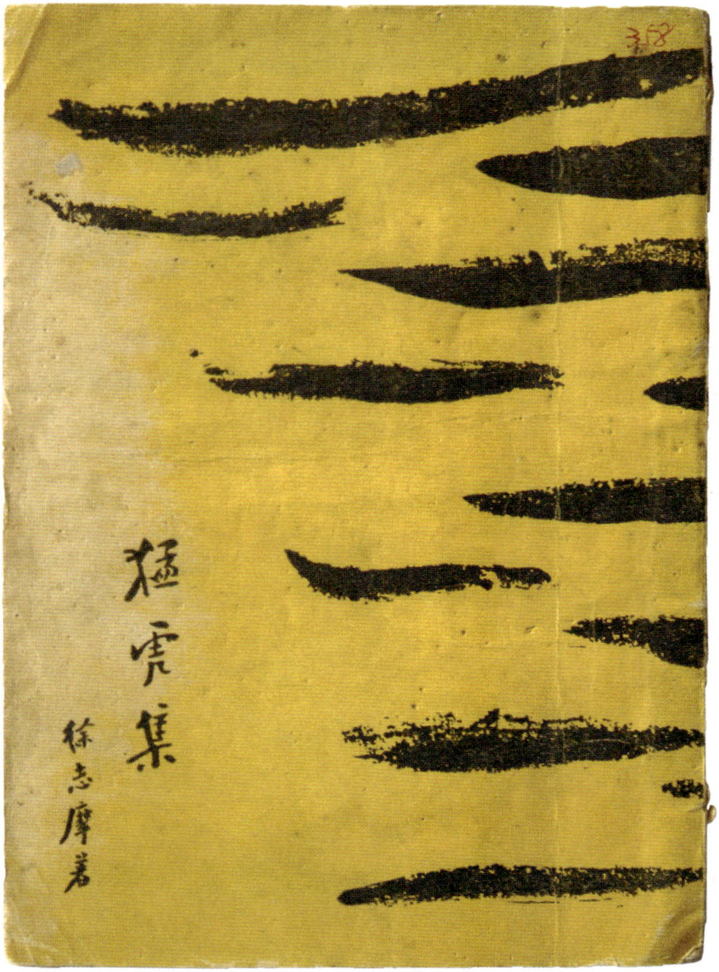

闻一多设计
《猛虎集》封面
（1931年）

叶浅予设计
《塔里的女人》封面
（1944年）

第三期《万象》（1934）就是这方面的范例，即使是九十多年后的今天看，仍感生气勃勃。《玮德诗文集》（1936）的封面画则汇集了他三方面的艺术特点，既民间，又现代。画幅底色的明黄是他喜欢用的颜色，明而不艳（《民间情歌》也用了这种明黄）。当时彩印还很落后，张光宇对色彩的使用是很精心的，这说明他对印制工艺了如指掌。

现在能看到的叶浅予的书装作品不多。爱情歌曲集《甜蜜的梦》（20世纪30年代初）是他二十岁左右的作品，所有的线条都与曲谱有关，对书籍内容的配合是直白的；《塔里的女人》（无名氏小说，1944）则是他成熟期的作品，深厚，简洁，那细长的三角几何体由下而上，几乎将书分为两半，只因为几朵白云图案，使人联想到"塔"，对书籍内容的配合是含蓄的，具有张力。

漫画家黄文农自印的画集《初一之画集》（1929），黑底色之上只有竖排的几个遒劲变形的美术字，浑朴大气。可惜他很年轻就去世了。画家林风眠设计的《君山》（未名新集之一，1927）和画家于非闇为自己的著作《都门豢鸽记》（1928）所设计的封面，都是有画意的；画家、教授庞薰琹设计的《诗篇》（1933）月刊，则突出装饰性，内容虽然是中国的，却让人想到西方先锋绘画；曾留学日、法的画家、雕塑家江小鹣为好友徐志摩散文集《自剖》（1928）设计的封面，以简笔画出徐志摩面孔，一条自下而上的剑形色块，把他的脸分成两半，是照应内容，却一画成谶（徐不久死于空难）；后来以工笔花鸟画家名世的陈之佛，早年在日本学习工艺，此时设计了大量书籍，几近专业书装艺术家。他设计的《苏联短篇小说集》（楼适夷译，1933）、《英雄的故事》（高尔基著，1933）、《发掘》（圣旦小说集，1934）和《创作与批评》（杂志，1934）均以图案为主，其图案路数宽，古今中外杂糅，很新颖。他的美术字也写得别具一格。

有趣的是，有些几乎没有任何美术背景的作家、出版家也参与书籍设计。20 世纪 30 年代初，巴金在上海文化生活出版社编辑“文化生活丛书”，自己设计封面，很简单，就是一个方框，排字、单色（如斯托姆小说集《迟开的蔷薇》）。后来他主编“文学小丛书”时，注意花边和图案的设计，颜色也有了变化（如《地上的一角》）。他说，是从一本老书，俄罗斯出版的装饰图案集中选取花边和图案，再搭配一点淡雅的颜色。似乎来得容易，但朴素，雅致，适合文学作品，表现出巴金的审美趣味。这种设计风格在一段时间里还挺流行。

值得特别提到的是萧红和叶紫。萧红来自“九一八”事变后的东北，二十三岁在青岛写出《生死场》（1934），第二年出书时，自己设计封面：一道红黑色的粗线把封面斜切成两半，上半东北三省的地图是深色的，反阴文写着“生死场”三个大字；作者的名字，一半在东北的黑暗中，一半在明亮的地方。构思是鲜明的，画面是突兀的、大胆的。叶紫是湖南人。1932 年二十二岁时与陈企霞共同创办《无名文艺月刊》，就自己设计封面，无论是色彩还是形式，都很现代，没有任何拘束。他第二年发表短篇小说《丰收》，得到鲁迅好评，可惜不到二十九岁就病故了。还有一位“狂飙社”的主将高长虹，他以自己的名字创办《长虹周刊》，也是自己设计，选取前苏联话剧中的人物造型装饰封面，庄重，有学术性，少文艺性。文字安排颇有新意，整体看去中规中矩。

各种各样的文化人士参与书籍设计，尤其是一些专业画家和作家参与设计，使书装艺术文化内涵充沛，构思极具创意，个性鲜明，风格缤纷，是这一时代书装艺术独有的风景。

萧红设计《生死场》封面（1935年）

4

20世纪20年代，大多出版社没有专职的设计人员。随着出版业的繁荣和书刊出版量的迅速增加，书装渐渐成为一些人谋生的职业，钱君匋、莫志恒和郑慎斋是这方面的代表人物。

钱君匋的设计生涯从20世纪20年代到七八十年代，足有五六十年。1929年之后，他专注于书籍设计，留下了大量作品。《苏俄小说专号》（1929）是为《文学周报》设计的，完全用文字表现，横倒的大字“文学周报”形同图案，书名就压在这红色图案上，粗犷而又美观，似乎表达着对苏俄文学的某种印象。1937年的《文丛》（六月号）和1941年的“述林每月文艺丛刊”第一辑《晨》（1941），延续了这一风格，但表现得更为老到。值得注意的是，他的美术字写得饱满丰美，明显继承了中国宋代版刻的造型和精神，有颜体字的风韵，提升了书刊的品位。“述林每月文艺丛刊”大字小字的穿插和书名与目录字号、字型，横排竖排的关系，以及图案的使用，达到很高的水准。郁达夫游记《屐痕处处》（1934）的设计则完全以图案为主体，曲折的黑色块，点缀的白色斑点，却能够让人联想到“屐痕处处”，实在是图案与内容的巧妙结合。靳以散文集《血与火花》（1946）的封面选用欧洲古典人物图案作装饰，这在钱君匋的作品中很少见。据说他不喜欢这个设计，编自选集时从不收入。也许是模仿痕迹重，缺少创造。的确，这一封面虽美观，但图案与内容不合，很容易使人误为译作。

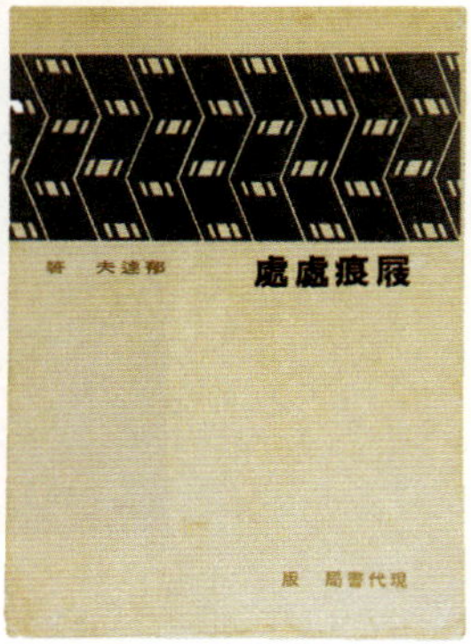

钱君匋设计《屐痕处处》封面（1934年）

莫志恒大半生从事书籍设计工作。他先是在开明书店，后来又在生活书店做专职设计。由于生活书店多出版社会科学类著作和期刊，所以他的设计也在这两方面最擅长，逐渐形成个人风格。他设计的文学书也有很新颖的，如巴金的小

郑川谷设计
《赛金花》封面
（1937 年再版）

说《家》（“激流三部曲”之一，20 世纪 30 年代），手法类似钱君匋的《苏俄小说专号》，完全以字的叠压表现出激流之上的“家”，给人鲜明印象。当时在生活书店、读书出版社和新知书店与莫志恒先后的书装设计师还有郑川谷、曹辛之等，不是书装人员的范用也做过一些设计。他们主要是继承鲁迅的艺术风格，讲究朴素、简洁、含蓄、个性鲜明，擅用版画和图案装饰，既有西方现代色彩，又蕴含民族精神。如曹辛之的《泥土的歌》（臧克家诗集，1943）、《北望园的春天》（骆宾基短篇小说集，1946）。这两本书都用了四十开方形本，在文字书中少见，是一种尝试。据称是郑川谷设计的《赛金花》（夏衍话剧剧本，1936），巧妙使用黑、蓝、白三色，剪影式的古城楼、门洞和大炮，既解释了主题，又有艺术美感。再如范用设计的《高尔基的二三事》（1947），封面所用木刻画，大小、位置、颜色、字母与周围的关系都处理得恰到好处。

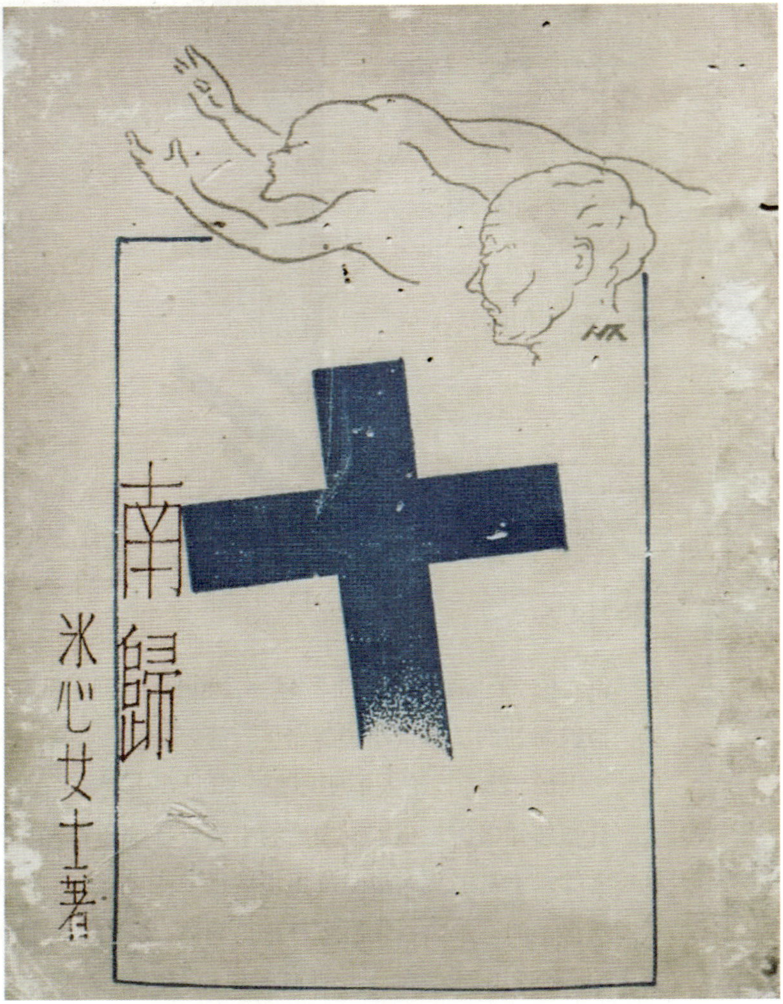

郑慎斋设计
《南归》封面
（1931 年）

郑慎斋当时的作品很多，路子很宽。《冬天的春笑》（蒋光慈译，1929）和《南归》（冰心著，1931）都是文学作品，但设计差别很大，一个以色块为主，一个则以线条表现；一个注重色的使用，风格粗犷，一个则素雅，风格婉约。也许是两本书内容的不同所决定的吧。

1936年10月19日，鲁迅病逝。1937年“七七事变”，抗战全面爆发。国难当头，救亡和逃难成为中国人，尤其是文化人日常生活的主要内容，文艺和学术都退居次要位置，更何谈书装艺术。以后内战、运动不断，四十年倏忽而过，直到20世纪80年代，才有了现代出版的第二次繁荣，而仍旧附丽其上的书装艺术，由一些老出版家、书籍设计家将鲁迅时代的珍贵遗产继承下来，常常使我们怀念那个艰难而又光辉灿烂的年代。

汪家明

修订于2025年2月

目录

壹　巨匠书衣百韵

贰　编年书装风华

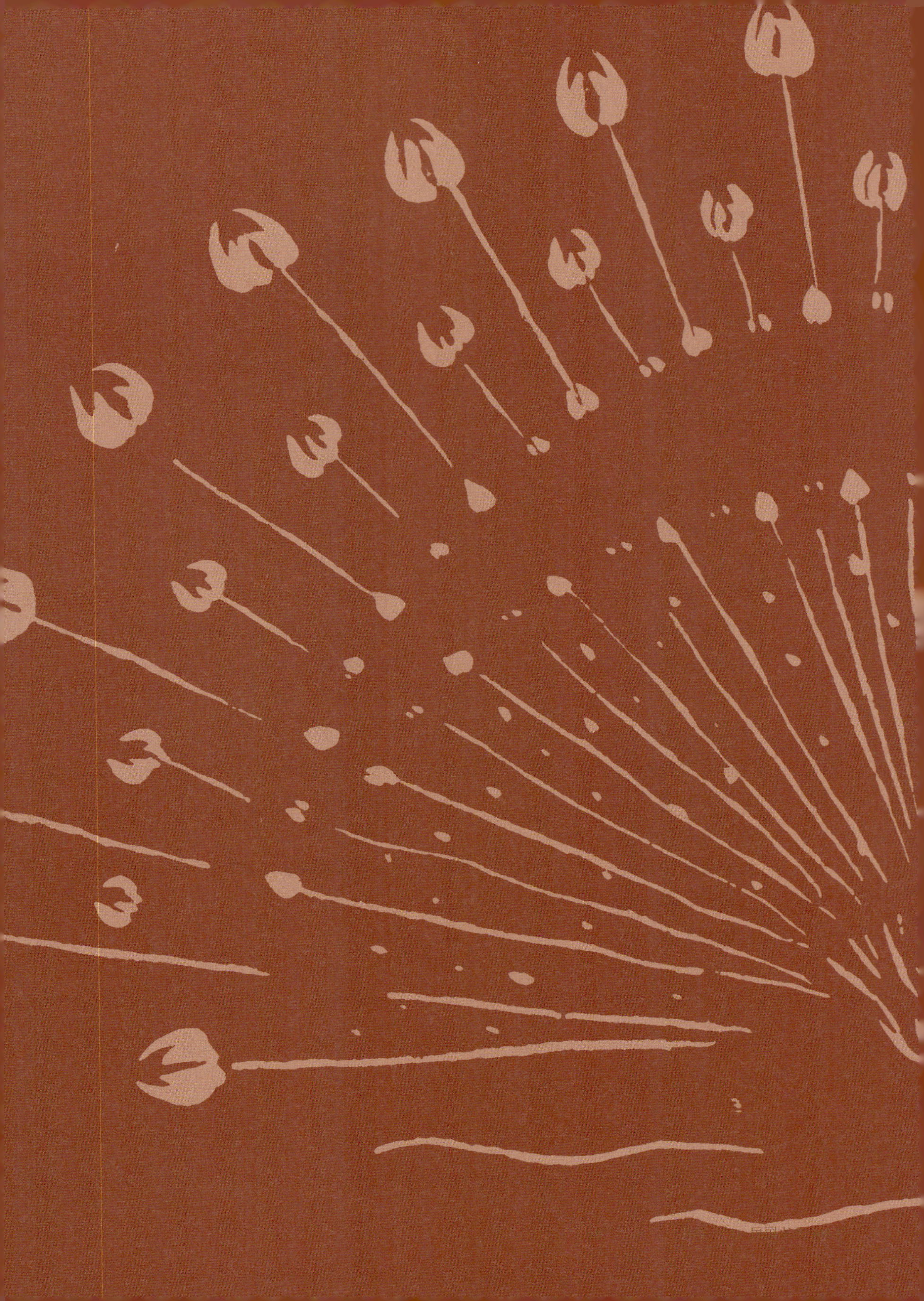

壹 巨匠书衣百韵

001 — 029

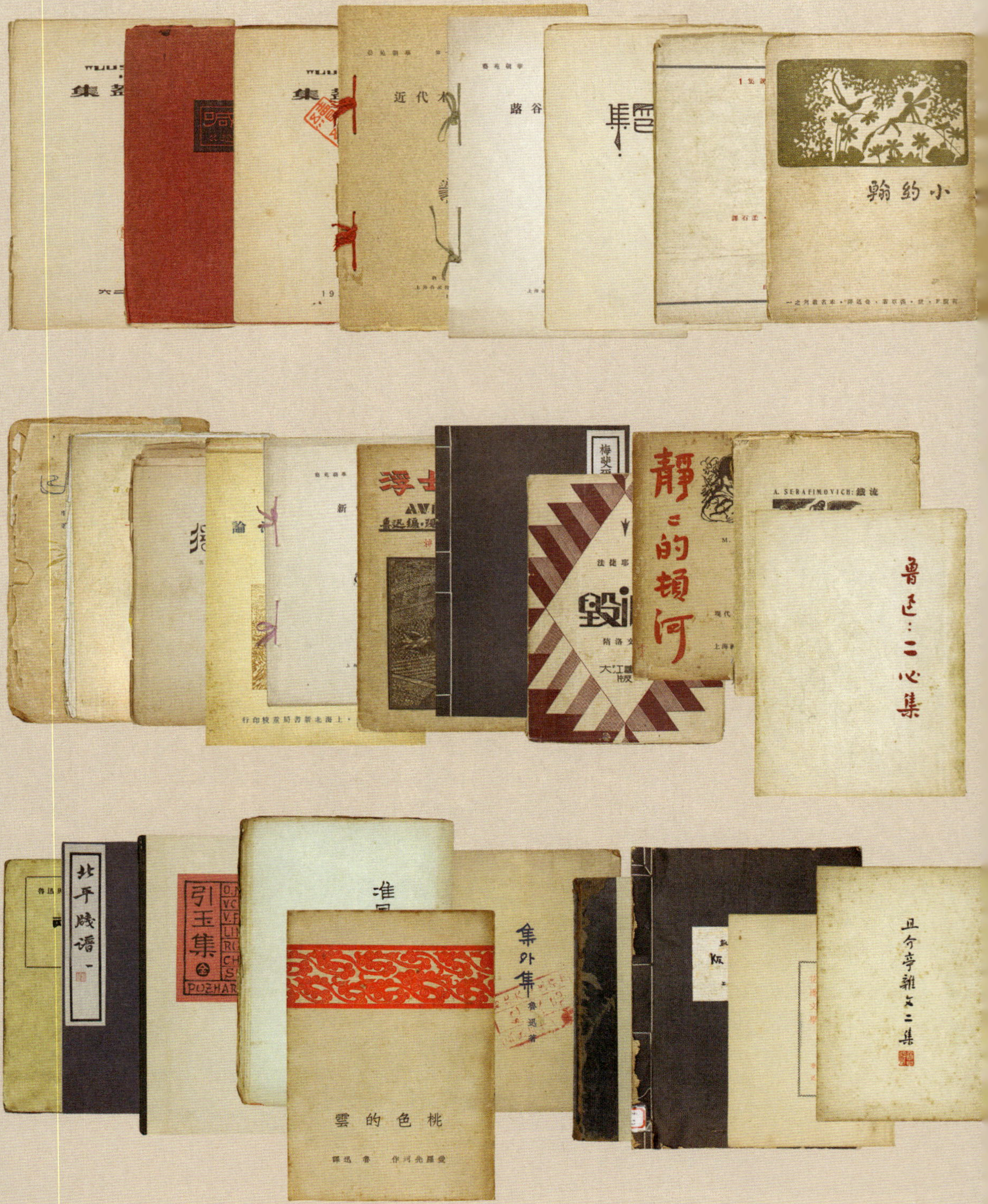

（1881—1936）

鲁迅，20世纪中国伟大的思想家、文学家，中国现代文学的奠基人之一。他的精神深刻影响了一代又一代的中国作家与知识分子。鲁迅先生是我国现代图书装帧的先驱，其设计的图书封面融合中西美学，设计风格多元，既以简洁文字表意，又巧用艺术元素，引领了一个时代的潮流。

鲁迅

过去所出的书，书面上或者找名人题字，或者采用铅字排印，这些都是老套的，我想把它改一改，所以自己来设计了。

——鲁迅

兩地書

引玉集

D. MITROKHIN, A. KRAVCHENO, N. PISKAREV, V. FAVORSKY, P. PAVLINOV, A. GONCHAROV, M. PIKOV, S. MOCHROV, L. KHIZHINSKY, N. ALEKSEEV, S. POZHARSKY 木刻 60 幅

桃色的雲

海上述林

凱綏·珂勒惠支版畫選集

且介亭雜文二集

花邊文學

北平牋譜

准風月談

001

《华盖集》

作者：鲁迅
封面设计：鲁迅
出版社：北新书局
版本信息：1926年6月初版
印刷方式：铅印
尺寸：20×14.1厘米

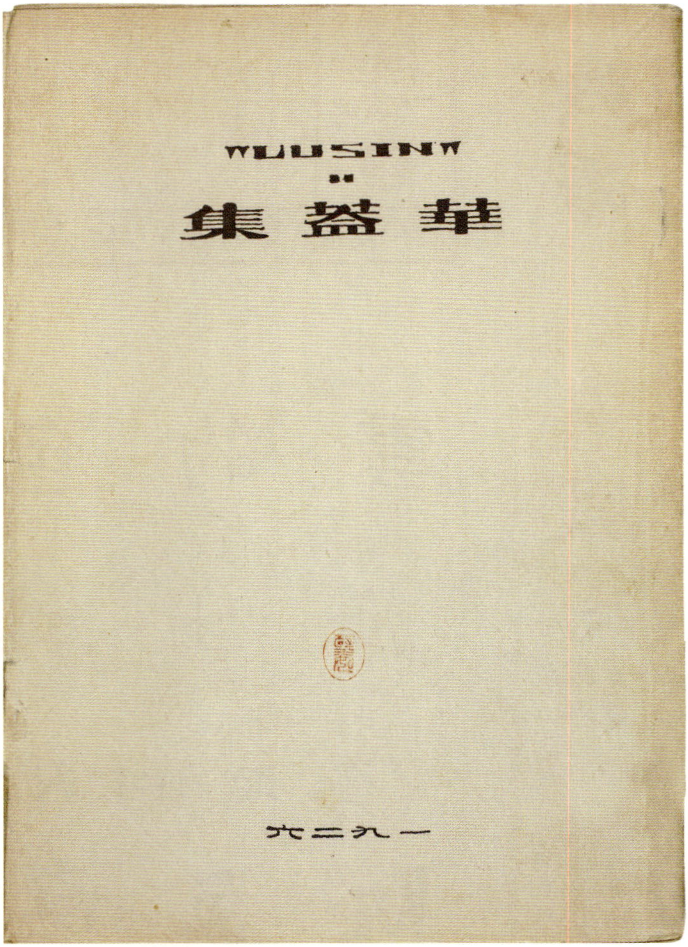

《华盖集》封面

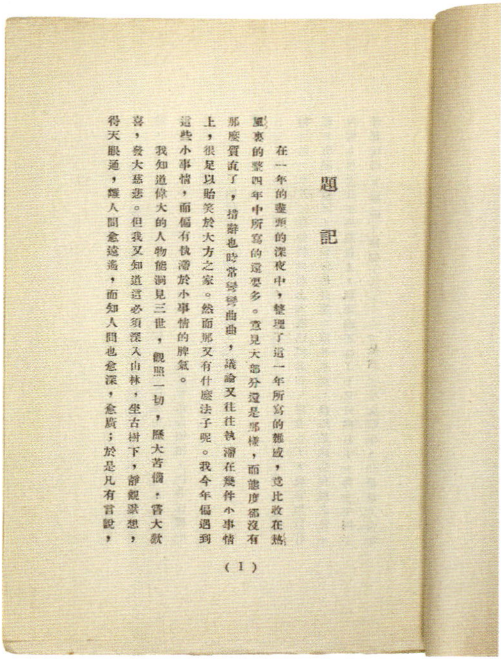
題記

在一年的盡頭的深夜中，整理了這一年所寫的雜感，竟比收在《熱風》裏的整四年中所寫的還要多。意見大部分還是那樣，而態度卻沒有那麼質直了，措辭也時常彎彎曲曲，議論又往往執滯在幾件小事情上，很足以貽笑於大方之家。然而那又有什麼法子呢。我今年偏遇到這些小事情，而偏有執滯於小事情的脾氣。

我知道偉大的人物能洞見三世，觀照一切，歷大苦惱，嘗大歡喜，發大慈悲。但我又知道這必須深入山林，坐古樹下，靜觀默想，得天眼通，離人間愈遠遙，而知人間也愈深，愈廣；於是凡有言說，

（1）

《华盖集》内页

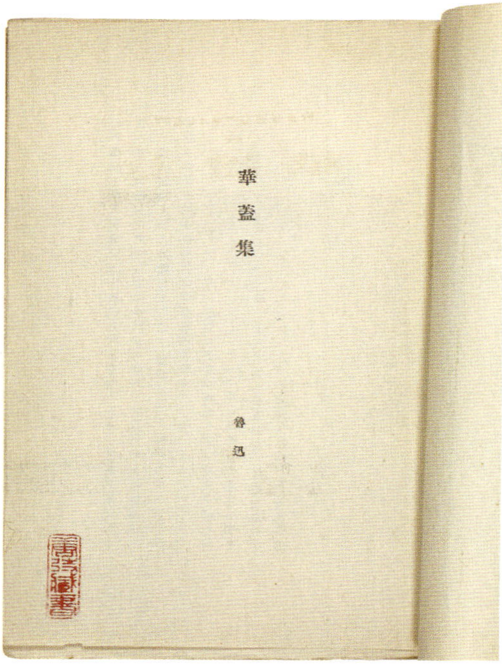

《华盖集》扉页

《华盖集》是鲁迅的杂文集，收录了1925年创作的杂文31篇，其中有《通讯》《论辩的魂灵》《牺牲谟》《战士和苍蝇》《夏三虫》《忽然想到（五至六）》《杂感》《北京通信》《导师》《长城》《『碰壁』之后》《并非闲话》《我的『籍』和『系』》《咬文嚼字（三）》等篇目。文章集中讨论了北京女子师范大学学潮，反抗社会邪恶势力，批判落后传统观念。鲁迅在该书《题记》中称这些文章『是我转辗而生活于风沙中的瘢痕』，所以很爱惜他们，收集刊印。

该书封面由鲁迅设计，呈白底黑字，『华盖集』三个宋体字位居中央，显得端正而又不失活泼，毫无手刻宋体字的呆板之感。鲁迅在《题记》中介绍了书名的由来：『我平生没有学过算命，不过听老年人说，人是有时要交「华盖运」的。』『这运，在和尚是好运：顶有华盖，自然是成佛作祖之兆。但俗人可不行，华盖在上，就要给罩住了，只好碰钉子。我今年开手作杂感时，就碰了两个大钉子：一是为了《咬文嚼字》，一是为了《青年必读书》。署名和匿名的豪杰之士的骂信，收了一大捆，至今还塞在书架下。此后又突然遇见了一些所谓学者，文士，正人，君子等等，据说都是讲公话，谈公理，而且深不以「党同伐异」为然的。可惜我和他们太不同了，所以也就被他们伐了几下。』

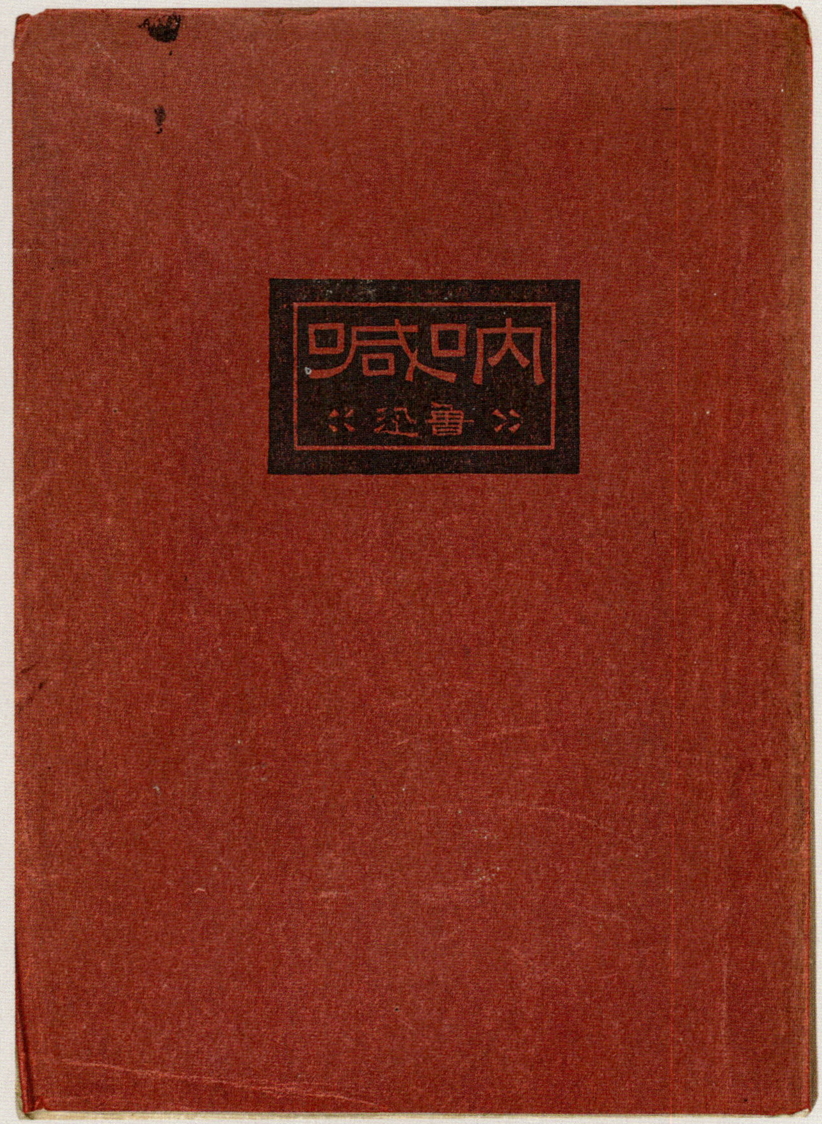

《呐喊》封面

002
《呐喊》

作者：鲁迅
封面设计：鲁迅
出版社：北新书局
版本信息：1923年8月初版
此为1927年3月第7版
印刷方式：铅印
尺寸：20×14厘米

《呐喊》是鲁迅的短篇小说集，收录了《狂人日记》《孔乙己》《药》《阿Q正传》《故乡》等14篇小说，描绘了从辛亥革命到五四运动时期的社会生活，表现出对民族生存浓重的忧患意识和对社会变革的强烈希望。

该书封面由鲁迅设计，采用深红色作底色，沉重有力。深红色象征着受害者的血迹，又预示着斗争和光明。书名的题字同样出自鲁迅，颇有隶书风味。封面的正中特意设计了一个黑色边框，今者观之，仿佛仍能听到那一声从禁锢的黑暗中发出的雄沉的呐喊，与内文『忧愤深广』的美学格调极为协调。

鲁迅对书籍装帧——封面的提倡，可说是不遗余力的。他自己也投入了这项工作。由于他的博学多能，对我国传统的书籍装帧有精深的研究，所以出自他的设计的书籍，风格非常优美新颖。

——钱君匋

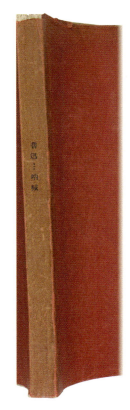

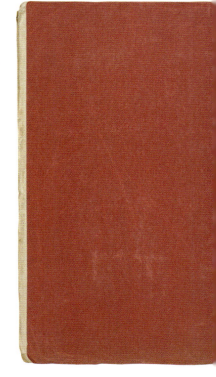

《呐喊》书脊、封底

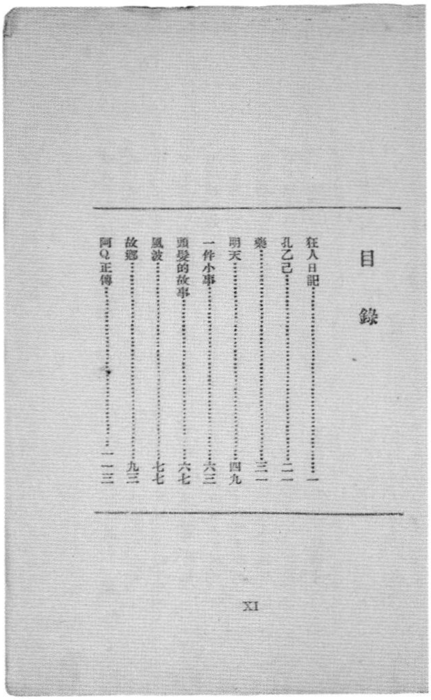

目錄

XI

《呐喊》目录

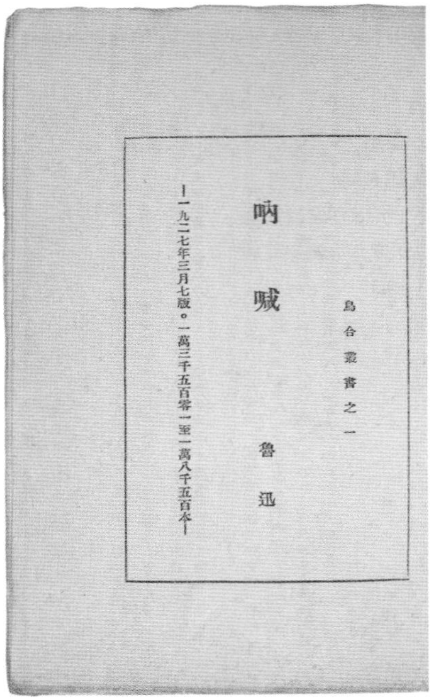

吶喊

烏合叢書之一

魯迅

—一九二七年三月七版。一萬三千五百零一至一萬八千五百本—

《呐喊》扉页

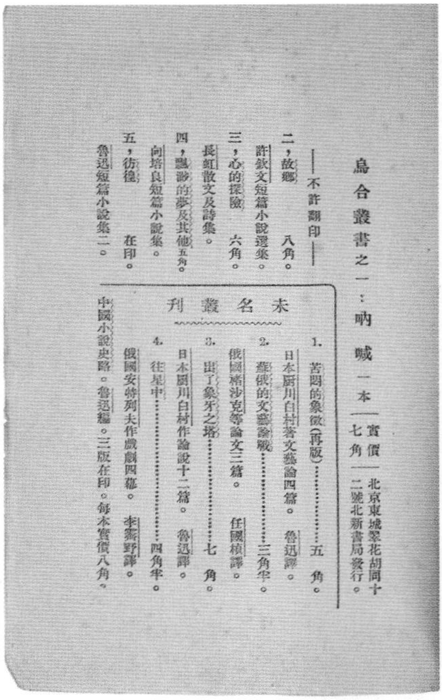

烏合叢書之一：吶喊一本—實價七角—北京東城翠花胡同十二號北新書局發行。

—不許翻印—

二，故鄉　八角。
許欽文短篇小說選集。
三，心的探險　六角。
長虹散文及詩集。
四，飄渺的夢及其他　五角。
向培良短篇小說集。
五，彷徨　在印。
魯迅短篇小說集二。

未名叢刊

1. 苦悶的象徵(再版)……五角。
日本廚川白村著文藝論四篇。魯迅譯。
2. 蘇俄的文藝論戰……三角半。
俄國褚沙克等論文三篇。任國楨譯。
3. 出了象牙之塔……七角。
日本廚川白村作論說十二篇。魯迅譯。
4. 往星中……四角半。
俄國安特列夫作戲劇四幕。李霽野譯。
中國小說史略。魯迅編。三版在印。每本實價八角。

《呐喊》版权页

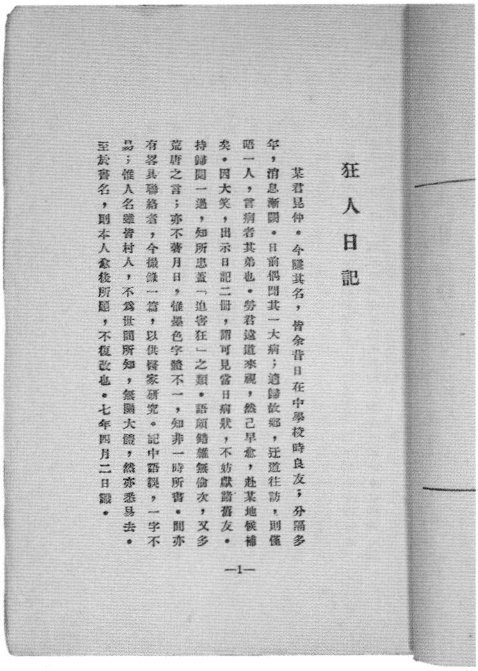

狂人日記

某君昆仲，今隱其名，皆余昔日在中學校時良友；分隔多年，消息漸闕。日前偶聞其一大病；適歸故鄉，迂道往訪，則僅晤一人，言病者其弟也。勞君遠道來視，然已早愈，赴某地候補矣。因大笑，出示日記二冊，謂可見當日病狀，不妨獻諸舊友。持歸閱一過，知所患蓋「迫害狂」之類。語頗錯雜無倫次，又多荒唐之言；亦不著月日，惟墨色字體不一，知非一時所書。間亦有略具聯絡者，今撮錄一篇，以供醫家研究。記中語誤，一字不易；惟人名雖皆村人，不為世間所知，無關大體，然亦悉易去。至於書名，則本人愈後所題，不復改也。七年四月二日識。

—1—

《呐喊》内页

后来鲁迅又把这种古典书籍仅用文字作为素材的封面设计，运用到他的著作《呐喊》的封面上来。就是把古典书籍的直长方形的书名签条，改变为横长方形的一个书名色块，签条的粗线框改变为细线框，围在色块的四周，书名不用名家题字，而是采用了图案字，横列在色块的正中，略偏于上半部，下列作者姓名，翻成阴文，用黑色印在深红色的封面纸上，位置居中而略略偏上。将这种古典式的仅用文字的签条式的封面设计改变为他自己的设计，真是非常巧妙。这种设计，后来效法的人很多。

使用文字为素材的封面设计，鲁迅的其他著作如《二心集》、《南腔北调集》、《伪自由书》等，不下近十种，都是由他手写书名及作者姓名，极其淳朴地用一行黑字印在清白的封面上，看去非常庄重雅洁、耐人寻味，和那些花哨的使人眼花缭乱，卖弄小聪明的设计，不可同日而语。

——钱君匋

003
《华盖集续编》

作者：鲁迅
封面设计：鲁迅
出版社：北新书局
版本信息：1927年5月初版
（封面"一九二六"为误印）
印刷方式：铅印
尺寸：20×13.8厘米

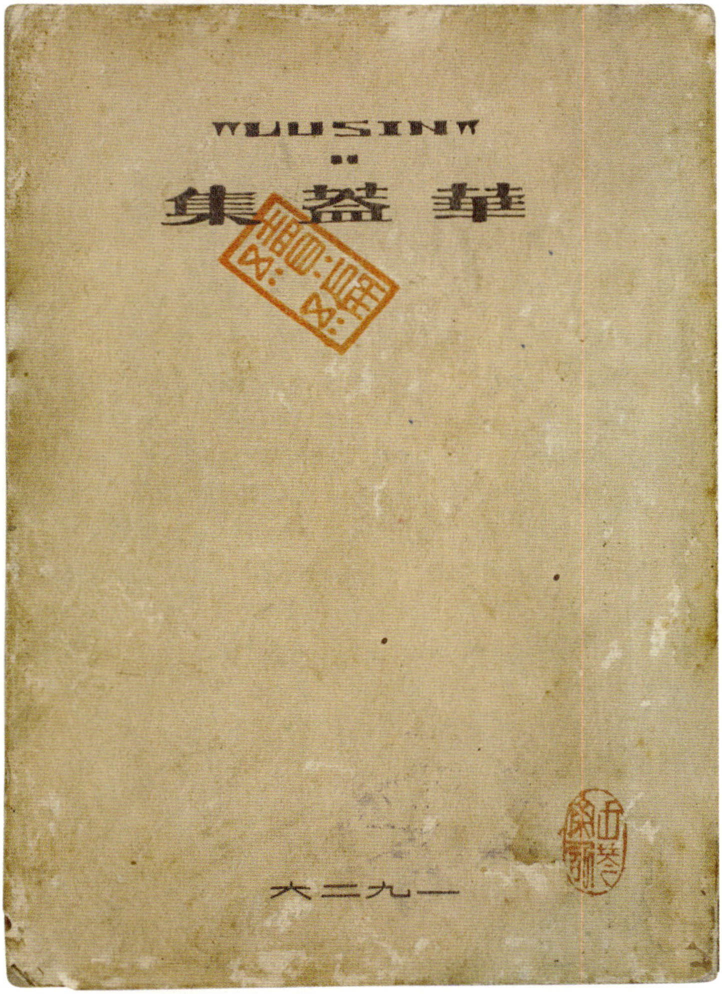

《华盖集续编》封面

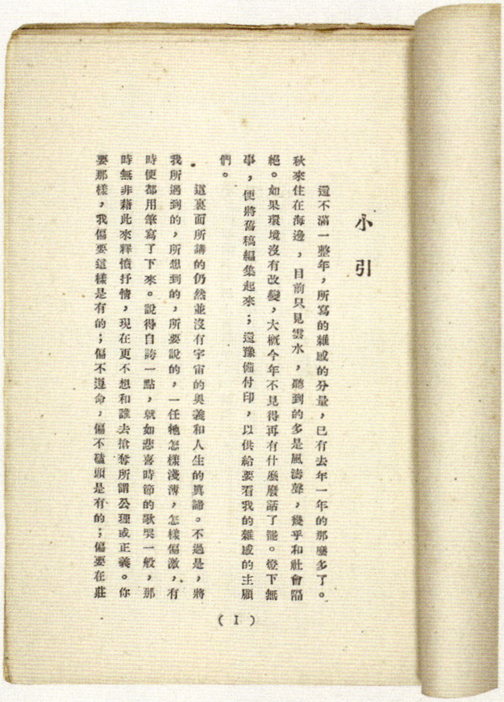

小引

還不滿一整年，所寫的雜感的分量，已有去年一年的那麼多了。秋來住在海邊，目前只見雲水，聽到的多是風濤聲，幾乎和社會隔絕。如果環境沒有改變，大概今年不見得再有什麼廢話了罷。燈下無事，便將舊稿編集起來；還豫備付印，以供給要看我的雜感的主顧們。

這裏面所講的仍然並沒有宇宙的奧義和人生的眞諦。不過是，將我所遇到的，所想到的，所要說的，一任牠怎樣淺薄，怎樣偏激，有時便都用筆寫了下來。說得自誇一點，就如悲喜時節的歌哭一般，那時無非藉此來釋憤抒情，現在更不想和誰去搶奪所謂公理或正義。你要那樣，我偏要這樣是有的；偏不遵命，偏不磕頭是有的；偏要在莊

（1）

《华盖集续编》内页

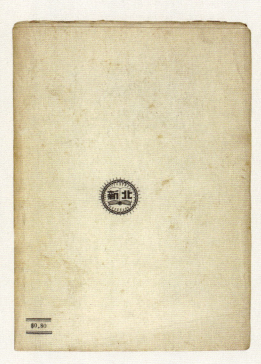

《华盖集续编》封底

《华盖集续编》是鲁迅的第四本杂文集，收录鲁迅1926年所作的杂文32篇，1927年所作的1篇，包括《学界的三魂》《古书与白话》《记念刘和珍君》《马上支日记》等。孙郁称赞该书：『初读此书，很感慨于它的沉郁冲荡，文章的犀利和精神的深邃，是过目难忘的。』『依稀地觉得，像荒野里的劲风，呼呼地吹着，给人以丝丝冷意。文章写得自然、古奥，有《学界的三魂》那样的理性很深的走笔，也有《记念刘和珍君》似的岩浆喷吐的篇什。鲁迅的杂文，流动着灵魂的火，它照着你，让你感到一种暗夜里的激情。』

该书封面由鲁迅亲自设计，以《华盖集》封面为底子，从上往下依次书写『LUSIN』（鲁迅）、『华盖集』、『一九二六』；『续编』二字被画成一方隶书阳文图章，倾斜45度印在书名之下，古朴生动而别出心裁，文字颜色黑红对照明显，封面大部分留白，主次分明，简洁大气。

004
《近代木刻选集（1）》

作者：朝花社 编
封面设计：鲁迅
出版社：上海合记教育用品社
版本信息：1929年1月初版
印刷方式：铅印
尺寸：25.5×18.3厘米

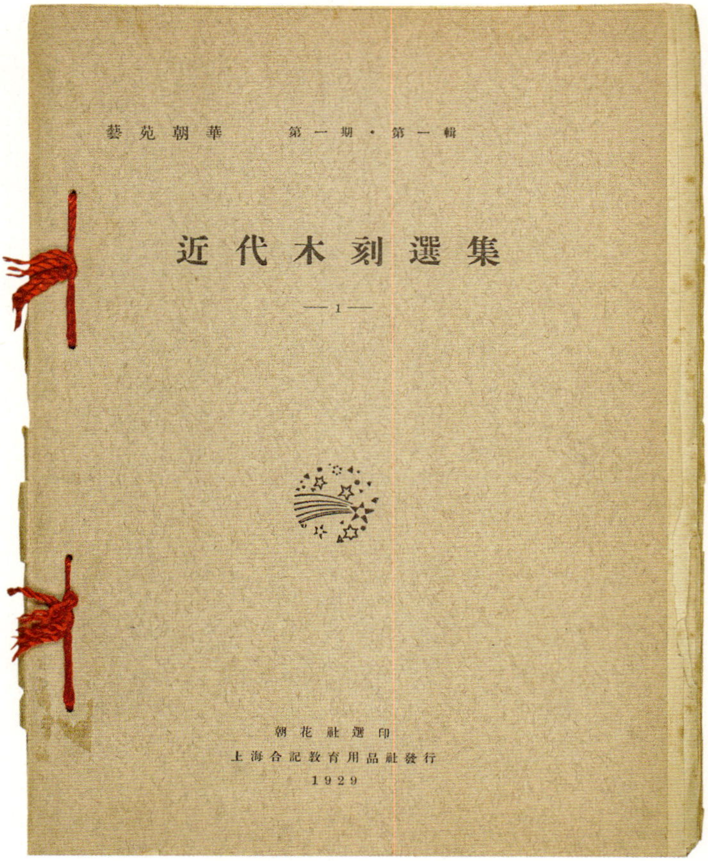

《近代木刻选集（1）》封面

该书封面由鲁迅设计装帧，采用活页线装方式，封面自上而下印着丛书名、书名和出版信息，中间放置一个小圆形装饰图案，画着聚合的曲线和几颗星，简洁美观。

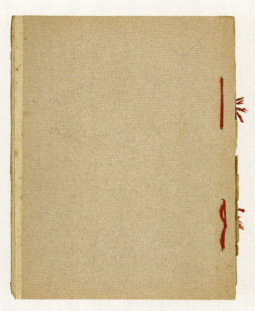

《近代木刻选集（1）》封底

《近代木刻选集（1）》丛书页

《近代木刻选集（1）》是鲁迅选编的外国木刻作品集，被列入『艺苑朝华』第一期第一辑，收录了外国木刻家的作品12幅，其中英国作品6幅，法国、美国各2幅，意大利和瑞典各1幅。鲁迅亲自撰写《小引》，简要叙述了中国木刻和欧洲木刻的关系，勾勒出欧洲木刻发展的轮廓，阐明了古代木刻和近代木刻创作的相同点与不同点。卷末有鲁迅所作的《附记》，评介书中的作者和作品。鲁迅晚年十分重视外国木刻作品的引进与介绍，期望以此『来扶植一点刚健质朴的文艺』。他曾在信中告诫青年木刻学徒李桦：『木刻是一种作某用的工具，是不错的，但万不要忘记它是艺术。』『艺苑朝华』是以专辑画册的形式介绍外国美术作品的期刊，鲁迅曾阐述其编辑宗旨：『绍介些国外的艺术作品到中国来，也选印中国先前被人忘却的还能复生的图案之类。有时是重提旧时而今日可以利用的遗产，有时是发掘现在中国时行艺术家在外国的祖坟，有时是引入世界上的灿烂的新作。』

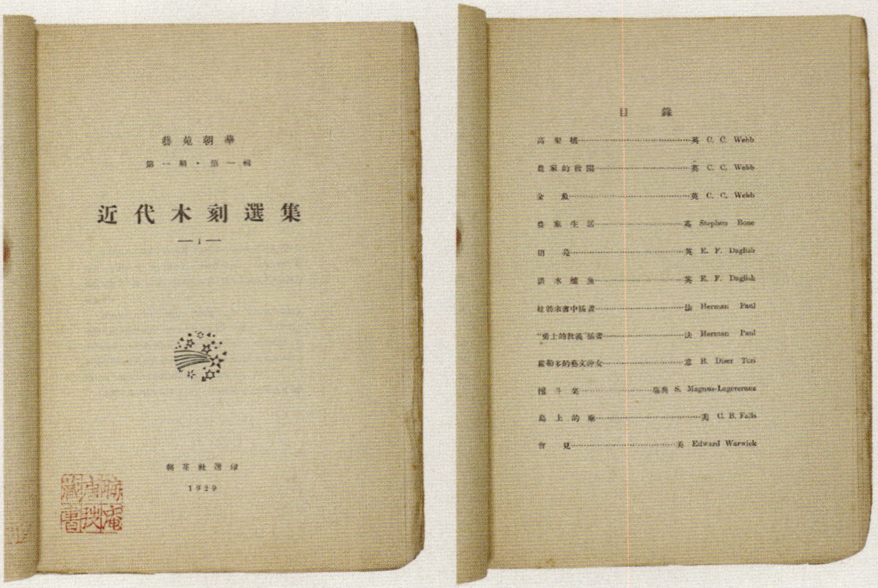

《近代木刻选集（1）》扉页、目录

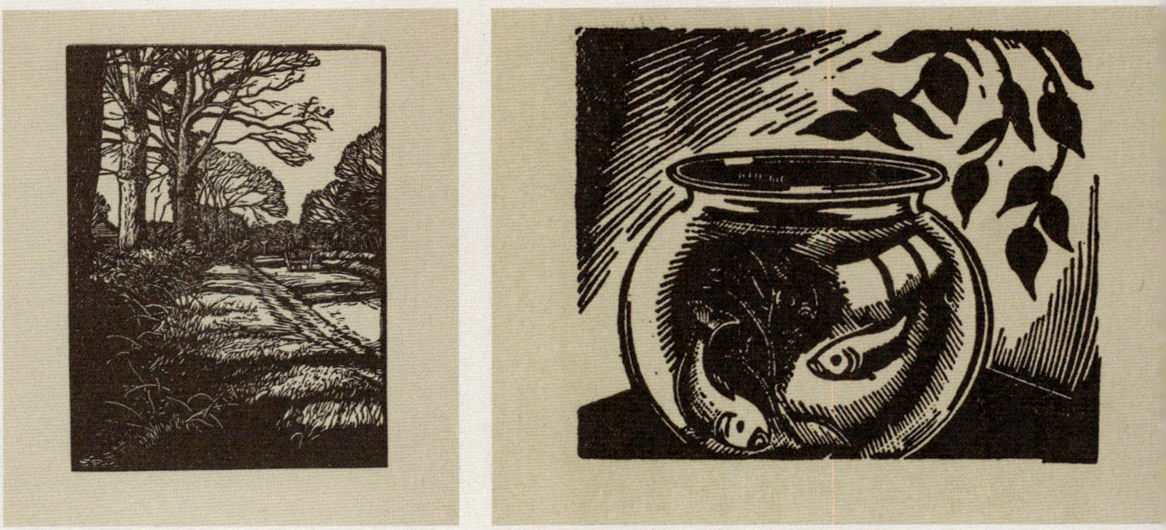
《近代木刻选集（1）》插图

005
《蕗谷虹儿画选》

作者：鲁迅 选编
封面设计：鲁迅
出版社：上海合记教育用品社
版本信息：1929年1月初版
尺寸：26.8×19.3厘米

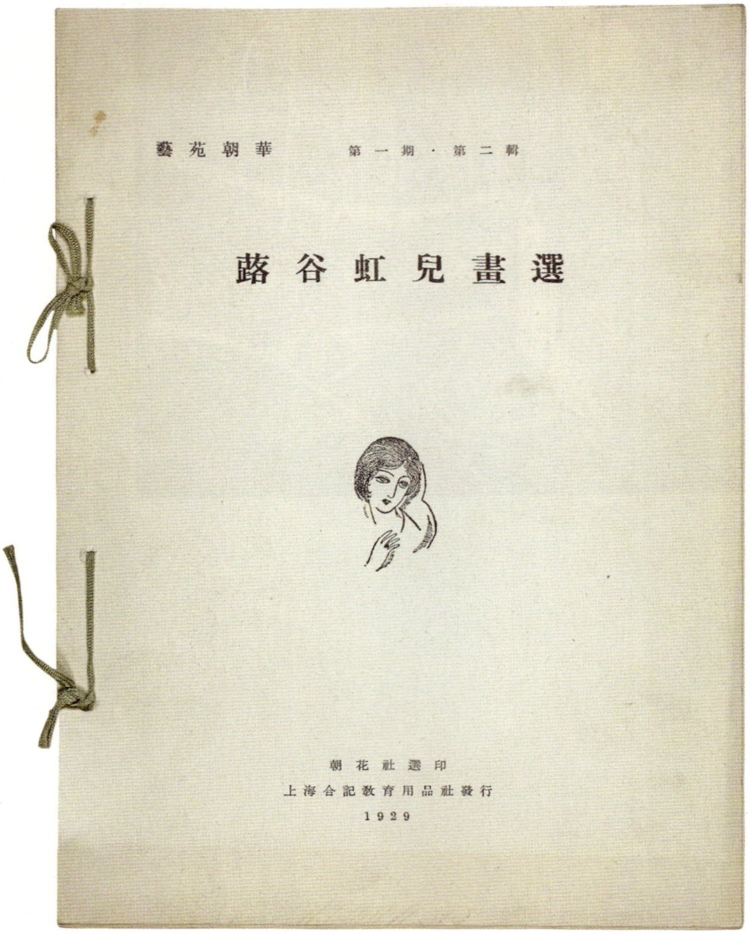

《蕗谷虹儿画选》封面、插图

《蕗谷虹儿画选》丛书页

《蕗谷虹儿画选》是鲁迅选编的蕗谷虹儿画集，被列入『艺苑朝华』第一期第二辑。该画集收录了日本画家、诗人蕗谷虹儿的诗画作品12幅，其中从其画谱《睡莲之梦》中选收6幅，从《悲凉的微笑》中选收5幅，从《我的画集》中选收1幅，前面的11幅画皆附有简短的画家诗文，鲁迅逐一将其译出，并附在各图的前一页。

鲁迅在《小引》中概括了蕗谷虹儿的艺术特点，认为这些作品『虽然中国的复制，不能高明，然而究竟较可以窥见他的真面目了』。『现在又作为中国几个作家的秘密宝库的一部份，陈在读者的眼前，就算一面小镜子，——要说得堂皇一些，那就是，这才或者能使我们逐渐认真起来，先会有小小的真的创作。』鲁迅在《为了忘却的记念》中还提道：『《蕗谷虹儿画选》，是为了扫荡上海滩上的「艺术家」，即戳穿叶灵凤这纸老虎而印的。』该书由鲁迅设计封面，封面居中的图画与扉页上的小图相同，选自蕗谷虹儿《我的画集》，『原题曰《瞳》，是作者所爱描的大到超于现实的眸子』。该书装帧精致，用铜版纸印版画，道林纸印诗文，丝带穿眼装订，图文各列一页。

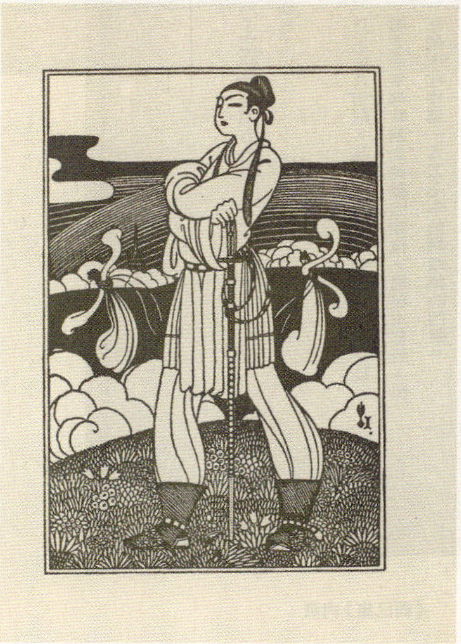

《蕗谷虹儿画选》插图

009

《接吻》

作者：[捷克] K. 斯惠忒拉
译者：真吾
封面设计：鲁迅
出版社：朝花社
版本信息：1929年8月初版
印刷方式：铅印
尺寸：17.5×11厘米

《接吻》封面

《接吻》插图

《接吻》是捷克女作家斯惠忒拉创作的短篇小说集，副标题为『波希米亚山中故事』，作者以描写波希米亚山中的故事享名。鲁迅先生说：『斯惠忒拉所擅长的，是在乡土传奇，其中渗透着真底感激的有生命的呼吸，将作为诗的，也是文明史的作品，长留于捷克文学中。』

该书译者崔真吾是鲁迅的挚友，该书装帧精美而小巧，由鲁迅设计封面并作序，封面的美术字『接吻』也出自鲁迅手笔，封面中间有一个插满花的花盆纹样。该书被编入『朝花小集』从书中，是新文学史上的珍本。书中装饰有俄国绥盖勒创作的画作《接吻》，描绘一男一女接吻的唯美画面。

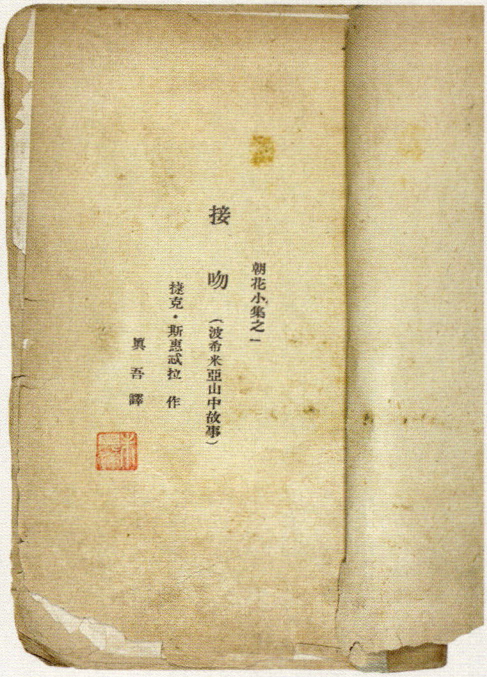

朝花小集之一

接吻

（波希米亞山中故事）

捷克・斯惠忒拉 作

真吾 譯

《接吻》扉页

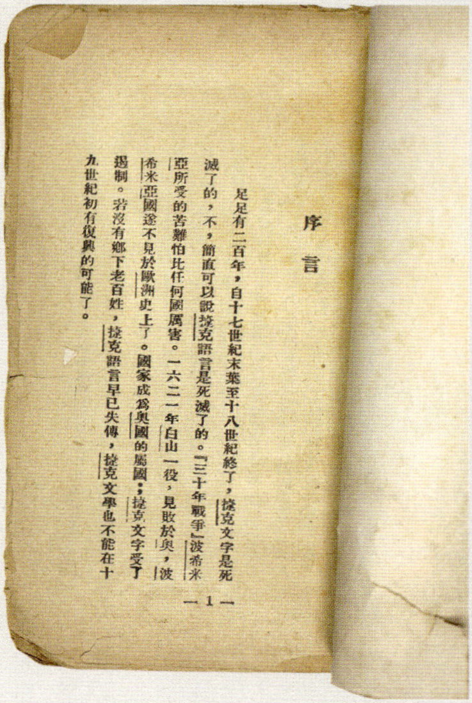

序言

是是有二百年，自十七世紀末葉至十八世紀終了，捷克文字是死滅了的，不，簡直可以說捷克語言是死滅了的。『三十年戰爭』波希米亞所受的苦難怕比任何國厲害。一六二一年白山一役，見敗於奥，波希米亞國遂不見於歐洲史上了。國家成爲奥國的屬國；捷克文字受了壓制。若沒有鄉下老百姓，捷克語言早已失傳，捷克文學也不能在十九世紀初有復興的可能了。

— 1 —

《接吻》序言

010
《在沙漠上及其他》

译者：鲁迅、梅川、真吾、柔石
封面设计：鲁迅
出版社：朝花社
版本信息：1929年9月初版
印刷方式：铅印
尺寸：19.7×13.5厘米

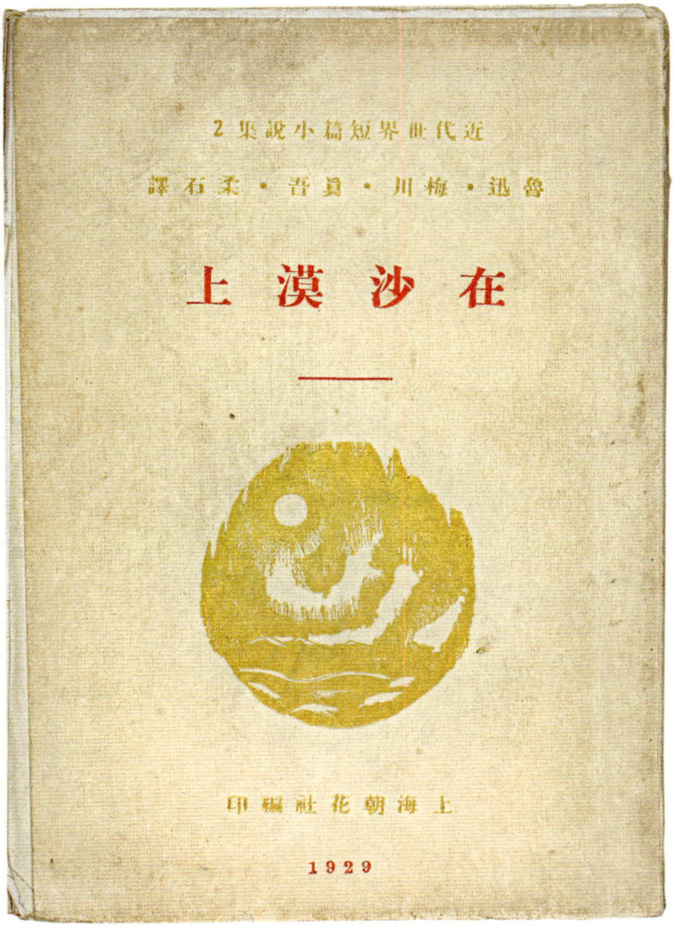

《在沙漠上及其他》封面

《在沙漠上及其他》是鲁迅、梅川、真吾、柔石翻译的短篇小说集，列入『近代世界短篇小说集2』，收录捷克、法国、南斯拉夫、前苏联、西班牙等国11位作家的12篇短篇小说，包括《岛上》《父与子》《邻舍》《孩子们与老人》《井边》《在沙漠上》《农夫》《空恋》等。

封面由鲁迅设计，封面中间是一幅火焰状的小画，金黄色的沙漠上方一轮圆环似太阳又似月亮，沙漠的褶皱似山林又似海浪，令人浮想联翩。封面题写的书名是《在沙漠上》，内页的书名为《在沙漠上及其他》，鲁迅在书前的《小引》指出翻译此书的目的『是要将零星的小品，聚在一本里，可以较不容易于散亡』。

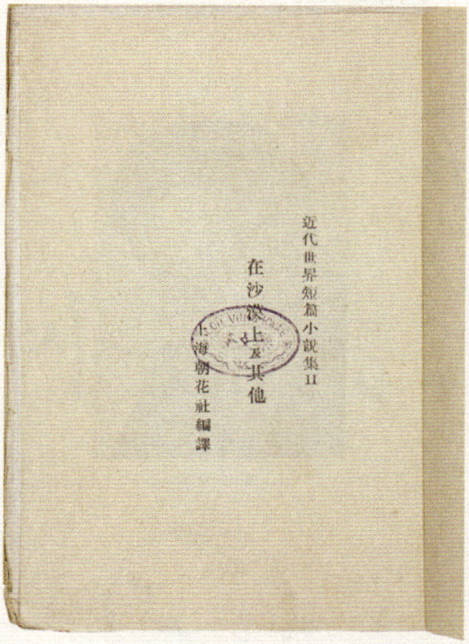

近代世界短篇小說集 II

在沙漠上及其他

上海朝花社編譯

《在沙漠上及其他》扉页

《在沙漠上及其他》插图

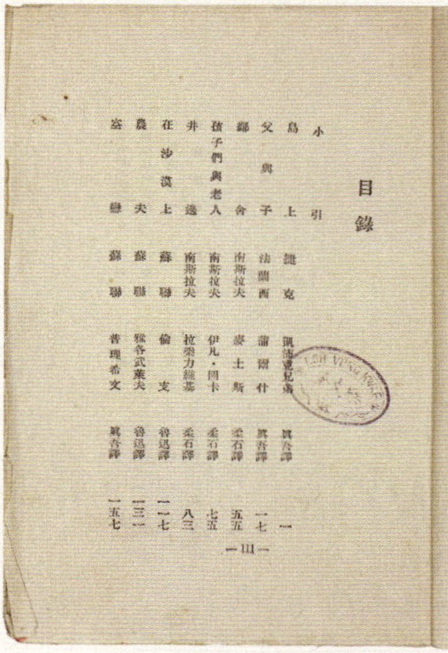

目錄

—III—

《在沙漠上及其他》目录

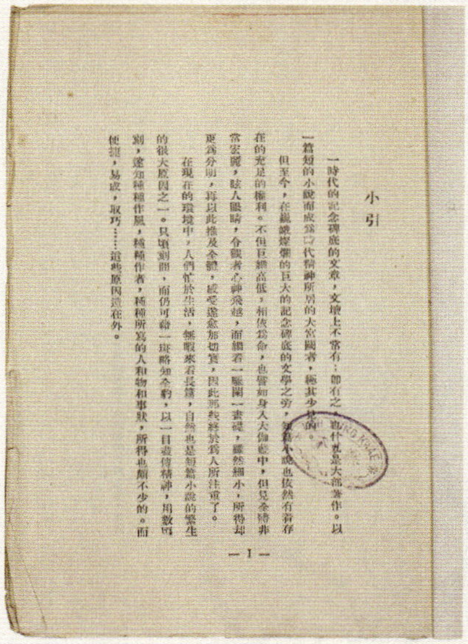

小引

一時代的紀念碑底的文章，文壇上不常有；即有之，也什九是大部著作。以一篇短的小說而成爲時代精神所居的大宮闕者，極其少見的。

但至今，在巍峨燦爛的巨大的紀念碑底的文學之旁，短篇小說也依然有着存在的充足的權利。不但巨細高低，相依爲命，也譬如身入大伽藍中，但見全體非常宏麗，眩人眼睛，令觀者心神飛越，而細看一雕闌一畫礎，雖然細小，所得卻更爲分明，再以此推及全體，感受遂愈加切實，因此那些終於爲人所注重了。

在現在的環境中，人們忙於生活，無暇來看長篇，自然也是短篇小說的繁生的很大原因之一。只頃刻間，而仍可藉一斑略知全豹，以一目盡傳精神，用數頃刻，遂知種種作風，種種作者，種種所寫的人和物和事狀，所得也頗不少的。而便捷，易成，取巧……這些原因還在外。

—1—

《在沙漠上及其他》内页

011
《小彼得》

作者：[匈] 海尔密尼亚·至尔·妙伦
译者：许霞
封面设计：鲁迅
出版社：春潮书局
版本信息：1929年11月初版
印刷方式：铅印
尺寸：18．5×13厘米

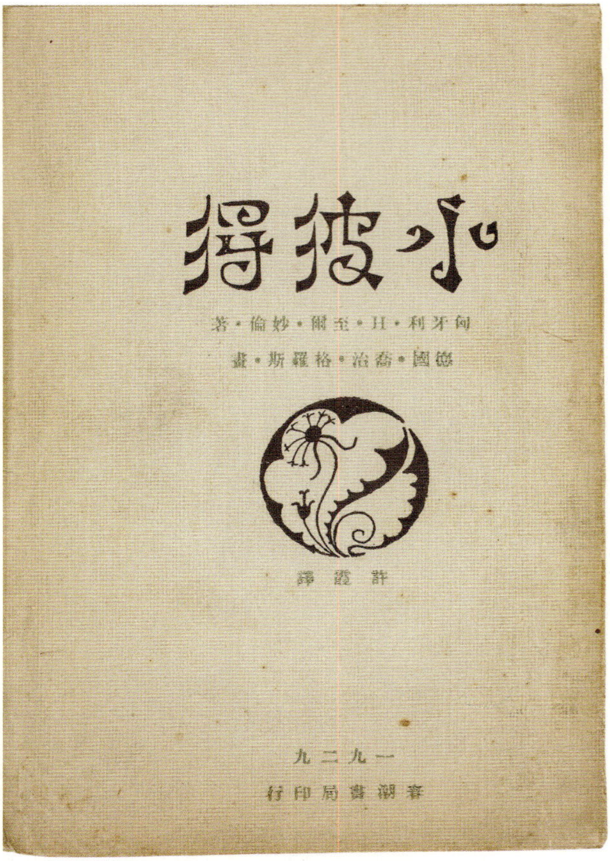

《小彼得》封面

该书由鲁迅装帧设计，书名“小彼得”为鲁迅设计的美术字，封面中央放置一个小巧雅致的花纹图章，旁边印作者、译者、插画作者以及出版信息，书中还选用了德国画家乔治·格罗斯的6幅插图。

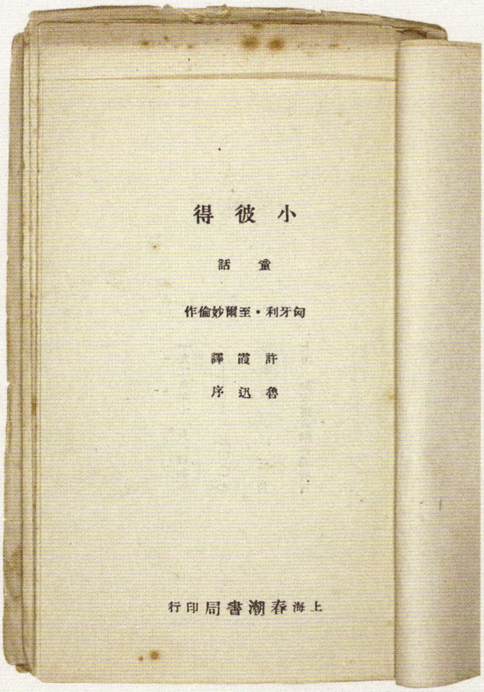

《小彼得》扉页

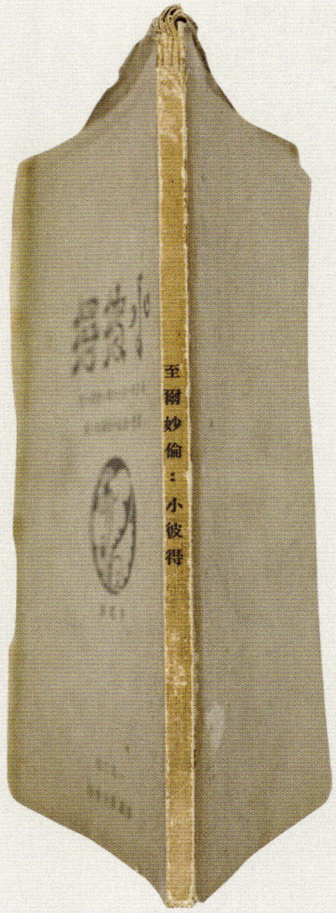

《小彼得》书脊

《小彼得》是匈牙利女作家海尔密尼亚·至尔·妙伦创作的童话集，原名《小彼得的朋友们讲的故事》，是6篇内容连贯的童话故事，讲述穷孩子小彼得在病中听煤、火柴盒、水瓶、毯子、铁壶、破雪草等杂物讲述自己的经历，反映人类社会的不平等。

该书是许广平在鲁迅的指导下翻译的，鲁迅特意选用林房雄的日文译本，以帮助许广平学习日语。鲁迅校订了译文并作序。该书是鲁迅与许广平『十年携手共艰危』的一个纪念。鲁迅充分肯定书的作者：『致密的观察，坚实的文章，足够成为真正的社会主义作家之一人，而使她有世界的名声者，则大概由于那独创底的童话云。』而他们翻译该书的初衷为：『也许可以供成人而不失赤子之心的，或并未劳动而不忘勤劳大众的人们的一览，或者给留心世界文学的人们，报告现代劳动者文学界中，有这样的一位作家，这样的一种作品罢了。』

012

《近代美术史潮论》

作者：[日]板垣鹰穗
译者：鲁迅
封面设计：鲁迅
出版社：北新书局
版本信息：1929年初版
印刷方式：铅印
尺寸：22.4×16厘米

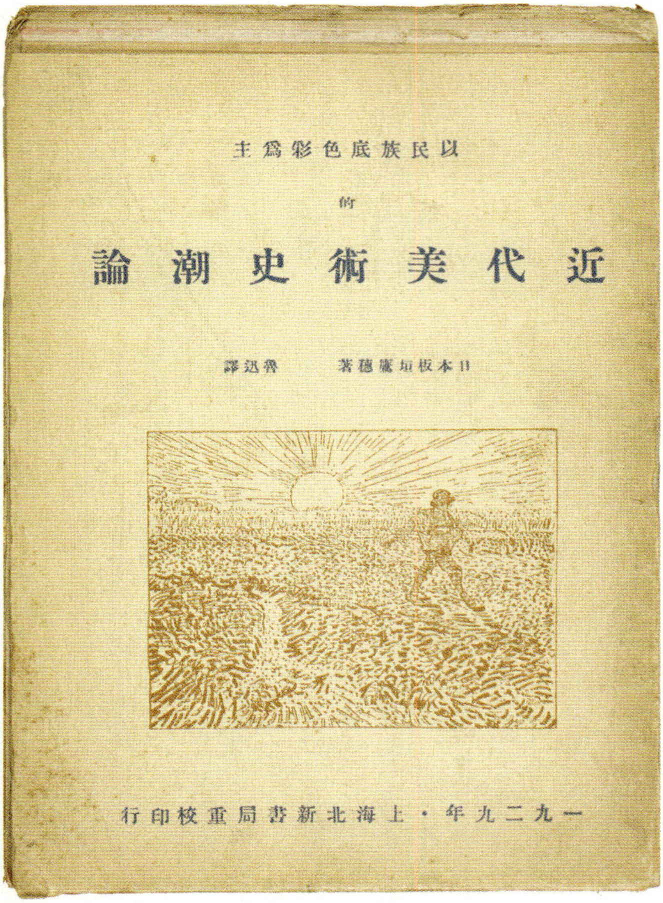

《近代美术史潮论》封面

《近代美术史潮论》由日本板垣鹰穗创作，鲁迅翻译，介绍从法国大革命至20世纪初叶的欧洲美术发展史，包括民族与艺术意欲、法兰西大革命之前的美术界、古典主义的主导作家、罗曼蒂克思潮和绘画等10章，内有插图140幅。该书是鲁迅首次系统译介西方美术史。

鲁迅设计的封面，由书名、作者、出版信息以及一幅版画组成。封面上使用的版画，上海鲁迅纪念馆1981年所编《鲁迅与书籍装帧》一书认为是米勒的《播种者》，学界均从此说。但据徐政《鲁迅所译〈近代美术史潮论〉封面配图再考》，该版画的母本为1888年7月18日梵高以芦苇笔蘸墨所绘的《播种者》纸本素描稿。画中描绘了烈日和充满天空的光芒，具有透视感的田野和小路，地平线左侧的平房，以及行走的戴帽者。

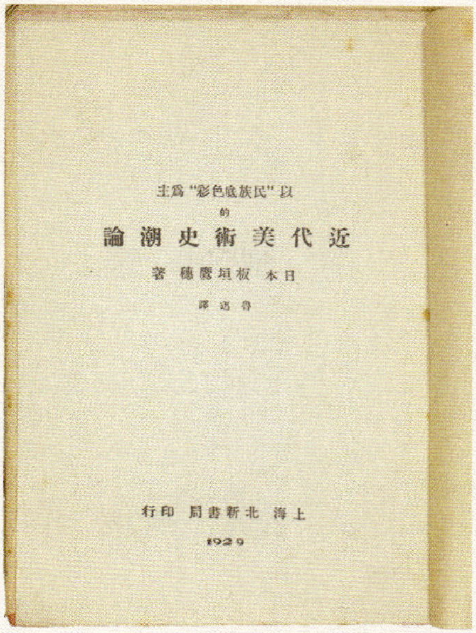

以"民族底色彩"為主
的
近代美術史潮論
日本 板垣鷹穗著
魯迅譯
上海北新書局印行
1929

《近代美术史潮论》扉页

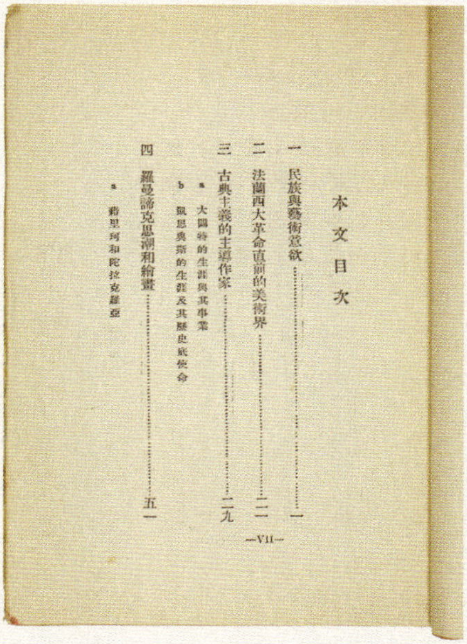

本文目次

—VII—

《近代美术史潮论》目录

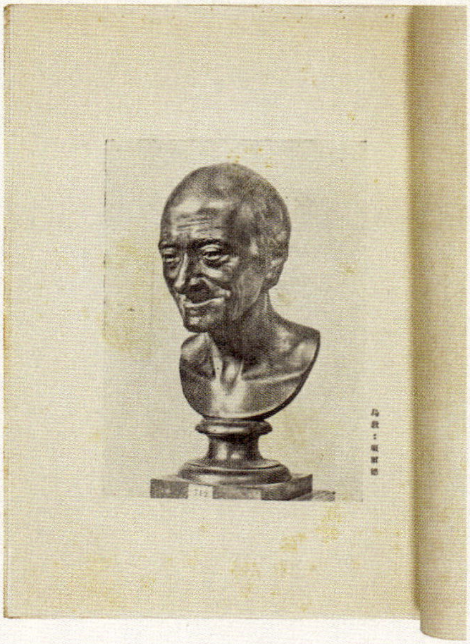

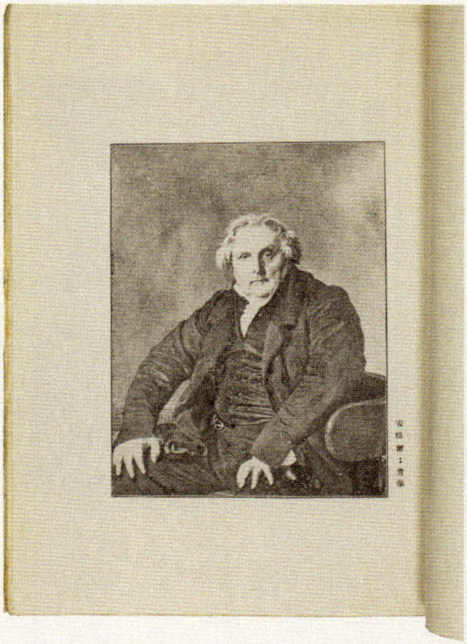

《近代美术史潮论》插图

013
《新俄画选》

作者：鲁迅 选编
封面设计：鲁迅
出版社：光华书局
版本信息：1930年5月初版
印刷方式：铅印
尺寸：19.5×16.5厘米

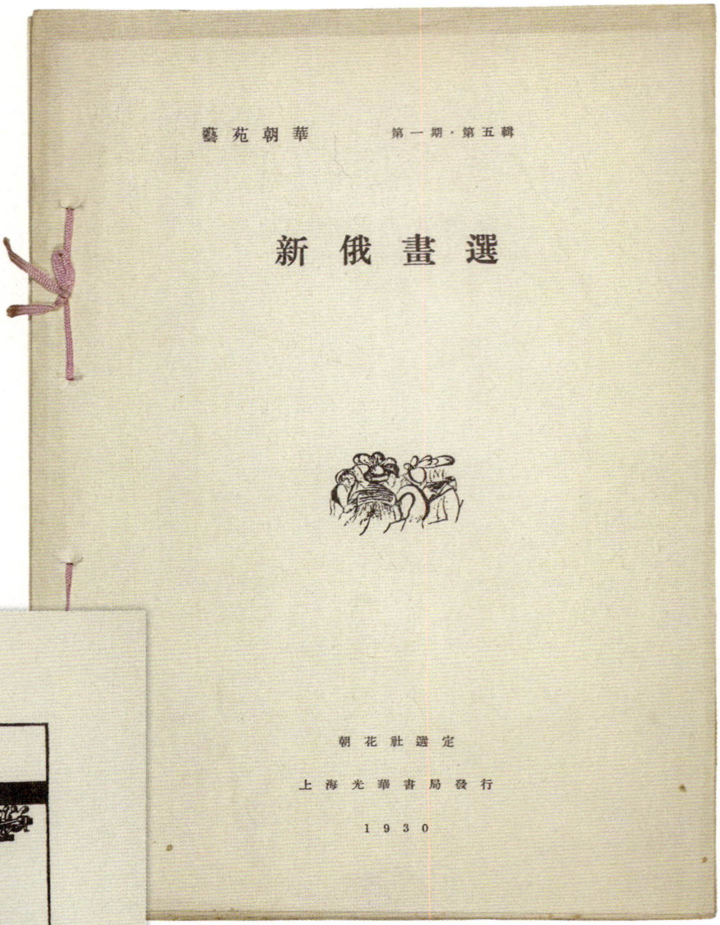

《新俄画选》封面

《新俄画选》插图

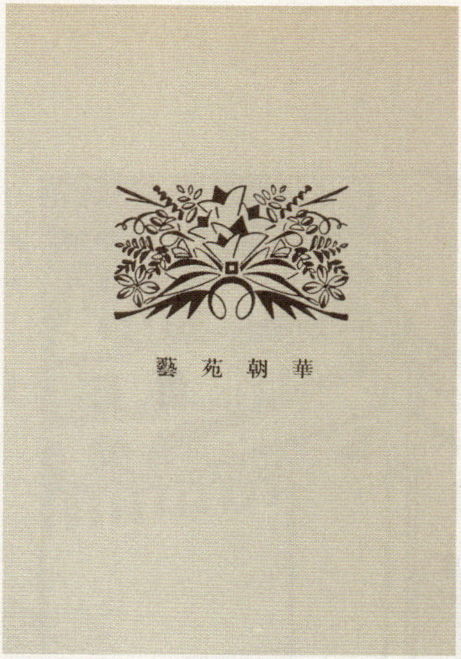

《新俄画选》丛书页局部

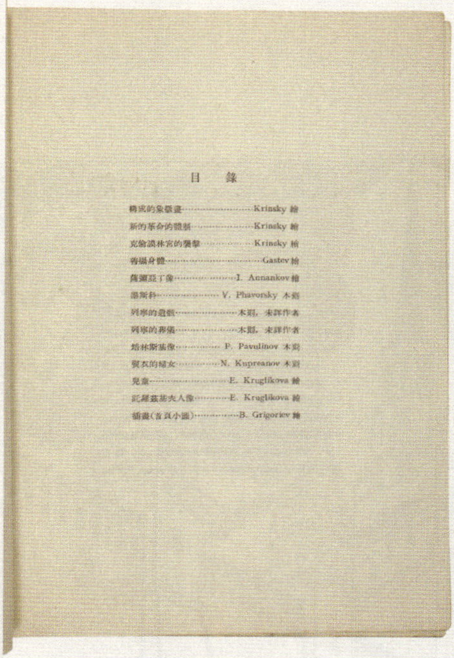

目錄

《新俄画选》目录

《新俄画选》是鲁迅选编的苏联绘画选，收入克林斯基、加斯切夫等绘画作品7幅，以及法复尔斯基、古泼略诺夫等人的木刻作品5幅，包括法复尔斯基的《墨斯科》、保里诺夫的《培林斯基像》、古泼略诺夫的《熨衣的妇女》，以及克拉普兼珂的《列宁的葬仪》等，该书被列入『艺苑朝华』第一期第五辑。

鲁迅在该书的《小引》中简述了19世纪末至20世纪30年代苏俄美术流派的发展变化，并阐述了选印版画的初衷：『多取版画，也另有一些原因：中国制版之术，至今未精，与其变相，不如且缓，一也，当革命时，版画之用最广，虽极匆忙，顷刻能办，二也。《艺苑朝华》在初创时，即已注意此点，所以自一集至四集，悉取黑白线图，但竟为艺苑所弃，甚难继续，今复送第五集出世，恐怕已是晌午之际了，但仍愿若干读者们，由此还能够得到多少裨益。』

该书由鲁迅设计封面，依然采用线装书形式，自上而下印丛书名、书名和出版信息，中间以一幅小画装饰，描绘几个头饰华丽的女子围坐在一起的情景。

《新俄画选》插图

《新俄画选》插图

《梅斐尔德木刻士敏土之图》插图

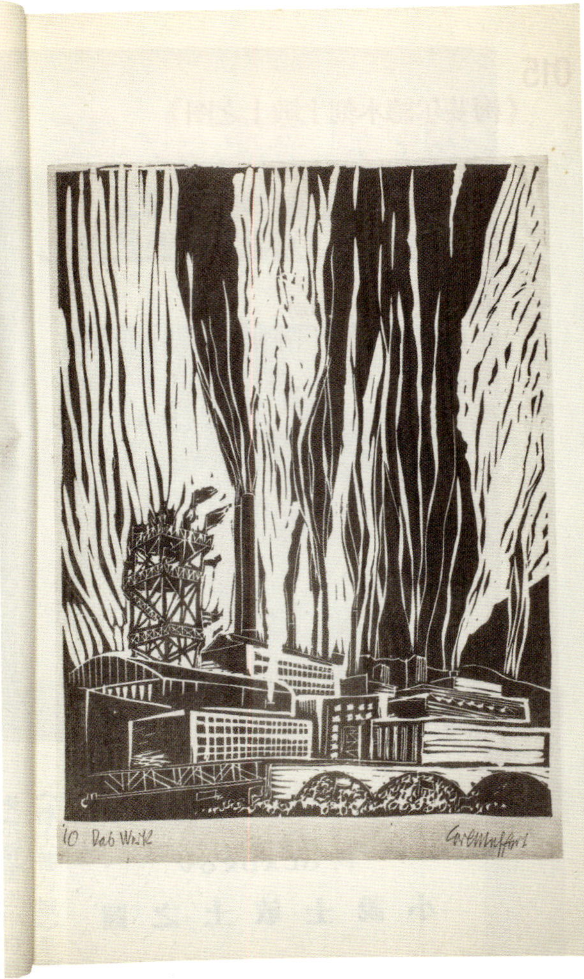

《梅斐尔德木刻士敏土之图》插图

《梅斐尔德木刻士敏土之图》是鲁迅编印的梅斐尔德木刻插图集。它收录了德国现代木刻家梅斐尔德为前苏联作家革拉特珂夫创作的长篇小说《士敏土》(现译作《水泥》)所作的插图，这部小说反映了前苏联国民经济恢复时期的斗争生活，插图共10幅。《士敏土》的插图木刻原作，是鲁迅托徐诗荃从德国购得，鲁迅在《小引》中将此插图誉为『新俄文学的永久碑碣』。

该书封面由鲁迅设计，采用线装书的装帧形式，以磁青纸作封面，用白笺题写书名，将外国的内容巧妙地纳入到中国的传统装帧设计之中。书由鲁迅自费影印，以三闲书屋的名义出版。

016

《毁灭》

作者：[苏] A．法捷耶夫
译者：隋洛文（鲁迅笔名）
封面设计：鲁迅
出版社：大江书铺
版本信息：1931年9月初版
印刷方式：铅印
尺寸：20．2×14．1厘米

《毁灭》封面

《毁灭》则正要开印，除加上原本所有之插画外，亦有三色版作者像一张。……此书是某书局印的，他们怕用我的名字，换了一个，又删去序跋，但我自印了五百部（用他们的版），有序跋，不改名的。

——鲁迅

作者畫像

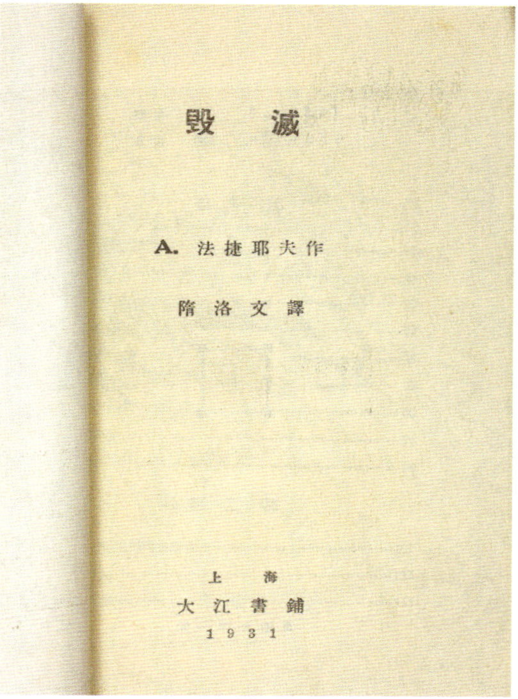

《毁灭》扉页

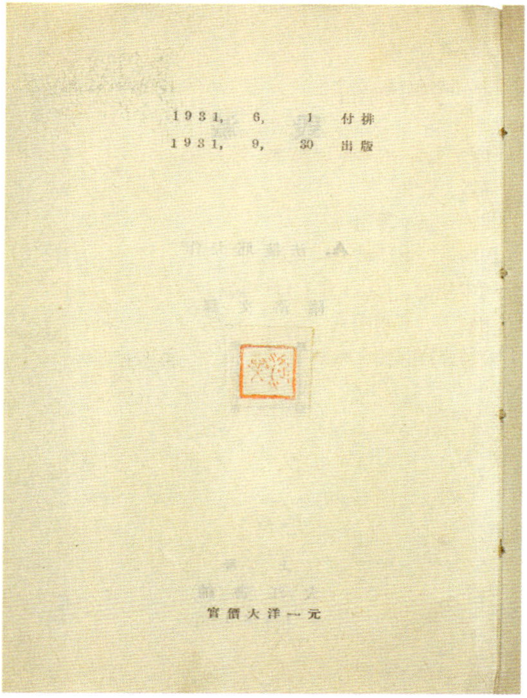

《毁灭》版权页

《毁灭》是由前苏联A.法捷耶夫创作的描写前苏联国内战争的军事题材长篇小说，鲁迅曾赞之曰：『不但所写的农民矿工以及知识阶级，皆栩栩如生，且多格言，汲之不尽，实在是新文学中的一个大炬火。』

鲁迅根据其日译本翻成中文。『隋洛文』是鲁迅的笔名，因该书出版时正值政治逆流，销行受限，而此时国民党反动派正在通缉『堕落文人』鲁迅，鲁迅借此衍化出『隋洛文』这一笔名，含有反讥之意。此书是鲁迅冲破国民党反动派设置的重重障碍，向中国人民介绍的苏联早期无产阶级文学作品之一，对于革命和文学事业的发展具有极大的推动作用。瞿秋白曾致函鲁迅表示敬贺：『你译的《毁灭》出版，当然是中国文艺生活里面的极可纪念的事迹。翻译世界无产阶级革命文学的名著，并且有系统的介绍给中国读者，……这是中国普罗文学者的重要任务之一，……应当认为一切中国革命文学家的责任。每一个革命的文学战线上的战士，每一个革命的读者，应当庆祝这一个胜利。』

该书封面大方雅致，以紫红色为基调，以相互交叠的平行四边形组合而成，中间空出一个大的白色菱形，以美术字题写书名，上下用宋体写作者、译者和出版社信息，简洁明了。

017
《静静的顿河》

作者：[苏] M. 唆罗诃夫 著；鲁迅 编
译者：贺非
封面设计：鲁迅
出版社：上海神州国光社
版本信息：1931年10月初版
印刷方式：铅印
尺寸：19×13厘米

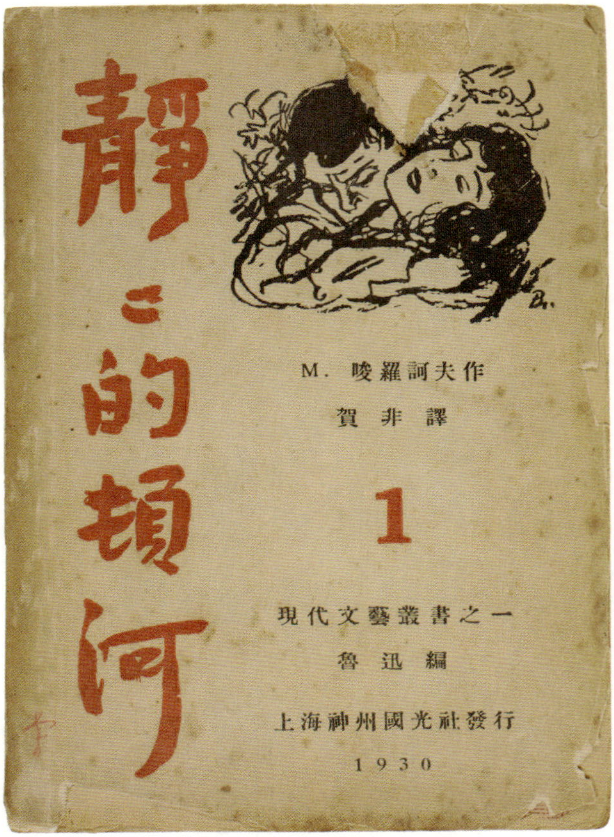

《静静的顿河》封面

《静静的顿河》是前苏联作家唆罗诃夫（肖洛霍夫）耗费14年时间创作完成的长篇小说，荣获诺贝尔文学奖。它以1914年第一次世界大战前夕至1922年苏联国内革命战争结束这一历史时期为背景，展现了此间新旧事物的激烈冲突以及民众的坎坷命运。

这部小说共四卷本，该版本是贺非翻译的第一卷上半部，由鲁迅校订并作《后记》，被列入鲁迅编辑的『现代文艺丛书之一』。鲁迅评价该书：『风物既殊，人情复异，写法又明朗简洁，绝无旧文人描头画角，宛转抑扬的恶习，华斯珂普所说的「充满着原始力的新文学」的大概，已灼然可以窥见。』

该书封面由鲁迅设计并题写书名。左侧以红色字体题写书名『静静的顿河』，右侧上方是一幅装饰画，画中一男子从背后拥抱着一女子，下方印着作者、译者、编者及出版信息。

018

《铁流》

作者：[苏] A．绥拉菲摩维支
译者：曹靖华
封面设计：鲁迅
出版社：三闲书屋
版本信息：1931年11月初版
印刷方式：铅印
尺寸：18．5×13厘米

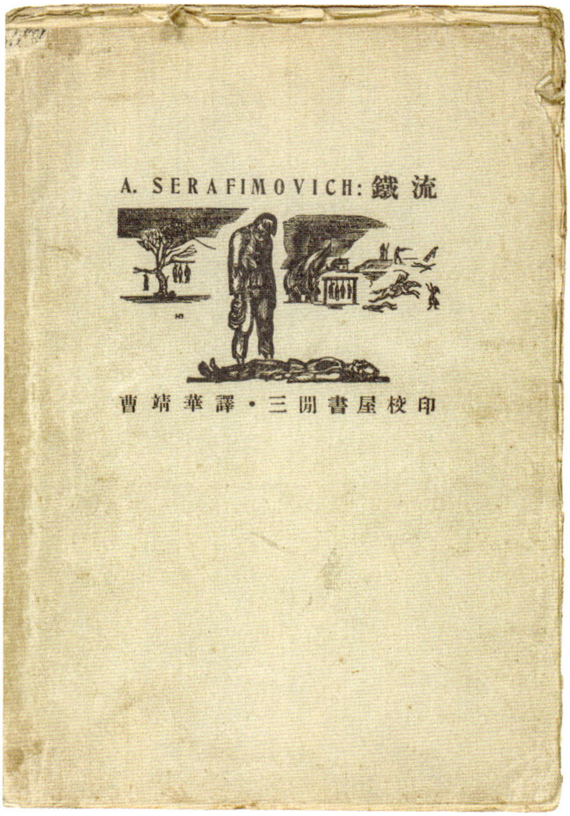

《铁流》封面

现在的杂志都是16开本，我们来个23开本吧。
——鲁迅

《铁流》为苏联作家绥拉菲摩维支所著长篇小说，由曹靖华翻译，鲁迅编校，瞿秋白代译序言。小说讲述了苏联国内革命战争时期，一支游击队在布尔什维克领导下，与白军及外国侵略者展开斗争并不断成长的故事。书中成功塑造了坚定勇敢的革命领袖、共产党员郭如鹤的鲜明形象，充分展现出革命人民如『铁流』般滚滚向前、锐不可当的气势。鲁迅称该书表现了『铁的人物和血的战斗』。

该书原拟交由神州国光社出版，因内容敏感，遭受当局压迫。最终，鲁迅以三闲书屋名义自费印行。鲁迅亲自撰写广告，赞此书『意识分明，笔力坚锐，是一部纪念碑的作品，批评家多称之为「史诗」』。鲁迅在编校后记中详细介绍了该书出版的曲折历程，指出『在这样如岩石似的重压之下，我们只得宛委曲折，但还是使她在读者眼前开出了鲜艳而铁一般的新花』。

封面由鲁迅精心设计，以白为底色，黑字凸显，干净沉稳。封面中间选用了毕斯凯莱夫的一幅版画，画面中一个士兵垂头站在牺牲的战友面前，背景是战火纷飞的村庄，展现出战争的残酷与士兵的坚韧。

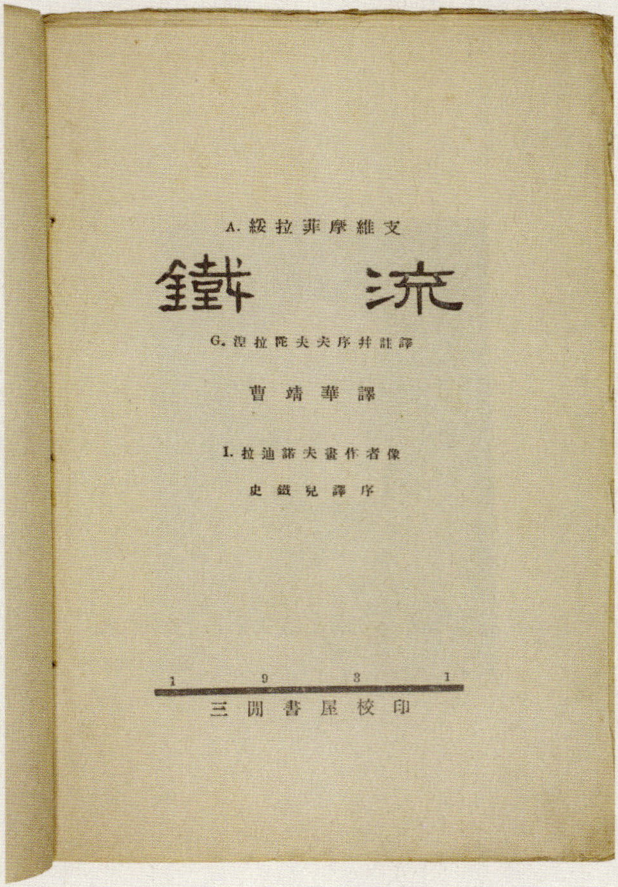

A. 綏拉菲摩維支

鐵流

G. 涅拉陀夫夫序并註譯

曹靖華譯

I. 拉迪諾夫畫作者像

史鐵兒譯序

1931

三閒書屋校印

《铁流》扉页

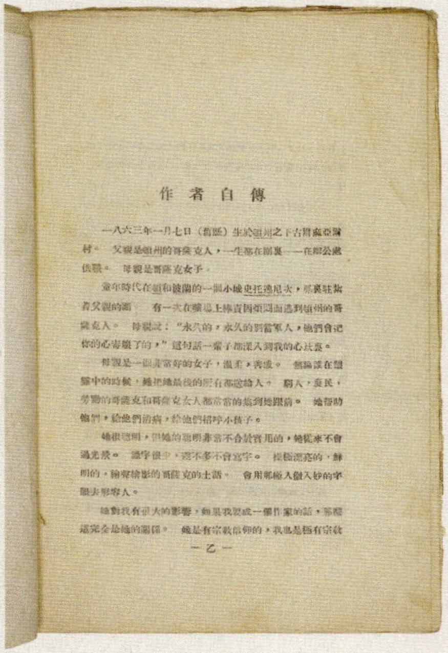

作者自傳

一八六三年一月七日（舊曆）生於頓河之下古爾侖卒爾村。父親是頓州的哥薩克人，一生都在衙裏——在鄉公處供職。母親是哥薩克女子。

童年時代在頓和彼爾的一個小城史托潑尼夫，那裏駐紮着父親的衙。有一次在賽場上捧貴因頑闖出逃到頓河的哥薩克人。母親說："永久的，永久的詛咒軍人，他們會把你的心毒殺了的，"這句話一輩子都深入到我的心坎裏。

母親是一個非常好的女子，溫柔，善感。無論誰在窮困中的時候，她把她最後的所有都送給人。窮人，農民，勞動的哥薩克和哥薩克女人都常常的跑到她跟前。她幫助他們，給他們治病，給他們招呼小孩子。

她很聰明，但她的聰明非常不合於實用的，她從來不會過光景。識字很少，差不多不會寫字。說極漂亮的，鮮明的，繪聲繪影的哥薩克的土話。會用那極入微入妙的字眼去形容人。

她對我有很大的影響，如果我變成一個作家的話，那還完全是她的關係。她是有宗教信仰的，我也是極有宗教

—乙—

《铁流》内页

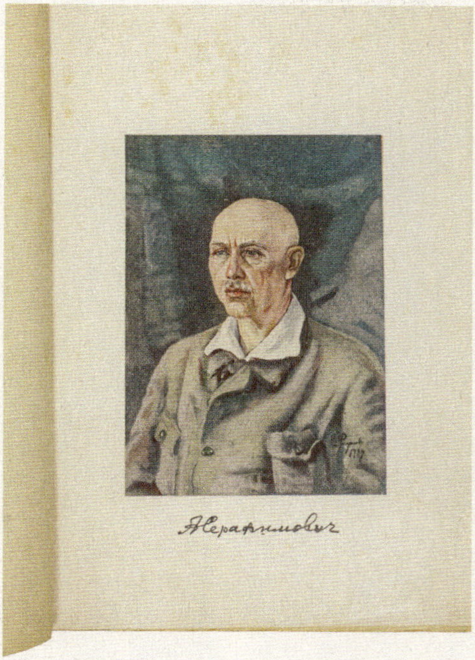

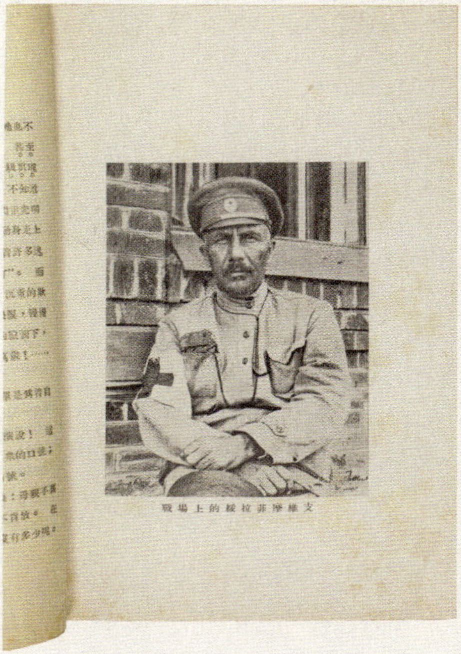

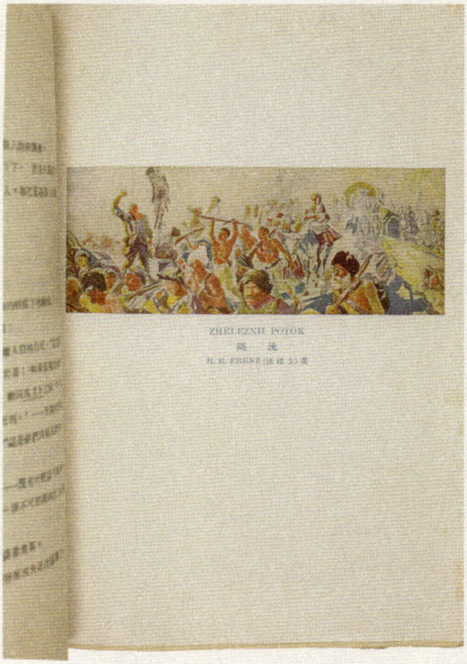

《铁流》插图

019
《二心集》

作者：鲁迅
封面设计：鲁迅
出版社：上海合众书店
版本信息：1932年10月初版
此为1932年11月再版
印刷方式：铅印
尺寸：18.5×13厘米

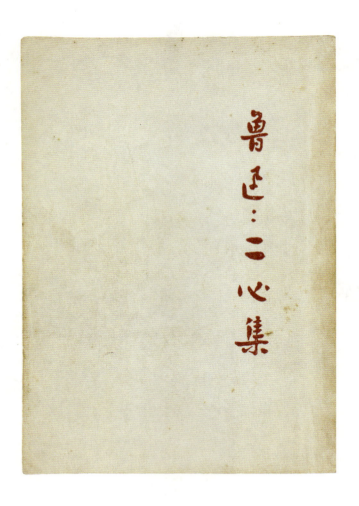

《二心集》封面

《二心集》书脊

《二心集》是鲁迅杂文的结集，收录其1930年至1931年间所作杂文、通信37篇，末附《现代电影与有产阶级》译文一篇。该集子是鲁迅20世纪30年代思想文化战线激烈斗争的历史记录，是鲁迅的马克思主义世界观进入成熟阶段的标志。鲁迅称：『我的文章，也许是《二心集》中比较锋利。』1930年5月7日《民国日报》发表《文坛上的贰臣传》嘲笑鲁迅『作无条件之屈服』。鲁迅在《二心集》的序言回应：『在坏了下去的旧社会里，倘有人怀一点不同的意见，有一点携贰的心思，是一定要大吃其苦的。而攻击陷害得最凶的，则是这人的同阶级的人物。他们以为这是最可恶的叛逆，比异阶级的奴隶造反还可恶，所以一定要除掉他。我才知道中外古今，无不如此，真是读书可以养气，竟没有先前那样「不满于现状」了，并且仿《三闲集》之例而变其意，拾来做了这一本书的名目。』该书由鲁迅设计封面并题写书名，素色的纸面上用鲜红的字书写『鲁迅：二心集』，简洁明了。

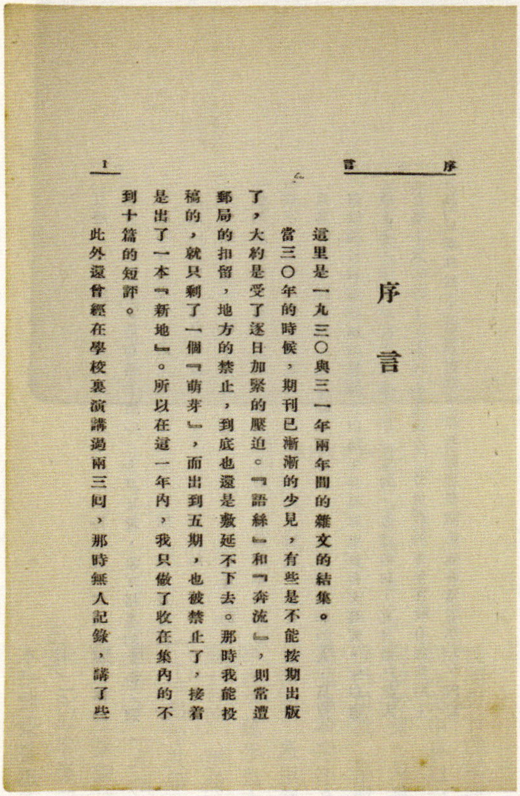
序言 1

序言

這里是一九三〇與三一年兩年間的雜文的結集。

當三〇年的時候，期刊已漸漸的少見，有些是不能按期出版了，大約是受了逐日加緊的壓迫。『語絲』和『奔流』，則常遭郵局的扣留，地方的禁止，到底也還是敷延不下去。那時我能投稿的，就只剩了一個『萌芽』，而出到五期，也被禁止了，接着是出了一本『新地』。所以在這一年內，我只做了收在集內的不到十篇的短評。

此外還曾經在學校裏演講過兩三回，那時無人記錄，講了些

《二心集》序言

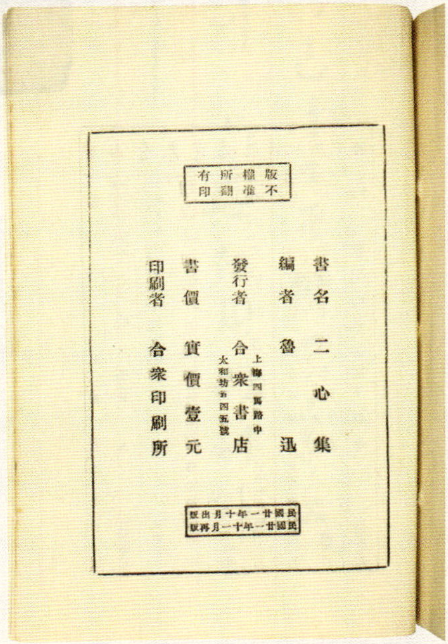
版權所有 不准翻印

書名 二心集

編者 魯迅

發行者 合衆書店 上海四馬路中 大和坊弄四五號

書價 實價壹元

印刷者 合衆印刷所

民國廿一年十月出版
民國廿一年十一月再版

《二心集》版权页

为答作者之盛情，供中国青年艺术家之参考起见，特选出五十九幅，嘱制版名手，用玻璃版精印，神采奕奕，殆可乱真，并加序跋，装成一册，定价低廉，近乎赔本。

——《引玉集》广告

НОВОСЕЛЬЕ
У ПИСКАРЕВЫХ
19 19/XII 31

《引玉集》内页

克拉甫兼珂：墨斯科的"列寧"圖書館(1925)
5

НП

023

《准风月谈》

作者：鲁迅
封面设计：鲁迅
出版社：上海兴中书局
版本信息：1934年12月初版
印刷方式：铅印
尺寸：18.5×13厘米

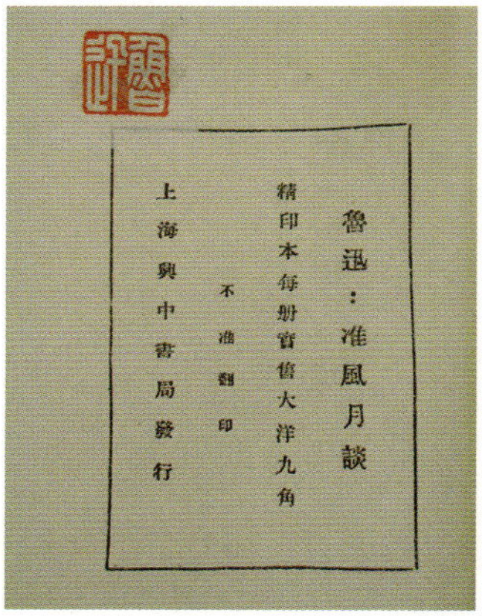
魯迅：准風月談
精印本每册實價大洋九角
不准翻印
上海興中書局發行

《准风月谈》版权页

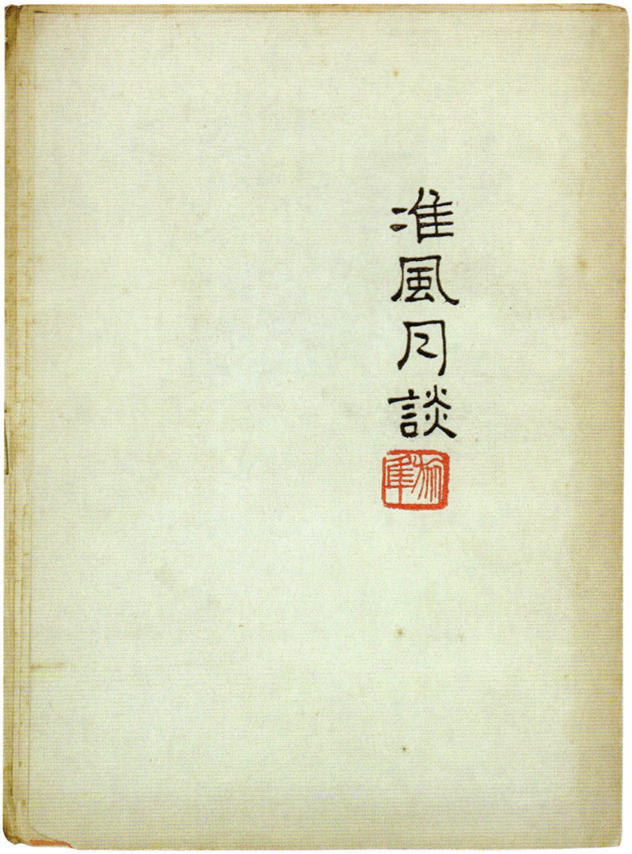

《准风月谈》封面

《准风月谈》是鲁迅的第11本杂文创作结集，收录了作者1933年6月至11月间撰写的64篇杂文。该书于1934年12月由上海联华书局以『兴中书局』名义首次刊行。值得注意的是，在版权页上钤盖有一枚阴文镌刻的『鲁迅』字样版权印花，这在同时期出版物中具有鲜明的作者标识特征。装帧设计方面，封面题签采用鲁迅亲笔书写的『准风月谈』四字，以竖式排列于右侧偏上区域，下方钤盖『旅隼』的朱文印章。书法与篆刻相结合，既保持了传统文人的审美意趣，又通过文字的位置布局形成独特的视觉张力。

024
《桃色的云》

作者：[俄] 爱罗先珂
译者：鲁迅
封面设计：鲁迅
出版社：上海生活书店
版本信息：1923年7月新潮社初版
　　此为1935年4月上海生活书店
　　再版
印刷方式：铅印
尺寸：18.6×13厘米

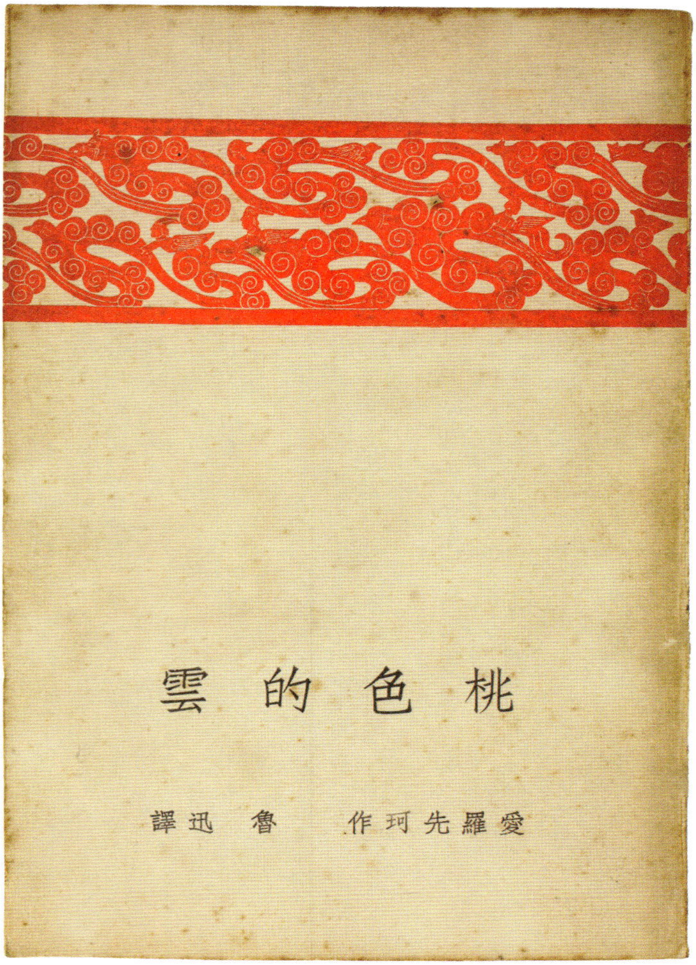

《桃色的云》封面

惟汉人石刻，气魄深沉雄大，
唐人线画，流动如生，倘取入
木刻，或可另辟一境界也。

——鲁迅

《桃色的云》是俄国童话作家爱罗先珂以日文写作的三幕童话剧，由鲁迅译成中文。此书包括《桃色的云》和另两篇短童话，一篇是《海的王女和渔夫》，另一篇是《两个小小的死》。

本书封面由鲁迅设计，封面饰带采用汉画像砖风格，绘人物、禽兽以及流云，形式上古典雅致，与朝霞般的红色显得极般配，充满人类文明初期那种天真、率直而生气勃勃的幻想色彩，点明了《桃色的云》的童话主题。

025

《集外集》

作者：鲁迅
封面设计：鲁迅
出版社：上海群众图书公司
版本信息：1935年5月初版
印刷方式：铅印
尺寸：20.1×12.6厘米

《集外集》中除译作、旧体诗14篇外，还收入《斯巴达之魂》《梦》等31篇新文学创作，另有附文1篇。卷首《序言》云：『但我对于自己的「少作」，愧则有之，悔却从来没有过。出屁股，衔手指的照相，当然是惹人发笑的，但自有婴年的天真，决非少年以至老年所能有。况且如果少时不作，到老恐怕也未必就能作，又怎么还知道悔呢？……一九三四年十二月二十日夜，鲁迅记于上海之卓面书斋。』该书封面上的题目为鲁迅自书，典雅简洁。

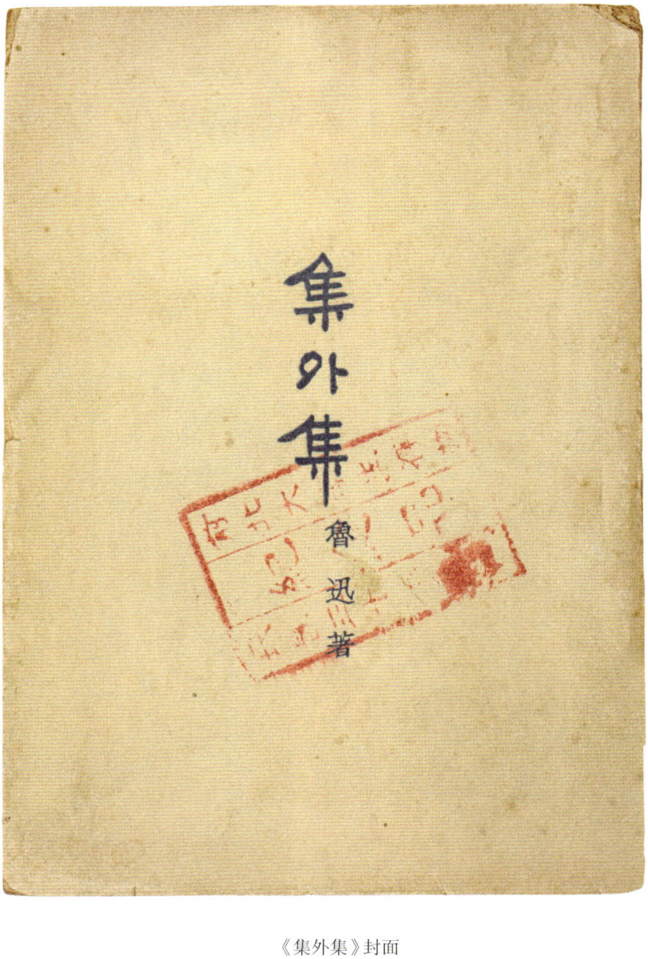

《集外集》封面

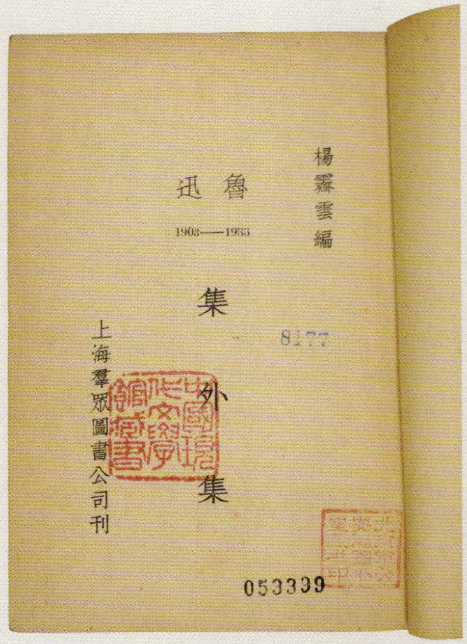

楊霽雲編

魯迅

1903——1933

集外集

上海羣衆圖書公司刊

8177

053339

《集外集》扉页

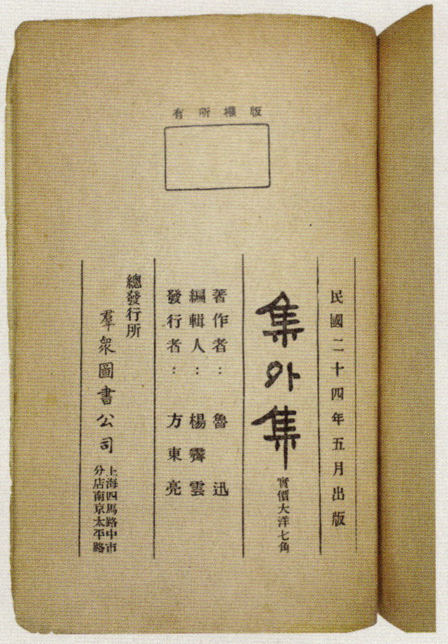

版權所有

民國二十四年五月出版

集外集

實價大洋七角

著作者：魯迅

編輯人：楊霽雲

發行者：方東亮

總發行所 羣衆圖書公司 上海四馬路中市 分店南京太平路

《集外集》版权页

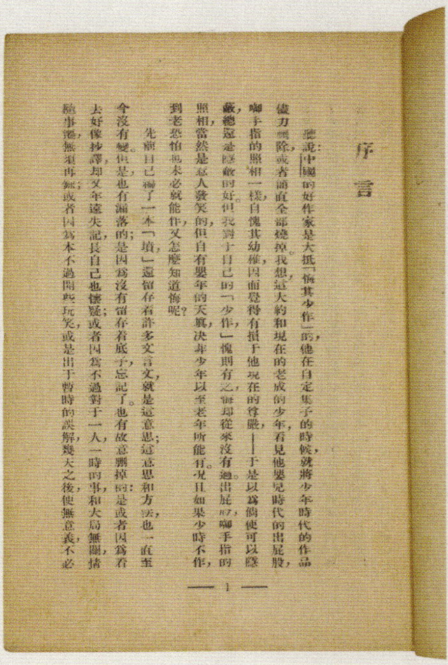

序言

聽說中國的好作家是大抵「悔其少作」的，他在自定集子的時候，就將少年時代的作品儘力刪除，或者簡直全部燒掉。我想，這大約和現在的老成的少年，看見他嬰兒時代的出屁股，啣手指的照相一樣，自愧其幼稚，因而覺得有損于他現在的尊嚴，——于是以爲倘使可以隱藏，總還是隱藏的好。但我對于自己的「少作」，愧則有之，悔卻從來沒有過。出屁股，啣手指的照相，當然是惹人發笑的，但自有嬰年的天真，決非少年以至老年所能有。況且如果少時不作，到老恐怕也未必就能作，又怎麼知道悔呢？

先前自己編了一本「墳」，還留存着許多文言文，就是這意思；這意思和方法，也一直至今沒有變。但是也有漏落的：是因爲沒有留存着底子，忘記了。也有故意刪掉的：是或者因爲看去好像抄譯，卻又年遠失記，長自己也懷疑；或者因爲不過對于一人，一時的事，和大局無關，情隨事遷，無須再錄；或者因爲本不過開些玩笑，或是出于暫時的誤解，幾天之後，便無意義，不必

—— 1 ——

《集外集》序言

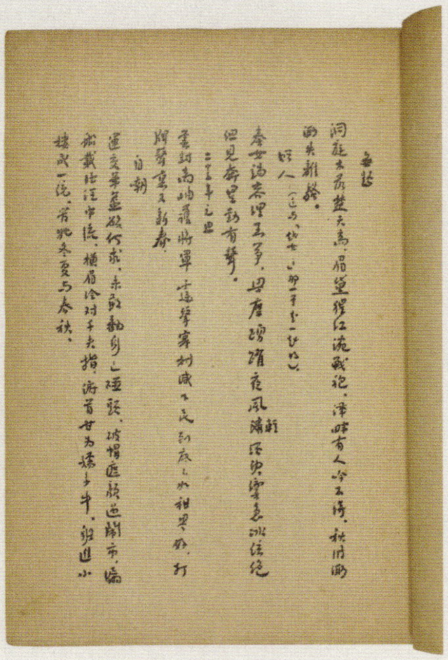

《集外集》内页

026

《海上述林》

作者：瞿秋白 著译；鲁迅 编校
封面设计：鲁迅
出版社：诸夏怀霜社
版本信息：1936年5月初版
印刷方式：铅印
尺寸：22.5×16厘米

那第一本的装钉样子已送来，重磅纸；皮脊太“古典的”一点，平装是天鹅绒面，殊漂亮也。

——鲁迅

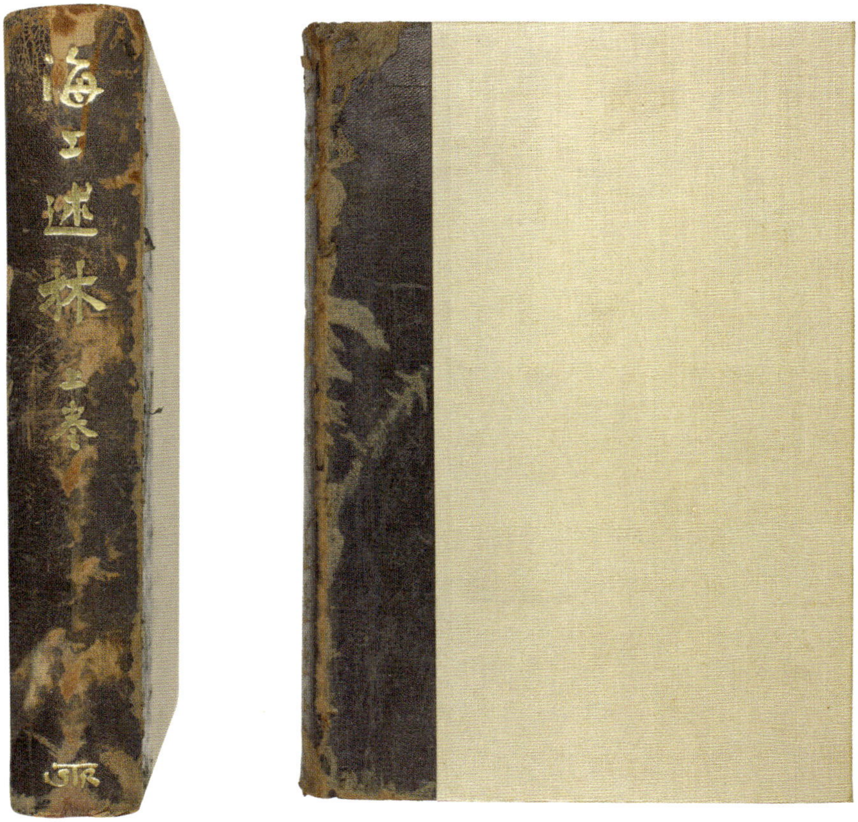

《海上述林》封面、书脊

《海上述林》是鲁迅编校的瞿秋白译文集，分上下卷。上卷『辨林』收入马克思、恩格斯、列宁、普列汉诺夫、拉法格、高尔基等有关文学的论文和苏联学者的研究文章，下卷『藻林』收入高尔基、别德讷衣、卢那察尔斯基、帕甫伦珂等人的诗歌、剧本、小说、散文。该书是鲁迅对从容就义的瞿秋白的纪念，书名和分卷书名都为鲁迅亲自拟定并亲笔书写，每卷前也都有鲁迅撰写的序言。他在和冯雪峰的谈话中说：『我把他的作品出版，是一个纪念，也是一个抗议，一个示威！……人给杀掉了，作品是不能给杀掉的，也是杀不掉的！』

鲁迅与瞿秋白有深厚情谊，对瞿秋白的遗作从悼念文章到装帧设计都下了很大功夫，强撑病体筹集资金，经办编辑、校对，购买纸张，联系印刷、装订、寄赠样书等。该书封面也由鲁迅亲自设计，共印500部，其中100部为亚麻布封面，以皮革镶书脊，400部为蓝天鹅绒封面精装。书脊及封底均烫金烙印『STR』（瞿秋白的笔名『史铁儿』的英文缩写），装帧庄重大方，堪称经典之作。

鲁迅还为此书亲拟广告，称『本卷所收，都是文艺论文，作者既系大家，译者又是名手，信而且达，并世无两』。『此外论说，亦无一不佳，足以益人，足以传世。』遗憾的是，在该书下卷印成时，鲁迅已经去世，没有看到全书的完成。

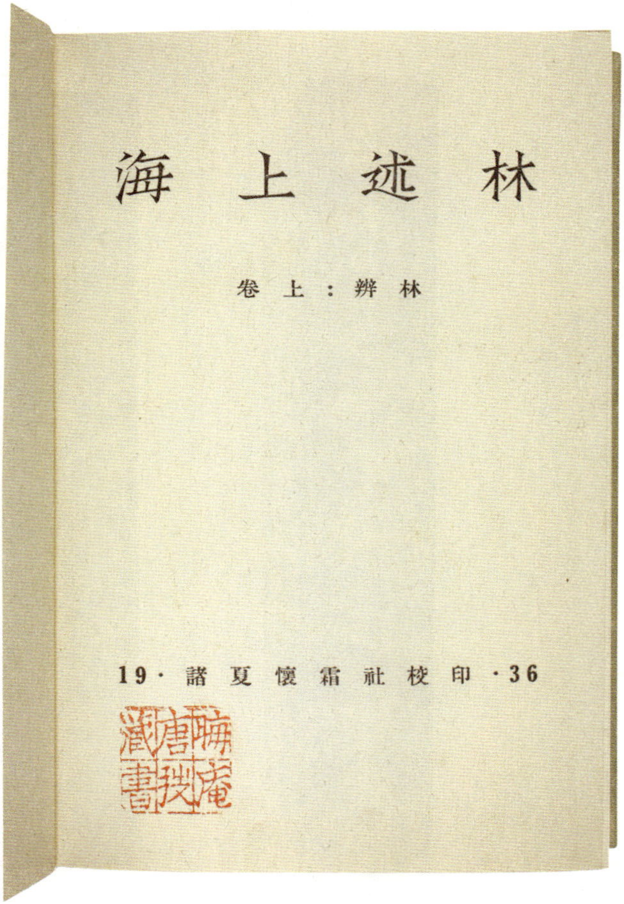

《海上述林》扉页

恩格斯
（一八八九，倫敦）

普列哈諾夫
（一九〇九年，聖萊謨）

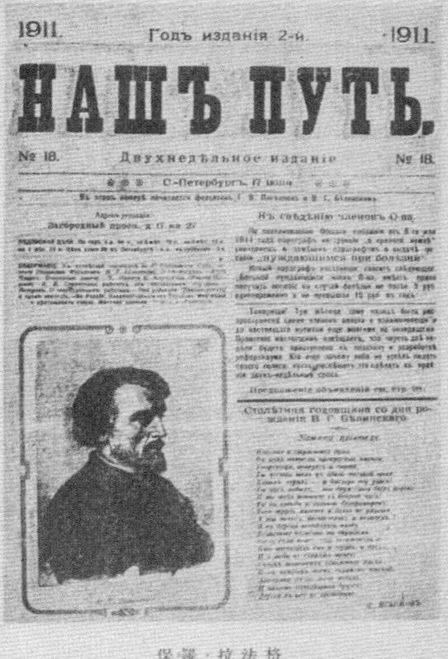
1911. Годъ изданія 2-й. 1911.

НАШЪ ПУТЬ.

№ 18. Двухнедѣльное изданіе № 18.

С.-Петербургъ, 17 іюня

Къ свѣдѣнію членовъ О-ва.

„нуждающимся при болѣзни"

Продолженіе объявленій см. стр. 15.

Столѣтняя годовщина со дня рожденія В. Г. Бѣлинскаго

保羅·拉法格
（十九世紀末的攝影）

馬克西謨·高爾基
克拉甫覺珂木刻

《海上述林》插图

027
《凯绥·珂勒惠支版画选集》

作者：鲁迅 编选
封面设计：鲁迅
出版社：三闲书屋
版本信息：1936年5月初版
印刷方式：铅印
尺寸：44.2×30.2厘米

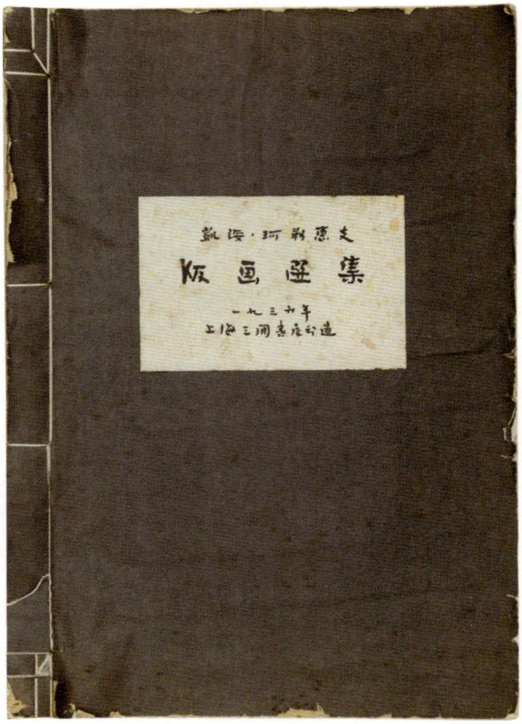

《凯绥·珂勒惠支版画选集》封面

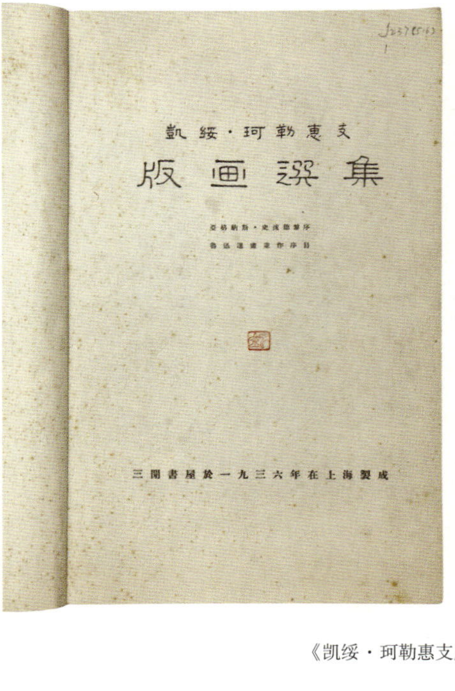

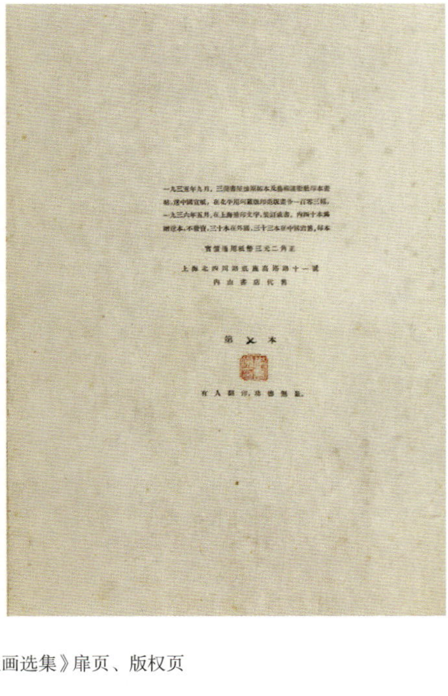

《凯绥·珂勒惠支版画选集》扉页、版权页

《凯绥·珂勒惠支版画选集》由鲁迅编选，共收录德国女画家凯绥·珂勒惠支的版画21幅。凯绥·珂勒惠支是德国版画大家，一生旗帜鲜明地支持无产阶级革命事业，其作品不仅重视艺术语言，更重视思想力量。鲁迅通过珂勒惠支的作品，想到了中国的无产阶级革命，故出版其版画作品，意在唤醒青年勇于斗争的精神，同时也为了纪念被国民党反动派杀害的左联作家柔石。

该书封面由鲁迅设计，采用了中式传统线装书的装帧形式，中西结合，把外国的内容纳入到中国的模式之中，丰富了内涵。封面题字出自鲁迅之手，书前有鲁迅自序、茅盾译史沫特莱序文。该书共印103本，艺术性与革命性兼蓄，极其珍贵。此本为第7本，为鲁迅先生赠与巴金，巴金先生长期珍藏，书中多处钤钱君匋所刻『巴金』『李尧棠印』。

《凯绥·珂勒惠支版画选集》插图

030 — 041

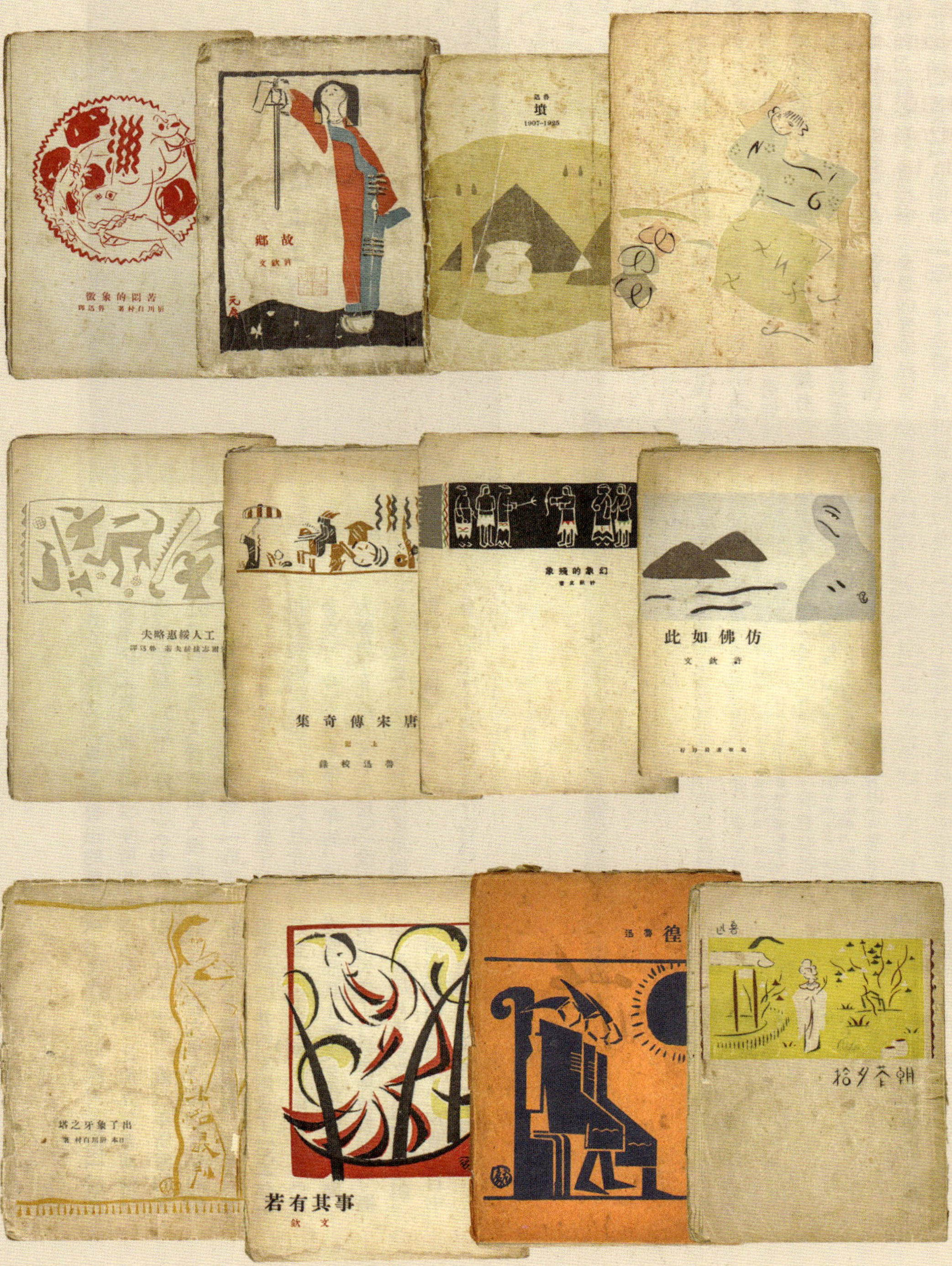

陶元庆

（1893—1929）

陶元庆，字璇卿，浙江绍兴人。曾在上海艺术专科师范学校师从丰子恺和陈抱一等名家学习西洋画。对中国传统绘画、东方图案画和西洋绘画都广泛涉猎，有着不俗的见识和修养，为其从事书籍装帧艺术奠定了美学基础。

幻象的殘象

朝花夕拾

出了象牙之塔

若有其事

030
《苦闷的象征》

作者：[日] 厨川白村
译者：鲁迅
封面设计：陶元庆
出版社：新潮社
（《未名丛刊》之一）
版本信息：1924年12月初版
印刷方式：铅印
尺寸：20×13.6厘米

《苦闷的象征》封面

《苦闷的象征》是日本文艺批评家厨川白村的文艺评论集，苦闷的象征，即是文艺。人有欲望力，外有压制力，两种力量相碰撞，遂产生了文艺。

该书封面由陶元庆设计，一位双手反绑在身后的痛苦女人，周围红色剪影如同一个个冷漠嘲弄的看客，外部社会拿着尖锐的三叉戟抵着女人的脖颈，将她束缚在尖锐如同荆棘刺的圆圈中。插图完美地传达出了『苦闷』的意涵，原画采用红色为基调，鲜明强烈，鲁迅很满意，认为这样处理『使这书披上了凄艳的新装』。

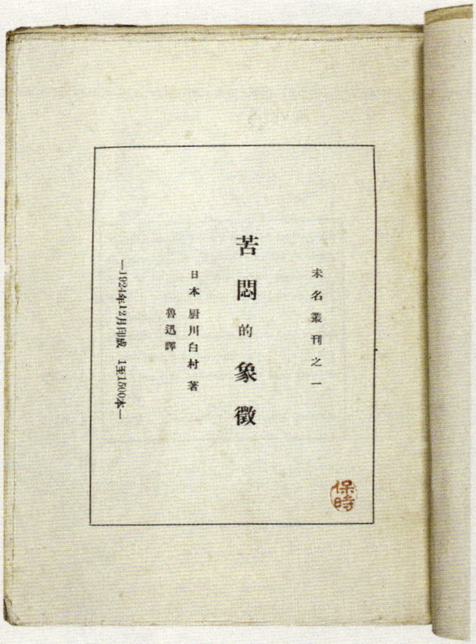

《苦闷的象征》扉页

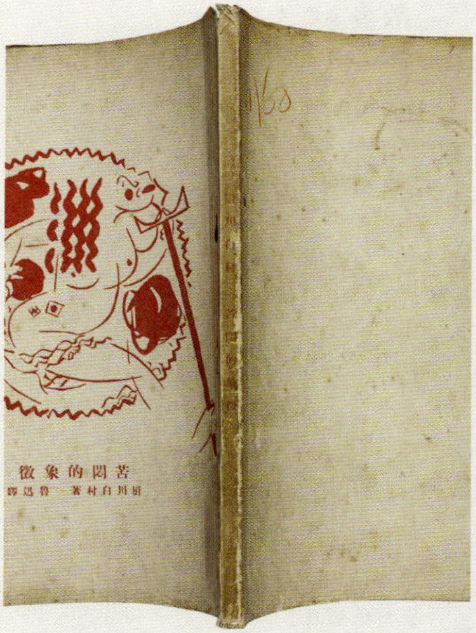

《苦闷的象征》书脊

《苦闷的象征》插图

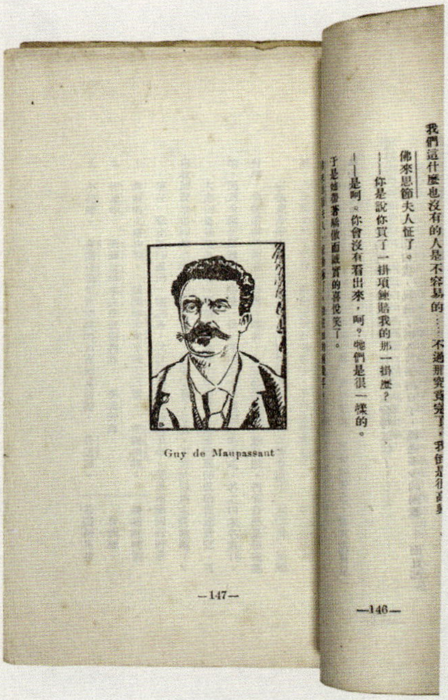

《苦闷的象征》插图

031
《故乡》

作者：许钦文
封面设计：陶元庆
出版社：北新书局
版本信息：1926年5月初版
印刷方式：铅印
尺寸：19.6×13.7厘米

《故乡》封面

璇卿的那幅《大红袍》，我已亲眼看过了，有力量；对照强烈，仍然调和，鲜明。握剑的姿态很醒目！

——鲁迅

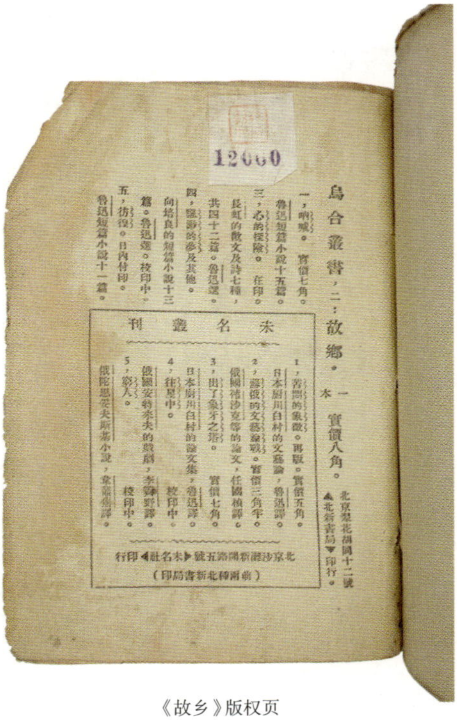

烏合叢書，二：故鄉。一本 實價八角。
北京翠花胡同十二號 ▲北新書局▼印行。
一，吶喊。 實價七角。
魯迅短篇小說十五篇。
三，心的探險。 在印。
長虹的散文及詩七種，共四十二篇。魯迅選。
四，纏綿的夢及其他。
向培良的短篇小說十三篇。魯迅選。校印中。
五，彷徨。 日內付印。
魯迅短篇小說十一篇。

未名叢刊
1，苦悶的象徵。再版。實價五角。
日本廚川白村的文藝論，魯迅譯。
2，蘇俄的文藝論戰。實價三角半。
俄國褚沙克等的論文，任國楨譯。
3，出了象牙之塔。 實價七角。
日本廚川白村的論文集，魯迅譯。
4，往星中。 校印中。
俄國安特來夫的戲劇，李霽野譯。
5，窮人。 校印中。
俄陀思妥夫斯基小說，韋叢蕪譯。
北京沙灘新開路五號▶未名社◀印行
（南兩種北新書局印）

《故乡》版权页

《故乡》为许钦文作短篇小说集，内容刻画当时半封建社会世态人情与青年人渴望自由的精神，是新文学运动早期的优秀短篇小说集，由鲁迅先生收入所编『乌合丛书』。

该书封面由陶元庆设计，采用他1924年创作的画作《大红袍》。画中突出展示了绍兴戏中的『女吊』形象：披发的女鬼身着红袍和高底靴，手握宝剑，奋力下刺，凄艳而狞厉。这张兼具坚韧感与恐怖美的画作被视为『里程碑式的封面画』。

032

《鼻涕阿二》

作者：许钦文
封面设计：陶元庆
出版社：北新书局
版本信息：1927年2月初版
印刷方式：铅印
尺寸：19.9×14.2厘米

《鼻涕阿二》封面

《鼻涕阿二》是许钦文的中篇小说。鲁迅曾称赞许钦文『能活泼的写出民间生活来』。该小说深受鲁迅《阿Q正传》影响，叙述了被侮辱、被损害的女主人公菊花短促的一生。『鼻涕』是浙东农村表示厌恶的称谓。菊花小时候被称作『鼻涕阿二』，被家人当成异类；晚岁染病，在人们的冷漠与厌恶中孤独死去。

该书封面由陶元庆设计，色彩明快，线条活泼流畅，画了一个蓝衣绿裙的女子，旁边点缀几朵小花，有强烈的装饰性风格。左侧以浅粉色印书名『鼻涕阿二』和作者『钦文』。

033
《坟：1907—1925》

作者：鲁迅
封面设计：陶元庆
出版社：未名社
版本信息：1927年初版
印刷方式：铅印
尺寸：20×14厘米

《坟：1907—1925》封面

《坟：1907—1925》扉页图案，鲁迅设计

《坟》收录鲁迅《论雷峰塔的倒掉》《论『费厄泼赖』应该缓行》《娜拉走后怎样》等24篇杂文。此书突出运用史笔，生动形象地引据事实，表达自己的是非爱憎，指陈时弊，论证古今。

该书封面由陶元庆设计，封面上方分三行书写的『鲁迅 坟 1907—1925』为鲁迅授意，他还对封面设计要求：『只要和「坟」的意义绝无关系的装饰就好。』但陶元庆画的封面还是用三角形的图像象征出了坟、树、台的意象，无荒凉萧瑟之感，存一种凄美的静寂，符合鲁迅伴随着『淡淡的哀愁』告别旧我的自然平和心境。画面颜色微妙，雅致，灰而亮，似可看出西欧印象派的影响。

034

《彷徨》

作者：鲁迅
封面设计：陶元庆
出版社：北新书局
版本信息：1926年8月初版
　　此为1927年5月版
印刷方式：铅印
尺寸：20×13.7厘米

《彷徨》封面

《彷徨》收录鲁迅《祝福》《在酒楼上》《伤逝》等11篇小说，贯穿着对生活在封建势力重压下的农民及知识分子『哀其不幸，怒其不争』的关怀。

该书封面由陶元庆设计，封面以橙红色为底，几何线条构成的三人呆坐在顶端卷曲的椅上，面对一轮圆而不圆、颤颤巍巍的深蓝色太阳（浙东俗称『孵太阳』），令人生出百无聊赖之感。鲁迅赞赏这个设计：『《彷徨》的书面实在非常有力，看了使人感动。』

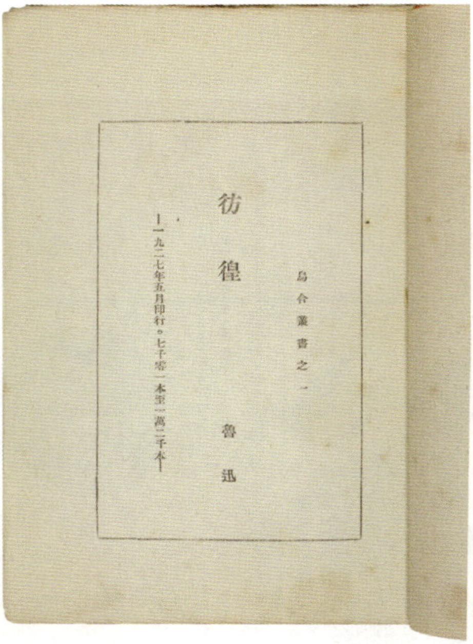

《彷徨》扉页

《彷徨》书脊

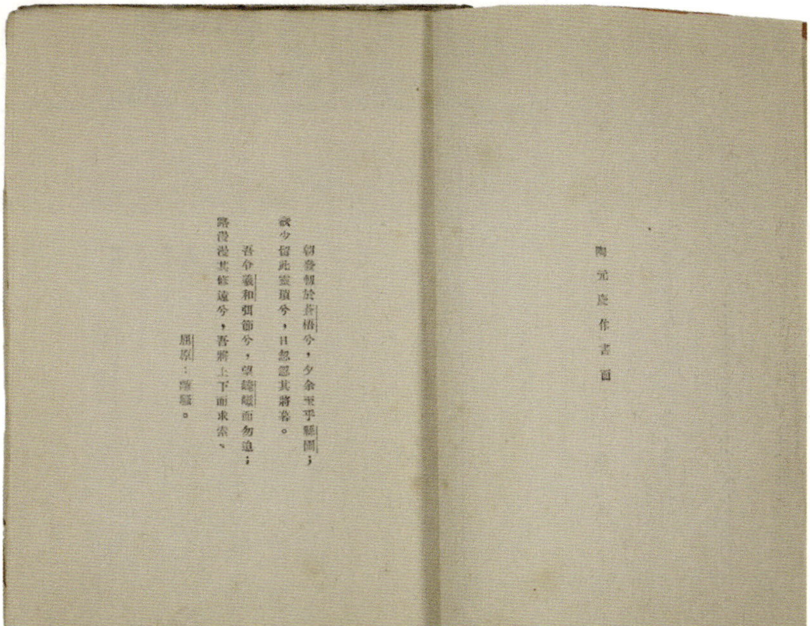

《彷徨》内页

编者注：

《彷徨》卷首题词引用的《离骚》诗句，折射出鲁迅在“五四”退潮期于风沙扑面的旷野中求索前行的坚韧意志。

035

《工人绥惠略夫》

作者：[俄] 阿尔志跋绥夫
译者：鲁迅
封面设计：陶元庆
出版社：北新书局
版本信息：1927年6月初版
印刷方式：铅印
尺寸：19.8×14厘米

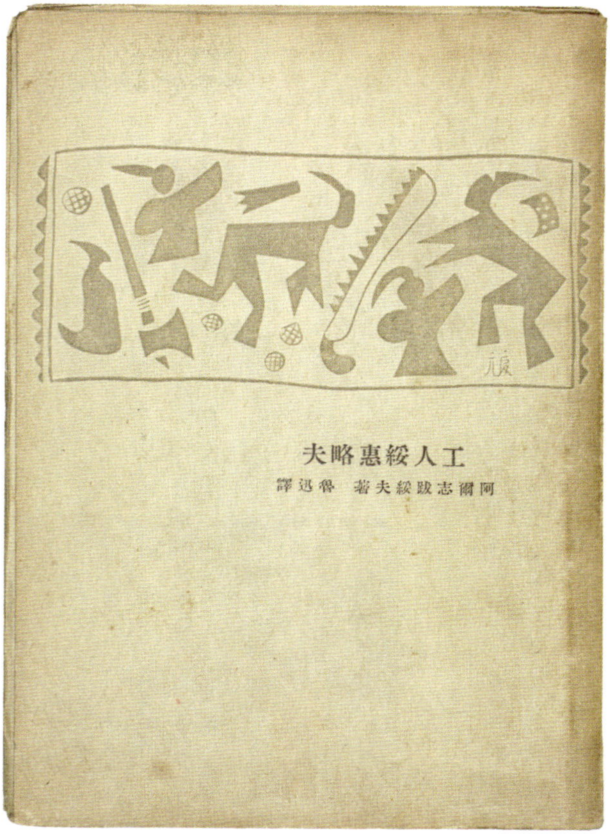

《工人绥惠略夫》封面

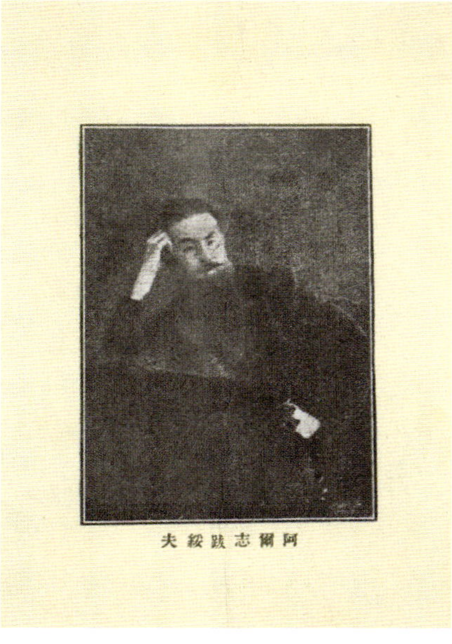

《工人绥惠略夫》作者像

《工人绥惠略夫》是鲁迅翻译俄国阿尔志跋绥夫的中篇小说，为『文学研究会丛书』之一。

该书封面由陶元庆设计，西式的线条绘法，结合东方汉画像砖的形式，并在其中又加入了木刻元素，造型极为独特传神。给外国图书套上典型的中式装帧，也是鲁迅喜爱的设计方式。

036

《唐宋传奇集》(上册)

校录：鲁迅
封面设计：陶元庆
出版社：北新书局
版本信息：1927年初版
印刷方式：铅印
尺寸：19.7×13.8厘米

《唐宋传奇集》是鲁迅耗时15年，从数百篇『唐宋小说』中精选出的唐宋小说合集。由于鲁迅选本取舍有序，择目精审，校勘详细，此书被公认为最具代表性的『唐宋传奇』选本之一。

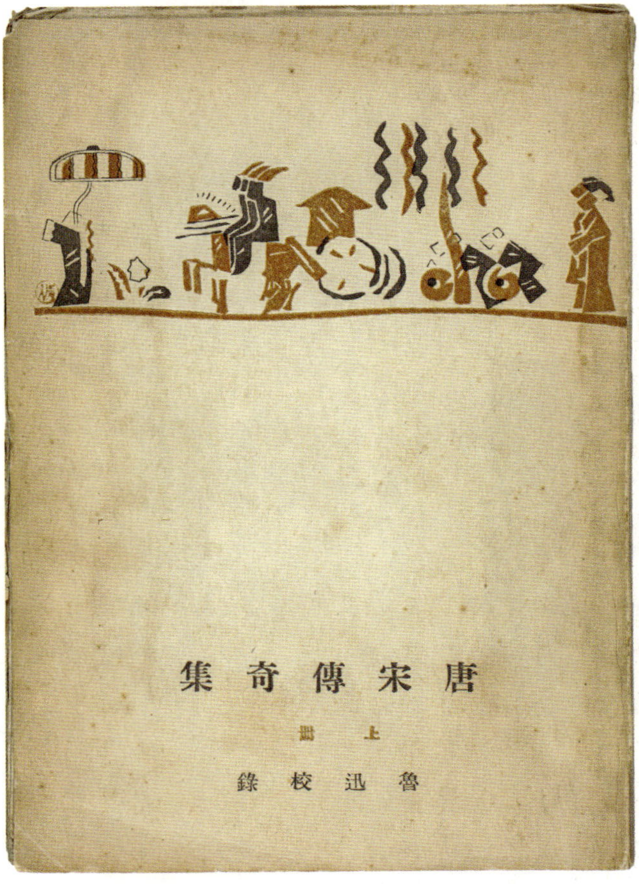

《唐宋传奇集》封面

该书封面由陶元庆绘制，他为鲁迅创作过很多封面画，有时是指定为某本书作画，有时是作好画后，由鲁迅根据实际情况进行调配。此封面原是陶元庆1926年为《莽原》所作，仿汉魏碑刻的画像方式，十分古雅。但鲁迅出于印刷成本的考虑，写信给陶元庆：这一幅我想留作另外的书面之用，“因为《莽原》书小价廉，用两色板的面子是力所不及的。我想这一幅，用于讲中国事情的书上最合宜”。次年，鲁迅所辑录的《唐宋传奇集》出版，以此画为封面，与内容相映生辉。

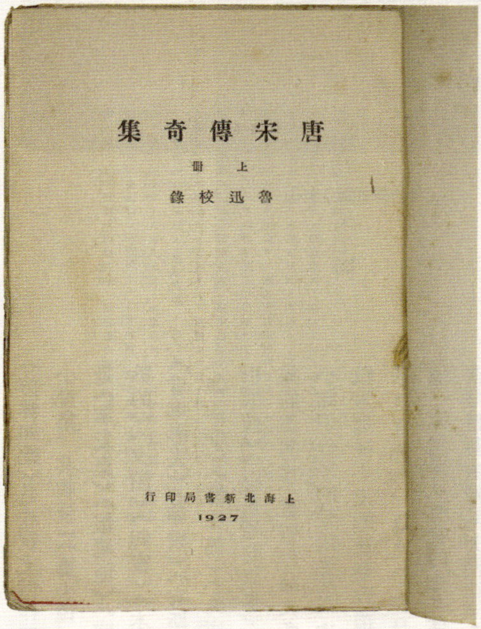

唐宋傳奇集

上冊

魯迅校錄

上海北新書局印行

1927

《唐宋传奇集》扉页

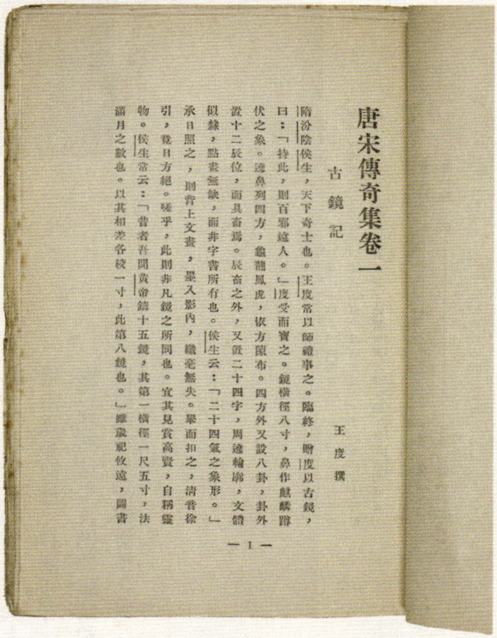

唐宋傳奇集卷一

古鏡記

王度撰

隋汾陰侯生，天下奇士也。王度常以師禮事之。臨終，贈度以古鏡，曰：「持此，則百邪遠人。」度受而寶之。鏡橫徑八寸，鼻作麒麟蹲伏之象。遶鼻列四方，龜龍鳳虎，依方陳布。四方外又設八卦，卦外置十二辰位，而具畜焉。辰畜之外，又置二十四字，周遶輪廓，文體似隸，點畫無缺，而非字書所有也。侯生云：「二十四氣之象形。」承日照之，則背上文畫，墨入影內，纖毫無失。舉而扣之，清音徐引，竟日方絕。嗟乎，此則非凡鏡之所同也。宜其見賞高賢，自稱靈物。侯生常云：「昔者吾聞黃帝鑄十五鏡，其第一橫徑一尺五寸，法滿月之數也。以其相差各校一寸，此第八鏡也。」雖歲祀攸遠，圖書

—1—

《唐宋传奇集》内页

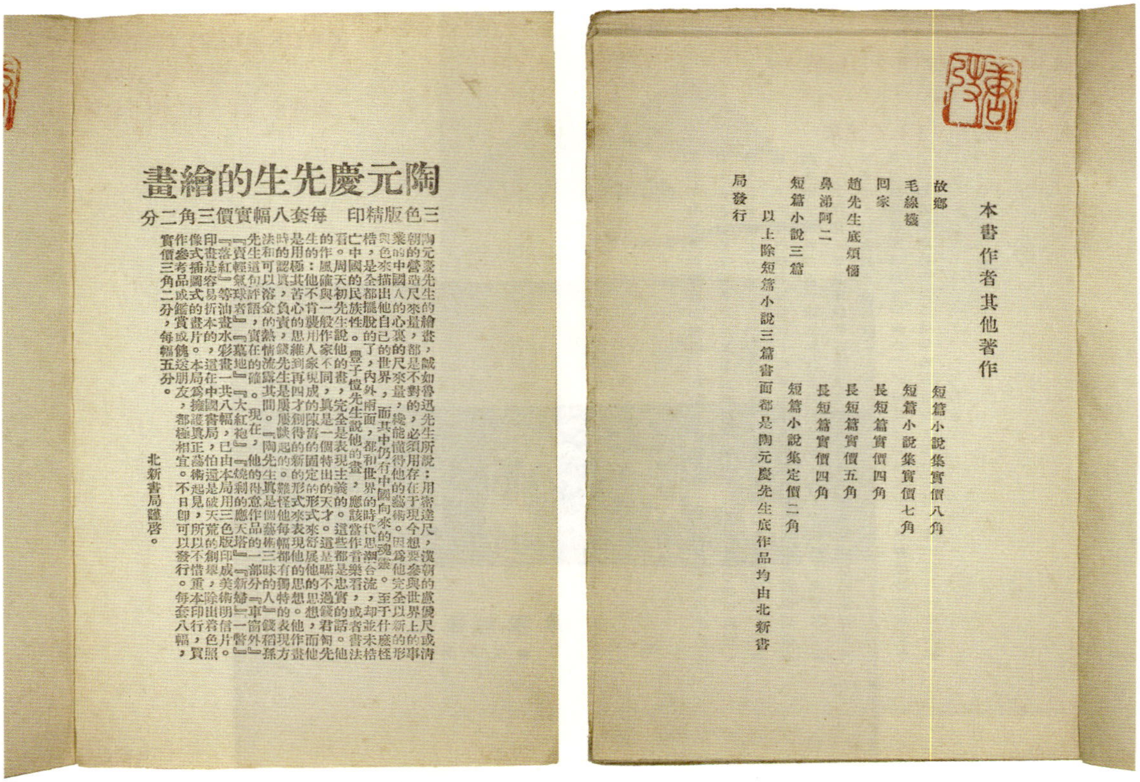

本書作者其他著作

故鄉　短篇小說集實價八角
毛線襪　短篇小說集實價七角
回家　長短篇實價四角
趙先生底煩惱　長短篇實價五角
鼻涕阿二　長短篇實價四角
短篇小說三篇　短篇小說集定價二角

以上除短篇小說三篇書面都是陶元慶先生底作品均由北新書局發行

陶元慶先生的繪畫

三色版精印　每套八幅實價三角二分

陶元慶先生的繪畫，誠如魯迅先生所說：用密達尺，漢朝的慮傂尺或清朝的營造尺來量，都是不對的，必須用存在于現今想要參與世界上的事業的中國人的心裏的尺來量，纔能懂得他的藝術。因爲他完全以新的形與色來描出他自己的世界，而其中仍有中國向來的魂靈。至于什麼桎梏，是全都擺脫了，內外兩面，都和世界的時代思潮合流，却並未梏亡中國的民族性。

豐子愷先生說他的畫，應該當作音樂看，或者書法看。周天初先生說他的畫，完全是表現主義的。這些都是忠實的話。他的作風確與一般作家不同，真是一個特出的天才。這是瞞不過錢君匋先生的：他不肯襲用人家現成的陳舊的固定的形式來舒展他的思想，而他是用極其苦心的思維到再四才創得的新的形式來表現他的思想。他作畫時的認眞，負責，錢先生是屢屢談起的。難怪他每幅都有獨特的表現方法和可以溶金的熱情流露其間。「陶先生真是個藝術三味的人」錢稻孫先生這句評語，實在的確。

現在，他的得意作品的一部分「車窗外」「賞輕氣球者」「驀地」「大紅袍」「燒剩的應天塔」「新婦」「一瞥」「落紅」等油畫水彩畫一共八幅，已由本局用三色版印成美術明信片。印畫是容易折本的，這在中國書局，怕這是破天荒的創舉，除出着色照像式插圖式的畫片。本局爲擁護真正藝術起見，所以不惜重本印行，買作參考品或鑑賞或餽送朋友，都極相宜。不日即可以發行。每套八幅，實價三角二分，每幅五分。

北新書局謹啓。

《幻象的残象》内页

《幻象的残象》是许钦文的短篇小说集，收录有《欢聚》《看讲演去》《捷三营长》《三朋友》《约会》《杨秋音》《在湖滨》等12篇小说，主要刻画家乡江浙一带的农村生活，反映下层人民的不幸与忧愤。

该书封面由陶元庆设计，上方的装饰图画以黑底白线勾勒出兵刃相接的两批人，左侧一人手持叉戟，右侧一人握着弓箭，呈对抗之态。画面中的人物以彩色线条装饰衣物，图画两侧亦有彩色曲线点缀，富有浓郁的民族气息。画面下方以黑色字体印着书名与作者，整个封面的下半部分留白，与上方的黑色图画相互映衬，从而使封面整体风格显得格外简约大方。

039

《朝花夕拾》

作者：鲁迅
封面设计：陶元庆
出版社：北平未名社
版本信息：1928年9月初版
印刷方式：铅印
尺寸：20×13厘米

《朝花夕拾》封面

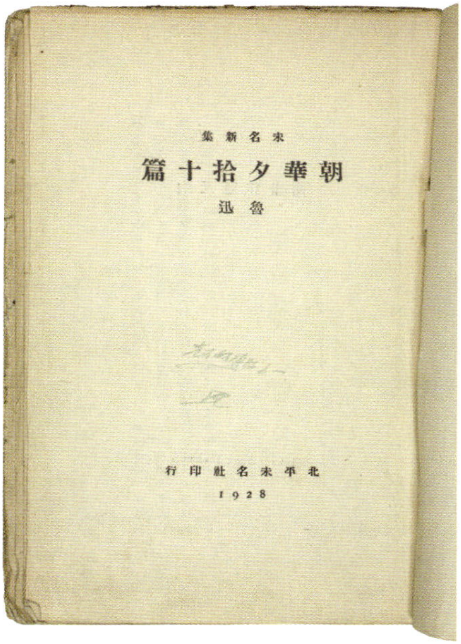

《朝花夕拾》扉页

《朝花夕拾》收录了鲁迅于1926年创作的《狗·猫·鼠》《阿长与〈山海经〉》《从百草园到三味书屋》等十篇回忆性散文，文集以记事为主，饱含着浓烈的抒情气息，往往又夹以议论，可谓融抒情、叙事和议论为一体。

封面由陶元庆装帧并题字：封面上部橘黄色的色块里，一位古装白袍女子在花园中亭阁边，手持一无花之枝而行过，橘黄的底色加重了人生秋意，颇有寓意。

040
《出了象牙之塔》

作者：[日] 厨川白村
译者：鲁迅
封面设计：陶元庆
出版社：未名社
版本信息：1925年12月初版
此为1928年10月第3版
印刷方式：铅印
尺寸：20.4×14.4厘米

《出了象牙之塔》是日本文艺批评家厨川白村的文艺评论集，1924年日本东京福永书店出版。鲁迅在翻译时，删去了原书《文学者和政治者》一文。

该书封面由陶元庆设计，封面以抽象化的裸体女子作为主形象，寥寥几笔勾勒出女性优美的曲线和不知何去何从的迟疑。

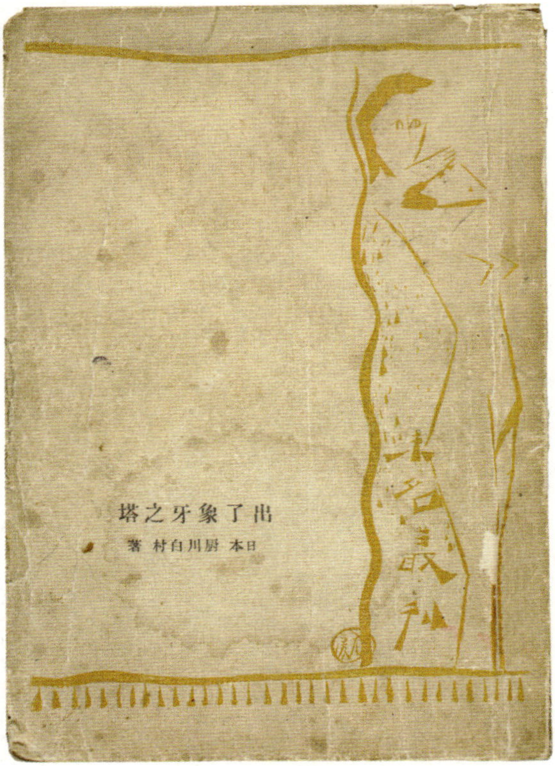

《出了象牙之塔》封面

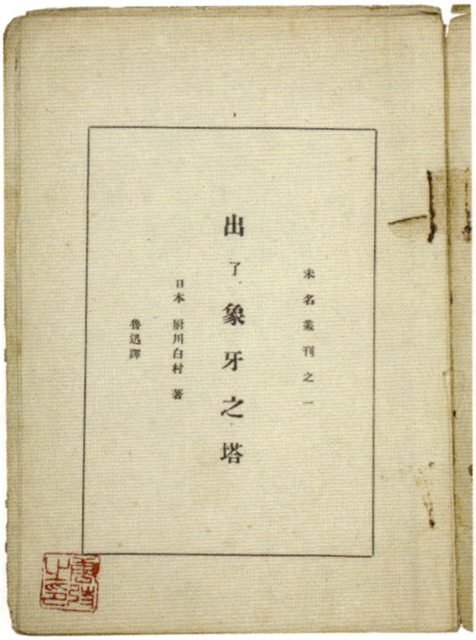

《出了象牙之塔》扉页

041

《若有其事》

作者：许钦文
封面设计：陶元庆
出版社：北新书局
版本信息：1928年初版
此为1929年1月再版
印刷方式：铅印
尺寸：20×14.1厘米

《若有其事》封面

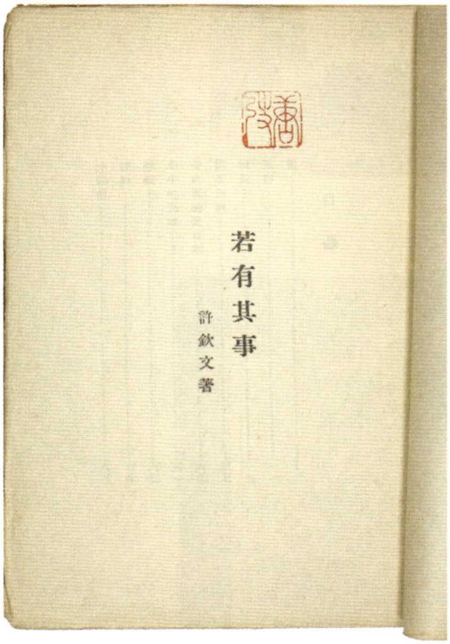

《若有其事》扉页

《若有其事》是许钦文的杂文集，收录《魇》《鬼白》《犹豫》《饮茶如酒》《昏夜里的独幕剧》《小牛的失望》《辞职》《课余》《牛头山》等14篇短文。文章的取材多源于革命青年以及劣根性颇为丰富的小资产阶级，所写内容繁杂多样，既有恋爱故事的讲述，又有杀人和被杀的记载，还包含变态心理的描写，以及对清党后恐怖状况的纪实。

该书封面由陶元庆创作，采用红、黄、黑三色搭配。红色画框中，以凌乱的笔触勾勒出似鸟、似花、似舞者的抽象画面。

042 — 045

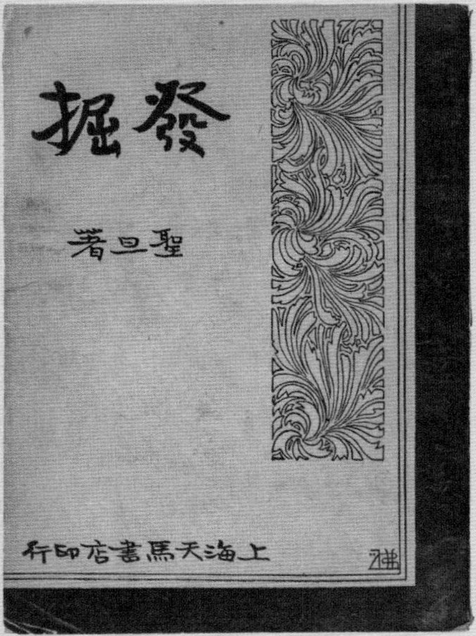

陈之佛

（1896—1962）

陈之佛，浙江余姚人，现代美术教育家、工艺美术家、画家。

1916年毕业于杭州甲种工业学校机织科，留校教图案课。1918年赴日本东京美术学校工艺图案科学习，是第一个到日本学工艺美术的留学生，曾创办尚美图案馆。先后任上海艺术大学、上海美术专科学校和南京中央大学艺术系教授、南京大学艺术系教授兼系主任。中国美术家协会理事、中国美术家协会江苏分会副主席、江苏省文联副主席等。主编《中国工艺美术史教材》，出版《陈之佛画集》《艺术人体解剖学》等。

茅盾自選集

魯迅自選集

懺餘集

發掘

042

《忏余集》

作者：郁达夫
封面设计：陈之佛
出版社：天马书店
版本信息：1933年2月初版
印刷方式：铅印
尺寸：18.5×13厘米

《忏余集》封面

郁達夫著

懺餘集

天馬書店印行

《忏余集》扉页

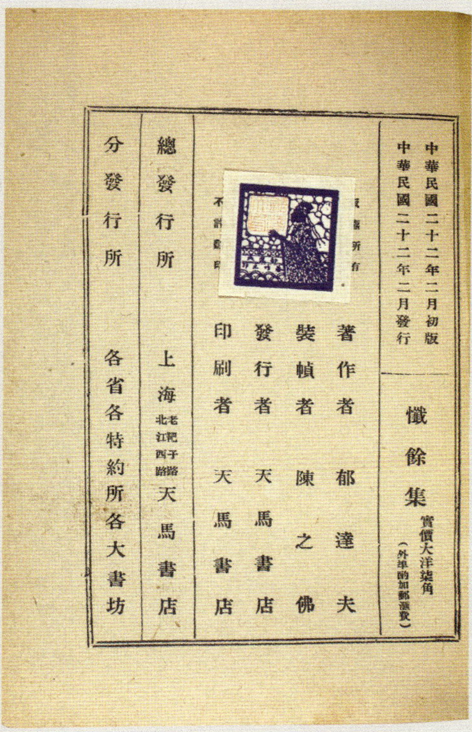

中華民國二十二年二月初版
中華民國二十二年二月發行

懺餘集 實價大洋柒角（外埠酌加郵匯費）

著作者	郁達夫
裝幀者	陳之佛
發行者	天馬書店
印刷者	天馬書店
總發行所	上海北四川路老靶子路天馬書店
分發行所	各省各特約所各大書坊

版權所有 不許翻印

《忏余集》版权页

《忏余集》由天马书店于1933年2月出版发行，收小说和散记各5篇。

该书封面由陈之佛设计，封面画以土黄为底色，满纸铺开，符合《忏余集》所散发出来的忧愁、苦闷、孤茕、徘徊的情状。封面被黑色的边框分成内、外两部分。外部以青铜纹饰予以美化，内部上端以变体小篆题写书名和作者名，下端是由阁楼、树木、花草、云烟和河流变形后组成的图案。

043

《鲁迅自选集》

作者：鲁迅
封面设计：陈之佛
出版社：天马书店
版本信息：1933年3月初版
印刷方式：铅印
尺寸：18.5×13厘米

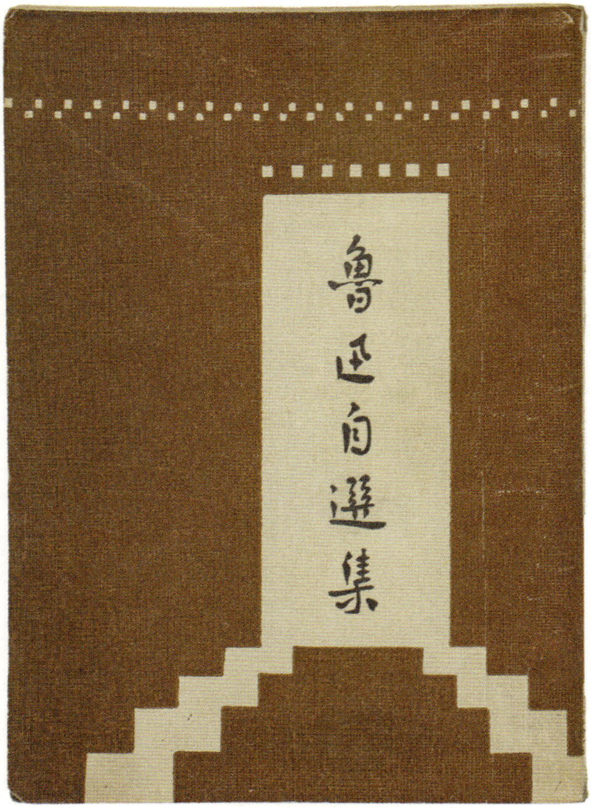

《鲁迅自选集》封面

《鲁迅自选集》作者像

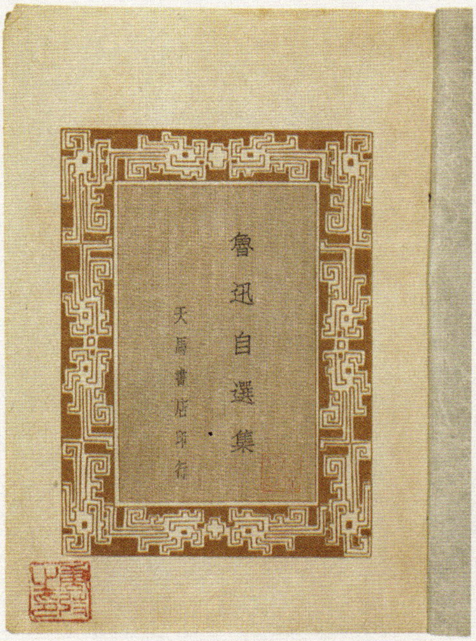

《鲁迅自选集》扉页

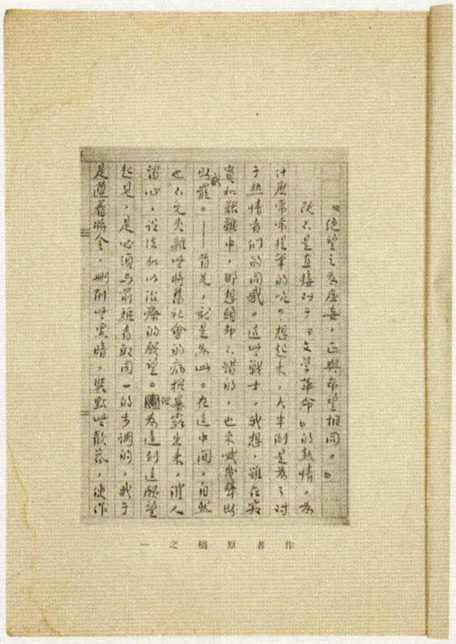

《鲁迅自选集》内页

《鲁迅自选集》是鲁迅一生唯一的自选集，内容从《野草》《呐喊》《彷徨》《故事新编》《朝花夕拾》五本书中选出，收录小说12篇，散文10篇，共计22篇。鲁迅在《自序》中回顾了自己的创作和心路历程，称：『没有法，就将材料，写法，都有些不同，可供读者参考的东西，取出二十二篇来，凑成了一本，但将给读者一种「重压之感」的作品，却特地竭力抽掉了。』

该书封面由陈之佛设计，风格简洁大气，以褚黄色为底色，居中偏右位置有一个白色矩形色块，上有鲁迅题写的书名『鲁迅自选集』。色块的两个底角各斜着延伸出阶梯状的白色色块，书名上端排印7个白色小正方形，显出透视状，别具一格。封面上端点缀的两排错落有致的小方格如星星点点，打破沉闷。整体看来，仿佛在四面漆黑的空间里，有一束光从门中照射出来，照亮了门两侧的台阶，充满象征意味。扉页印有『鲁迅自选集』和『天马书店印行』字样，以青铜器纹样花边装饰，厚重大气，版权页有鲁迅的红底白字印章。

044
《发掘》

作者：圣旦
封面设计：陈之佛
出版社：上海天马书店
版本信息：1934年5月初版
印刷方式：铅印
尺寸：18.5×13.2厘米

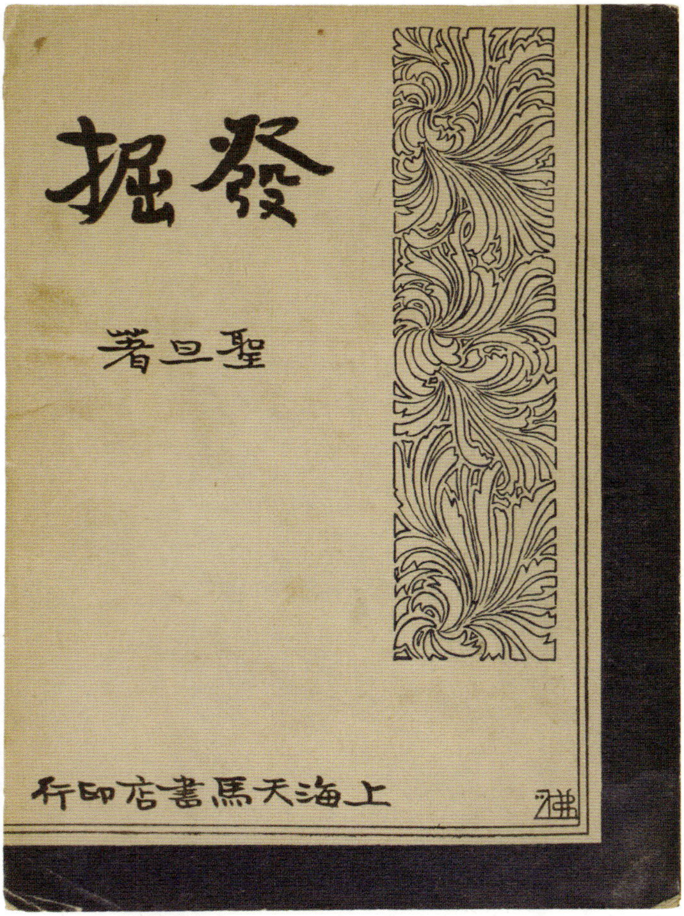

《发掘》封面

圣旦是一位早逝的青年作家，《发掘》是他创作的唯一的短篇历史小说集，共收《新堰》《北邙山》《白杨堡》《突围》等5篇历史小说。《鲁迅日记》记载，1935年1月17日，圣旦曾托杨霁云寄赠一册《发掘》给鲁迅先生。曹聚仁认为这是一部杰出的历史小说集，评价这些历史小说『都是用新史观来照明往史的尝试，描写得非常深刻』。

该书封面由陈之佛设计，封面有大面积留白，右侧和下方是蓝色的长条色块，右上方是用单线绘就的菊花变形图案，左侧是用手写体书写的书名、作者和出版社名。通过线与面、繁与简的强烈对比，显得灵动活泼，清新雅致，具有类似青花瓷的民族风。封面右下角有『之佛』签名，版权页上无装帧者署名。

当时上海天马书店的书几乎都由陈之佛设计，天马书店还出版了他编著的工艺美术图书《影绘》《表号图案》等。

《发掘》扉页

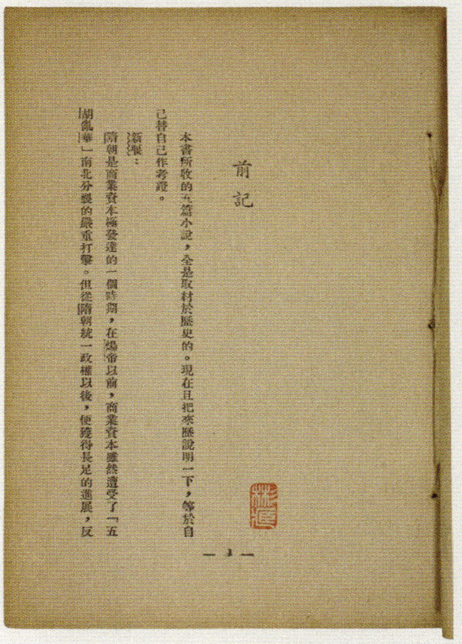
前記

本書所收的五篇小說，全是取材於歷史的。現在且把來歷說明一下，等於自己替自己作考證。

新堰：

隋朝是商業資本極發達的一個時期，在煬帝以前，商業資本雖然遭受了「五胡亂華」南北分裂的嚴重打擊。但從隋朝統一政權以後，便獲得長足的進展，反

— 1 —

《发掘》内页

045
《茅盾自选集》

作者：茅盾
封面设计：陈之佛
出版社：天马书店
版本信息：1933年4月初版
　　此为1935年2月第4版
印刷方式：铅印
尺寸：18．5×13厘米

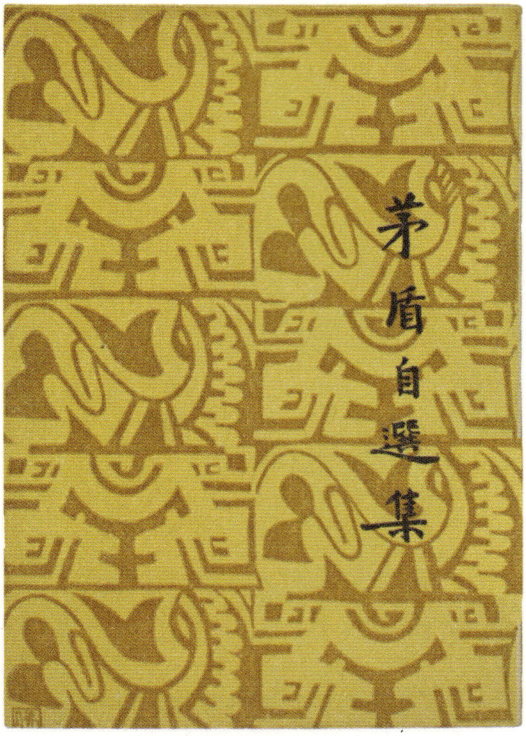

《茅盾自选集》封面

《茅盾自选集》作者像

《茅盾自选集》是茅盾的小说散文选集，收录短篇小说《创造》《陀螺》《大泽乡》《喜剧》《林家铺子》《小巫》，以及长篇小说《子夜》中的一章《骚动》，随笔《叩门》《雾》《浴池的sketch》。书前有写于1932年12月的代序《我的回顾》，书末有写于1932年12月22日的《自选集后记》，并附有作者近影和作者原稿之一。

该书封面由陈之佛设计，封面左下角有『佛』字署名。采用交叉组合阳案为底纹，以灰赭色印刷，茅盾亲自题写书名，以黑色印刷于图案之上，纷繁又颇显雅致。

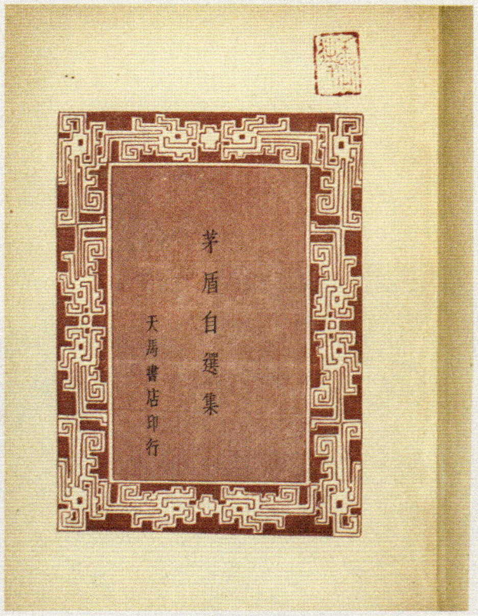

《茅盾自选集》扉页

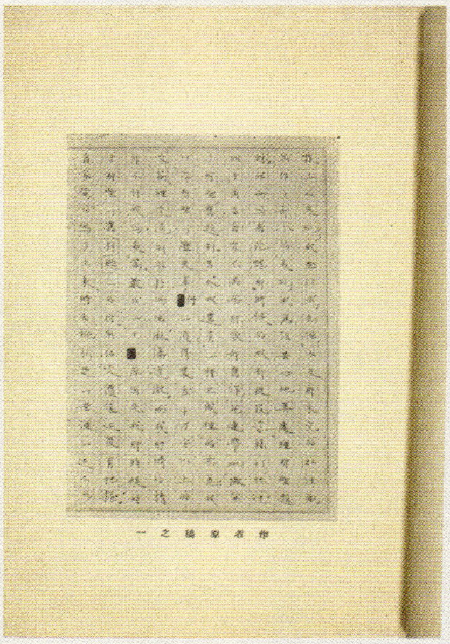

《茅盾自选集》插图

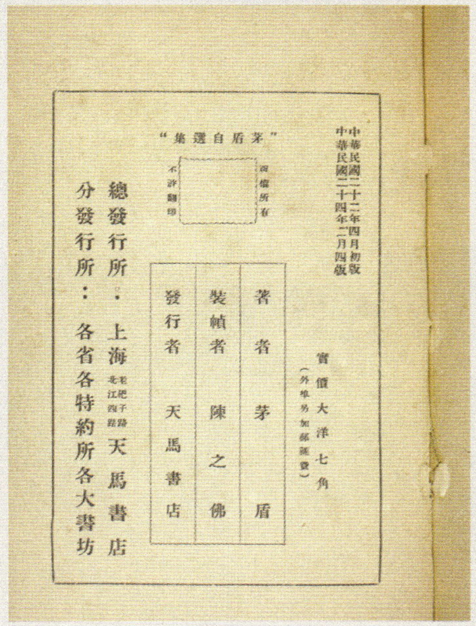

中華民國二十二年四月初版
中華民國二十四年二月四版

"茅盾自選集"

版權所有
不許翻印

實價大洋七角
（外埠另加郵匯費）

著者　茅盾
裝幀者　陳之佛
發行者　天馬書店

總發行所：上海北四川路老靶子路江西路天馬書店
分發行所：各省各特約所各大書坊

《茅盾自选集》版权页

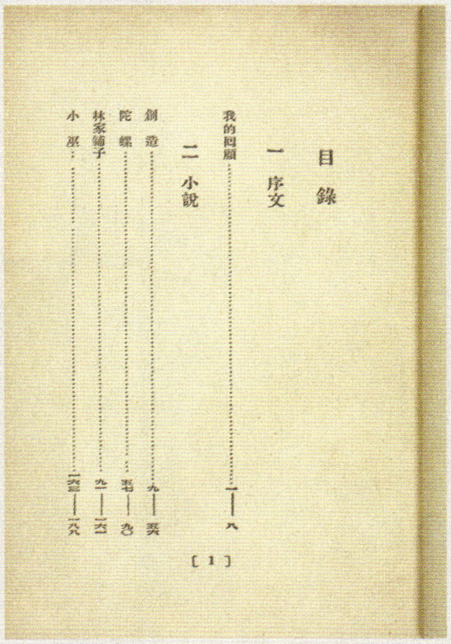

目錄

〔1〕

《茅盾自选集》目录

046 — 054

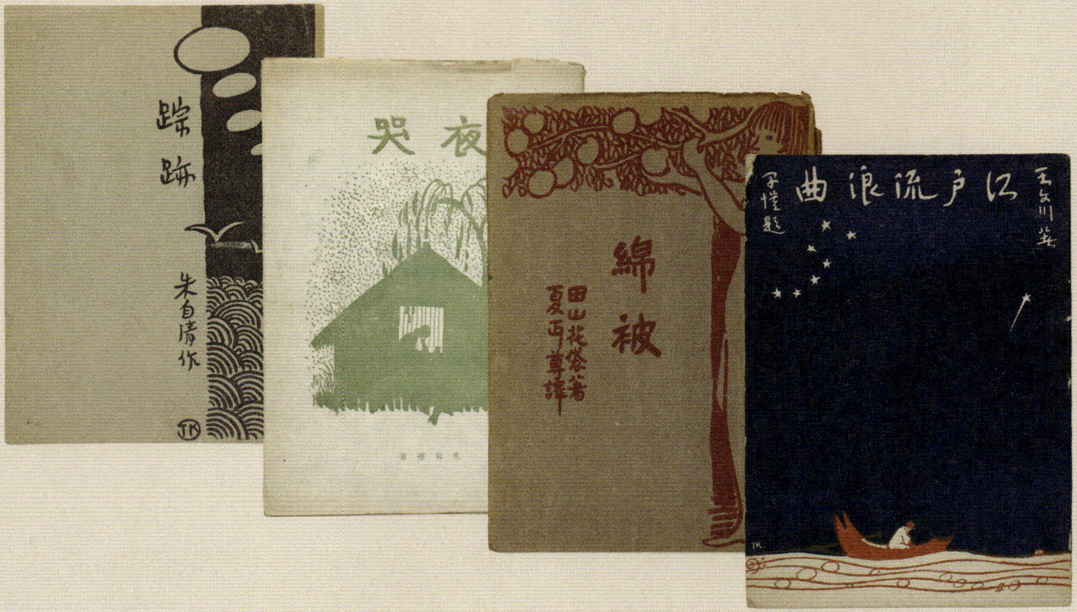

踪跡
朱自清作
夜哭
綿被
田山花袋著
夏丏尊譯
江戶流浪曲
王文川著
子愷題

子愷漫畫
黄昏
草原故事
巴金譯
文壇逸話
宏徒
愛的教育
亞米契斯著 夏丏尊譯 開明書店印行

丰子恺

（1898—1975）

丰子恺，原名丰润，又名仁、仍，号子觊，后改为丰子恺，堂号缘缘堂，笔名“TK”（FONG TSE KA），法号婴行，生于浙江省崇德县石门湾（今浙江省嘉兴市桐乡市石门镇石门湾），中国现代书画家、文学家、散文家、翻译家、漫画家，被誉为“现代中国最艺术的艺术家”“中国现代漫画的鼻祖”。

黃昏

綿被

蹤跡

草原故事

夜哭

江户流浪曲

子愷漫画

文壇逸話

宏徒

爱的教育

046
《踪迹》

作者：朱自清
封面设计：丰子恺
出版社：亚东图书馆
版本信息：1924年12月初版
印刷方式：铅印
尺寸：18.2×12.7厘米

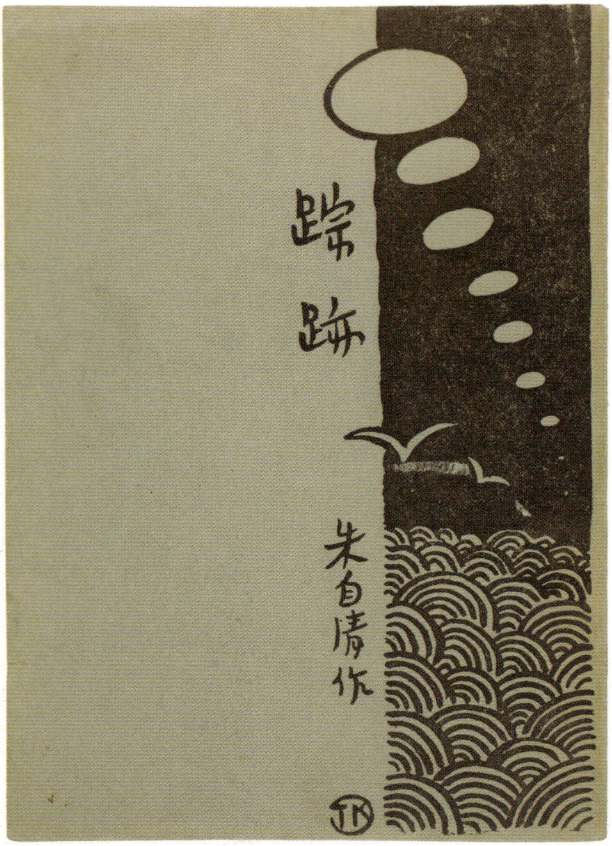

《踪迹》封面

《踪迹》是朱自清的诗与散文集。共两辑，第一辑是新诗，第二辑是散文，包括《光阴》《歌声》《满月的光》《羊群》《送韩伯画往俄国》《新年》等。其中诗歌的诗风纯正朴实，或追求光明，或抨击黑暗，洋溢着反帝反封建的革命精神。

该书由丰子恺设计封面，是其书籍装帧的较早尝试。将湖绿色和黑色相搭配，笔墨单纯，左侧大片湖绿色留白，只写书名和作者，右侧以黑色为底，点缀以波纹、飞鸟和气泡，简单又不失趣味。

047

《夜哭》

作者：焦菊隐
封面设计：丰子恺
出版社：北新书局
版本信息：1926年7月初版
印刷方式：铅印
尺寸：20×13.6厘米

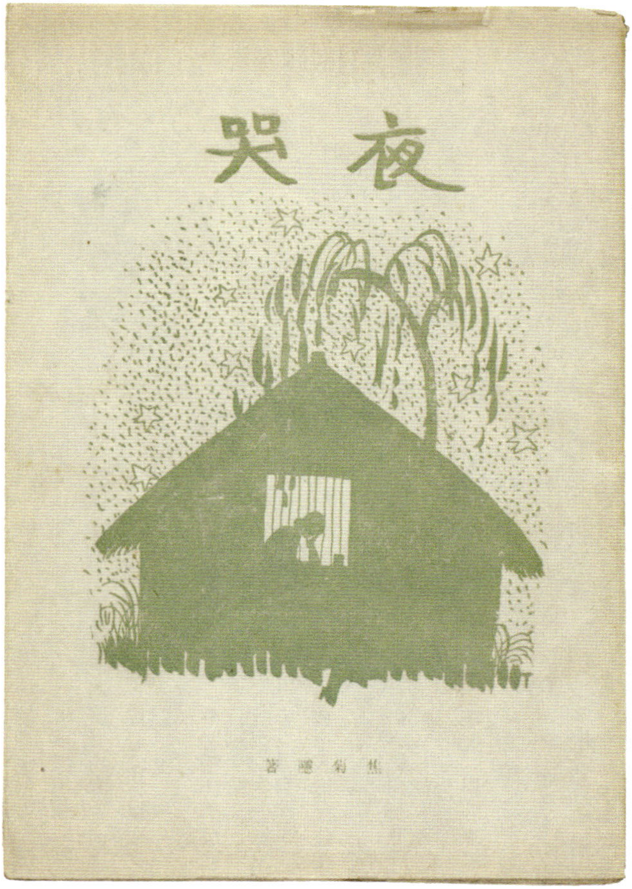

《夜哭》封面

《夜哭》扉页

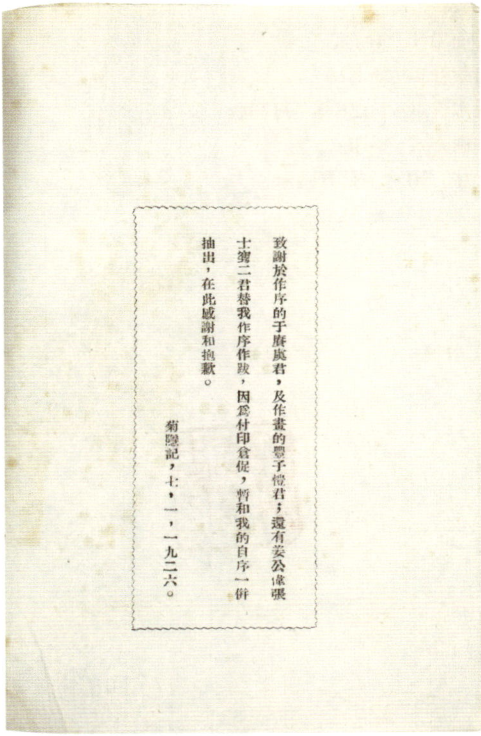

致謝於作序的于賡虞君，及作畫的豐子愷君；還有姜公偉張士謨二君替我作序作跋，因爲付印倉促，暫和我的自序一併抽出，在此感謝和抱歉。

菊隱記，七，一，一九二六。

《夜哭》内页

《夜哭》是焦菊隐的散文诗集，是我国最早出版的散文诗集之一，分『夜哭』『人间』『一缕青烟』『慵懒』『杂诗』五部分，共收录28首散文诗，卷首有于赓虞的《夜哭序》。1926年由北新书局初版，据沈从文称『三年中有四版的事实，为中国新兴刊物中关于诗歌集子最热闹的一件事』。

该书的广告词评价道：『菊隐的诗的创作以散文诗为尤佳，他在这卷诗里，曾透出他温柔的情怀中所潜伏的沉毅的生力，曾闪耀出将来的光辉，使读者从哭声中可以得到安慰。』

该书封面画作由丰子恺所作，并有插图2幅。封面整体颜色为绿色，柳树下有一屋子，从屋子的窗户中可见一人手捂着头，似乎在哭。屋外点缀有数颗星星，凸显环境为夜晚，对应书名『夜哭』。画作上方题写书名，下方写作者名。

048

《绵被》

作者：[日] 田山花袋
译者：夏丏尊
封面设计：丰子恺
出版社：商务印书馆
版本信息：1927年1月初版
印刷方式：铅印
尺寸：20×14厘米

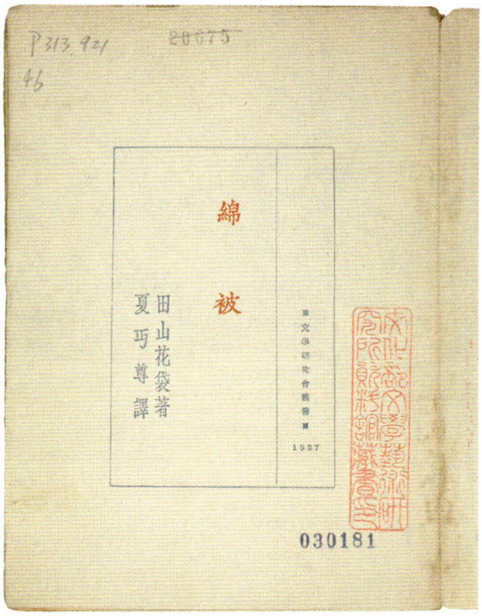

《绵被》扉页

《绵被》封面

《绵被》是日本作家田山花袋创作的小说，描写了一位已有妻室的中年作家对年轻的女弟子产生爱欲之后内心的激烈斗争，细腻深刻地讲述了一个中年男性的情感危机，其自然、客观大胆的写作风格震惊了日本文坛，也影响了中国现当代文学。

该书的封面由丰子恺设计，书名和画面均用红色，描绘了一个身体赤裸的女子正在摘树上的果实，非常容易让人想到《圣经》中夏娃偷吃智慧树上的禁果的神话，充分展现了丰子恺的文学修养。封面和封底都有较宽的勒口，图书装帧保持了商务印书馆的古朴本色，却有精美的装饰，颇为精致。

049
《江户流浪曲》

作者：王文川
封面设计：丰子恺
出版社：开明书店
版本信息：1929年6月初版
印刷方式：铅印
尺寸：18.7×13厘米

《江户流浪曲》封面

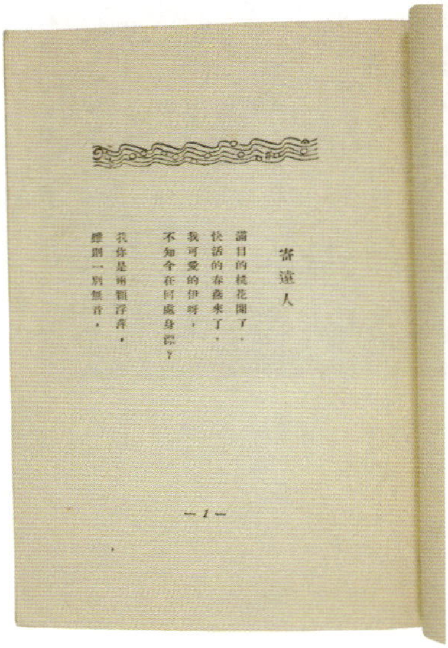

寄遠人

滿目的桃花開了，
快活的春燕來了，
我可愛的伊呀，
不知今在何處身漂？
我你是兩顆浮萍，
離別一別無音，

—1—

《江户流浪曲》内页

《江户流浪曲》是王文川于1926年至1928年创作的新诗集，因写于日本东京而得名。当时作者22岁左右，在老师夏丏尊的帮助下，由学费中节省了钱自费出版了这本诗集，收录《夜中的东京流浪》《失望的恋》《朋友，我无需你安慰》《纺花女》《牛吃草》等，诗作文字写实，读来平易近人。

该书封面由王文川的老师丰子恺设计，深蓝色的星空下，一叶小舟漂于江上，舟中一人低头沉思，深蓝与铁红两色构图，颇有意境，显得沉静深邃又不失活力，表现了诗人当时的心境。封面上方是丰子恺题写的书名、作者名和署名，王文川在跋言中称：『素所敬爱的丰子恺先生欣然为我挥笔，使本书增了光，我也非常感激。』该书每页书眉上装饰有流水音符，极具音乐感。

050
《子恺漫画》

作者：丰子恺
封面设计：丰子恺
出版社：开明书店
版本信息：1929年
印刷方式：铅印
尺寸：22×15厘米

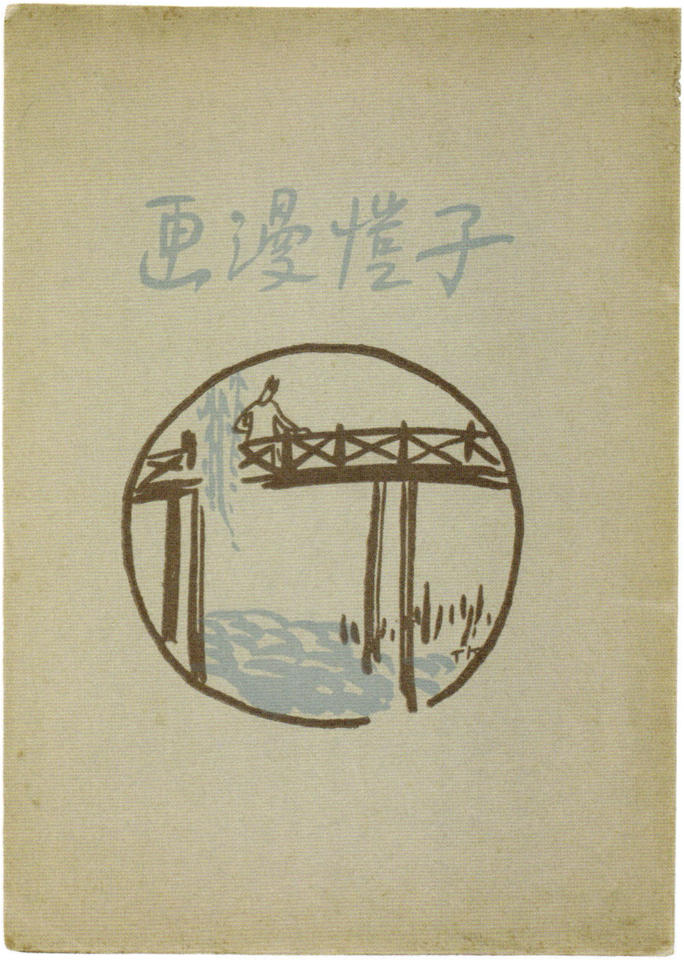

《子恺漫画》封面

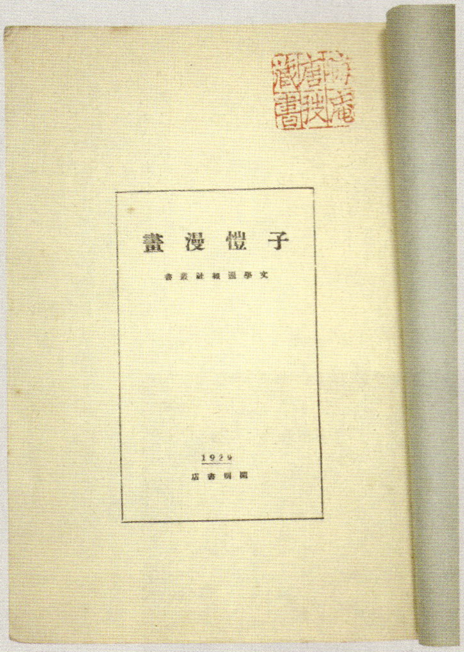

《子恺漫画》扉页

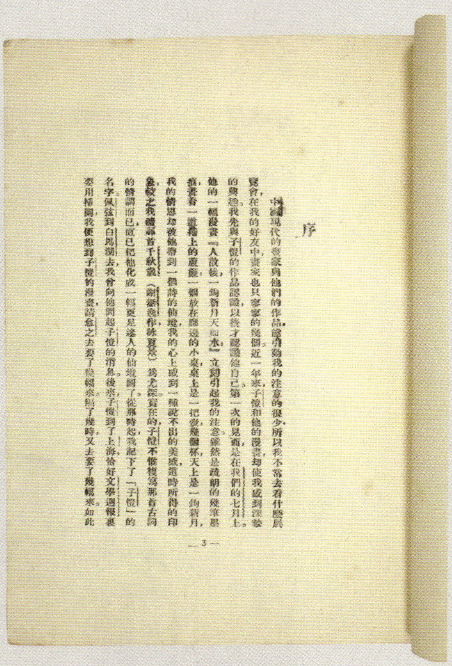

序

中國現代的畫家與他們的作品，能引動我的注意的很少，所以我不常去看什麼展覽會。在我的好友中畫家也只寥寥的幾個。近一年來，子愷和他的漫畫，卻使我感到深摯的興趣。我先與子愷的作品認識，以後才認識他自己。第一次的見面，是在我們的七月上。他的一幅漫畫『人散後，一鈎新月天如水』，立刻引起我的注意。雖然是疏朗的幾筆墨痕，畫着一道捲上的蘆簾，一個放在廊邊的小桌，桌上是一把壺，幾個杯，天上是一鈎新月，我的情思卻被他帶到一個詩的仙境，我的心上感到一種說不出的美感，這時所得的印象較之我讀那首千秋歲（謝無逸作，詠夏景）為尤深。實在的，子愷不惟能複寫那首古詞的情調而已，直已把他化成一幅更足迷人的仙境圖了。從那時起，我記下了「子愷」的名字。佩弦到白馬湖去，我曾向他問起子愷的消息。後來，子愷到了上海，恰好文學週報裏要用插圖，我便想到子愷的漫畫，請愈之去要了幾幅來。隔了幾時，又去要了幾幅來。如此

— 3 —

《子恺漫画》内页

《子恺漫画》是丰子恺的第一本漫画集，书前有郑振铎、夏丏尊、丁衍庸、朱自清、方光焘、刘薰宇所作的序，书尾有俞平伯跋，且为手迹制版，版本罕传，极具收藏价值。朱自清在《代序》中称：『你这本集子里的画，我猜想十有八九是我见过的。我在南方和北方与几个朋友空口白嚼的时候，有时也嚼到你的漫画。我们都爱你的漫画有诗意；一幅幅的漫画，就如一首首的小诗——带核儿的小诗。你将诗的世界东一鳞西一爪地揭露出来，我们这就像吃橄榄似的，老觉着那味儿。』

该书由丰子恺自己设计封面，以青色纸为底，蓝色手写书名，下面放其画作《一江春水向东流》，一人站在桥上，右上角垂下一枝柳条，桥下是奔腾的一江春水，风格鲜明独特，令人一眼就能辨别出是丰子恺的作品。

《子恺漫画》插图

051

《黄昏》

作者：王统照
封面设计：丰子恺
出版社：商务印书馆
版本信息：1929年4月初版
此为1930年11月再版
印刷方式：铅印
尺寸：19×13厘米

《黄昏》扉页

《黄昏》封面

《黄昏》是王统照的长篇小说，采用写实手法描写了三位妇女不幸的命运，对封建地主摧残迫害妇女的罪行进行了有力控诉。补碎在评论文章《王统照君的〈黄昏〉》中认为，《黄昏》里所描写的古堡，无异一个罪恶丛集的社会缩影，『若非洞烛世情，那可以刻画得这般周致』。

该书由丰子恺作封面画，一轮圆月挂在柳梢头，柳树下有两间瓦片为顶的屋子，屋中有橘色的灯光，窗户上映出两个人影，笔墨抒情，一看就让人联想到『月上柳梢头，人约黄昏后』，与书名《黄昏》相照应，且留有书中某些情节的线索。

052

《草原故事》

作者：[苏] 高尔基
译者：巴金
封面设计：丰子恺
出版社：上海马来亚书店
版本信息：1931年4月初版
印刷方式：铅印
尺寸：18.4×13.2厘米

《草原故事》封面

《草原故事》是高尔基的早期作品集，其中既有在草原上产生或者流传的故事，也有描写草原生活的小说，以色彩浓艳、笔触醒目的写作风格，唤起读者对草原的渴望，对自由的渴望，是巴金眼中真正的短篇精品。

出于对该书的喜爱，巴金多次重译、修改，以求更接近高尔基原文的情味。此版为国内最早版本，具有重要的文学史料研究价值。巴金曾经回忆：『我还记得为了改正《草原故事》中的错字，我到华文印刷所去找排字工人求他当场改好。那个年轻人因为下班后同女朋友有约会，显得很不耐烦，但是我缠住他不放，又讲了不少好话，终于达到了目的。』

该书封面由丰子恺设计，画面右侧是一个双手交叉在胸前、望向远处草原的男子。画作保持了画家固有的抒情风格，朴素而简练。左侧的书名为黑体字，译者名则用了宋体字。

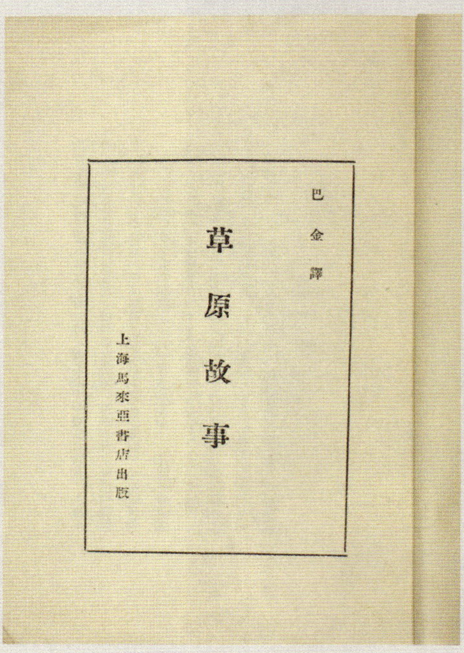
巴金譯

草原故事

上海馬來亞書店出版

《草原故事》扉页

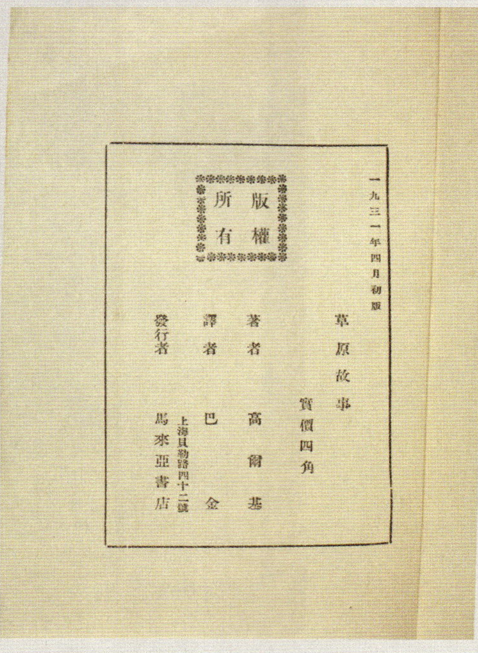
一九三一年四月初版

版權所有

草原故事 實價四角

著者 高爾基

譯者 巴金

發行者 上海貝勒路四十二號 馬來亞書店

《草原故事》版权页

053

《文坛逸话》

作者：宏徒 编
封面设计：丰子恺
出版社：商务印书馆
版本信息：1928年10月初版
此为1932年再版
印刷方式：铅印
尺寸：19×13厘米

《文坛逸话》封面

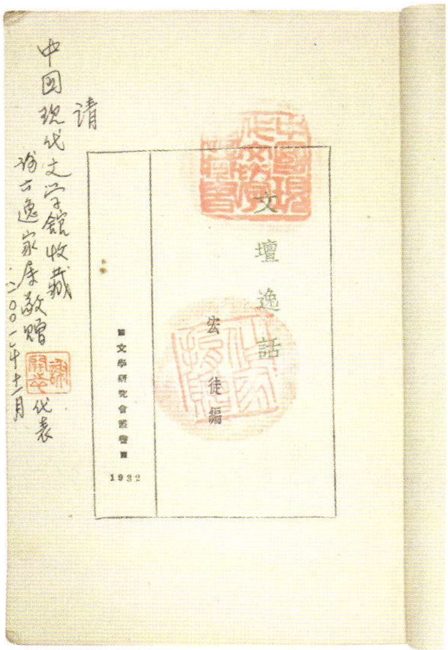

《文坛逸话》扉页

《文坛逸话》是文学研究会作家谢六逸（宏徒是其笔名）编的欧美文学家逸闻掌故集，是『文学研究会丛书』之一，收录《屠格涅夫轶事》《马克·吐温的领带》《托尔斯泰与二十八》《普希金的决斗》《诗人雪莱》《巴尔扎克的想象力》《拜伦的幼年》等27篇介绍18、19世纪外国著名作家生活轶事的短文。文章笔调轻松，生动有趣，颇具幽默感。

该书封面由丰子恺设计，画面中间是一位戴眼镜的长须老人在高谈阔论，一只手正在比画，面前的桌子上摆着一杯清茶，旁边围坐5人在聚精会神地倾听，颇有正在洗耳恭听『文坛逸话』的场景，煞是传神。

054
《爱的教育》

作者：[意] 亚米契斯
译者：夏丏尊
封面设计：丰子恺
出版社：开明书店
版本信息：1926年3月初版
此为1947年10月修正13版
印刷方式：铅印
尺寸：18×13厘米

《爱的教育》封面

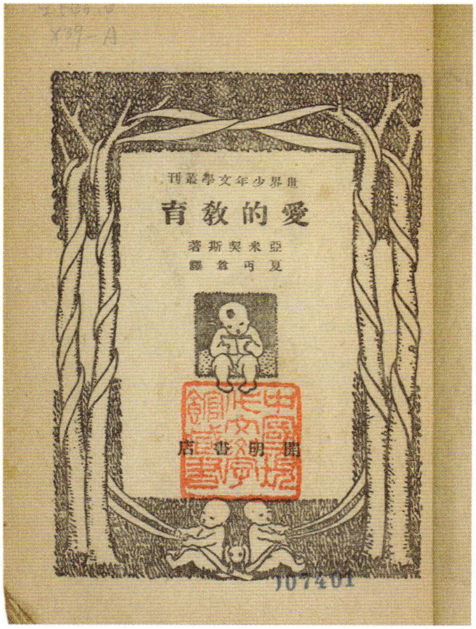

《爱的教育》扉页

《爱的教育》是意大利作家埃迪蒙托·德·亚米契斯创作的长篇日记体小说，这部小说以一个小学生的口吻，以充满儿童情趣的幽默语言，记录了孩子们一年学习生活的点点滴滴。

该书封面由丰子恺设计，以浅蓝、红色为主色调，视觉效果既温暖又大方。中心图案为一个诞生于爱心中央的孩童，四周迸发着光芒，彰显了爱和教育的力量。书名以红色书写『爱的教育』四字，直接而醒目。

《爱的教育》插图

055 — 060

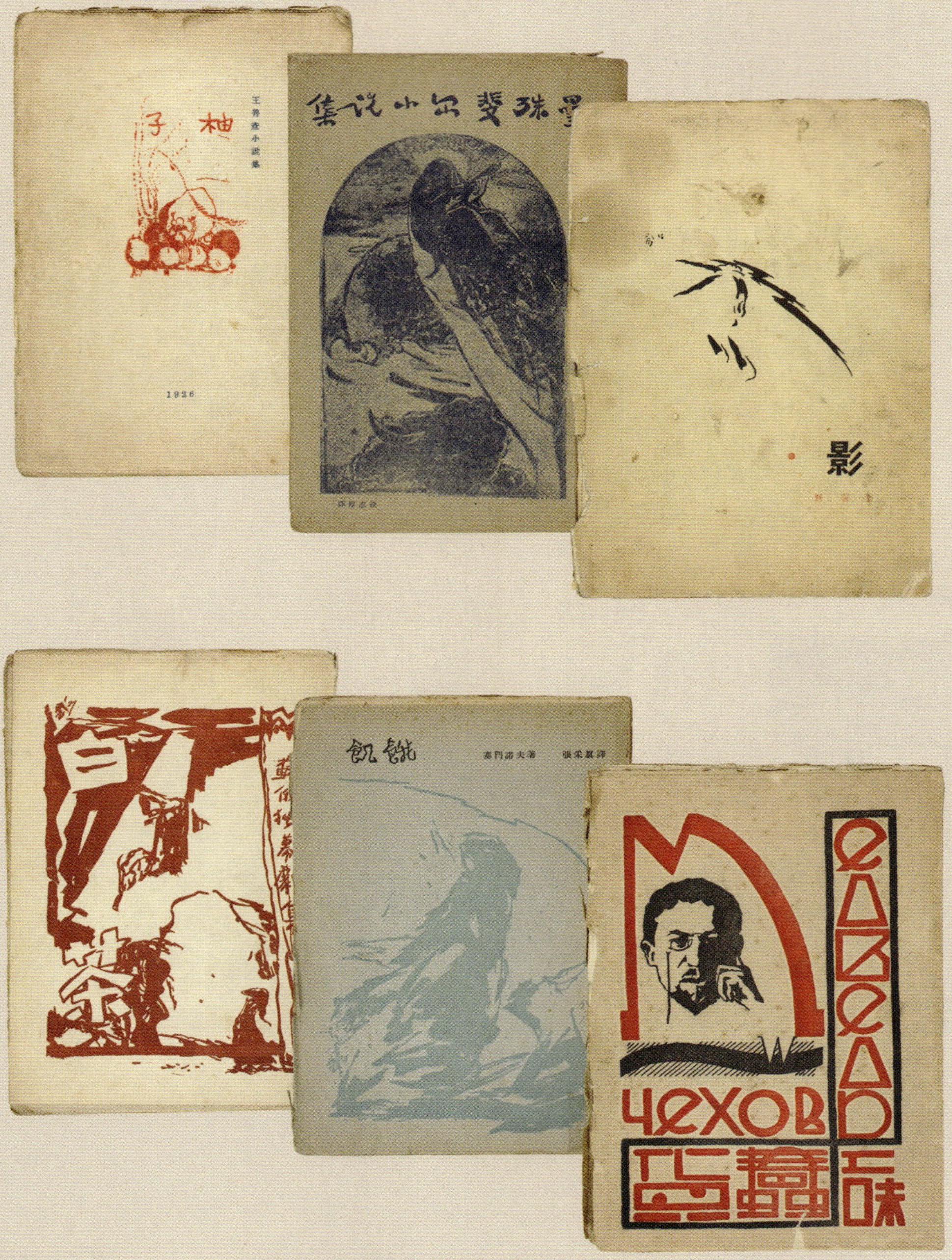

（1902—1958）

司徒乔

司徒乔，广东开平人。擅长油画、素描。原名司徒乔兴，开平赤坎镇塘边村人。1924年至1926年就读于燕京大学神学院。1926年在北京中央公园水榭举办个人第一次画展。1928年赴法国留学，师从写实主义大师比鲁。1930年赴美国，以绘壁画为生。翌年回国，任教于岭南大学。1931年与冯伊湄结婚。1934年至1936年任《大公报》艺术周刊编辑，后来去缅甸仰光养病，1939年辗转新加坡，作《放下你的鞭子》。1942年返回重庆，1943年赴西北写生，并于1945年在重庆举办新疆写生画展。1946年曾远涉广东、广西、湖南、湖北等地作《义民图》多幅，并先后在南京与上海展出。后赴美国养病，1950年回国途中作《三个老华侨》，后任中央美术学院教授。擅长油画、水彩、粉画。有《司徒乔画集》行世。

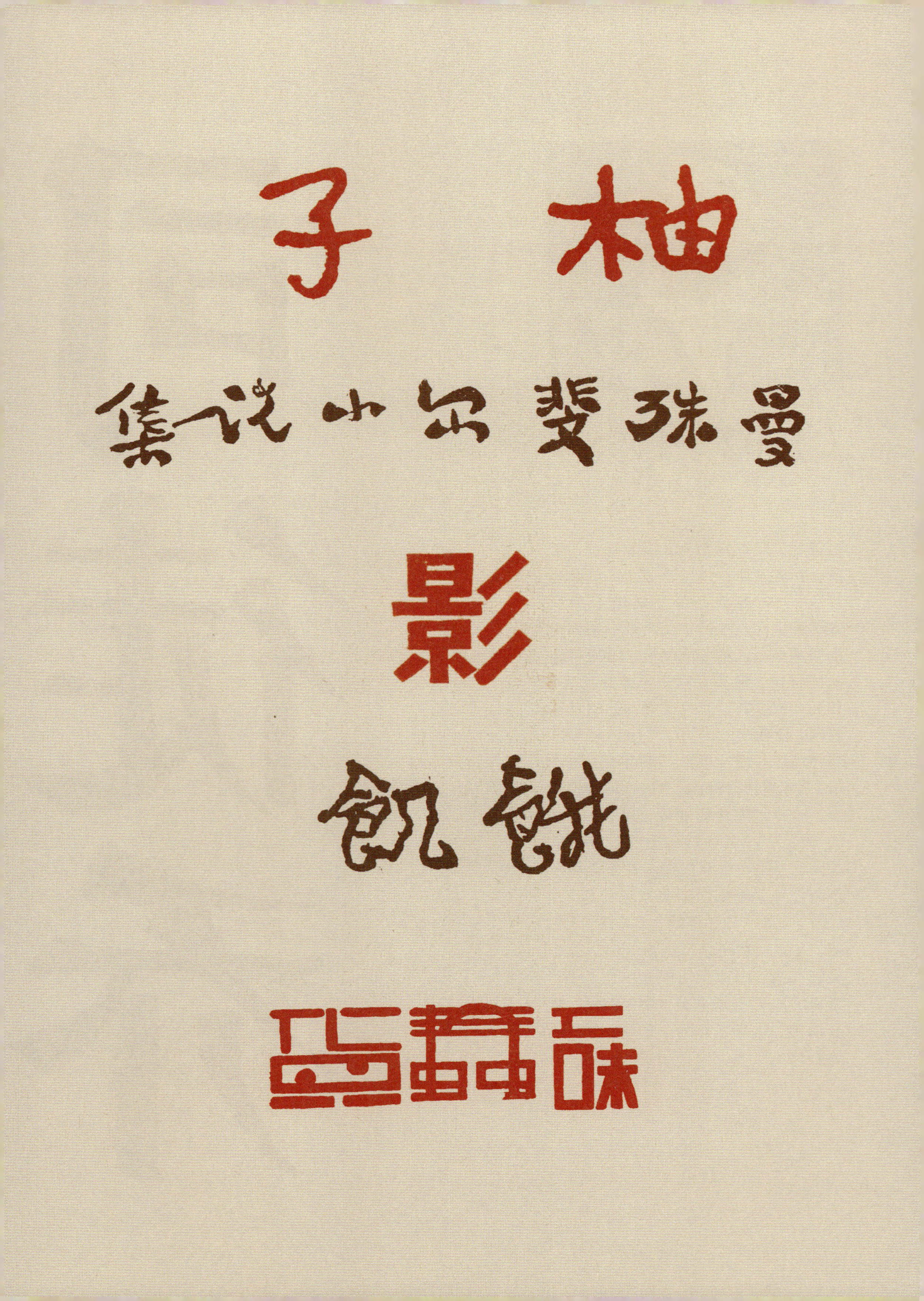

柚子

曼殊斐尔小说集

影

飢餓

白茶
蘇俄独幕劇集

055
《柚子》

作者：王鲁彦
封面设计：司徒乔
出版社：北新书局
版本信息：1926年10月初版
印刷方式：铅印
尺寸：19.9×13.9厘米

《柚子》封面

《柚子》是乡土作家王鲁彦的第一本小说集，收录《秋夜》《狗》《秋雨的诉苦》《灯》《柚子》《自立》《许是不至于罢》《阿卓呆子》《菊英的出嫁》《小雀儿》《美丽的头发》共11篇小说。

『柚子』并非指同名的水果，而是记载当时长沙浏阳门外乱杀无辜的惨状，人头落地，滚滚抛

抛，堆积得就像当地盛产的柚子一样，饱含着作者对封建军阀杀人暴行的控诉。鲁迅认为：『《柚子》一篇，虽然为湘中的作者所不满（指黎锦明——编者注），但在玩世的衣下，还闪露着地上的愤懑，在王鲁彦的作品里，我以为倒是最为热烈的了。』

该书封面由司徒乔所作，设计十分简洁，白色封面上用红色手写字体印着书名『柚子』，旁边用蓝色小字印着『王鲁彦小说集』，封面下方印着出版年份『1926』，书名下面用红色速写描绘了一组形似『柚子』的球状物堆积在一起，将小说中描写的惨状具象化，令人不寒而栗。

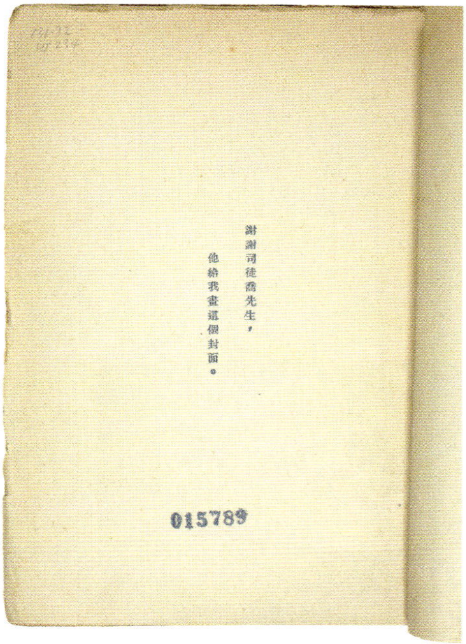
謝謝司徒喬先生，
他給我畫這個封面。

015789

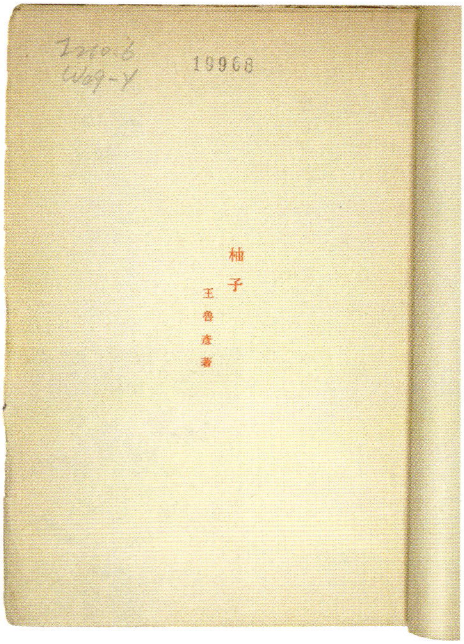
柚子

王魯彥著

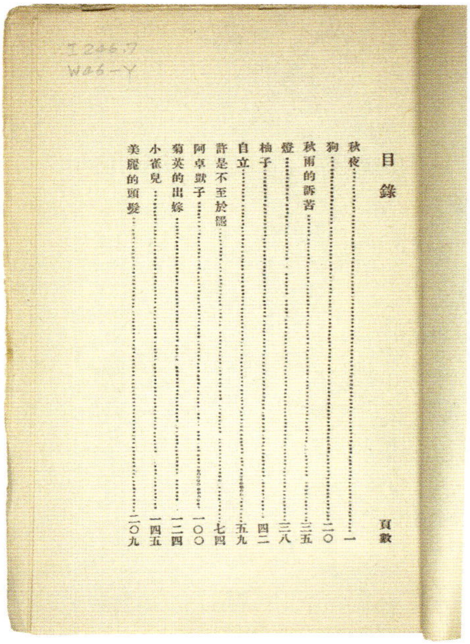
目錄

頁數

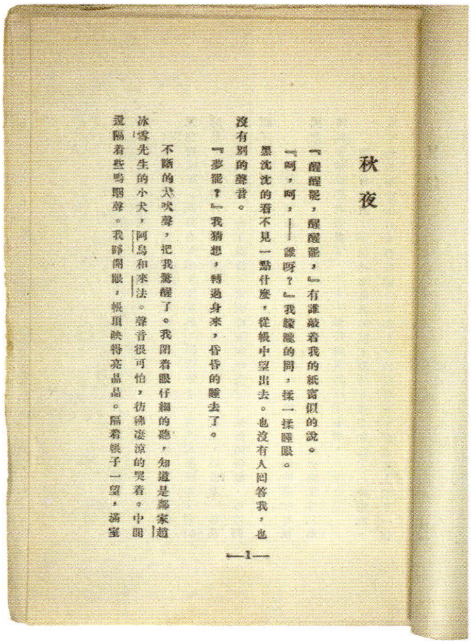
秋夜

『醒醒罷，醒醒罷，』有誰敲着我的紙窗似的說。

『呵，呵，——誰呀？』我朦朧的問，揉一揉睡眼。

黑沉沉的看不見一點什麼，從帳中望出去。也沒有人回答我，也沒有別的聲音。

『夢罷？』我猜想，轉過身來，昏昏的睡去了。

不斷的犬吠聲，把我驚醒了。我閉着眼仔細的聽，知道是鄰家趙冰雪先生的小犬，阿烏和來法。聲音很可怕，彷彿凄涼的哭着。中間還隔着些嗚咽聲。我睜開眼，帳頂映得亮晶晶。隔着帳子一望，滿室

—1—

《柚子》内页

056
《曼殊斐尔小说集》

作者：[英] 曼殊斐尔
译者：徐志摩
封面设计：司徒乔
出版社：北新书局
版本信息：1927年4月初版
**　　此为1927年7月再版**
印刷方式：铅印
尺寸：19.5×13.5厘米

《曼殊斐尔小说集》封面

《曼殊斐尔小说集》是徐志摩翻译的曼殊斐尔(Katherine Mansfield)的短篇小说集，为欧美名家小说丛刊之一，收录《园会》《毒药》《巴克妈妈的行状》《一杯茶》《夜深时》《一个理想的家庭》《刮风》等作品。1922年7月徐志摩曾短暂拜访过英国女作家曼殊斐尔20分钟，并接受了翻译她小说的重托。与此同时，『那二十分钟不死的时间』成了徐志摩终身的眷恋，他在回忆文章《曼殊斐尔》中引用拜伦的诗句『那热流便是感美感恋最纯粹的一俄顷之回忆』，表达自己对曼殊斐尔的深情怀念。

该书封面由司徒乔作画，绘一长发女子抱着琴漂浮在海面上，与浩茫的星月山石为伴。女子的面容身影较为模糊，却给人以特殊的美感和无尽的想象。

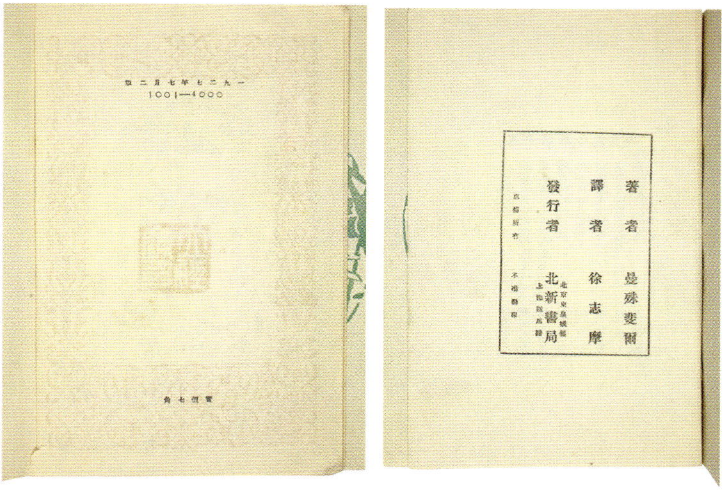

《曼殊斐尔小说集》版权页

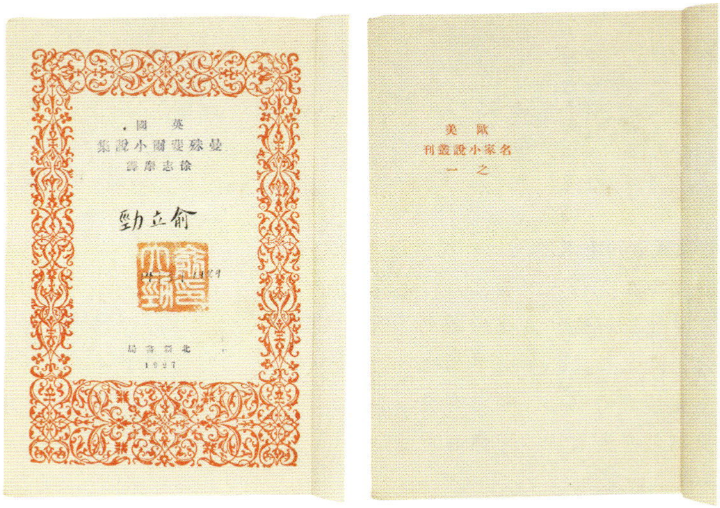

《曼殊斐尔小说集》扉页

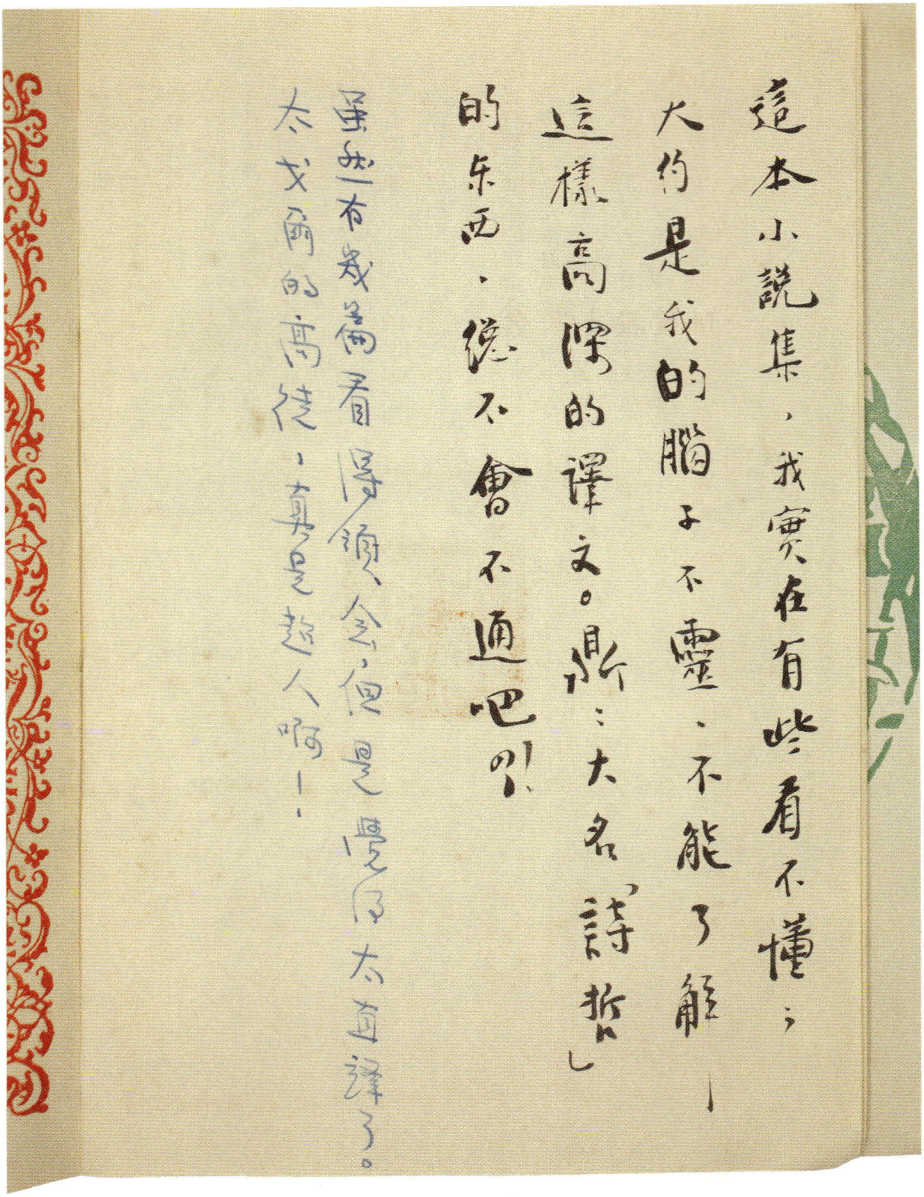
這本小說集，我實在有些看不懂；
大約是我的腦子不靈，不能了解
這樣高深的譯文。鼎鼎大名「詩哲」
的東西，總不會不通吧！
雖然有幾篇看得領會，但是覺得太直譯了。
太戈爾的高徒，真是超人啊！！

书的扉页有收藏者用毛笔手写的一段话：“这本小说集，我实在有些看不懂，大约是我的脑子不灵，不能了解这样高深的译文。鼎鼎大名‘诗哲’的东西，总不会不通吧！”倒也道出了一些读者的想法，颇为有趣。后面的读者则用钢笔字迹表达了同样的看法，似乎两位书友在亲切交谈。

057
《影》

作者：李霁野
封面设计：司徒乔
出版社：未名社出版部
版本信息：1928年12月初版
印刷方式：铅印
尺寸：20.1×14.1厘米

《影》封面

《影》是李霁野的短篇小说集，收录《露珠》《革命者》《回信》《生活》《嫩黄瓜》《微笑的脸面》共6篇小说，后附作者1928年12月21日写于北平的『题卷末』：『有好几年自己实在好像是影一样生活在人间，这几篇就是那时生活底影中影。过去的生活底影已经是杳无踪迹的了，也不想再追回它来，这影也就让它随同那影消灭了罢。这小集只是墓碑，不过证明它们曾经存在。』

李霁野是一位著名的翻译家，同时也是教育家、鲁迅研究专家，其文学成就突出表现在外国文学翻译领域。《影》是他为数不多的小说作品，更是其在未名社时期（1925—1933）小说创作的集中反映，虽数量不多，但表现着、批评着、揭示着人生的各面。

该书封面由司徒乔作画，中间的图画由简洁笔墨构成，像是影子，又似一棵树、一只飞鸟，右下角写书名『影』。该书是未名诸书中较为难觅的一本，唐弢花重金从书贾手中购得此本，十分珍爱。

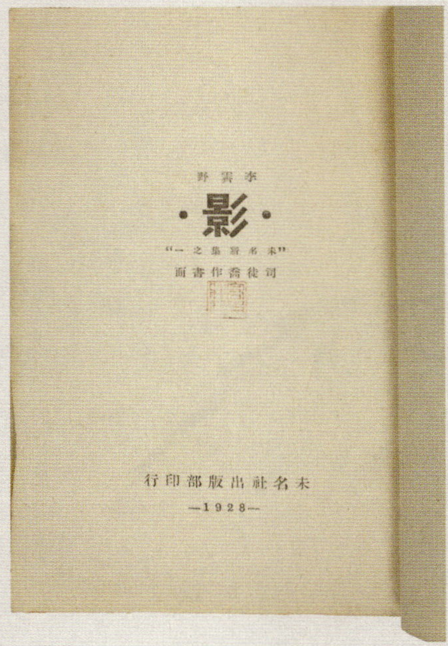
李霽野

·影·

"未名新集之一"

司徒喬作書面

未名社出版部印行

—1928—

《影》扉页

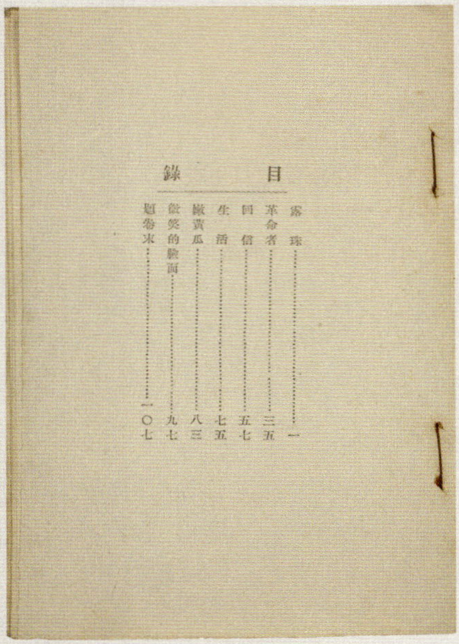
目錄

《影》目录

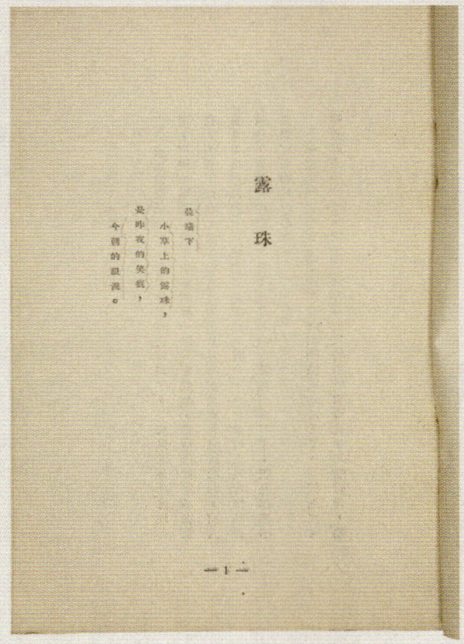
露珠

小草上的露珠，
是昨夜的笑靨，
今朝的眼淚。

—1—

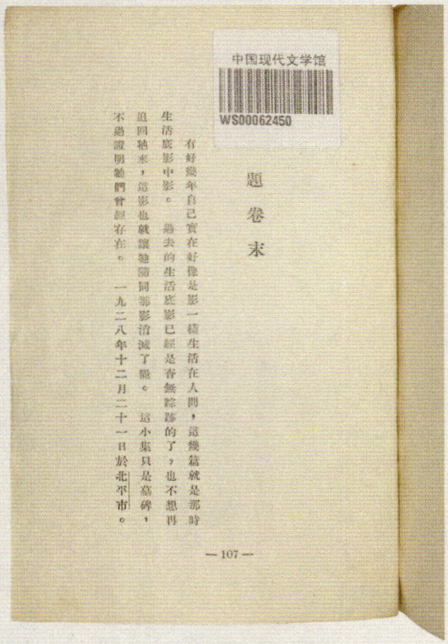

題卷末

有好幾年自己實在好像是影一樣生活在人間，這幾篇就是那時生活底影中影。過去的生活底影已經是杳無踪跡的了，也不想再追回牠來，這影也就讓牠隨同那影消滅了罷。這小集只是墓碑，不過證明牠們曾經存在。

一九二八年十二月二十一日於北平市。

—107—

《影》内页

058

《白茶：苏俄独幕剧集》

作者：[俄] 班珂、奥聂良、伯兰次维基等
译者：曹靖华
封面设计：司徒乔
出版社：未名社
版本信息：1927年4月初版
此为1929年1月再版
印刷方式：铅印
尺寸：19.5×13.7厘米

《白茶：苏俄独幕剧集》封面

《白茶》是俄国班珂等人创作的独幕剧集，由曹靖华辑译，系『未名丛刊』之一。此书收录有班珂的《白茶》、奥聂良的《永久的女性》、伯兰次维基的《小麻雀》、亚穆柏的《千方百计》，以及《可怜的麦迦》共5个剧本。曹靖华1923年开始翻译俄国进步作品和苏联革命作品。鲁迅称赞他『一声不响，不断的翻译』的辛勤劳作精神。20世纪30年代初，曹靖华曾与鲁迅通信介绍外国革命文学，还代鲁迅搜集外国优秀版画和革命书刊等。

该书封面由司徒乔设计，采用中国传统写意画的笔法，用红色画笔勾勒出树木、人影、屋檐等，极为巧妙地将书名『白茶』和丛书名『苏俄独幕剧集』几个字融入画面之中，创意十足。

060

《蠢货（外四篇）》

作者：[俄]杜介涅夫、[俄]柴霍甫
译者：曹靖华
封面设计：司徒乔
出版社：未名社
版本信息：1929年8月初版
印刷方式：铅印
尺寸：17.5×13.4厘米

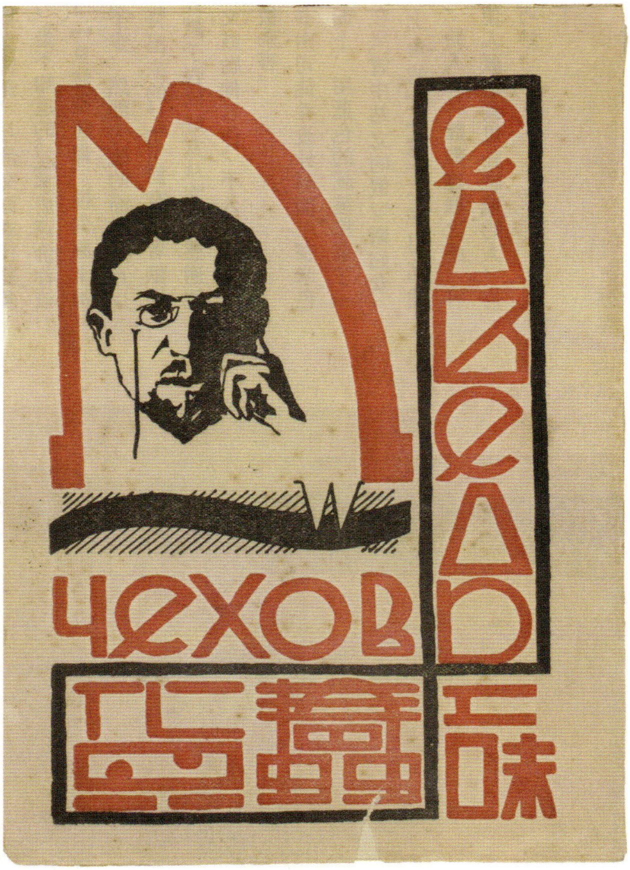

《蠢货（外四篇）》封面

《蠢货（外四篇）》是曹靖华翻译的独幕喜剧集，系『未名丛刊』之一，收录杜介涅夫（屠格涅夫）的《在贵族长家里的早餐》，柴霍甫（契诃夫）的《纪念日》《蠢货》《求婚》《婚礼》共5篇作品。

其中，契诃夫的独幕剧《蠢货》是曹靖华的第一篇译作，曾经瞿秋白的推荐，发表在《新青年》上。瞿秋白当时勉励他说：『中国文艺团体太贫瘠了，希望你多学习，多介绍，作一个引水运肥的「农夫」。』曹靖华倍受鼓舞，后多翻译19世纪末到20世纪初俄国批判现实主义的作品，包括屠格涅夫的剧本《在贵族长家里的早餐》、契诃夫的《三姊妹》等。鲁迅把他比作『为旧中国的革命者运输军火』，并特别赞许他『一声不响，不断地翻译着』的劳作精神。

该书封面为司徒乔作品，突破传统的束缚，以绘画、图案配合美术字而设计封面，左上角是契诃夫的画像，旁边以红色艺术字体书写俄文和书名『蠢货』，同时搭配黑色线条，灵动活泼。

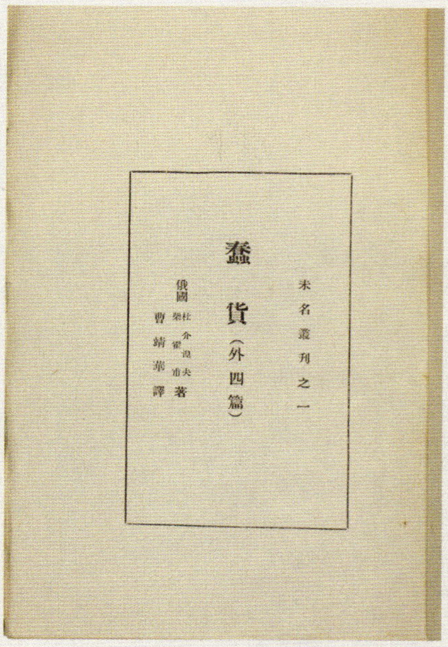
未名叢刊之一

蠢貨(外四篇)

俄國 杜介涅夫 柴霍甫 著

曹靖華譯

《蠢货（外四篇）》扉页

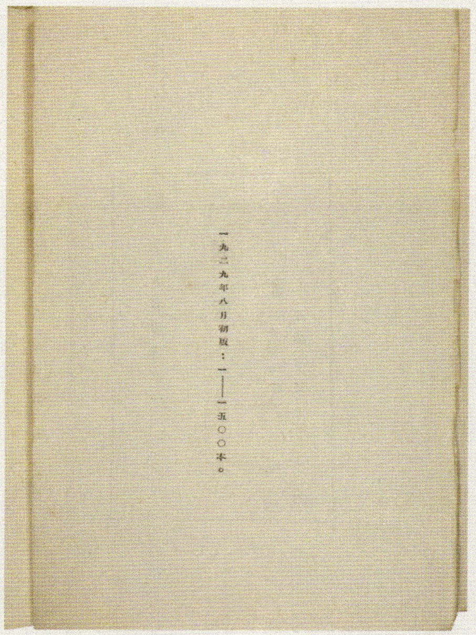
一九二九年八月初版：一——一五〇〇本。

《蠢货（外四篇）》版权页

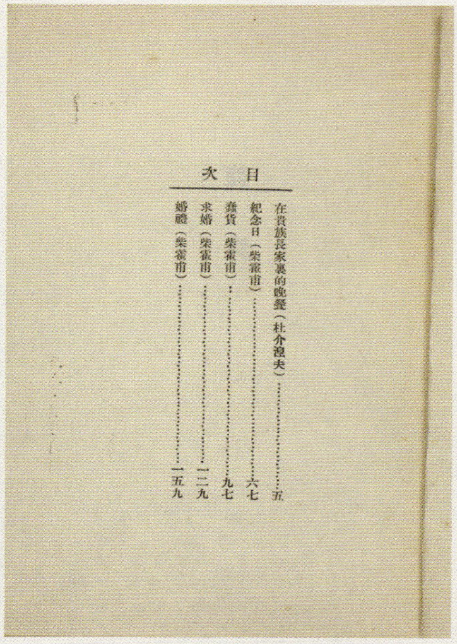
目次

在貴族長家裏的晚餐(杜介涅夫)……五
紀念日(柴霍甫)……六七
蠢貨(柴霍甫)……九七
求婚(柴霍甫)……一二九
婚禮(柴霍甫)……一五九

《蠢货（外四篇）》目录

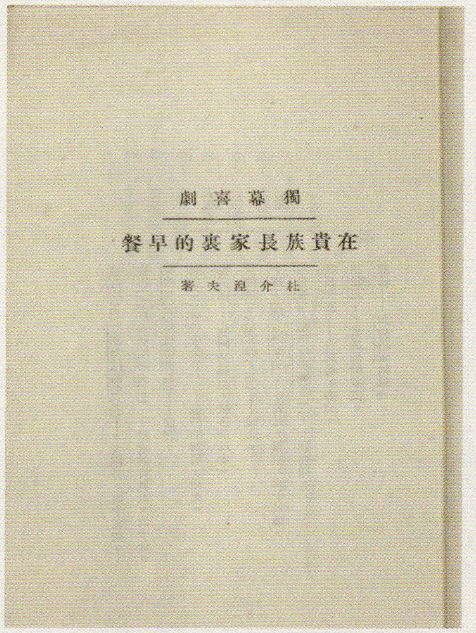
獨幕喜劇

在貴族長家裏的早餐

杜介涅夫著

《蠢货（外四篇）》内页

落 葉
郭沫若著
落葉叢書第一種
1926.

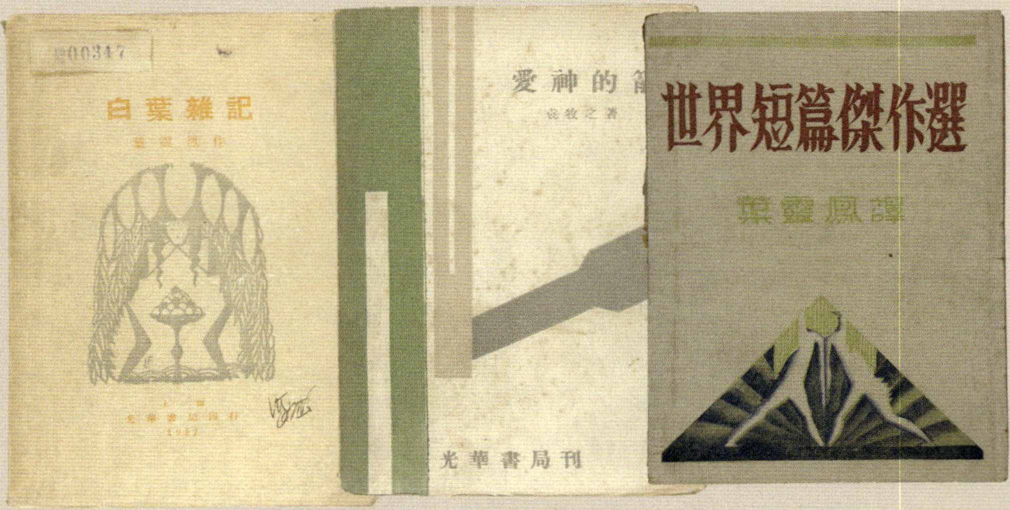
白葉雜記
愛神的
袁牧之著
光華書局刊
世界短篇傑作選

叶灵凤

（1905—1975）

叶灵凤，原名叶蕴璞，笔名叶林丰、L·F、临风、亚灵、霜崖等。江苏南京人。毕业于上海美专。1925年加入创造社，主编过《洪水》半月刊。1926年与潘汉年合办过《幻洲》。1928年《幻洲》被禁后改出《戈壁》，年底又被禁又改出《现代小说》。1929年创造社被封，一度被捕。1937年全民族抗战爆发，参加《救亡日报》工作，后随《救亡日报》到广州。1938年广州失守后到香港。从此在香港定居，1975年病逝，终年70岁。

落　　葉

瓶

白葉雜記

愛神的箭

世界短篇傑作選

061
《落叶》

作者：郭沫若
封面设计：叶灵凤
出版社：创造社出版部
版本信息：1926年4月初版
印刷方式：铅印
尺寸：16.7×12.5厘米

《落叶》封面

《落叶》是郭沫若创作的第一部书信体小说，也是中国现代文学史上最早出现的书信体形式的中篇小说之一，在文学史上产生过较大影响。全书以郭沫若的日本妻子安娜写给他的信为底本，穿插了一些虚拟情节。小说中日本姑娘菊子用诗一般的语言给自己的爱人、中国留日学生洪师武写了41封情书，为了异国男子的爱而决心跟着他去走他所开拓的路，着力表现了两人之间的爱情悲剧，展现了菊子对爱情的执着、真挚和坚贞，表达了鲜明的『五四』反封建精神，带有较浓的抒情意味。

该书封面由叶灵凤作画，古朴简洁，以黄色为底，红色为框，中间依次书写书名、作者、丛书名和初版年份，正中间以红色画笔画就几封信笺，和数片落叶交织在一起，左下角印『LF』，红色显出爱情的热烈，落叶又隐隐给人一种悲伤之感。书前有郭沫若所写的小序一篇。

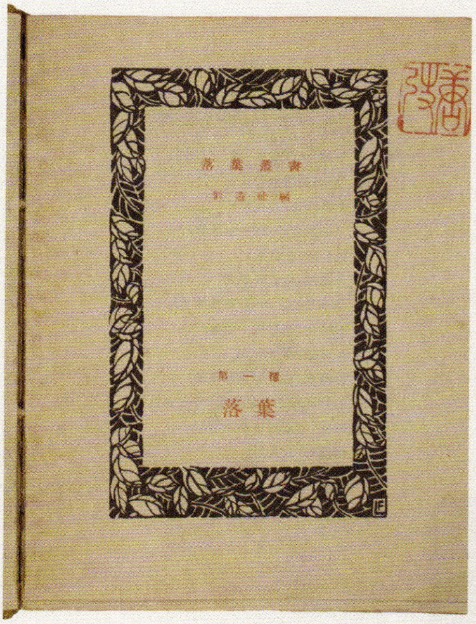

《落叶》丛书页

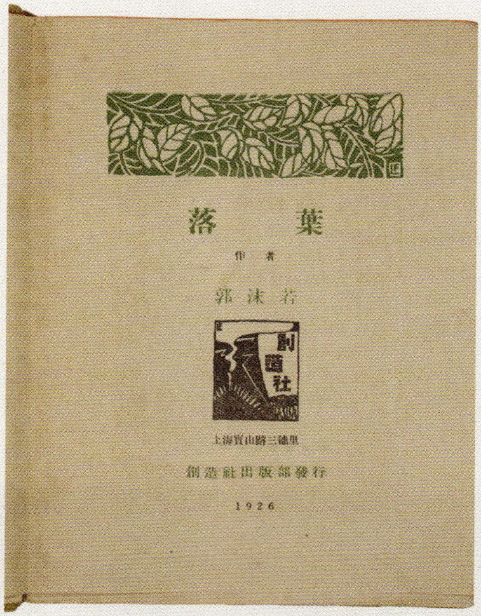

《落叶》扉页

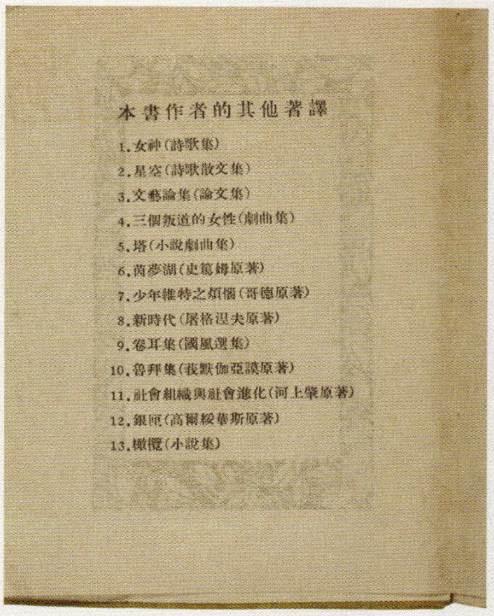

本書作者的其他著譯

1. 女神(詩歌集)
2. 星空(詩歌散文集)
3. 文藝論集(論文集)
4. 三個叛道的女性(劇曲集)
5. 塔(小說劇曲集)
6. 茵夢湖(史篤姆原著)
7. 少年維特之煩惱(哥德原著)
8. 新時代(屠格涅夫原著)
9. 卷耳集(國風選集)
10. 魯拜集(莪默伽亞謨原著)
11. 社會組織與社會進化(河上肇原著)
12. 銀匣(高爾綏華斯原著)
13. 橄欖(小說集)

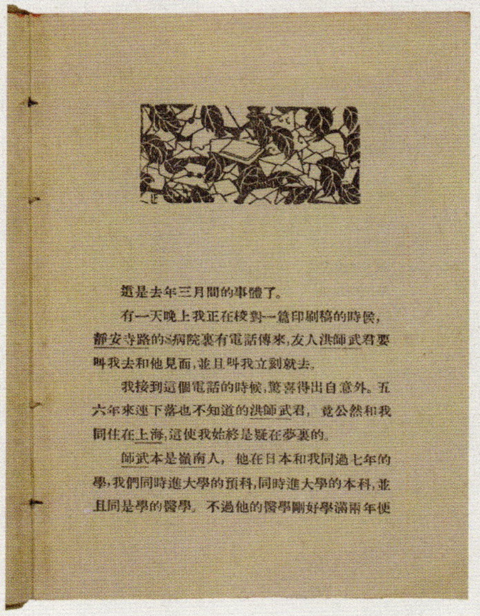

這是去年三月間的事體了。

有一天晚上我正在校對一篇印刷稿的時候,靜安寺路的S病院裏有電話傳來,友人洪師武君要喊我去和他見面,並且叫我立刻就去。

我接到這個電話的時候,驚喜得出自意外。五六年來連下落也不知道的洪師武君,竟公然和我同住在上海,這使我始終是疑在夢裏的。

師武本是嶺南人,他在日本和我同過七年的學,我們同時進大學的預科,同時進大學的本科,並且同是學的醫學。不過他的醫學剛好學滿兩年便

《落叶》内页

062
《瓶》

作者：郭沫若
封面设计：叶灵凤
出版社：創造社出版部
版本信息：1927年4月初版
印刷方式：铅印
尺寸：14.9×10.6厘米

《瓶》封面

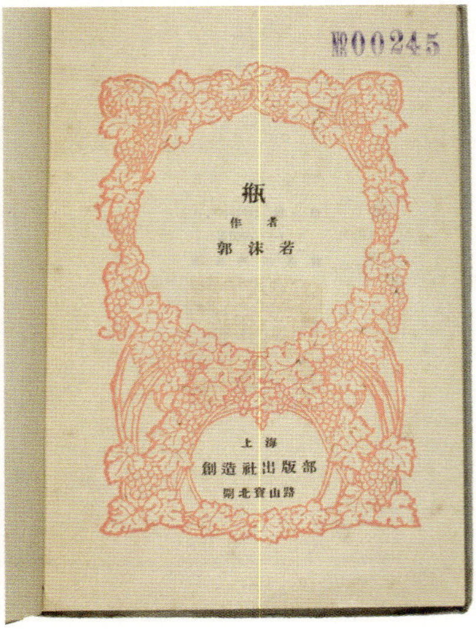

《瓶》扉页

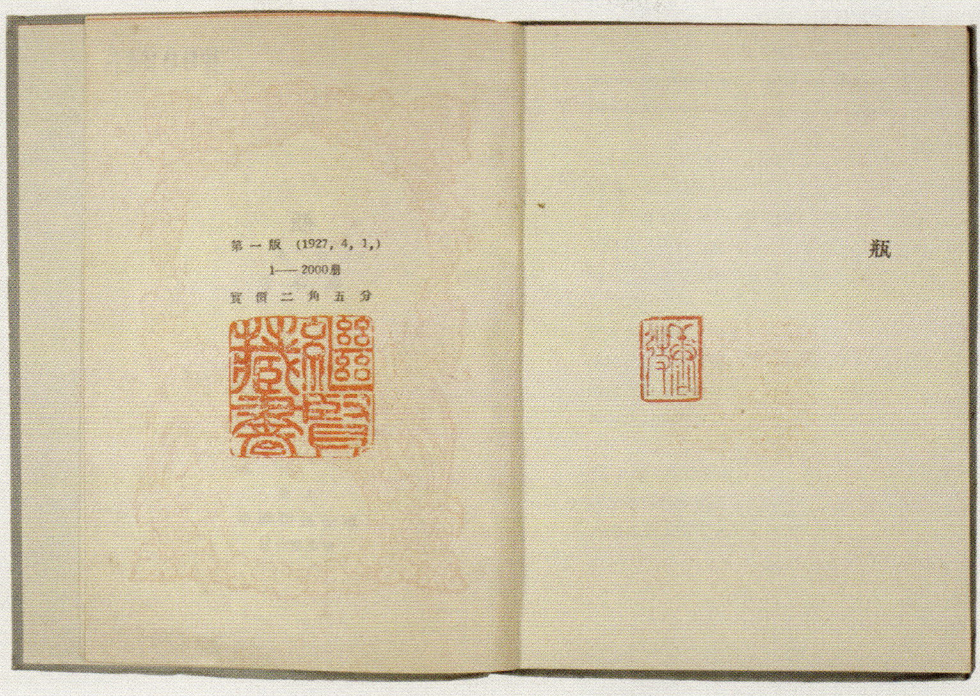

《瓶》内页

《瓶》是郭沫若的第三本抒情新诗集，也是其唯一的爱情诗集，创作于1925年，诗集结构独特，可独立成篇，共42首，也可合为一整体，记录了对一个少女的恋情，细致入微地展现了恋爱心理。

该书封面上没有印书名，画面以梅花和枝干围成矩形外框，中间有一个椭圆形镜框，框中飘荡着彩云，一位卷发裸体的半身女性，手拈一枝梅花，垂睑沉吟，若有所思。据杨义考证此女子为歌德的情人玛丽安娜。书末有郁达夫于1926年3月10日写的《附记》：『我想诗人的社会化也不要紧，不一定要诗里有手枪炸弹，连写几百个革命革命的字样，才能配得上称真正的革命诗。』

063
《白叶杂记》

作者：叶灵凤
封面设计：叶灵凤
出版社：光华书局
版本信息：1927年9月初版
印刷方式：铅印
尺寸：18.4×13.2厘米

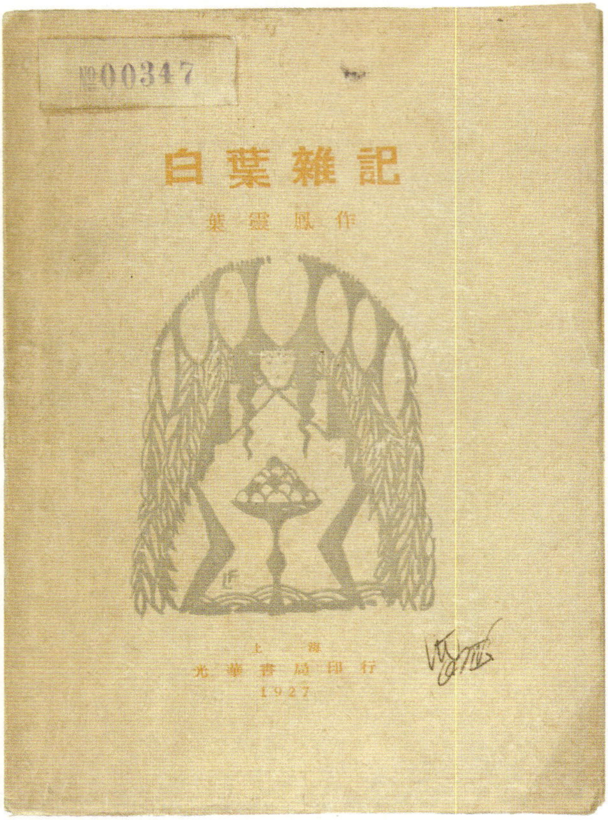

《白叶杂记》封面

《白叶杂记》是叶灵凤的散文集，收有《梦的纪实》《白叶杂记》《红灯小撷》《病榻呓语》《白日的梦》《偶成》《狱中五日记》等23篇，其中不少篇章都是作者对于过去恋情的回忆和追思。卷首《梦的纪实——代序》云：『造物者随意地将两个人儿聚合起来，又随意地将他们分开。聚合时既不是自己的权力，被分开时又那里能由自己呢？于是，我们在不能自已之中，终于被分开了。昙云易散，好梦不长，噙在口中的醇酒的杯儿，被人夺去了之后，所遗下的是怎样地幻灭的悲哀啊。』该书前后都有衬页图案。封面设计十分奇特，几何抽象出的长发女性位于图案中央，在她的周围布满了圆环和柳叶等几何饰纹。

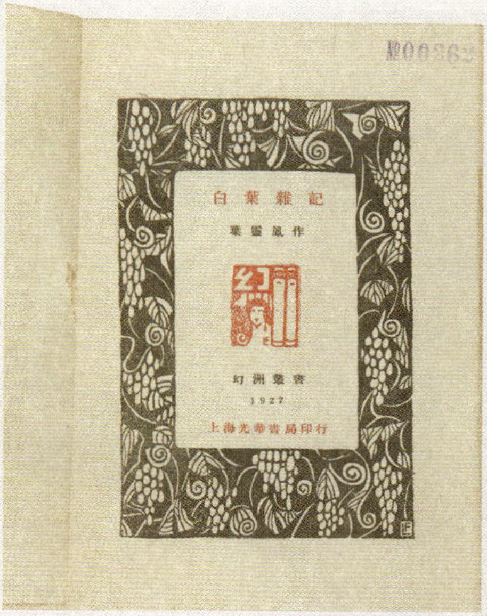

《白叶杂记》扉页

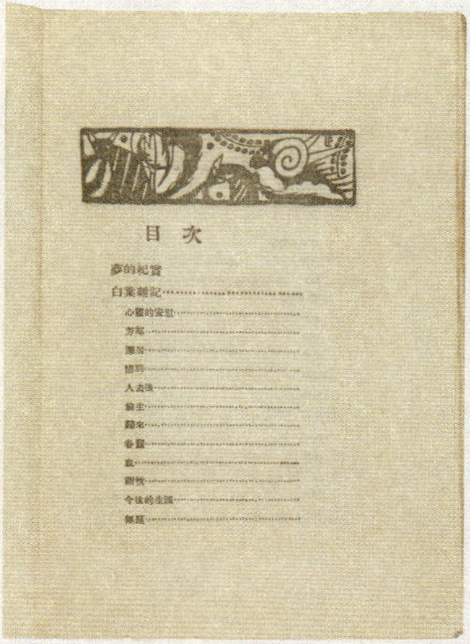

《白叶杂记》目录

《白叶杂记》衬页

064
《爱神的箭》

作者：袁牧之
封面设计：叶灵凤
出版社：光华书局
版本信息：1930年1月初版
印刷方式：铅印
尺寸：18．4×13．2厘米

《爱神的箭》封面

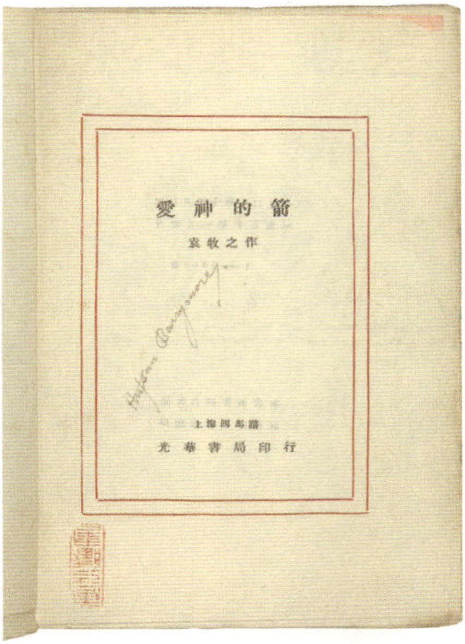

《爱神的箭》扉页

《爱神的箭》是袁牧之的独幕剧合集，内收《爱神的箭》《叛徒》《爱的面目》《水银》四个独幕剧。

该书封面由叶灵凤设计，充满了艺术气息。封面利用几何图案的阴影打造箭尾造型，与主题呼应，独具匠心。

065

《世界短篇杰作选》

作者：[西] 伊本纳兹、[德] 华苏曼 等
译者：叶灵凤
出版社：光华书局
版本信息：1930年5月初版
印刷方式：铅印
尺寸：18.3×13.5厘米

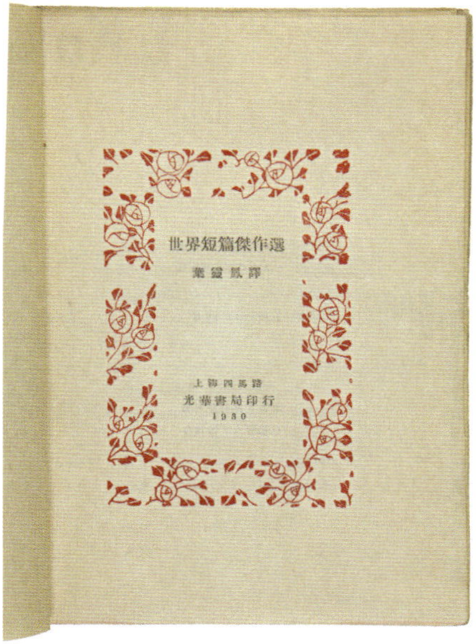

《世界短篇杰作选》扉页

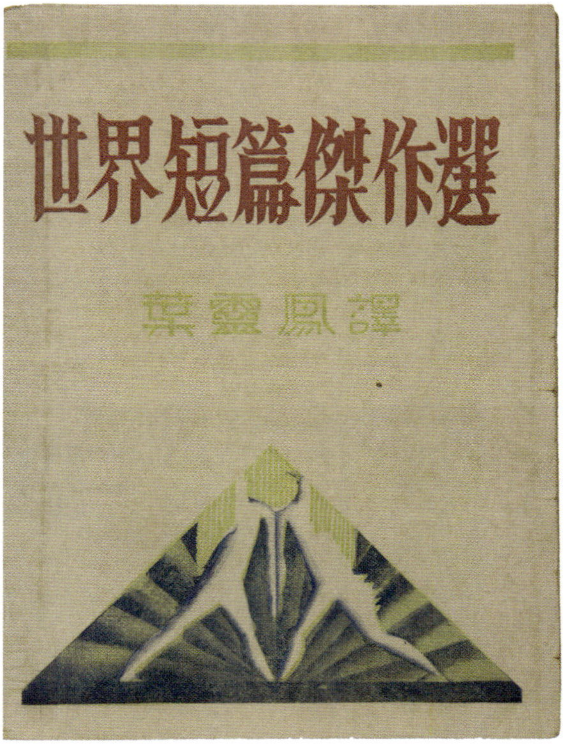

《世界短篇杰作选》封面

《世界短篇杰作选》是叶灵凤的译著，收入《黑猫》（[犹太]宾斯奇）、《花》（[犹太]舍里斯勒）、《塞比安的夜》（[西]伊本纳兹）、《兽》（[德]华苏曼）、《得救了》、《坟》（[法]莫泊桑）、《跋佐夫的哲学》（[俄]高尔基）、《温雅的呼吸》（[俄]布宁）、《反复》、《象》、《春节》（[俄]库布林）11篇短篇小说。

该书封面上方以醒目的红字作为标题；封面底部有一个等腰蓝色三角，内里图案如同正在翻开的图书以及两个托举的人形，其中穿插的金黄色线条仿若光芒。

066 — 093

钱君匋

（1907—1998）

钱君匋，浙江桐乡屠甸镇人，名玉堂、锦堂，字君匋，号豫堂、禹堂、午斋，室名无倦苦斋、新罗钱君匋山馆、抱华精舍。他既是鲁迅先生的学生，装帧艺术的开拓者，也是中国当代“一身精三艺，九十臻高峰”的著名篆刻书画家。曾任西泠印社副社长、上海文艺出版社编审、上海市文史馆馆员等职。高小毕业即当乡村小学教师，后到上海艺术师范学校求学，师从丰子恺、吴梦非、刘质平。1927年蒙开明书店创始人章锡琛之邀，到开明书店担任音乐和美术编辑，鲁迅、茅盾、郭沫若等许多著作的装帧设计均出自其手。他创办的万叶书店是中国第一家音乐出版社，后来成为人民音乐出版社的前身。

死魂靈

欧洲大战与文学

曹禺戲劇集八

鬼与人心

北京人

屐痕處處

八年

鳳子著

在黑暗中

寶貝兒

記章太炎先生

大公報文藝叢刊

1

小說選

066

《秋蝉》

作者：蒋山青
封面设计：钱君匋
出版社：上海出版合作社
版本信息：1926年12月初版
印刷方式：铅印
尺寸：18．8×13．1厘米

《秋蝉》封面

《秋蝉》是蒋山青的短篇小说集，收录《绿玻璃杯》《秋蝉》《王二底烟枪》《四行眼泪》《泪痕》《晚年》等作品。作者在《题卷首》中称自己：『陶醉在我偶然写出的文字前的小稿簿中，一张张的绿纸上，一行行的黑墨团儿，使我爱着，使我凝视……』书前题词：『敬以此书纪念故端木郁青女士及其兄础清。』

本书的封面由画家陶元庆引荐钱君匋设计，色彩搭配和谐，以藏青色和朱红色的笔触搭配，勾勒出一幅秋风扫落叶的景象，既有民族特色又具有时代气息，质朴而有艺术特色。

《秋蝉》扉页

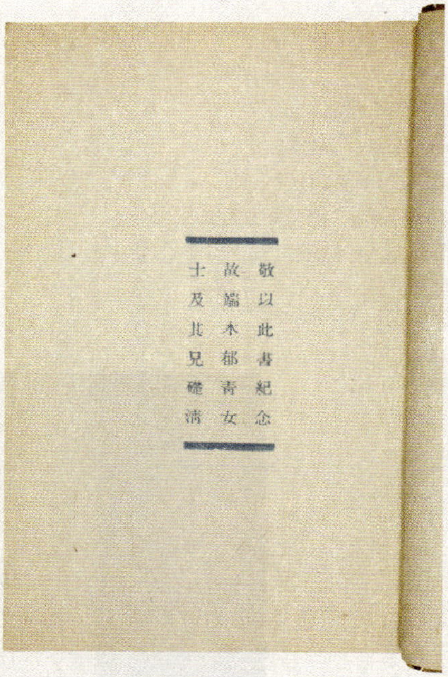

《秋蝉》内页

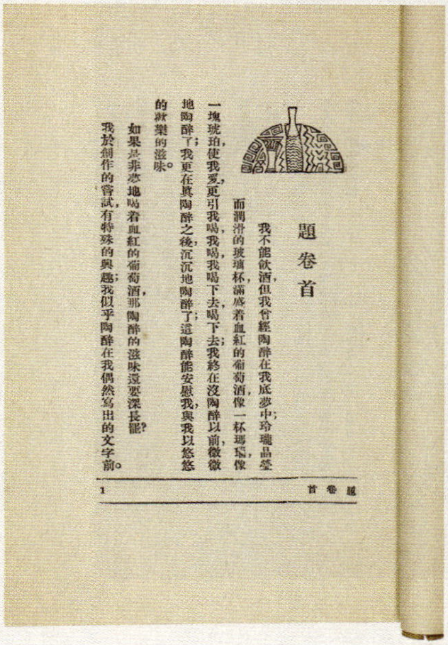

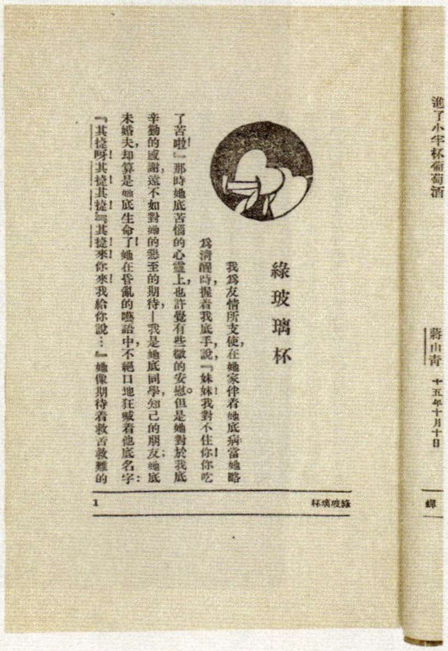

《秋蝉》内页

067

《寂寞的国》

作者：汪静之
封面设计：钱君匋
出版社：开明书店
版本信息：1927年9月初版
印刷方式：铅印
尺寸：18.6×13.1厘米

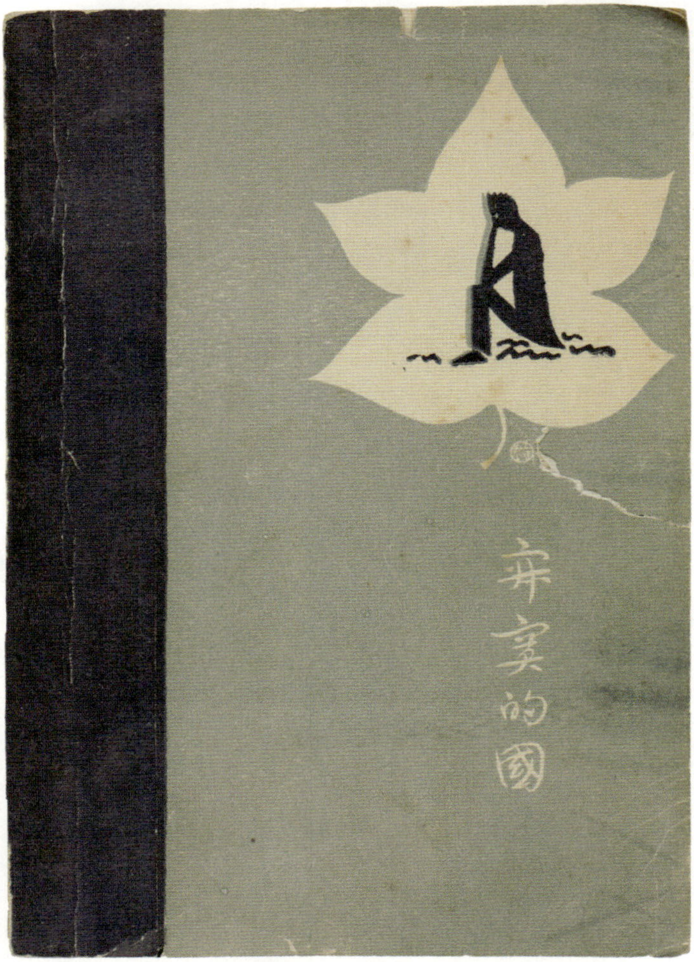

《寂寞的国》封面

《寂寞的国》是湖畔诗人汪静之于1922年至1925年创作的新诗合集，收录《悲苦的化身》《生命》《运命是一个犷悍怪兽》《地球上的砖》《风的箭不息地射放》等篇目。此时的诗人对黑暗丑恶的社会现实已经有了较为深刻的认识，『对于旧社会的庸俗丑恶，黑暗肮脏，处处看不顺眼，因而格格不入，落落寡合，因而寂寞苦闷以至悲观厌世，因而诅咒旧社会』。诗作不再是湖畔诗社时期的艺术风格。

该书封面由钱君匋设计，颇得鲁迅赞赏。他认为钱君匋的封面设计有其『自己的风格，努力下去是不会错的』，称赞『钱君匋的书籍装帧能够和陶元庆媲美』。封面以藏青色为边，以湖蓝色为背景色，上面绘着一朵白色五瓣叶，叶中坐着一个托腮沉思的人，叶下面手写书名『寂寞的国』，书名搭配画面，加深了寂寞的意境。

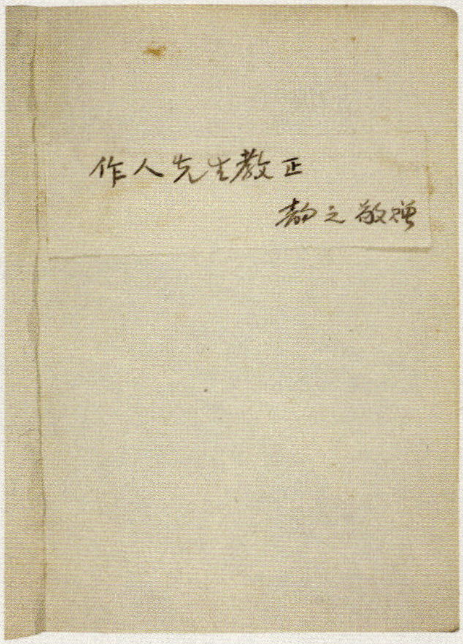

《寂寞的国》赠言

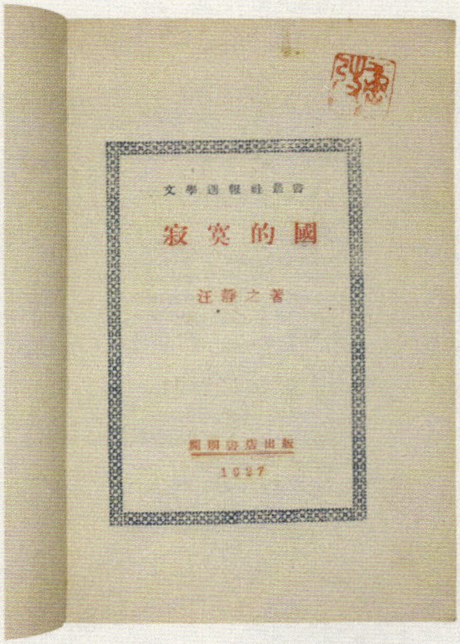

《寂寞的国》扉页

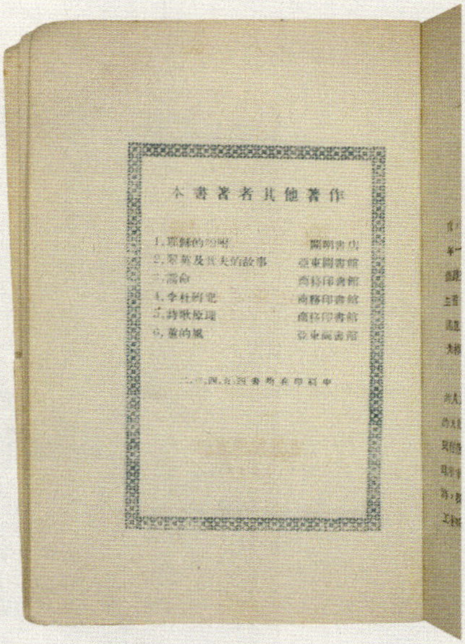

《寂寞的国》内页

068
《茂娜凡娜》

作者：［比］梅特林克
译者：徐蔚南
封面设计：钱君匋
出版社：开明书店
版本信息：1928年1月初版
印刷方式：铅印
尺寸：16．1×12．5厘米

《茂娜凡娜》封面

《茂娜凡娜》封面、封底

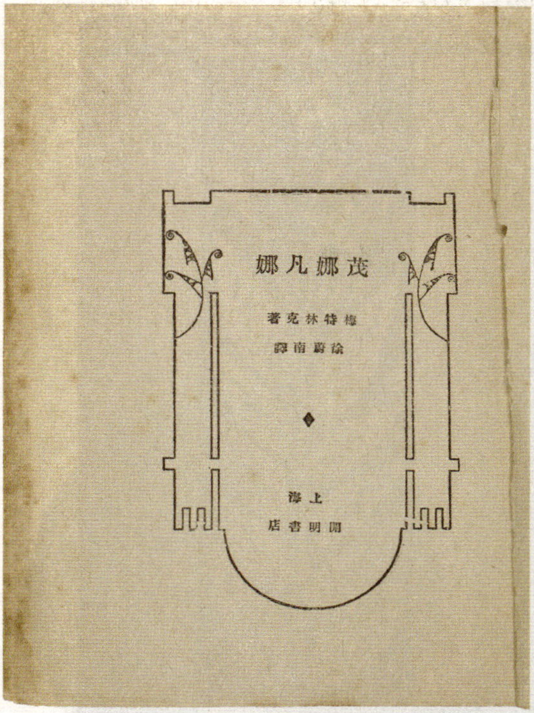

《茂娜凡娜》扉页

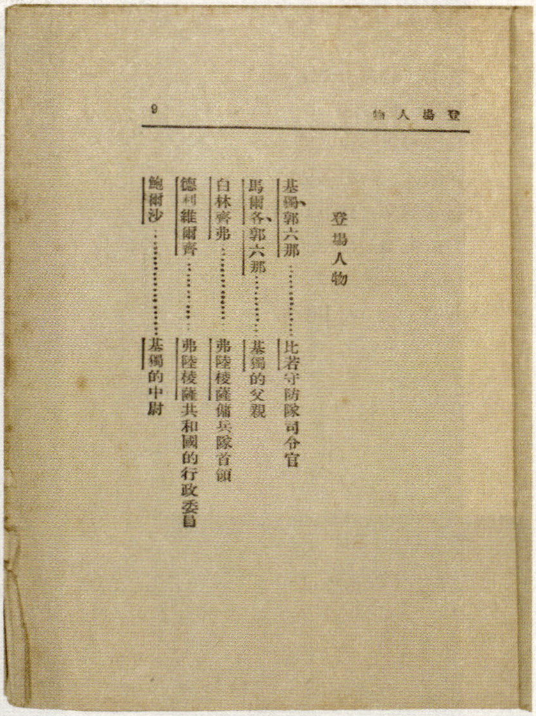

《茂娜凡娜》内页

《茂娜凡娜》是比利时剧作家梅特林克的剧作，由徐蔚南翻译，讲述15世纪文艺复兴时期意大利弗罗伦史与比若两市争战的事情。作品充满热情，人物刻画生动形象，虽未采用象征手法，而意蕴深长，引人深思。

1911年，梅特林克被授予诺贝尔文学奖，表彰他『多方面的文学活动，尤其是他的著作具有丰富的想象和诗意的幻想等特色。这些作品有时以童话的形式显示出一种深邃的灵感，同时又以一种神妙的手法打动读者的感情，激发读者的想象』。

该书封面由钱君匋设计，大胆夸张地将绿色叶子以书脊为轴向左右散开，衬托着上部如焰火似的散开的红色小花，书脊上部以毛笔手书书名，使得封面封底整体对称严谨，而又活泼灵动，充满了诗化的想象。

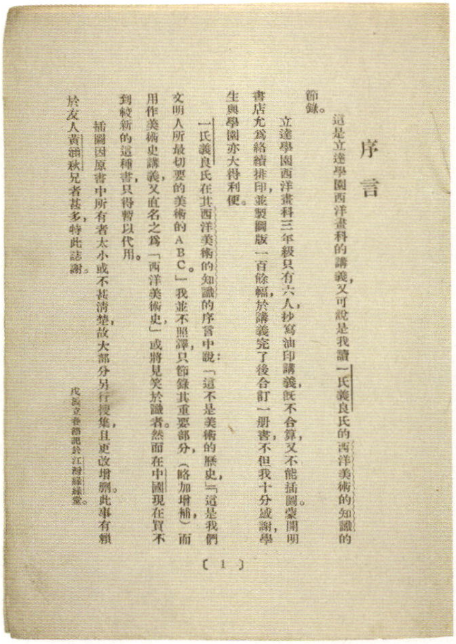

序言

這是立達學園西洋畫科的講義，又可說是我讀一氏義良氏的西洋美術的知識的節錄。

立達學園西洋畫科三年級只有六人，抄寫油印講義，既不合算，又不能插圖。豪開明書店允爲絡續排印，並製圖版一百餘幅，於講義完了後合訂一册書，不但我十分感謝，學生與學園亦大得利便。

一氏義良氏在其西洋美術的知識的序言中說：「這不是美術的歷史，」「這是我們文明人所最切要的美術的ABC。」我並不照譯，只節錄其重要部分，（略加增補，）而用作美術史講義，又直名之爲「西洋美術史」，或將見笑於識者。然而在中國現在買不到較新的這種書，只得暫以代用。

插圖因原書中所有者太小或不甚清楚，故大部分另行搜集，且更改增删。此事有賴於友人黃涵秋兄者甚多，特此誌謝。

戊辰立春譯訖於江灣緣緣堂。

〔1〕

《西洋美术史》内页

《西洋美术史》插图

《西洋美术史》插图

風景　Gogh

夏日　Othmann

《西洋美术史》插图

《西洋美术史》由丰子恺编述，是其读日本学者一氏义良的《西洋美术的知识》一书的节录，也作为立达学园西洋画科的讲义。丰子恺在序言中称：『我并不照译，只节录其重要部分（略加增补），而用作美术史讲义，又直名之为《西洋美术史》。』

该书内容分古代美术、近代美术、现代美术三大部分，以时间顺序阐述了西方美术在历史上的发展与演绎，对原始时代、古埃及、古希腊、古罗马及现代新兴美术各流派作了系统介绍，涵盖建筑、雕塑、绘画等艺术的各个领域，分国家、地域、流派加以介绍和评述。

该书封面由钱君匋设计，简洁大方，以暗红色为底，左上角画一个异域的长发女子，颇合西方美术的主题。

071
《雪人》

作者：[匈] 莫尔纳 等
译者：沈雁冰（茅盾）
封面设计：钱君匋
出版社：开明书店
版本信息：1928年5月初版
印刷方式：铅印
尺寸：19×13厘米

《雪人》封面

《雪人》是沈雁冰翻译的外国短篇小说集，据英译本转译，全书收录22篇短篇小说，包括匈牙利三篇（《雪人》《偷煤贼》《复归故乡》）、保加利亚二篇（《他来了么》《老牛》）、挪威一篇（《卡利森在天上》）、瑞士一篇（《罗本舅舅》）、荷兰一篇（《茜佳》）、芬兰一篇（《我的旅伴》）、新犹太三篇（《拉比阿契巴的诱惑》《禁食节》《贝诺思亥乐思来的人》）、阿美尼亚三篇（《却绮》《祈祷者》《少妇的梦》）、捷克斯拉夫三篇（《愚笨的裘纳》《交易》《旅程》）、俄国二篇（《失去的良心》《旧金山来的绅士》）、塞尔维亚一篇（《强盗》）、罗马尼亚一篇（《绿林好汉包旭》），后附作家小传共19人。其中有几篇为沈雁冰弟弟沈泽民翻译。

作者解释该集子的由来，称：『为介绍世界被压迫民族的文学之热心所驱迫，专找欧洲的小民族的近代作家的短篇小说来翻译。』所译各篇作品的内容和风格各不相同，但『有一个基调是相同的，便是对于人生意义的追寻，及追寻未得或所得太少的幻灭的悲哀』。借莫尔纳《雪人》所说，『一个渴望着人生的人，奋力在求一些什么东西，却很少获得的希望』，将书名定为《雪人》，并把《雪人》放在第一篇。

该书封面由钱君匋设计，描绘几片雪花在放大镜下展示出来的美丽形态，但加以抽象变形，赋以色彩，以雪花的变化暗合书中内容，像一幅五彩缤纷的优美图案，极具装饰之美。

072

《民十三之故宫》

作者：陈万里
封面设计：钱君匋
出版社：开明书店
版本信息：1928年6月初版
印刷方式：铅印
尺寸：19.3×13.8厘米

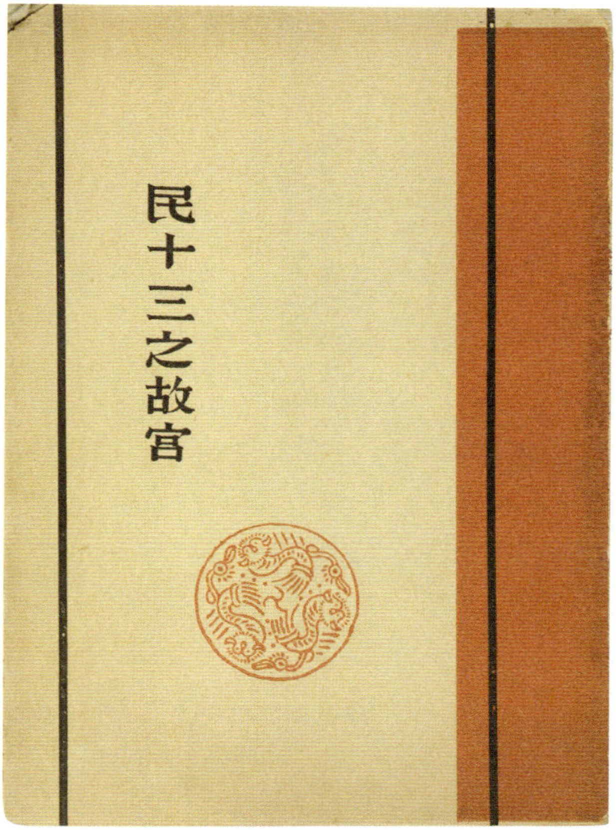

《民十三之故宫》封面

《民十三之故宫》是陈万里的纪实性摄影画册，也是我国最早的纪实摄影作品集。陈万里是我国摄影艺术的拓荒者之一。1924年末代皇帝溥仪被逐出故宫，陈万里在这一事件中拍下许多镜头，平实、真切、自然地记录了小朝廷君臣仓皇出宫的情状，后辑成该书，成为封建王朝彻底垮台的见证。

陈万里在《小言》中提道：『废帝溥仪出宫以后，我就跟着军警政学各界办理查封时所照的照片，由百余幅里面选出八十四幅，遂成就了这一小册子。自信其中多少部分可以留作将来史料的地方。』

该书封面由钱君匋设计，取金色（皇家专用）占四分之三，朱色（宫墙用色）占四分之一来点题，加盖一个有龙图案的印章，颇具民族特色。

3神武门
内检
查出
宫
太监
其二

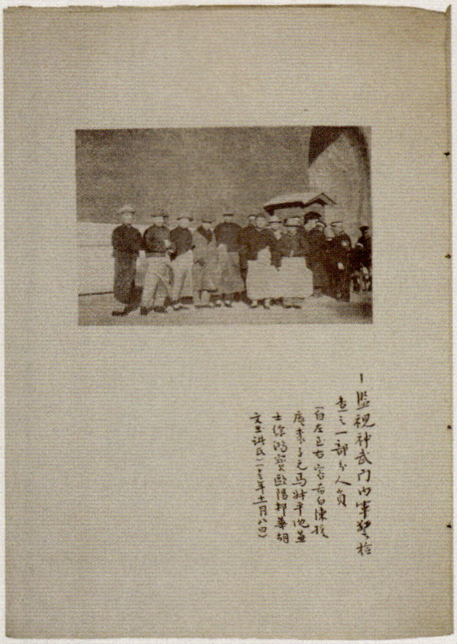
1监视神武门内军警检
查之一部分人员

12
宫中婆妈在
隆宗门
前收拾箱
瓶

84
由景山
上望
宫中
全
景

《民十三之故宫》内页

073

《薇娜》

作者：［波］L. Kampf
译者：芾甘、石曾
封面设计：钱君匋
出版社：开明书店
版本信息：1928年6月初版
印刷方式：铅印
尺寸：14．5×11．5厘米

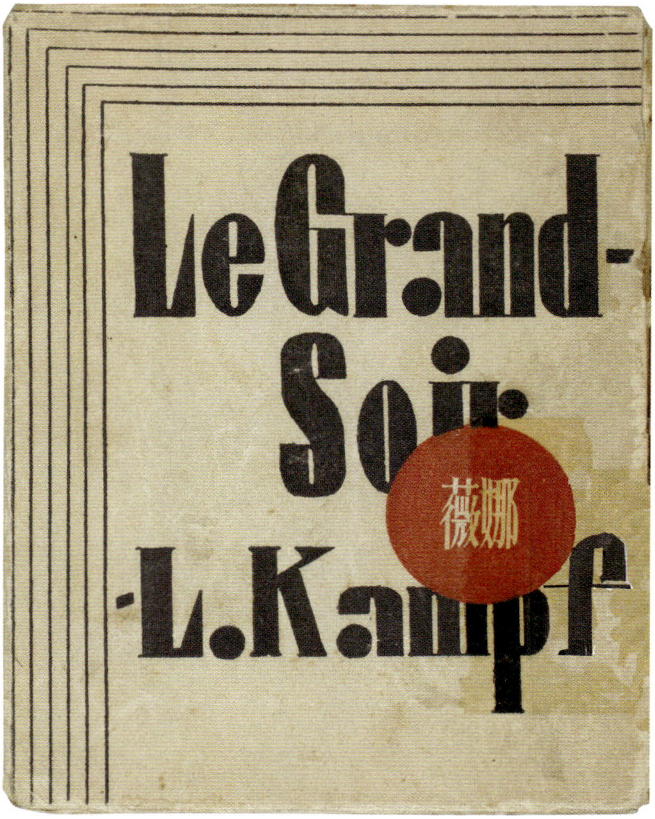

《薇娜》封面

该书是波兰作家廖玻德·抗夫（L.Kampf）的作品，收录短篇小说《薇娜》（芾甘，即巴金译）和剧本《夜未央》（李石曾译）。据巴金的译者序，《夜未央》是作家25岁时在德国写成的，1907年被译成法文，在巴黎艺术剧院上演后轰动一时，两年之间连演百余场，夜夜满座。该剧本在中国有过极大的影响，曾博得一代青年的热爱。《薇娜》是作家27岁时的作品，似乎是一篇自传的小说。该书封面由钱君匋设计，运用字体和横竖直线设计封面是他早期常用的手法。本书封面用红色圆底翻白字题写中文书名，占据封面一角，法语的书名和作者名字占据封面大部分，颇为突出，别开一面，很容易让人意识到这是一本译作。

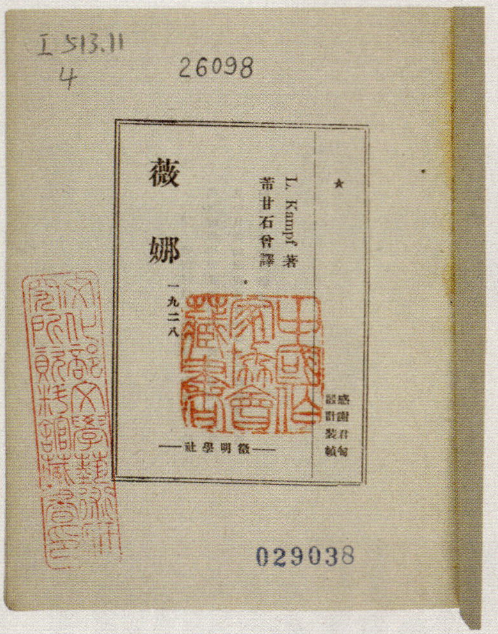

《薇娜》扉页

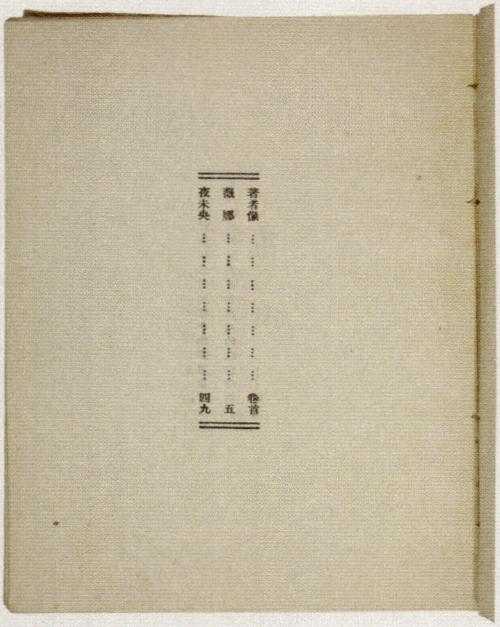

《薇娜》目录

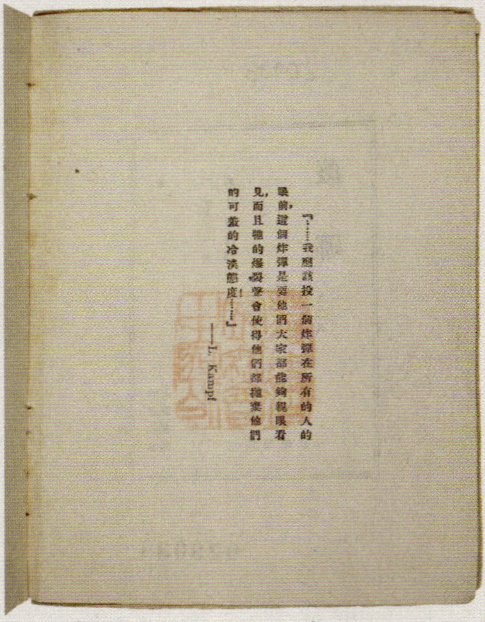

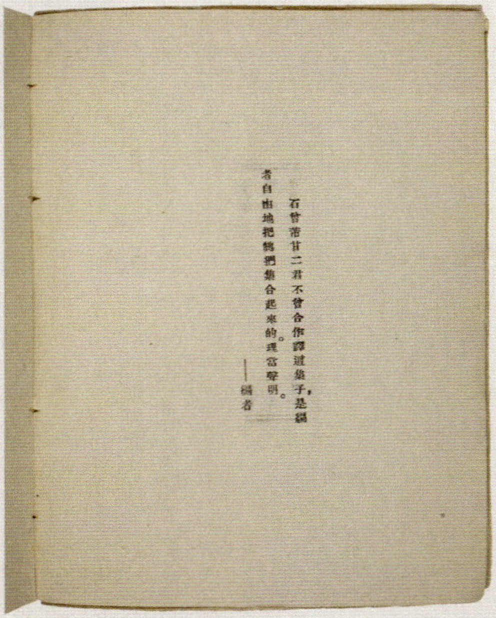

《薇娜》内页

074
《动摇》

作者：茅盾
封面设计：钱君匋
出版社：上海商务印书馆
版本信息：1928年8月初版
印刷方式：铅印
尺寸：19.1×13.1厘米

《动摇》封面

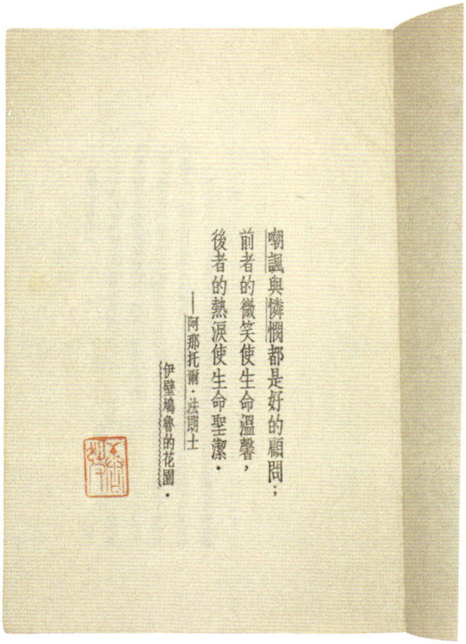
嘲諷與憐憫都是好的顧問；
前者的微笑使生命溫馨，
後者的熱淚使生命聖潔。
——阿那托爾·法朗士
伊壁鳩魯的花園·

《动摇》内页

1916年，茅盾在商务印书馆开始了长达10年的工作，《动摇》是其离开商务印书馆后合作的出版物，也是茅盾作品《蚀》的三部曲之一，主要描述了湖北县城的风波往事，一个关于小资产阶级知识分子的悲剧故事，他们在革命的浪潮中，试图寻找自己的出路，但最终却陷入了绝望和迷茫的境地。

该书封面为钱君匋设计。图书朱红的底色上，绘有一个青年女子的正面脸庞，但却只有半面，体现了小说主人公一面渴望冲破黑暗与束缚，一面不知所去的迷茫之感；女子的头顶上，有只蜘蛛顺着一条笔直垂下的蛛丝而来，正好垂在女子左右脸的分割线上，有一种人被困于蛛丝罗网之中的感觉，纠结困惑的情愫跃然纸上。

075

《良夜幽情曲》

作者：[西] 伊巴涅思
译者：戴望舒、杜衡
封面设计：钱君匋
出版社：光华书局
版本信息：1928年9月初版
印刷方式：铅印
尺寸：18.5×13.4厘米

《良夜幽情曲》为戴望舒编译的西班牙作家伊巴涅思的短篇小说集，收录《愁春》《天堂门旁》《良夜幽情曲》《最后的狮子》《蛊妇的女儿》《墙》《夏娃的四个儿子》7篇小说。戴望舒一生致力于翻译外国文学作品，十分喜爱西班牙作家伊巴涅思『木炭画似的风格和麦纽艾(Manuel)似的情调』，故翻译此书。大多篇目从法国梅奈底艾(F.Menetyier)所翻译的伊氏短篇集《西班牙爱和死的短篇》转译过来，其中《良夜幽情曲》和《夏娃的四个儿子》由杜衡翻译。

该书封面为钱君匋设计，精致优美，以黑色为背景，左上方一轮金黄色圆月，一朵红花在月下开得正灿烂，与书名『夏夜幽情曲』相映成趣，月亮右侧写着『涵趣斋』。

《良夜幽情曲》封面

076
《三姊妹》

作者：柔石
封面设计：钱君匋
出版社：水沫书店
版本信息：1929年4月初版
印刷方式：铅印
尺寸：19.6×14.1厘米

《三姊妹》扉页

《三姊妹》封面

《三姊妹》是柔石创作的第一部中篇小说，讲述一个知识分子章先生与平民出身的莲姑、蕙姑、藐姑三姊妹之间曲折的恋爱悲剧故事，小说情节曲折有致，但未逃出中国传统小说『始乱终弃』的主题原型，思想性与文化批判力有限。

该书封面由钱君匋设计，生动活泼，色彩运用灵活多变，线面共用，装饰趣味强烈，以简笔画绘就了前后依次站立、右手叉腰、左手高举的三姊妹，三人发型、动作、衣服款式都一模一样，只是衣服颜色分别为红、绿、蓝，三人旁边点缀几株花草，封面右上角以灵动的字体题写书名。

077

《爱经》

作者：[罗马] 沃维提乌思
译者：戴望舒
封面设计：钱君匋
出版社：水沫书店
版本信息：1929年4月初版
印刷方式：铅印
尺寸：19×13.5厘米

《爱经》封面

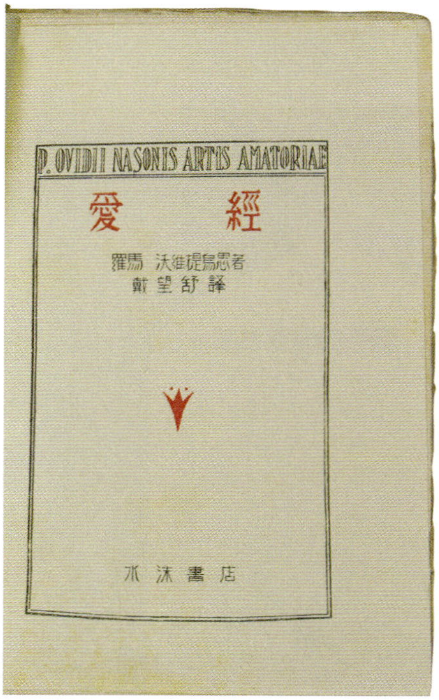

《爱经》扉页

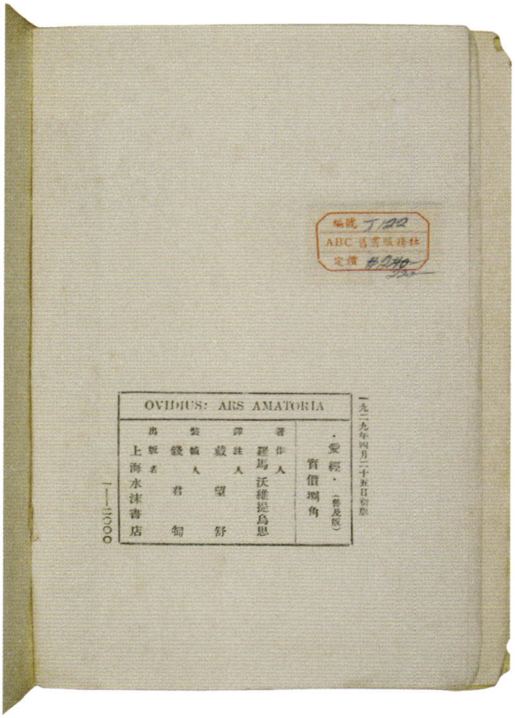

《爱经》版权页

《爱经》书脊

《爱经》后译为《爱的艺术》，是罗马文学史上的名著，反映了罗马颓废时期的社会现实。本书由戴望舒从法文删节本译出，初版仅印200册。封面几何化的对称图形充满装饰艺术风格，绿色线条如叶片舒展，隐喻『爱』的生机与自然属性，又暗合文学作品对情感细腻的刻画；红色心形图案热烈醒目，直抵『爱』的核心主题，传递情感的浓烈与炽热。浅色底搭配鲜明图案，简洁而富有张力，对爱与时代精神的深度叩问蕴含其中。

078
《林啸》

作者：[俄] 科罗连科
译者：北冈
封面设计：钱君匋
出版社：上海一般书店
版本信息：1929年7月初版
印刷方式：铅印
尺寸：18.5×13厘米

《林啸》封面

《林啸》是俄罗斯作家科罗连科的短篇小说集，由北冈根据世界语重译，为『辘轳小刊』之一，收录《林啸》《老钟手》《伏尔加河上》等篇目。科罗连科是俄国作家、评论家，其作品于1919年传入我国，最早译成中文的作品是沈颖翻译的诗《光》。周作人评价他：『人道主义的思想，多与陀思妥耶夫斯奇及托尔斯泰相似，诗一般的自然描写，又有都介涅夫的风趣；但篇中的诙谐味，是他独有的：他的小俄罗斯的温暖的滑稽与波兰的华丽的想象，合成他小说的特色，令人想起果戈理——也是小俄罗斯人——「笑中有泪」的著作。』

该书由钱君匋设计封面，装帧精美，以灰色为底，紫色和黑色线条各占一侧，围成一个房屋的形状，色彩搭配给人以稳重感，中间题写书名、丛书名、作者、译者等出版信息，排版疏朗大方。

079
《神巫之爱》

作者：沈从文
封面设计：钱牧风（钱君匋笔名）
出版社：光华书局
版本信息：1929年7月初版
印刷方式：铅印
尺寸：18.8×13.5厘米

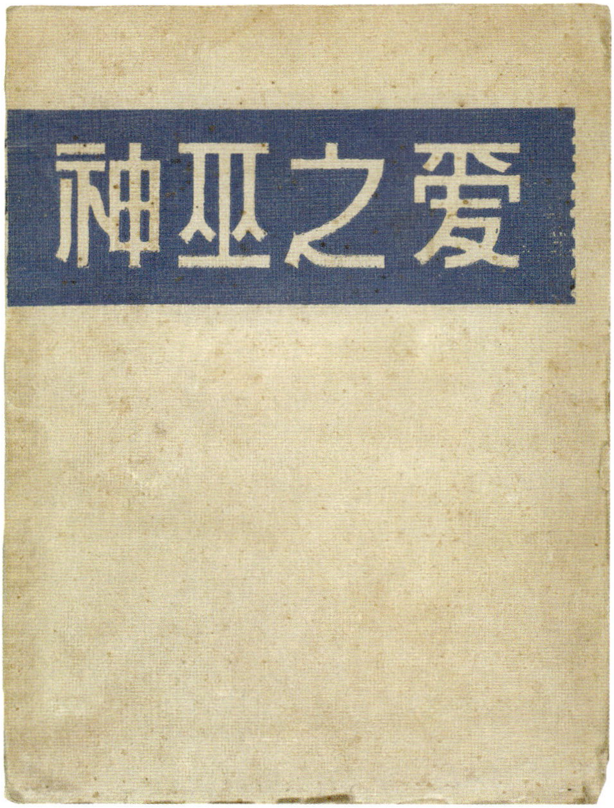

《神巫之爱》封面

《神巫之爱》书脊

《神巫之爱》是沈从文在20世纪20年代早中期创作的小说，列入『新世纪文艺丛书』。小说融合了苗族民间传说与宗教故事，讲述天生哑巴的美丽白衣少女独独，通过眼睛流露出无言的爱赢得了年青神巫的心，是一部带有神幻色彩的乡土小说，也是沈从文构筑理想化湘西的重要作品。作品展现了男女对歌定情、诩神还愿等苗族特有的习俗，在刻画人物的性格和外貌时采取了民间文学的传统夸张手法，寄托了作者对母族文化的乌托邦想象，表达了他对与自己有血缘联系的苗族人民的挚爱。

该书由钱君匋（笔名钱牧风）设计，封面极其简洁，只用蓝色矩形为底题写书名『神巫之爱』，与作品中展现的湘西小儿女的自然人性相映衬。梁实秋评价道：『《神巫之爱》的对话让人想起《圣经》的《雅歌》和沙孚的情诗。』

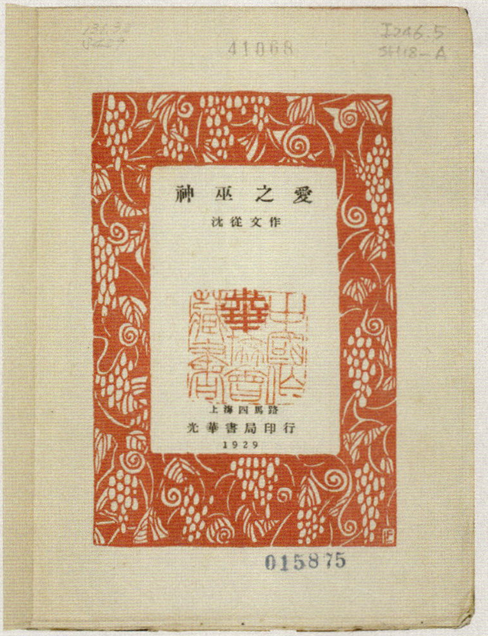

《神巫之爱》扉页

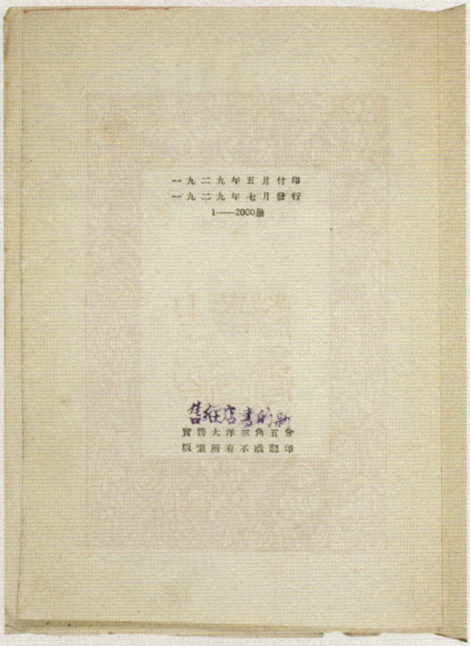

《神巫之爱》版权页

080
《屋卡珊和尼各莱特》

译者：戴望舒
封面设计：钱君匋
出版社：光华书局
版本信息：1929年8月初版
印刷方式：铅印
尺寸：19×13.4厘米

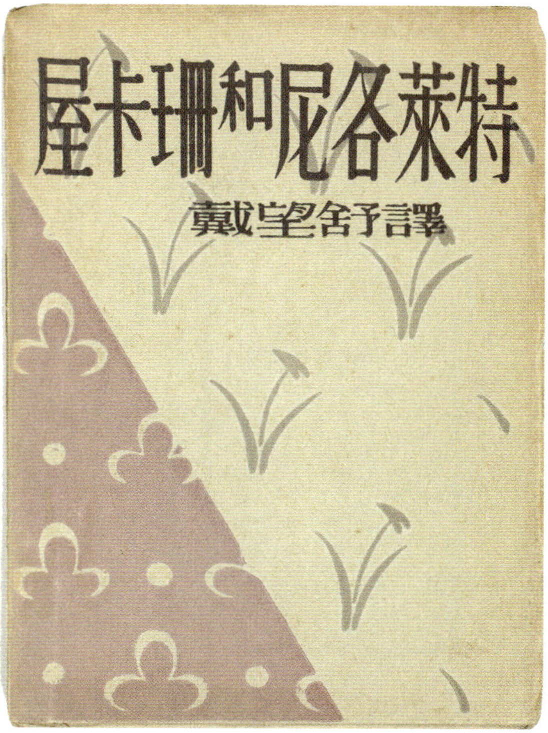

《屋卡珊和尼各莱特》封面

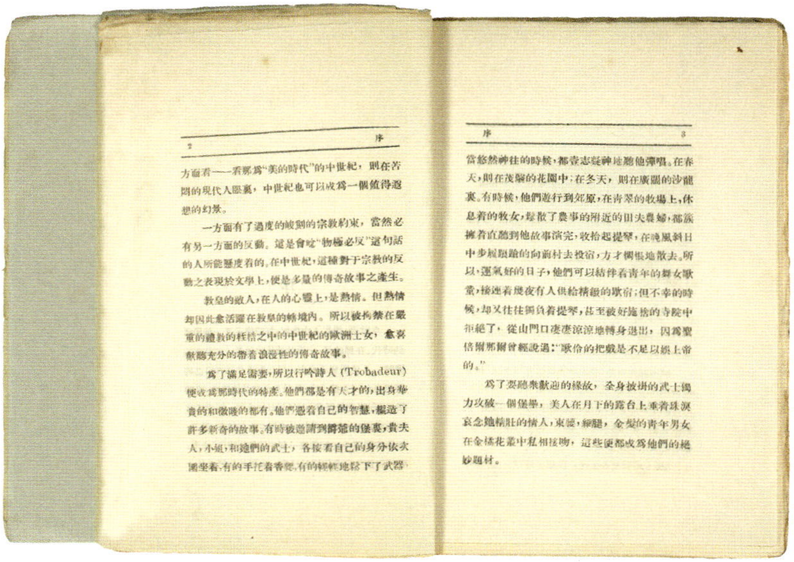

2 序

方面看——看那爲"美的時代"的中世紀，則在苦悶的現代人眼裏，中世紀也可以成爲一個値得遐想的幻象。

一方面有了過度的峻刻的宗教約束，當然必有另一方面的反動。這是會唸"物極必反"這句話的人所能懸度着的。在中世紀，這種對于宗教的反動之表現於文學上，便是多量的傳奇故事之產生。

教皇的敵人，在人的心靈上，是熱情。但熱情卻因此愈活躍在教皇的轄境內。所以被拘禁在嚴重的禮教的桎梏之中的中世紀的歐洲士女，愈喜歡聽充分的帶着浪漫性的傳奇故事。

爲了滿足需要，所以行吟詩人 (Trobadeur) 便成爲那時代的特產。他們都是有天才的，出身華貴的和微賤的都有。他們憑着自己的智慧，編造了許多新奇的故事。有時被邀請到爵爺的堡裏，貴夫人，小姐，和她們的武士，各按着自己的身分依次團坐着，有的手托着香腮，有的輕輕地卸下了武器，

序 3

當悠然神往的時候，都壹志疑神地聽他彈唱。在春天，則在茂盛的花園中；在冬天，則在廣闊的沙龍裏。有時候，他們遊行到郊原，在青翠的牧場上，休息着的牧女，鬆散了農事的附近的田夫農婦，都簇擁着直聽到他故事演完，收拾起提琴，在晚風斜日中步履蹣跚的向前村去投宿，方才惆悵地散去。所以，運氣好的日子，他們可以結伴着青年的舞女歌童，接連着幾夜有人供給精緻的歇宿；但不幸的時候，卻又往往獨負着提琴，甚至被好施捨的寺院中拒絕了，從山門口凄凄涼涼地轉身退出，因爲聖倍爾那爾曾經說過："歌伶的把戲是不足以娛上帝的。"

爲了要聽衆歡迎的緣故，全身披掛的武士獨力攻破一個堡壘，美人在月下的露台上垂着珠淚哀念她精壯的情人，束腰，緋腿，金髮的青年男女在金橘花叢中私相接吻，這些便都成爲他們的絕妙題材。

《屋卡珊和尼各莱特》内页

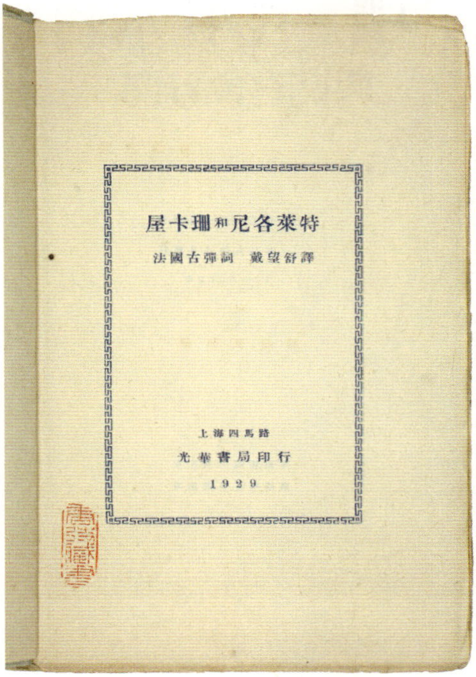
屋卡珊和尼各萊特
法國古彈詞　戴望舒譯
上海四馬路
光華書局印行
1929

《屋卡珊和尼各莱特》扉页

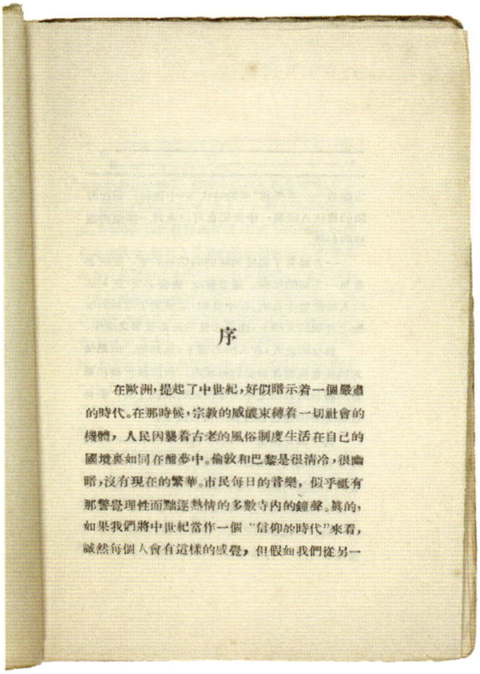
序

在歐洲，提起了中世紀，好似暗示着一個嚴肅的時代。在那時候，宗教的威儀束縛着一切社會的機體，人民因襲着古老的風俗制度生活在自己的國境裏如同在酣夢中。倫敦和巴黎是很清冷，很幽暗，沒有現在的繁華。市民每日的音樂，似乎祗有那警覺理性而黜逐熱情的多數寺內的鐘聲。真的，如果我們將中世紀當作一個"信仰的時代"來看，誠然每個人會有這樣的感覺，但假如我們從另一

《屋卡珊和尼各莱特》内页

《屋卡珊和尼各莱特》是法国行吟诗人的故事说唱，是法国民间文学的一种类型，留存稀少，产生于12世纪末、13世纪上半叶。它的体裁是通过一节散文的说白间着一节歌词的方式，表达对法国中世纪严峻宗教思想的一种反抗，与我国的弹词颇为类似。戴望舒将其译为『法国古弹词』，译文保留了原文质朴优美而又精致的风貌。

该书封面精美简约，由钱君匋设计，左下角的紫色三角形将封面分割成两个空间，一侧绘以简笔花朵，一侧则是小草，有明显的钱君匋的设计风格。卷首有施蛰存作《序》，书中采用了比亚兹莱的插画。

081
《春日》

作者：罗黑芷
封面设计：钱君匋
出版社：开明书店
版本信息：1928年6月初版
此为1929年10月再版
印刷方式：铅印
尺寸：18.8×13.3厘米

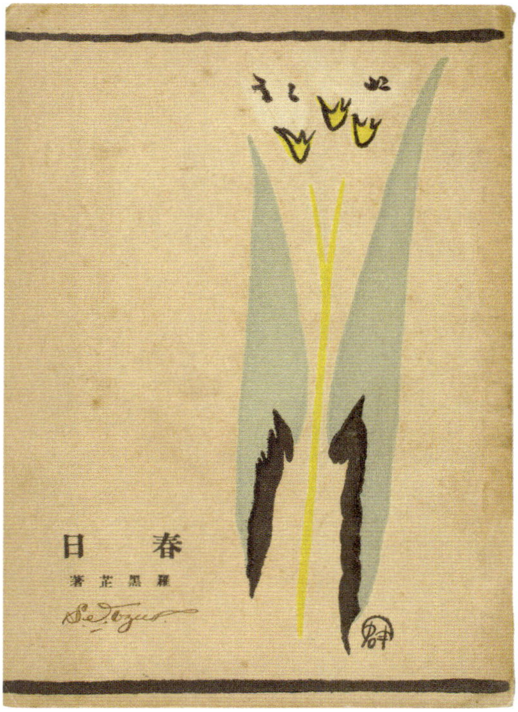

《春日》封面

《春日》作者及家人照片

《春日》是罗黑芷的短篇小说集，是『文学周报社丛书』之一，收录《客厅中之一夜》《春日》《乳娘》《遁逃》《不速之客》《或人的日记》《烦躁》《雨前》《现代》共9篇小说。卷首附作者及其家族的合影，书末附作者评传4篇。小说内容写实，颇具现实主义色彩。黎锦明在《回忆罗黑芷》中称：『因为他能观察现实，他的作品没有一些虚浮夸大的气息，虽然有些是近似幻想的，然而篇篇都是建筑在忠实的写实艺术上。』

该书封面由钱君匋设计，封面用直线处理，右侧有一枝长长的野草花纹样，中间有花蕊，与两翅的叶子形成对比，上用蒲公英纹样点缀，以收聚散之效，充分展现了钱君匋所擅长的大写意花卉，画面既有国画之美，又与书的内容相呼应。封面左侧空白处题写书名和作者，以扣应画面虚实。

082
《虹》

作者：茅盾
封面设计：钱君匋
出版社：开明书店
版本信息：1930年3月初版
印刷方式：铅印
尺寸：18.8×13.2厘米

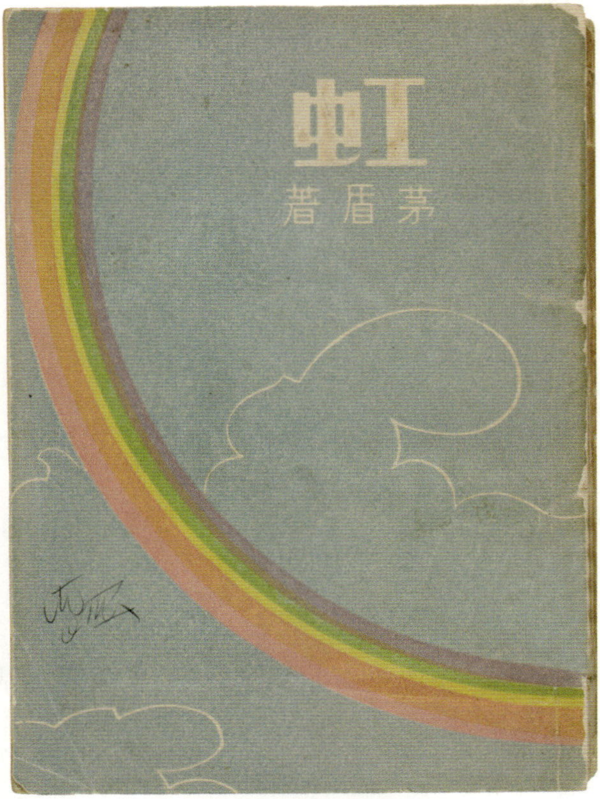

《虹》封面

《虹》扉页

《虹》是茅盾1929年在日本创作的长篇小说，1930年首次出版。这部小说通过一代知识分子战胜挫折、寻求革命的心路历程，揭示了这一历史时期内知识分子由个人主义到集体主义、由封建制度叛逆者到革命者转变的艰苦历程。相对于之前的《蚀》系列小说沉闷灰暗的色调，《虹》无疑是增加了一抹亮色的，它标志着茅盾思想的转变，是对于自己由大革命的失败而产生的悲观、消沉情绪的否定。

封面满铺天青色，白色线条勾勒出白云，并有一条弯弯的彩虹纵贯封面，呈现浪漫清雅的格调。

083

《半农谈影》

作者：刘半农
封面设计：钱君匋
出版社：开明书店
版本信息：1927年10月初版
　　此为1930年4月第3版
印刷方式：铅印
尺寸：19×13厘米

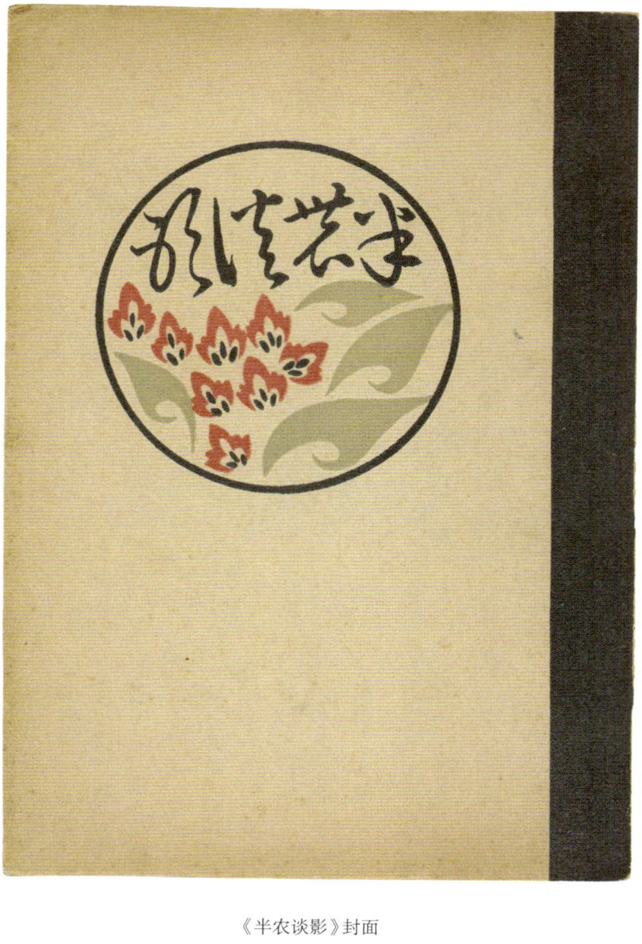

《半农谈影》封面

《半农谈影》扉页

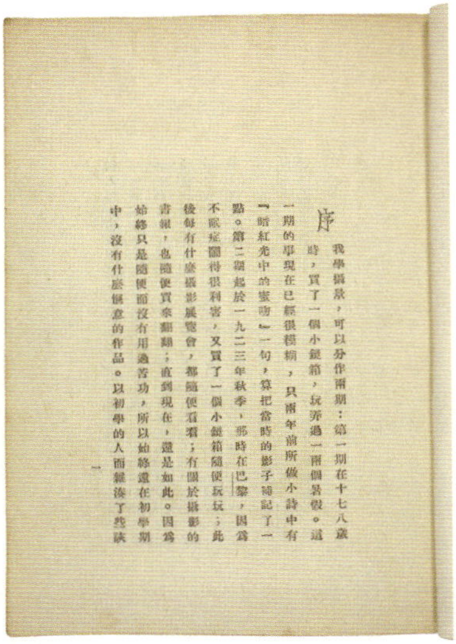

序

我學攝景，可以分作兩期：第一期在十七八歲時，買了一個小鏡箱，玩弄過一兩個暑假。這一期的事現在已經很模糊，只兩年前所做小詩中有『暗紅光中的蜜時』一句，算把當時的影子稍記了一點。第二期起於一九二三年秋季，那時在巴黎，因為不眠症鬧得很利害，又買了一個小鏡箱隨便玩玩；此後每有什麼攝影展覽會，都隨便看看；有關於攝影的書報，也隨便買來翻翻；直到現在，還是如此。因為始終只是隨便而沒有用過苦功，所以始終還在初學期中，沒有什麼愜意的作品。以初學的人而饒湊了些談

一

《半农谈影》内页

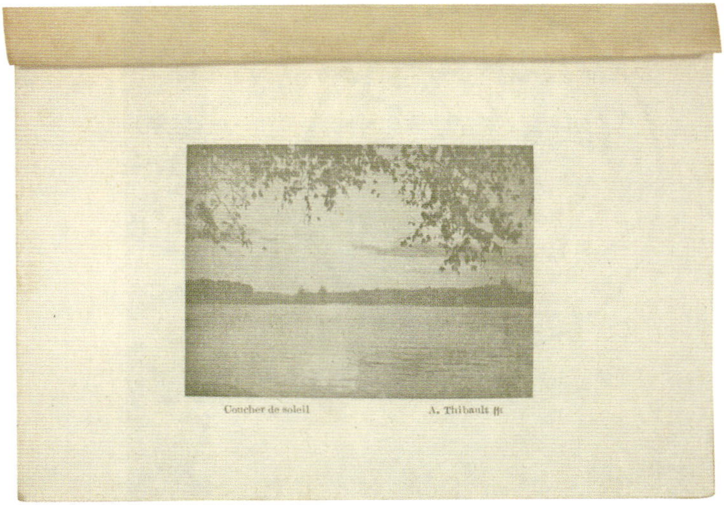

《半农谈影》插图

《半农谈影》是我国第一本摄影艺术理论专著。钱玄同曾言『凡爱摄影者必是低能儿』，刘半农遂创作此书予以回应，反驳『照相比不上图画』这一观点。该书总结了当时摄影创作实践的经验，深入论述了摄影构图、取形、色调等摄影造型的技术与技巧问题，极大提高了当时摄影艺术的表现力，堪称一部为摄影艺术的诞生呼喊、为摄影进入艺术之宫鸣锣开道的佳作。

该书封面由钱君匋设计，简洁美观。几朵红花、几片绿叶与充满艺术感的草书『半农谈影』巧妙地融合在圆形图案中，采用低饱和度的红绿两色搭配，花叶衬托书法，显出浓郁的文学气息。

《半农谈影》插图

086
《屐痕处处》

作者：郁达夫
封面设计：钱君匋
出版社：上海现代书局
版本信息：1934年6月初版
印刷方式：铅印
尺寸：18.5×12.5厘米

《屐痕处处》封面

《屐痕处处》是郁达夫的游记散文集，为上海现代书局的『现代创作丛刊』一种。全书共收游记11篇，包括《杭江小历纪程》《浙东景物纪略》《钓台的春昼》《临平登山记》《半日的游程》《屯溪夜泊记》，附录一篇黄秋宜的《黄山纪游》。

在该书的自序中，郁达夫的语言风趣幽默：『每见古人记游或序人记游，头上总要说一句「余性好游」的开场白，读了往往想哄笑出来，因为我想，狗尚且好游，人岂有不好游的道理？』并且称自己不愿意负『游记作家』之名，觉得给书拟名《达夫游记》似乎『太僭』，改名成《山水游踪》又嫌『太雅』，最终定了一个不僭、不雅也不俗的名字《屐痕处处》，含蓄而富诗意，流行一时。

该书封面由钱君匋设计，在书籍装帧现代化的过程中，他运用过各种流派和风格。本书封面的设计体现着装帧设计中的民族化方向，完全以图案为主体，曲折的蓝色块，点缀的白色斑点，勾勒出木屐的形状，线条的走向又有着规则的变化，充满着流动感和灵动性，让人联想到『屐痕处处』，透露出游记的自由感。

087
《在黑暗中》

作者：丁玲
封面设计：钱君匋
出版社：开明书店
版本信息：1928年10月初版
印刷方式：铅印
尺寸：18.3×12.9厘米

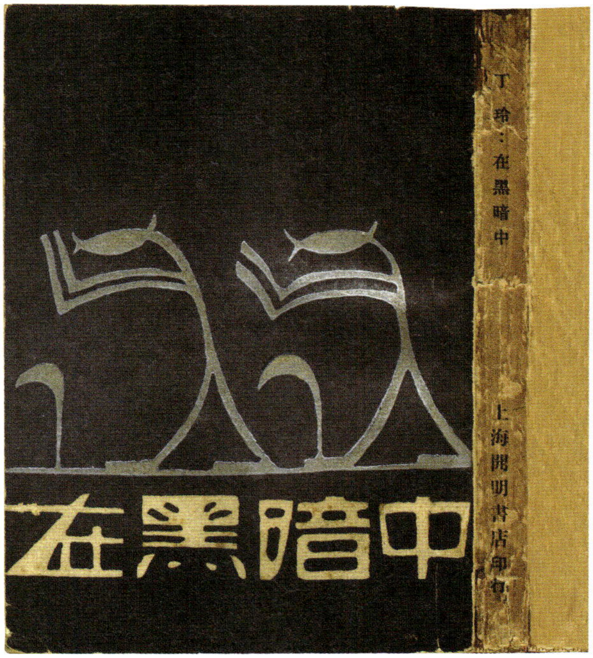

《在黑暗中》封面

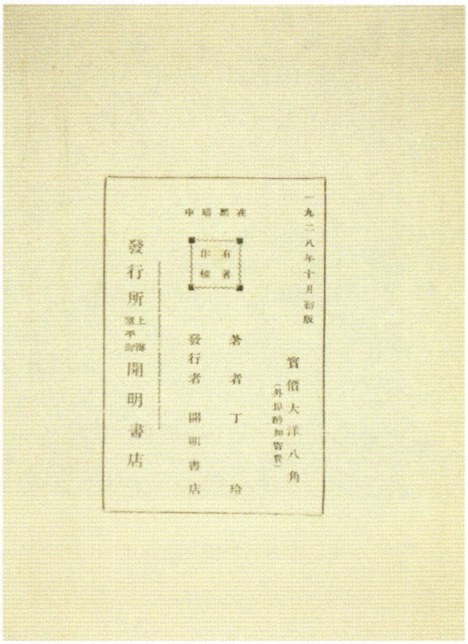
一九二八年十月初版
實價大洋八角（外埠酌加寄費）
在黑暗中
有著作權
著者 丁玲
發行者 開明書店
發行所 上海望平街 開明書店

《在黑暗中》版权页

《在黑暗中》是丁玲的第一本短篇小说集，收录《梦珂》《莎菲女士日记》《暑假中》《阿毛姑娘》四篇小说，另加一篇后记《最后一页》。作品大多讲述青年女性的悲剧故事，反映病态黑暗的时代造就女性的悲剧结局，小说中的心理描写在当时广受好评。其中《莎菲女士日记》是丁玲的成名作。

该书由钱君匋设计封面，整幅画面以黑色为主调，营造出神秘而压抑的氛围。在这片如墨的黑暗背景之中，浮现出两个米黄色的狐狸影子。它们既像是在对着夜空明月虔诚朝拜，又仿佛是在暗中施展某种力量，蛊惑人间。这样的设计巧妙暗示了这部作品的风格：在黑暗的压迫下骚动不安的心理小说。

088
《大公报文艺丛刊小说选》

作者：蹇先艾、萧乾、沈从文 等
封面设计：钱君匋
出版社：大公报馆
版本信息：1936年8月初版
印刷方式：铅印
尺寸：18.6×13厘米

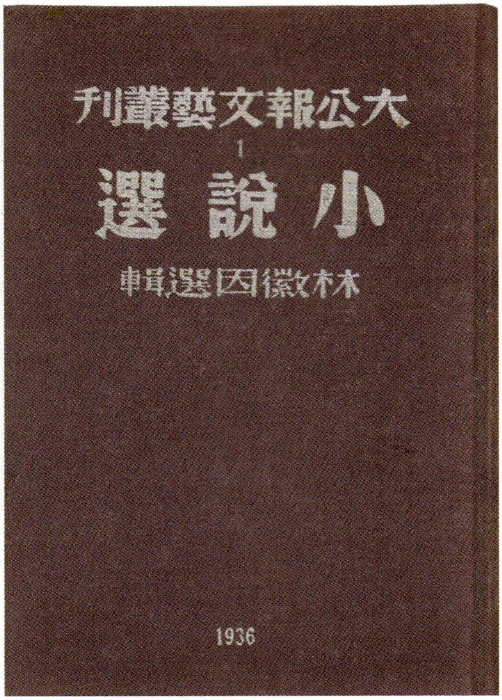

《大公报文艺丛刊小说选》封面

《大公报文艺丛刊小说选》扉页

该书由林徽因选编，1936年《大公报》创刊10周年之际，萧乾策划编一本在《大公报·文艺副刊》上发表小说的选集，他想到的最合适的编选人便是林徽因。不负萧乾所望，林徽因很快编出了《大公报文艺丛刊小说选》，入选作品30篇。入选作者既有名家，也有名不见经传者。这个选本很受读者欢迎。在文学创作方面，林徽因一生著述甚丰，作品包括散文、诗歌、小说、剧本、译文等，均属佳作，其代表作有《你是人间四月天》《九十九度中》等。

该书封面为灰红色铺底，用白色字体写着书名和丛书信息，简单大方。

089
《果戈理选集五·死魂灵（增订本）》

作者：[俄] 果戈理
译者：鲁迅
封面设计：钱君匋
出版社：文化生活出版社
版本信息：1935年11月初版
此为1940年11月第10版
印刷方式：铅印
尺寸：18.5×15厘米

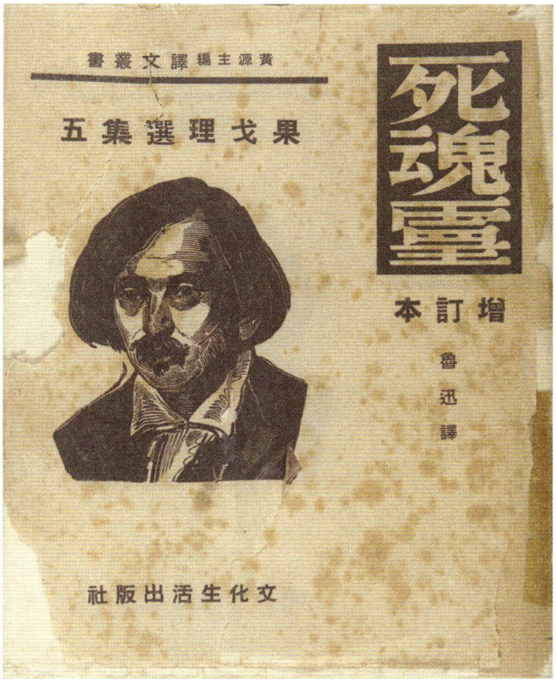

《果戈理选集五·死魂灵（增订本）》封面

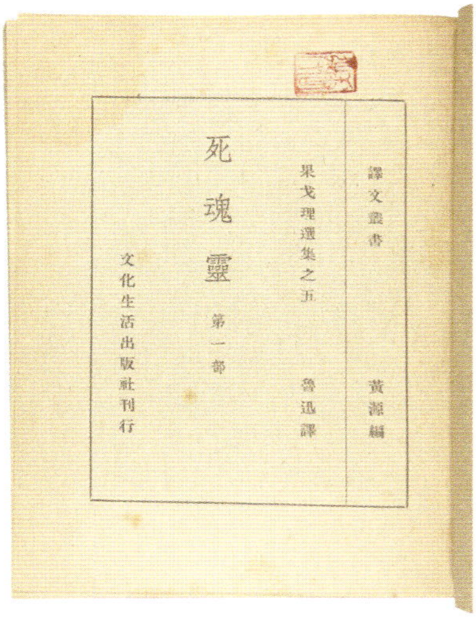

《果戈理选集五·死魂灵（增订本）》扉页

该书是俄国著名作家果戈理的长篇小说。鲁迅据柏林列柱门出版社的德译本《果戈理全集》五卷本第三卷《乞乞科夫历险记或死魂灵》翻译，同时参考日本东京那乌卡社出版的日译本《果戈理全集》进行校正，1935年2月15日开始翻译，9月28日译完第一部；9月29日开始翻译第一部附录，10月6日译完；1936年2月25日开始翻译第二部，并作译者附记，第三章并未译完，鲁迅即因病去世。第一部译文先在《世界文库》连载，后出单行本。该书为纸面精装，封面由钱君匋设计，上印果戈理版画半身像，书名置于右上方，与版画形成呼应，简洁大气。

《果戈理选集五·死魂灵（增订本）》封面、封底

《果戈理选集五·死魂灵（增订本）》作者像

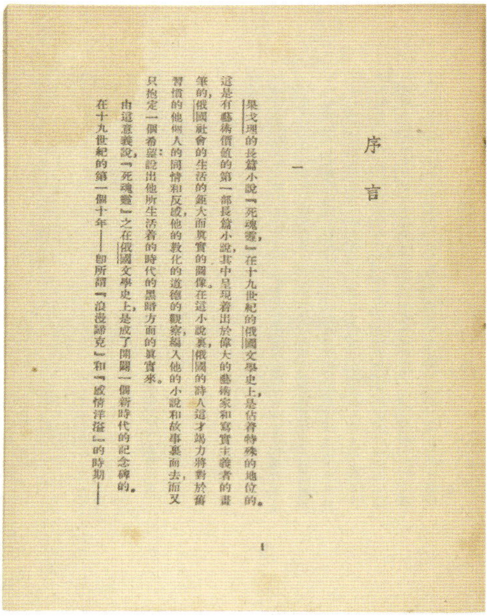

序言

一

果戈理的長篇小說『死魂靈』，在十九世紀的俄國文學史上，是佔着特殊的地位的。這是有藝術價值的第一部長篇小說，其中呈現着出於偉大的藝術家和寫實主義者的畫筆的，俄國社會的生活的鉅大而真實的圖像。在這小說裏，俄國的詩人這才竭力將對於舊習慣的他與人的同情和反感，他的教化的道德的觀察，編入他的小說和故事裏面去，而又只拘定一個着眼點：說出他所生活着的時代的黑暗方面的真實來。

由這意義說，『死魂靈』之在俄國文學史上，是成了開闢一個新時代的記念碑的。

在十九世紀的第一個十年——即所謂『浪漫諦克』和『感情洋溢』的時期——

1

《果戈理选集五·死魂灵（增订本）》内页

090

《曹禺戏剧集六·北京人》

作者：曹禺
封面设计：钱君匋
出版社：上海文化生活出版社
版本信息：1941年12月初版
印刷方式：铅印
尺寸：17.3×12.3厘米

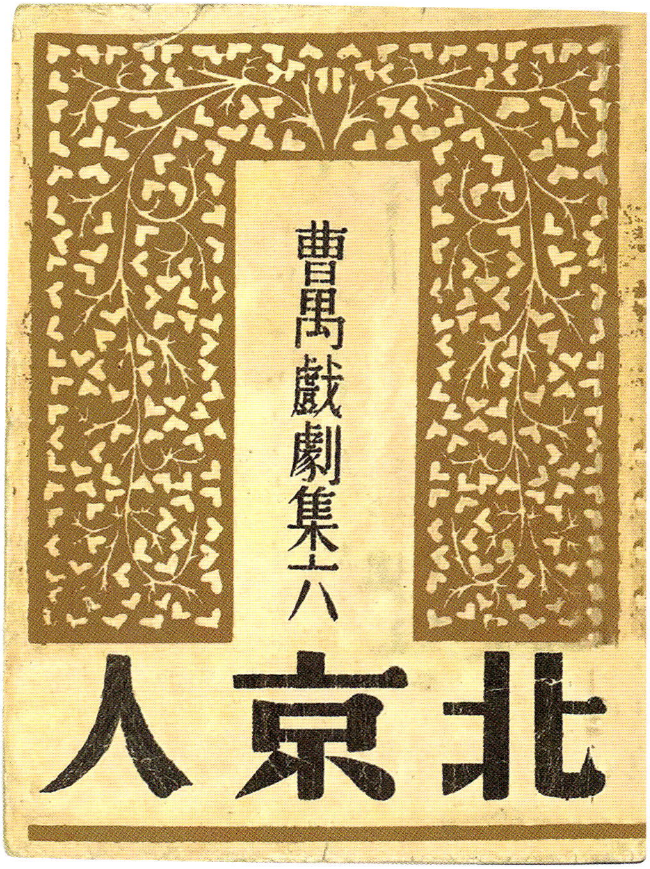

《曹禺戏剧集六·北京人》封面

《北京人》主要围绕一个典型的中国封建大家庭的衰落过程，描绘了曾家三代人的生活和冲突。

文化生活出版社出版了『曹禺戏剧集』系列丛书，共六种，包括《雷雨》《日出》《原野》等，《北京人》为第六种。该系列书封面统一，上方为倒凹字形红色色块，内饰以植物花纹；下方为书名，字体较大，与色块一同将封面填满，但空间感仍然充盈，庄重典雅。

091
《八年》

作者：凤子
封面设计：钱君匋
出版社：上海万叶书店
版本信息：1945年12月初版
印刷方式：铅印
尺寸：17.1×12.3厘米

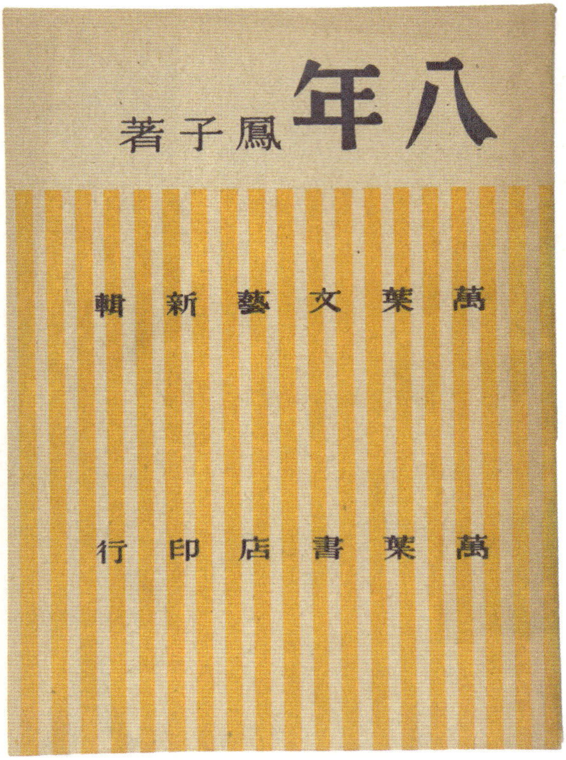

《八年》封面

《八年》扉页

《八年》这部作品集包含了26篇散文，文字风格质朴无华，情感真挚浓烈，大部分创作于抗战时期。『七七事变』后，凤子（原名封季壬）辗转于广西、昆明、重庆等地投身戏剧活动，曾担任话剧《原野》的主演。1945年，凤子成为重庆《新民报》的特约记者，奔赴上海、南京等地采访报道国民党接收情况，《八年》就是在这之后出版的。

该书封面由钱君匋设计，造型整体淡雅美观，主要由黄色竖状条纹构成，庄重、清新、大方。作为设计者，钱君匋还将巴金的《旅途随笔》、丰子恺的《率真集》、凤子的《八年》、臧克家的《宝贝儿》、靳以的《希望》等书稿编成了一套『文艺新潮小丛书』。

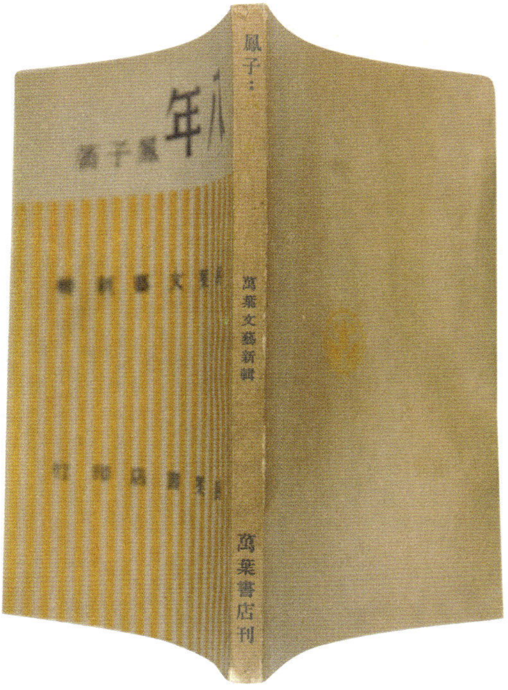

《八年》书脊

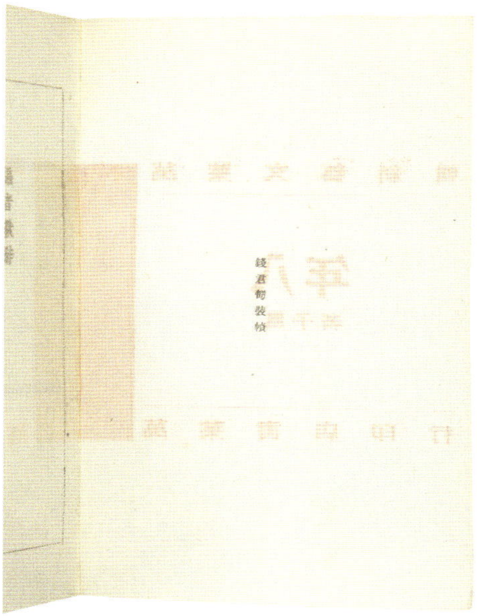

《八年》扉页

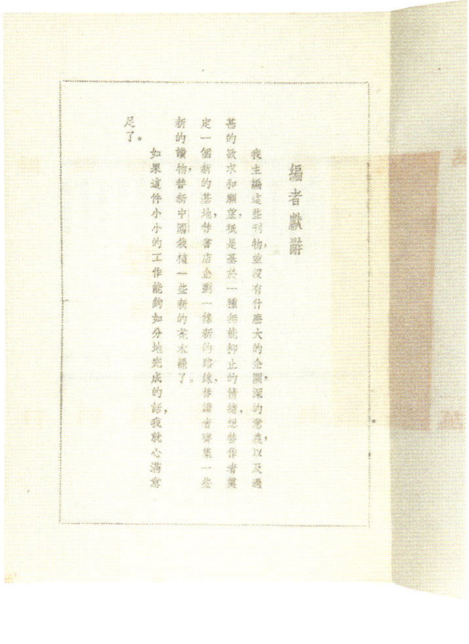

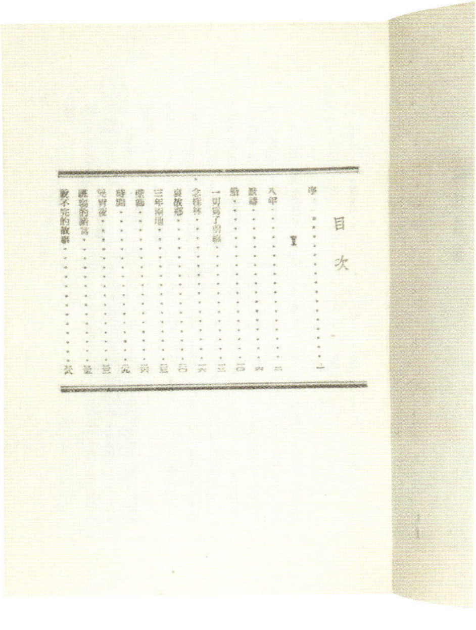

《八年》内页

092
《宝贝儿》

作者：臧克家
封面设计：钱君匋
出版社：上海万叶书店
版本信息：1946年5月初版
印刷方式：铅印
尺寸：17.7×12.3厘米

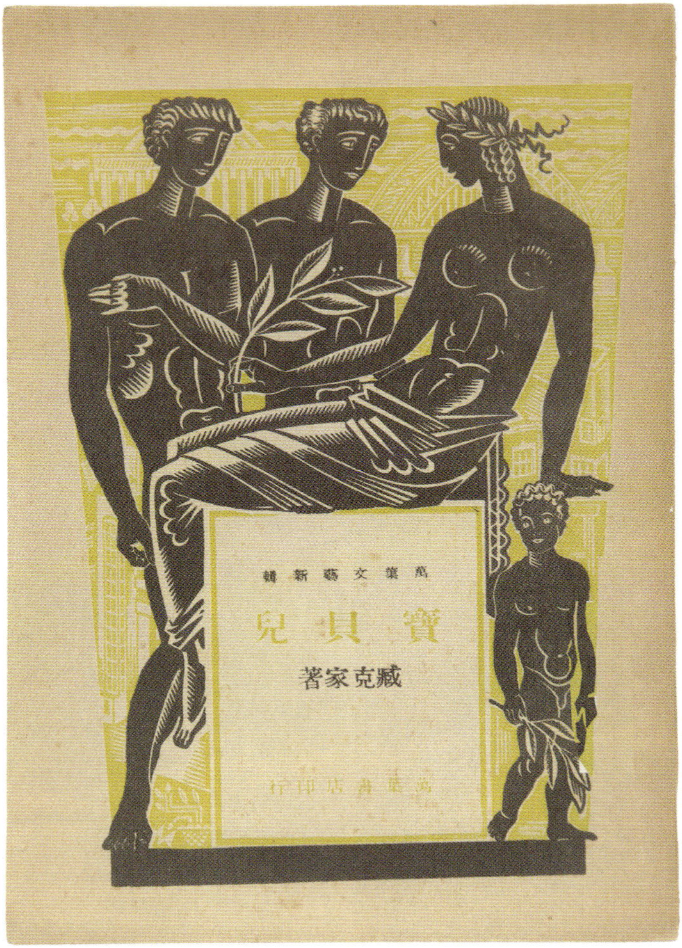

《宝贝儿》封面

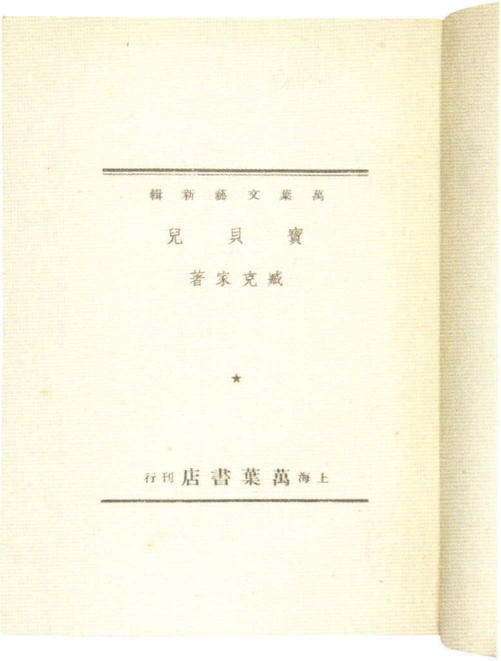

萬葉文藝新輯

寶貝兒

臧克家著

★

上海萬葉書店刊行

《宝贝儿》扉页

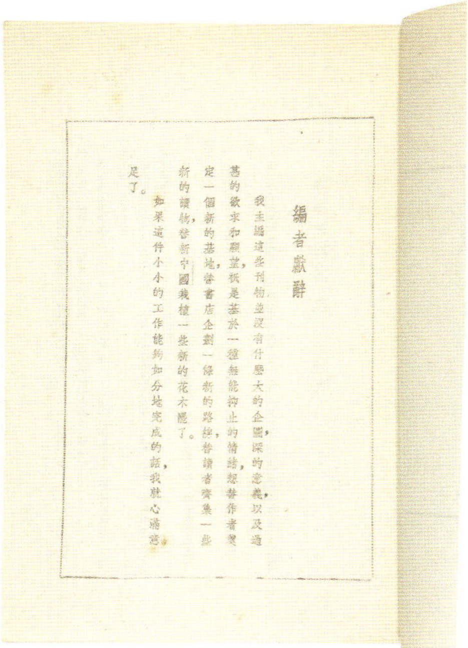

編者獻辭

我主編這些刊物並沒有什麼大的企圖，深的意義，以及過甚的欲求和願望，祇是基於一種無能抑止的情緒，想替作者覓定一個新的基地，替書店企劃一條新的路線，替讀者齊集一些新的讀物，替新中國栽植一些新的花木罷了。

如果這件小小的工作能夠如分地完成的話，我就心滿意足了。

《宝贝儿》内页

《宝贝儿》共收录臧克家1943年至1945年间的诗歌33首。这是一本讽刺诗集，所收录的政治讽刺诗以『刺向黑暗的「黑心」』为宗旨，对国民党反动派的黑暗统治进行了无情的揭露和鞭挞。《宝贝儿》与袁水拍《马凡陀山歌》并称为『讽刺诗的两座高峰』。

该书封面由钱君匋设计，以4个西方古典人物形态为主体，居中的是手持橄榄枝的女性，身后站立着一对双胞胎男性，右下角则是持橄榄枝的孩童。整体设计庄重、清新、大方，赢得了读者的广泛好评，后多次再版，曾在『孤岛』上海引起巨大反响。

093

《记章太炎先生》

作者：沈延国
封面设计：钱君匋
出版社：永祥印书馆
版本信息：1946年4月初版
　　此为1948年4月再版
印刷方式：铅印
尺寸：16.5×12厘米

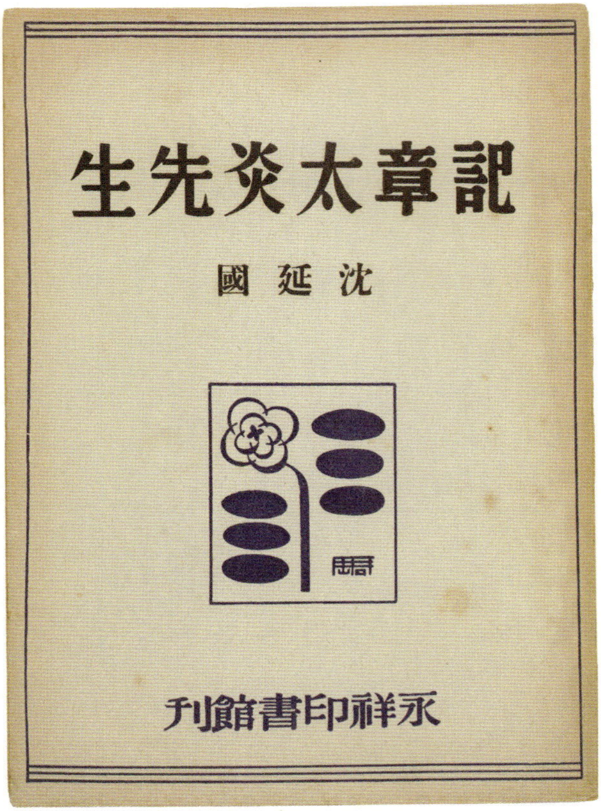

《记章太炎先生》封面

《记章太炎先生》是沈延国在章太炎先生逝世10周年之际创作的，初版于1946年6月。沈延国是章太炎晚年的弟子，当时正执教于光华大学。书中附有章太炎先生像和手迹，记述了章太炎西牢三年、锦辉馆上、亡命日本、被袁世凯禁锢等事件。

该书是范泉主编的『青年知识文库』之一，由钱君匋设计书衣，简明而不乏学术气息，以白色为底纸，以钱君匋有名的手写宋体字题写书名、作者，封面中间点缀着一株带叶花朵图案，显得庄重而典雅，沉静而不板滞，要言不烦，无色远胜于有色，这个设计在几年后被书店所出的《经济学教程》借用过一次。

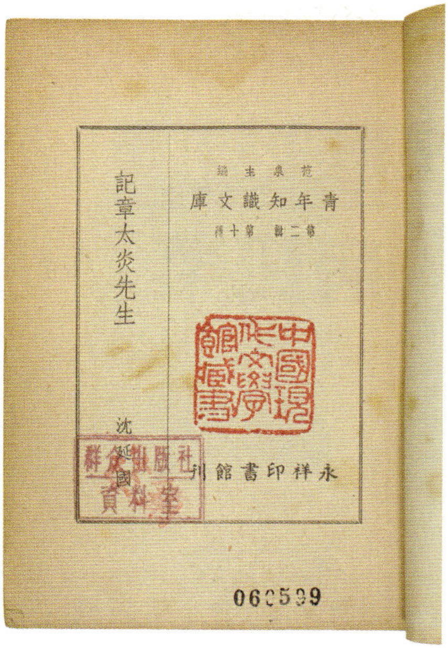
范泉主編
青年知識文庫
第二輯第十冊
記章太炎先生
沈延國
永祥印書館刊

《记章太炎先生》扉页

章太炎先生像

《记章太炎先生》章太炎先生像

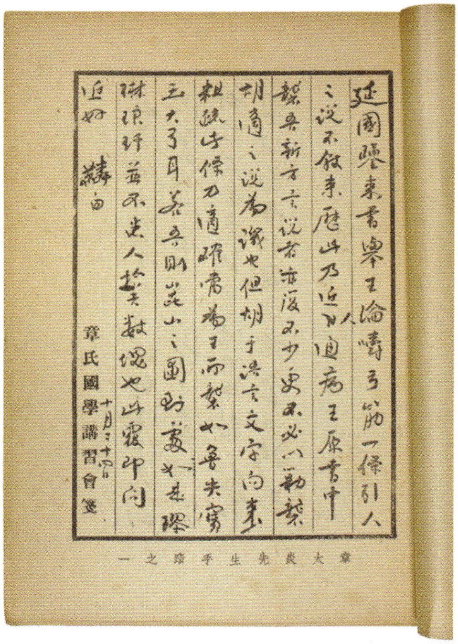
章氏國學講習會箋
章太炎先生手跡之一

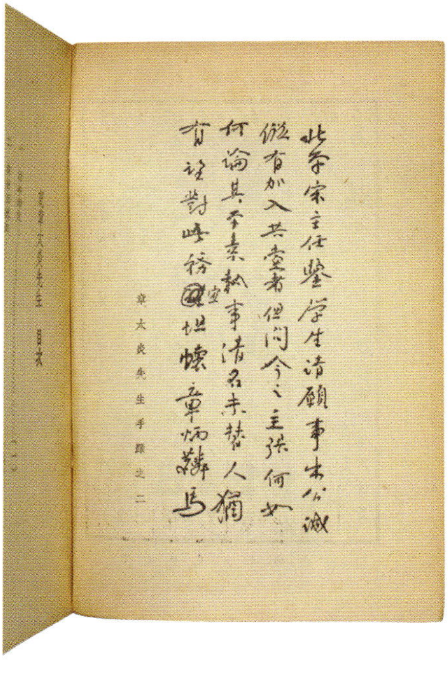
章太炎先生手跡之二

《记章太炎先生》内页

良友文學叢書之十九
車廂社會
豐子愷作

良友文學叢書
第四病室
巴金創作

晨光文學叢書
寒夜
巴金創作

赵家璧

（1908—1997）

赵家璧，生于上海松江，著名出版家、作家、翻译家。中学时代即主编《晨曦》季刊。大学时代又主编《中国学生》。1932年上海光华大学英文系毕业后，进入良友图书印刷公司任编辑。1933年策划编辑“良友文学丛书”，其间得到鲁迅先生提携，后策划“中国新文学大系”十卷，为中国新文学史和出版史建立了一座丰碑。新中国成立后在上海人民美术出版社、上海文艺出版社工作。

一九三二年大学毕业后，我专业担任文艺编辑，计划编一套全部收新创作的“良友文学丛书”，准备约请第一流作家执笔，用米色道林纸印，软布面精装，不论厚薄，书价一律九角；试图从装帧、印刷、售价上，对当时流行市上的纸面平装文艺出版物来一个突破。

——赵家璧

車廂社會

第四病室

寒夜

北望園的春天

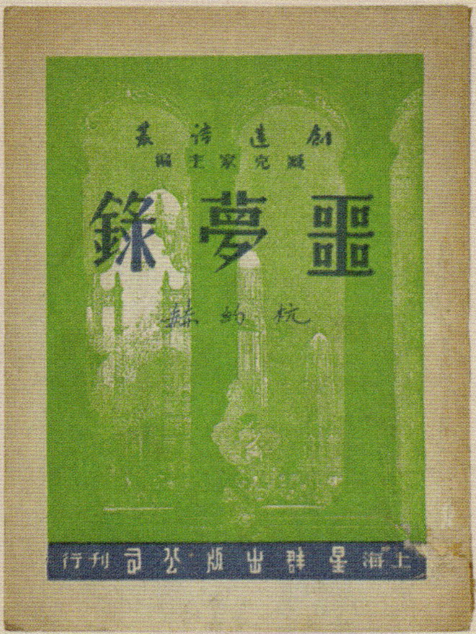
創造詩叢
臧克家主編
噩夢錄
杭約赫
上海星群出版公司刊行

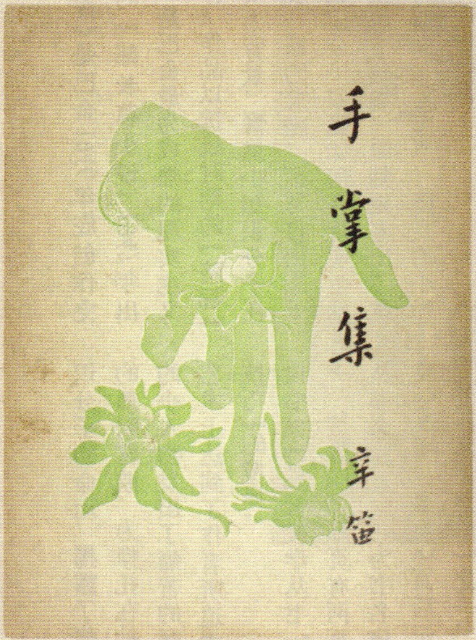
手掌集
辛笛

捧血者
辛劳
森林詩叢

（1917—1995）

曹辛之

曹辛之，笔名杭约赫，出生于江苏宜兴，是一位著名的书籍装帧艺术家、书法篆刻家和诗人。曹辛之在学生时代就开始发表诗歌、散文与木刻作品。1936年，他与吴伯文等人创办了《平话》文艺刊物，开始了创作、编辑与出版工作。1938年，他进入陕北公学和延安鲁迅艺术学院美术系学习，随后赴晋察冀边区工作。1940年，他被派往重庆的生活书店工作，在邹韬奋的领导下参与《全民抗战》的编辑工作。抗战胜利后，他到上海主持星群出版社的编辑出版业务，并创办了《诗创造》和《中国新诗》月刊，成为“九叶诗派”的发起人与倡导者。

北望園的春天

手掌集

噩夢錄

捧血者

097
《北望园的春天》

作者：骆宾基
封面设计：曹辛之
出版社：上海星群出版公司
版本信息：1946年1月初版
印刷方式：铅印
尺寸：15.5×13.5厘米

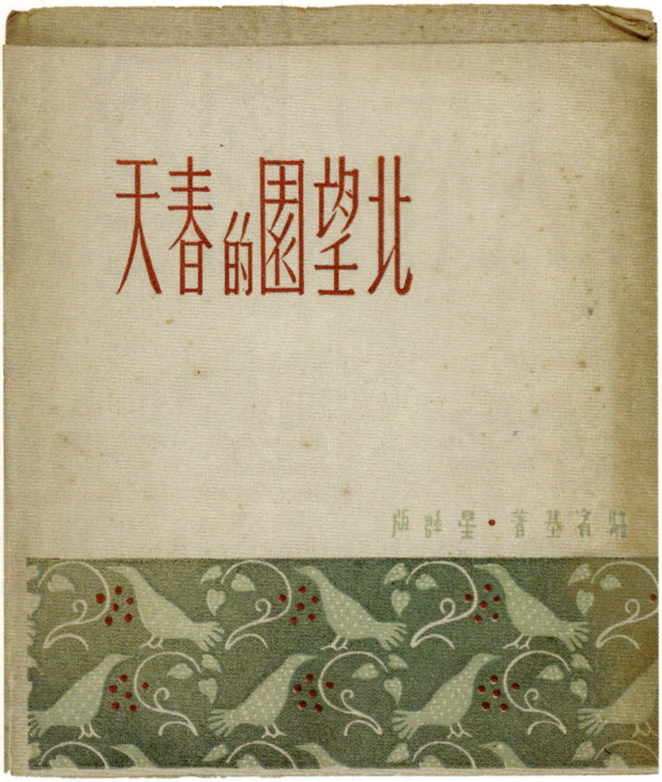

《北望园的春天》封面

《北望园的春天》是骆宾基的短篇小说集，也是他的成名作，收录《生活的意义》《北望园的春天》《红玻璃的故事》《一九四四年的事件》《老女仆》《由于爱》等小说，记录骆宾基在香港、桂林、重庆一带的见闻和感受。小说基调忧郁哀愁，展现了骆宾基独特的创作才华。其中最出色的是《北望园的春天》，描写抗战时期蛰居在桂林北望园里一群知识分子的日常生活，生动形象地勾勒出他们善良又迂腐、寂寞又不甘沉沦的性格。

该书的封面由曹辛之设计，设计风格清丽隽秀。用以题写书名的美术字纤细典雅，自成风格。字体有大有小，灵动变化。用红、绿、白三种颜色绘就的花鸟纹图，活泼中透出柔和，也正如曹辛之所坚持的设计理念，朴素淡雅，也许更显得大方、端庄。

《北望园的春天》扉页

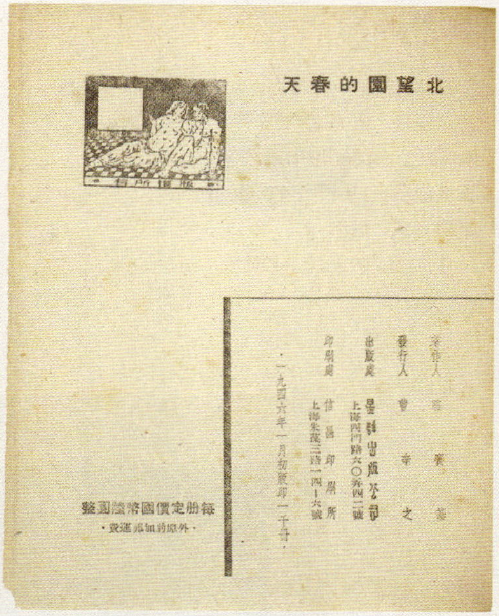

《北望园的春天》版权页

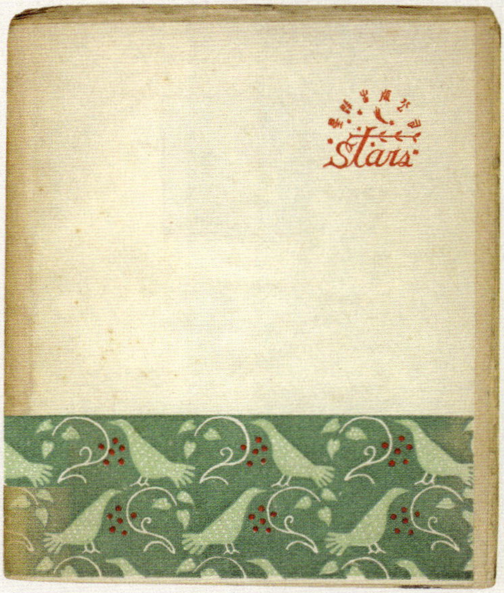

《北望园的春天》封底

《北望园的春天》目录

098
《噩梦录》

作者：杭约赫（曹辛之）
封面设计：曹辛之
出版社：上海星群出版公司
版本信息：1947年10月初版
印刷方式：铅印
尺寸：16.9×12.1厘米

《噩梦录》封面

《噩梦录》是曹辛之的诗集，署名『杭约赫』。内分上、下辑，收录诗人1943年至1946年间创作的诗作12首，包括《哭声》《噩梦》《撷星草》《落潮以后》等。表现诗人对黑暗现实的控诉、对战争中的国家和人民的苦难的关注，抒发了诗人对美好未来的期望和信心。臧克家在序言中评价称：『杭约赫是一个画家，他「厌弃了彩笔」来学「发音」和「和声」，抓住一点向深处探寻，把它凝结成晶莹的智慧。』

1947年10月该书被收入臧克家主编的『创造诗丛』，装帧精美，封面由曹辛之设计，与『创造诗丛』其他著作采用同一幅版画，配色不同，色彩明朗，具有现代气息。封面从上而下印有『创造诗丛』、『臧克家主编』、书名、作者名和『上海星群出版公司刊行』。

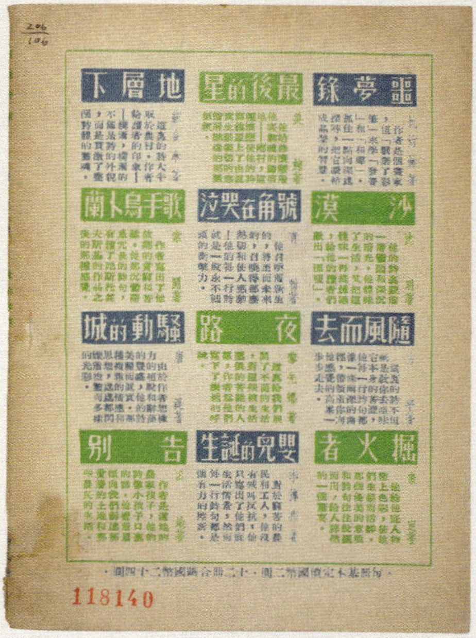

《噩梦录》封底

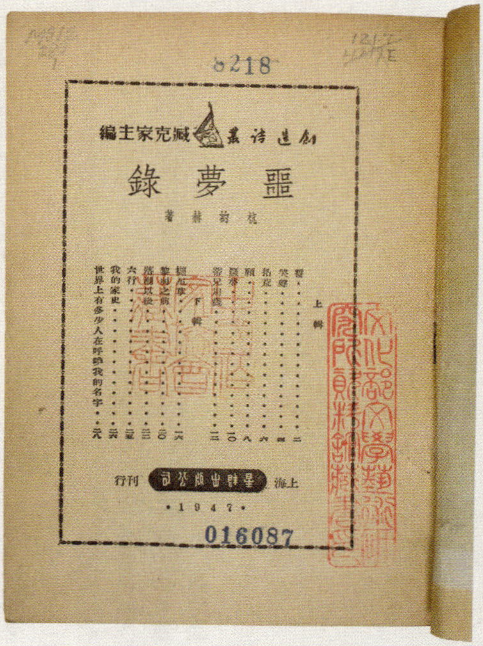

《噩梦录》扉页

099

《手掌集》

作者：辛笛
封面设计：曹辛之
出版社：上海星群出版公司
版本信息：1948年1月初版
印刷方式：铅印
尺寸：18.1×13.1厘米

《手掌集》封面

《手掌集》是诗人辛笛的诗集，由『珠贝篇』『异域篇』『手掌篇』三部分组成，每部分有若干首诗，包括《丁香》《再见蓝马店》《短意》《卖轻气球的人》《夏夜的和平》等共46首诗。其中『珠贝篇』是辛笛与其弟辛谷的诗歌合集，辛笛被列为诗坛『九叶诗人』之首，该诗集被列为『中国新诗经典』。

该书封面由曹辛之设计，颇为独特。封面中心的花朵从手心滑落，该画选自萧乾编选的《英国版画集》中一幅名为《花》的木刻，原作者是裘屈罗·赫米斯（Gertrude Hermes）。画面旁边简单题写书名和作者名，给人一种雅致清新之感，也吻合长诗《手掌》的诗意：『艺术之手应当与更广阔的现实人生相结合。』

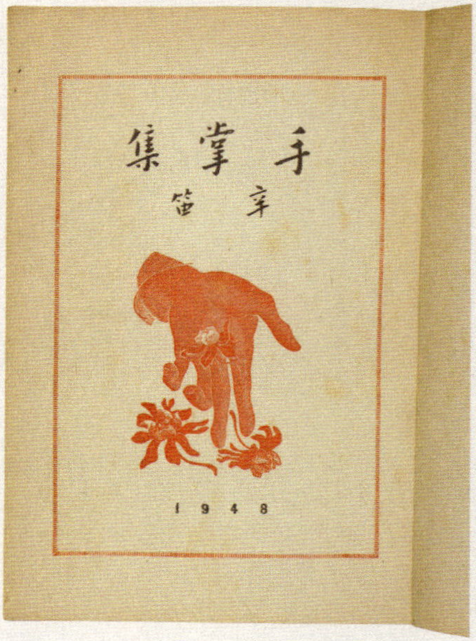

《手掌集》扉页

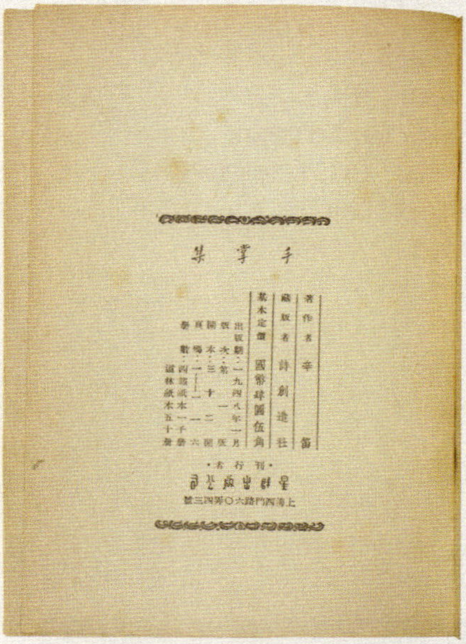

《手掌集》版权页

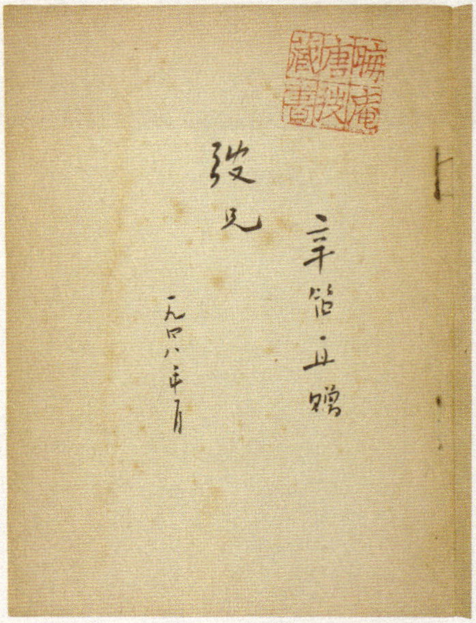

《手掌集》赠言

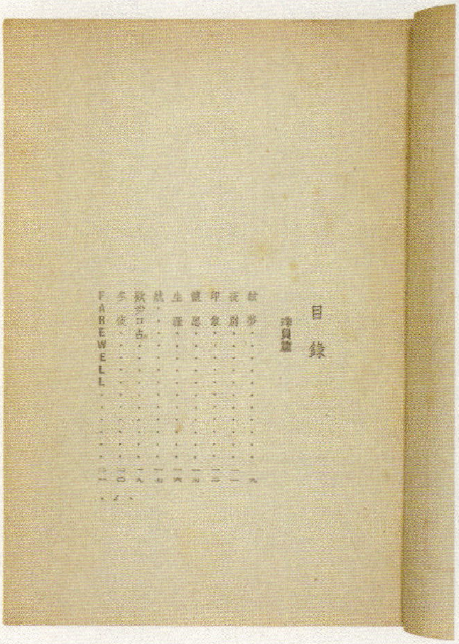

《手掌集》目录

100
《捧血者》

作者：辛劳
封面设计：曹辛之
出版社：上海星群出版社
版本信息：1948年5月初版
印刷方式：铅印
尺寸：17×14厘米

《捧血者》封面

《捧血者》封底星群出版社标志

《捧血者》是辛劳创作的长篇叙事诗，是诗人用血写成的诗，完稿于新四军的驻地，是『森林诗丛』之一，收录：序诗，以及行人、月黑的夜、我爱、奥秘、林雀、古歌六个章节。骆宾基认为，诗名的『命意，自然是在民族危难关头，我们为祖国五四新文化运动培养的一代，应该双手捧出自己的鲜血以献』。诗人辛劳在1945年为国捐躯，《序诗》写道：『献给家修和在炮火中走散的友人们。』书中附有作家东平《给〈捧血者〉的一封信》，其在1941年苏北反『扫荡』的战斗中壮烈牺牲。

该书封面由曹辛之设计，上半部分图画展现士兵们在林中参加战斗的场景，中间留白，下面书写书名和丛书名，作者名字采用诗人的手写体。曹辛之为该书写的广告词称：『辛劳是一个呕血写诗又呕血而死的诗人，本书是他传扬一时的名作，有着真诚的浪漫蒂克的热情，曾使一切真诚爱国者的灵魂为之战栗不已的。』

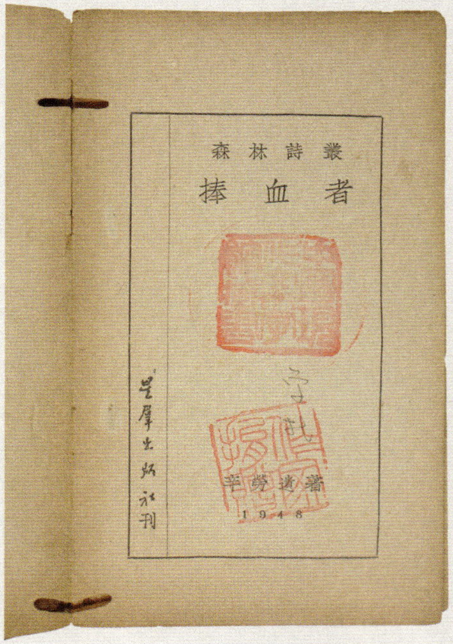

《捧血者》扉页

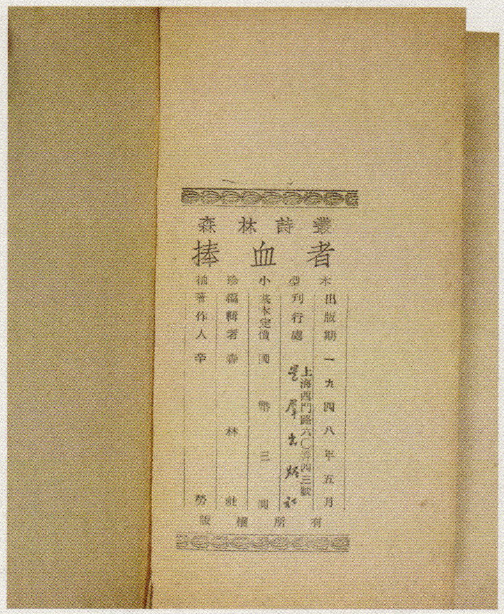

《捧血者》版权页

贰　编年书装风华

101

《百喻经（卷上下）》

作者：[古印度] 伽斯那
译者：（南朝·齐）求那毗地
封面设计：不详
出版社：鲁迅 印
版本信息：1914年9月初版
印刷方式：铅印
尺寸：24.2×15.6厘米

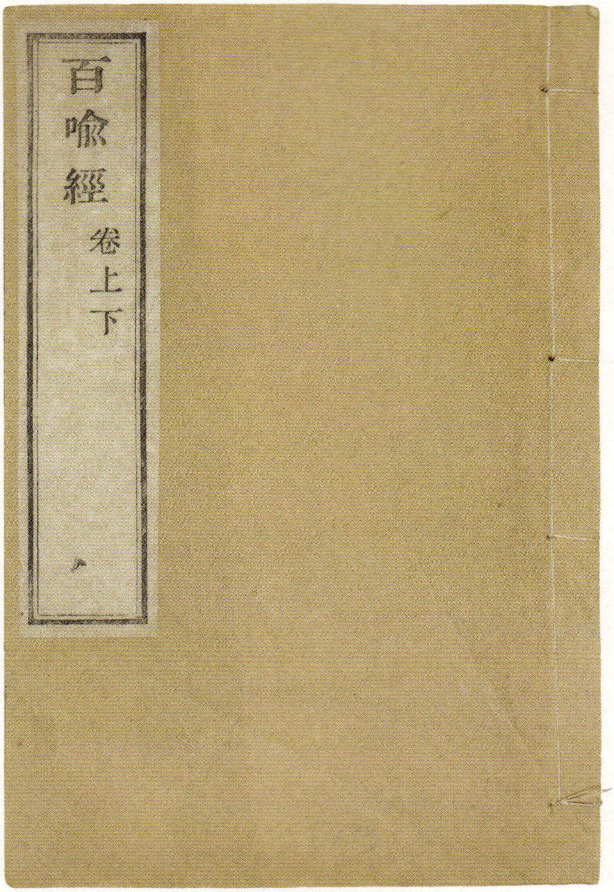

《百喻经（卷上下）》封面

《百喻经》是一部佛经，由天竺（古印度）伽斯那从《修多罗藏十二部经》中抄出，南朝萧齐时天竺僧人求那毗地翻译。共四卷，在十二部经中属于譬喻一类，是一部用寓言以申教诫的佛经，每篇都由『喻』和『法』两部分组成。『喻』是一篇简短的寓言，『法』则是本篇寓言所显示的教诫。这些寓言故事幽默风趣，但同时又具有犀利的讽刺性，通俗易懂、诙谐幽默、启人智慧，既是一部经书，也是一部优秀的佛教文学作品。

《百喻经》为鲁迅最喜爱的佛经，他曾为之作序言：『佛藏中经，以譬喻为名者，亦可五六种，惟《百喻经》最有条贯。』1914年9月鲁迅捐银元60元委托南京金陵刻经处刻成印行，采用中国传统书籍的线装方式，米黄色封面上左侧贴白色标签，用宋体题写书名，庄重古雅。

102
《恨海》

作者:（清）吴趼人
封面设计: 不详
出版社: 上海广智书局
版本信息: 1915年1月初版
此为1915年10月第5版
印刷方式: 铅印
尺寸: 22.6×15.5厘米

《恨海》是晚清谴责小说家吴趼人创作的言情小说，开晚清言情小说之先河，对后来的鸳鸯蝴蝶派有一定影响。作者把时代使命感与道德人伦理想寄托在男女之情作品中，开创了独特的写情路线，在作品中重置情感与道德的结构，借此抒发与家国共命运的认同感和价值观。觚庵在《觚庵漫笔》中称赞小说所写之情：『如松风明月，如清泉白玉，皎洁清华，温和朗润，诚为天地男女之至情哉。』该书封面题写一个巨大的书名『恨海』，大气爽朗，字体优美，旁边用宋体写『写情小说』和出版社，扉页钤『唐弢藏书』印。

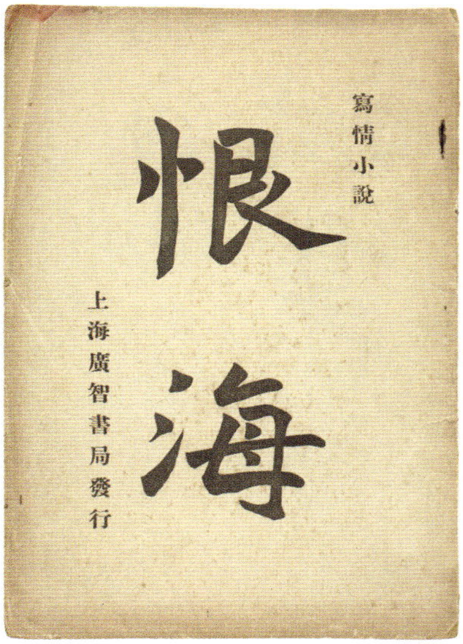

《恨海》封面

《玉梨魂》封面

103
《玉梨魂》

作者: 徐枕亚
封面设计: 徐枕亚
出版社: 枕霞阁
版本信息: 1915年12月初版
印刷方式: 铅印
尺寸: 22.6×15.3厘米

《玉梨魂》是徐枕亚的长篇骈体言情小说，讲述的是青年何梦霞和寡妇梨娘的一段恋情。此书前后再版32次，销量数十万，风行一时，被誉为『鸳鸯蝴蝶派』小说的开山之作，也是小说《茶花女》在民国时期的重要仿作。作品以清丽典雅、骈散相间的文言写成，对迂腐的社会思想发起批判，在封建意识仍然强大的民国初年具有明显的进步意义。夏志清评价该小说是『民国初期一本了不起的畅销书』。

此本为非卖品，作为《雪鸿泪史》的赠品，封面由作者徐枕亚亲自题写，市面少见，唐弢先生珍藏。

104
《尝试集》

作者：胡适
封面设计：胡适
出版社：上海亚东图书馆
版本信息：1920年3月初版
印刷方式：铅印
尺寸：18.5×12.7厘米

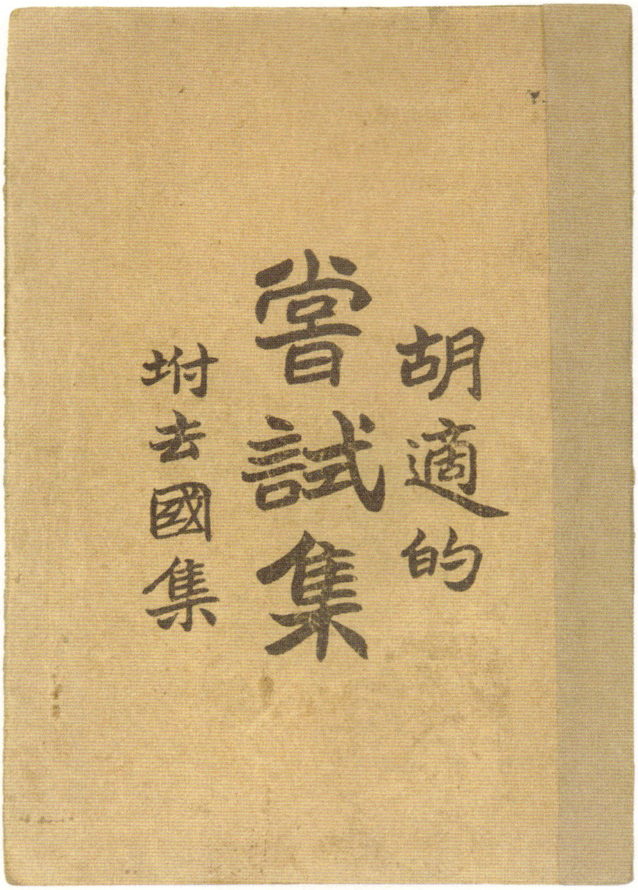

《尝试集》封面

陆游曾说：『尝试成功自古无！』胡适认为『自古成功在尝试』。因此，他便借陆放翁诗中的『尝试』两个字，把自己的白话诗集定名为《尝试集》。1920年3月，这本诗集正式出版，是我国新文学运动初期的第一部白话诗集，开新文学运动之风气，是胡适先生里程碑式的著作。其重要的价值在于诗外，在于他为新文学运动率先试作白话诗的胆略，在于他拓展人们创造新诗的视野和勇气。

该书封面题名是胡适亲自书写的，以文字为单一构成要素，居中最为醒目的是『尝试集』三个字，右边为『胡适的』三个字，而不是『胡适著』，用白话『的』字表明了作者的主张，正如他的一方藏书印『胡适的书』。封面左侧的『附去国集』显示本书收纳了二集。三个部分联合成为一句完整白话。

105
《女神》

作者：郭沫若
封面设计：郭沫若
出版社：上海泰东图书局
版本信息：1921年8月初版
印刷方式：铅印
尺寸：18.6×13厘米

《女神》作为郭沫若的第一部诗集，在中国现代文学史上占据着举足轻重的地位，其中诸多作品，如《凤凰涅槃》《天狗》《炉中煤》等，传达出了『五四』时代精神的最强音，成为中国现代新诗的奠基之作，也正是凭借这部伟大的作品，郭沫若当之无愧地获得了『新诗第一人』的称号。这本《女神》初版本于1921年8月由上海泰东图书局发行，作为创造社丛书的一种，上市后便产生了巨大的影响。此后，郭沫若虽对《女神》进行了多次修改，但诸多学者和评论家一致认为，其艺术成就都不及初版。据中国现代文学馆原馆长舒乙先生考证，《女神》初版本极为罕见，在全世界仅存3册，其中1册存于上海图书馆，1册存于德国海德堡大学图书馆，还有1册在中国现代文学馆，为唐弢先生捐赠。

从封面设计来看，《女神》初版本呈现出一种极致而独特的简约之美。素色的封皮上以浓烈的朱砂色书写的『女神』二字，经郭沫若亲属考辨系其本人手迹。字体运笔间遒劲的力度与墨色飞白形成的视觉张力，恰与诗集中奔放自由的诗歌风格形成跨媒介呼应。红色象征着激情与活力，赋予了『女神』二字神圣而热烈的气质，仿佛是那个激情澎湃的时代的一抹亮色。

闻一多在《〈女神〉之时代精神》中盛赞《女神》完全体现了二十世纪的时代精神，其『动』与『反抗』的特质使郭沫若区别于古代诗人；在《〈女神〉之地方色彩》中，闻一多还指出《女神》在形式与精神上都十分欧化。

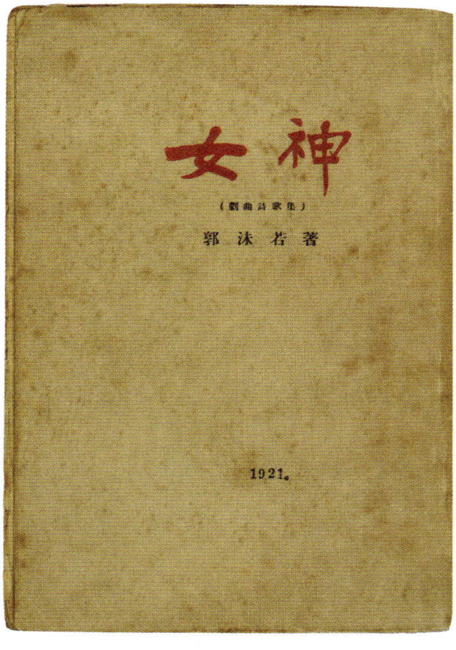

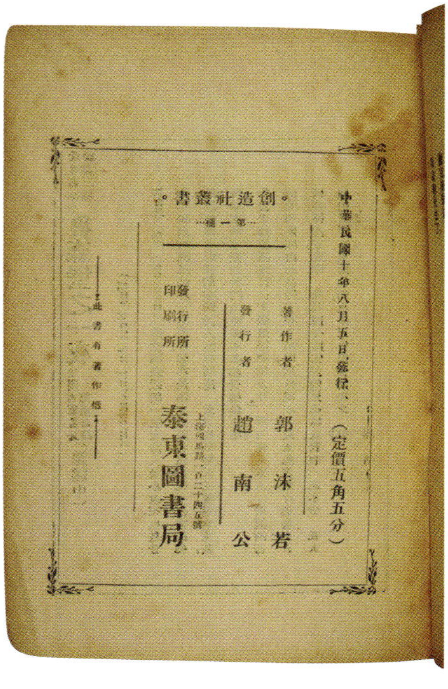

創造社叢書
第一種

中華民國十年八月五日發行
（定價五角五分）

著作者 郭沫若
發行者 趙南公
發行所 印刷所 泰東圖書局

此書有著作權

《女神》封面、版权页

106
《恢复》

作者：郭沫若
封面设计：不详
出版社：创造社出版部
版本信息：1928年3月初版
印刷方式：铅印
尺寸：15．5×10．5厘米

《恢复》是郭沫若创作的诗集。与《前茅》相比，《恢复》生活实践更丰富，世界观更成熟，战斗情绪更激昂，革命态度更坚定。该书封面设计独特，采用粗线框装饰，里面有印刷鲜明的书名和出版社名。封面醒目位置还设计了甲虫图案，它仿若在一片黑暗中，向着前方的光明前行。

《恢复》封面

107
《茵梦湖》

作者：[德] 施笃谟
译者：郭沫若、钱君胥
封面设计：不详
出版社：创造社出版部
版本信息：1927年9月初版
此为1928年10月再版
印刷方式：铅印
尺寸：15×10．5厘米

《茵梦湖》封面

《茵梦湖》是19世纪德国作家施笃谟创作的中篇小说，系『创造社世界名著选』第五种。

书前的原作者小传称施笃谟：『其所作诗，长于抒情，自成一家，所作小说，流丽真挚，莫不一往情深。』小说讲述一对男女青梅竹马的爱情故事，男主人公长大离乡读书时，女主人公的母亲让她嫁了当地的有钱少爷，后来两人在湖边相见，徒留怅惘。郭沫若称『这部书表达了高尚的爱情』。

该书由郭沫若和钱君胥合译。初稿译者钱君胥是中国微循环障碍和莨菪类药物研究的先驱之一。郭沫若多次进行加工，使译文更加忠于原著，语言清新，生动形象。该译本广受欢迎，『两年内竟翻印六版』，书的译名影响很大。

该书封面清新雅致，盛开着莲花的湖面氤氲着雾气，一个男子从湖中探出头和手，手似乎在挽留什么，令人心生怅惘。倪贻德为该书作插画。

“我們的青年時代
在青山那邊”
——P. 68

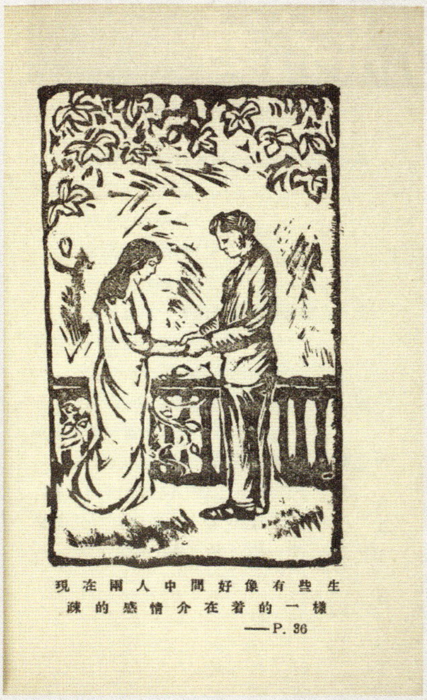
現在兩人中間好像有些生
疏的感情介在着的一樣
——P. 36

《茵梦湖》插图

108
《塔》

作者：郭沫若
封面设计：不详
出版社：光华书局
版本信息：1930年10月初版
此为1931年3月再版
印刷方式：铅印
尺寸：18.4×13厘米

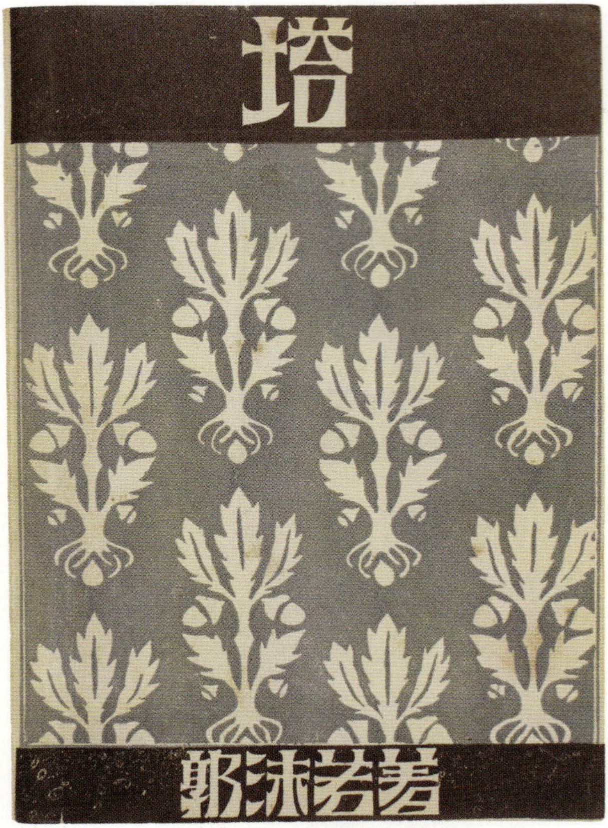

《塔》封面

《塔》是郭沫若的小说戏曲集。分为两部分，第一部分名为『塔』，收《Lobenicht的塔》《鸦雏》《函谷关》《叶罗提之墓》《万引》《阳春别》『Donna Karniela』共7篇小说，其中《鸦雏》《函谷关》是我国现代历史小说的早期成果。第二部分是『叛逆的女性』，收录历史剧本3种：《王昭君》《卓文君》《聂嫈》。

郭沫若在该书《前言》中写下了青春的告别词：

> 我把我青春时期的残骸收藏在这个小小的『塔』里。
>
> 无情的生活一天一天地把我逼到了十字街头，像这样幻美的追寻，异乡的情趣，怀古的幽思，怕没有再来顾我的机会了。啊，青春哟！我过往了的浪漫时期哟！我在这儿和你告别了！
>
> 我悔我把握你得太迟，离别你得太速，但我现在也无法挽留你了。
>
> 以后是炎炎的夏日当头。

该书封面设计简洁而典雅。封面的主体部分是蓝色的，上面印有白色的花叶图案，这些图案排列整齐，呈现出规矩而对称的美感。封面的顶部和底部各有一条黑色的边框，顶部的边框上印有书名『塔』，底部的边框上印有作者名『郭沫若著』。整体设计给人一种清新、宁静而又有些压抑的感觉，同时也突显了书名和作者的重要性。

109
《甘愿做炮灰》

作者：郭沫若
封面设计：不详
出版社：北新书局
版本信息：1938年1月初版
印刷方式：铅印
尺寸：18.2×13厘米

《甘愿做炮灰》封面

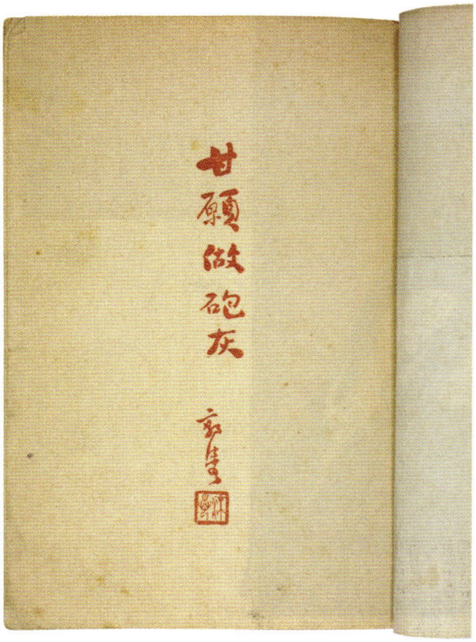

《甘愿做炮灰》扉页

郭沫若的四幕话剧《甘愿做炮灰》，于1937年11月12日写成。当时郭沫若住在已成为『孤岛』的上海。该剧与同月整理、改作的五幕历史剧《棠棣之花》共同合收成集，以《甘愿做炮灰》为书名由北新书局出版，属『文艺新刊』之一种。

该书封面整体呈低饱和度设计，书名、出版社名等文字均为从右至左的阅读顺序，黑、白、灰绿色的组合使得封面的视觉效果十分温和，其中灰绿色块的圆弧形边角设计又给人一种优雅、宁静、舒适而又不乏时尚的感觉。

112
《湖畔》

作者：冯雪峰 等
封面设计：令涛
出版社：湖畔诗社
版本信息：1922年4月初版
印刷方式：铅印
尺寸：18×11厘米

《湖畔》封面

《湖畔》收录冯雪峰、汪静之、应修人、潘漠华在1920年至1922年创作的诗，包括《杨柳》《孤寂》《黄昏后》《三只狗》等，诗作清新活泼，充满朝气和喜悦。废名在《谈新诗》中对诗人和诗集进行了高度评价，称其是『一个没有沾染旧文章习气老老实实的少年白话新诗』。『他们的新诗可以说是最不成熟；可是当时谁也没有他们的新鲜，他们写诗的文字在他们以前是没有人写过的，他们写来是活泼自由的白话文字。』

该书封面由当时在上海美专读书的令涛设计，上半部分的绘画展现湖畔的美丽景色，由白云、青山、湖光与苇影组成，配色为蓝、绿、黄、褐四色，画面下方标注书名『湖畔』。下半部分留白，封面整体看来轻盈活泼，与诗集内容相映成趣。

113
《春的歌集》

作者：冯雪峰 等
封面设计：符竹英
出版社：湖畔诗社
版本信息：1923年12月初版
印刷方式：铅印
尺寸：15.5×11.9厘米

《春的歌集》封面

《春的歌集》是『湖畔诗集二』，收录湖畔诗人应修人、潘漠华、冯雪峰创作的诗105首，由四部分组成，即雪峰和漠华诗、修人诗、若迦夜歌、秋夜怀若迦。《秋夜怀若迦》是冯雪峰1923年创作的散文，书写潘漠华的悲苦命运和作者对他的想念与担忧。诗集卷首印有两行诗：『树林里有晓阳，春野里有姑娘。』诗作大多以反对封建礼教、争取婚姻自由为主题，反映五四青年对甜美生活的追求。该书封面由汪静之当时的女友、后来的妻子符竹英设计，『画的是「花冢」，下一新坟，上缀一些深蓝色的流云——「虽不大好，终是自家人画的」』。画面简洁雅致，用简单几笔便勾勒出流云、小草和花冢，花冢上有一纸幡随风飘动，冢上开了一个小门。有研究者认为画作者借用了《红楼梦》中林黛玉葬花的情节，用以演绎伤春愁绪及人世无常之感，照应诗集中所书写的少男少女细腻情事。

116
《比亚兹莱画选》

作者：鲁迅 选编
封面设计：不详
出版社：朝花社选印，上海合记教育用品社发行
版本信息：1929年4月初版
印刷方式：铅印
尺寸：25.5×18.8厘米

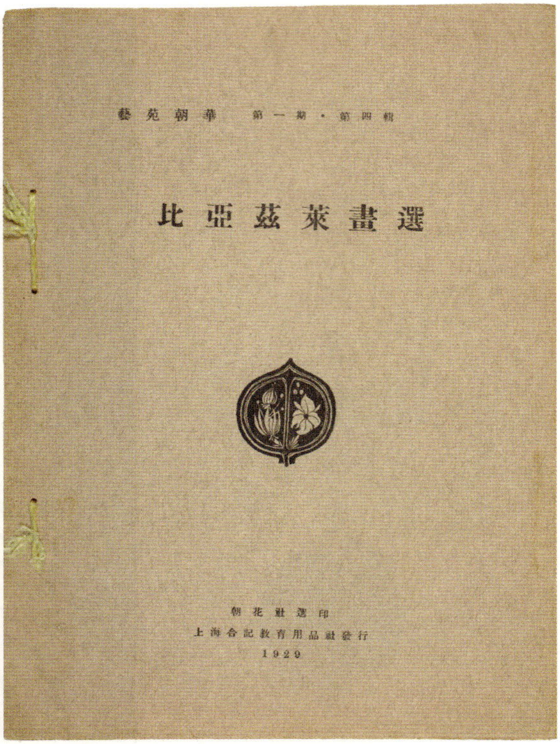

《比亚兹莱画选》封面

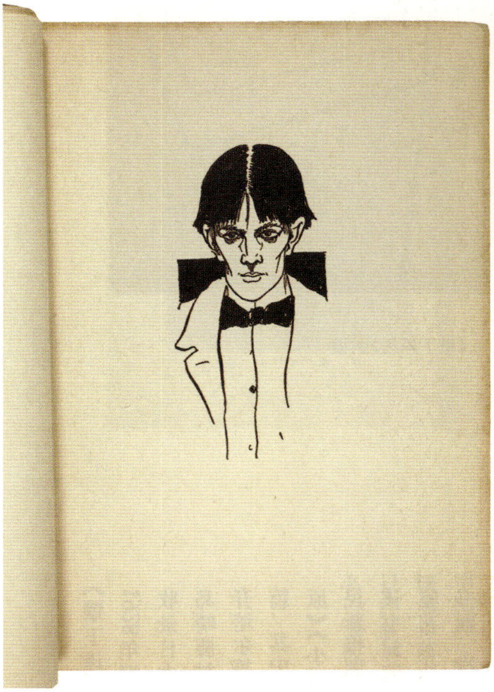
《比亚兹莱画选》插图

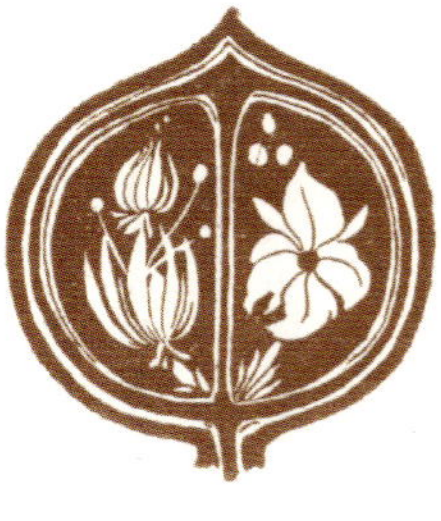

该书封面简洁大方，白底黑字印着书名、丛书名以及出版信息。封面中间的装饰画为一个果实，果实内部的左右两侧皆绘有精致的小花，装饰风格独特而别具韵味。

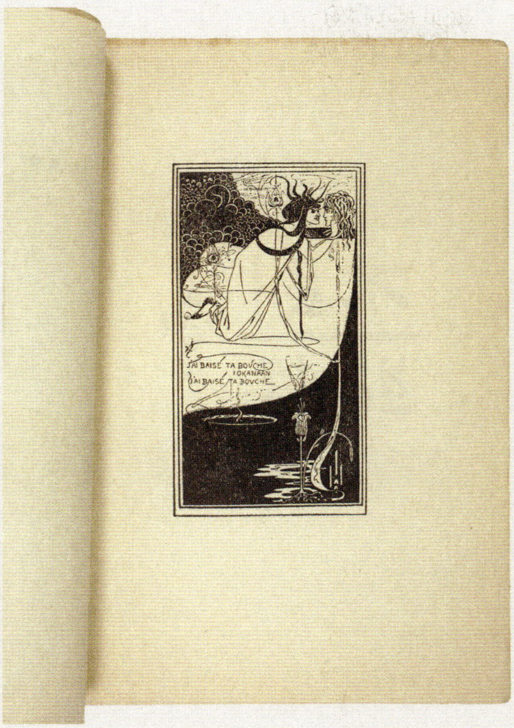

《比亚兹莱画选》插图

《比亚兹莱画选》由鲁迅选编，被列入《艺苑朝华》第一期第四辑，精选了书面画、插画、装饰画等共计12幅。鲁迅撰写《小引》盛赞比亚兹莱：『没有一个艺术家，作黑白画的艺术家，获得比他更为普遍的名誉；也没有一个艺术家影响现代艺术如他这样的广阔。』

对于为何推介比亚兹莱作品，鲁迅说道：『因为翻印了*Salome*的插画，还因为我们本国时行艺术家的摘取，似乎连风韵也颇为一般所熟识了。但他的装饰画，却未经诚实地介绍过。现在就选印这十二幅，略供爱好比亚兹莱者看看他未经撕剥的遗容。』

117
《木刻纪程（壹）》

作者：鲁迅 编选
封面设计：不详
出版社：铁木艺术社印行
版本信息：1934年6月初版
印刷方式：铅印
尺寸：30.5×23.5厘米

采用外国的良规，加以发挥，使我们的作品更加丰满是一条路；择取中国的遗产，融合新机，使将来的作品别开生面也是一条路。

——鲁迅

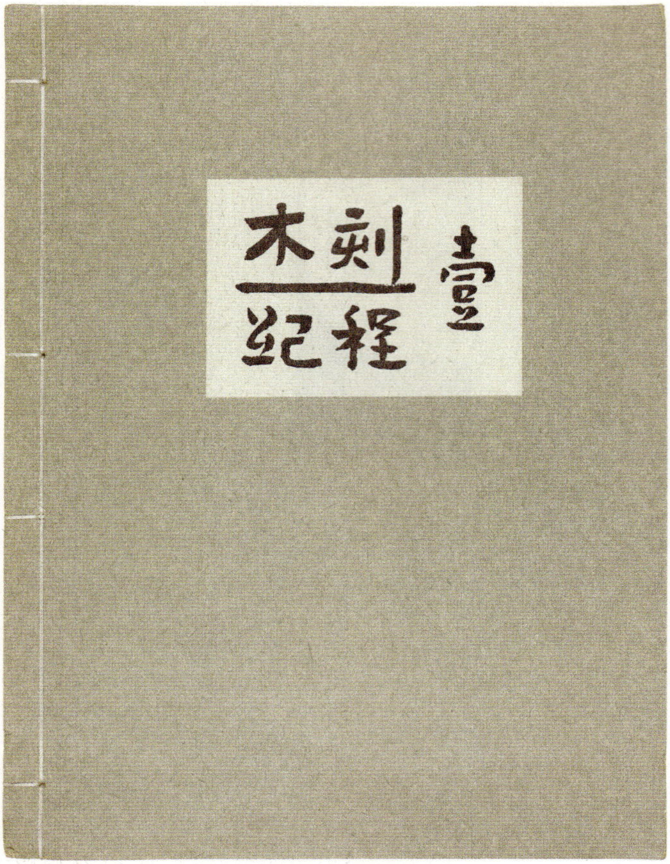

《木刻纪程（壹）》封面

《木刻纪程（壹）》是鲁迅编选的中国现代木刻创作画集，收录何白涛、李雾城（陈烟桥）、陈铁耕、一工（黄新波）、陈普之、张致平（张望）、刘岘、罗清桢等8位青年木刻工作者的木刻共24幅。鲁迅撰写『小引』，肯定了中国创作木刻的成绩，指出『危机』，指引和鼓励木刻青年们不断奋勇前行，还指出『采用外国的良规，加以发挥，使我们的作品更加丰满是一条路；择取中国的遗产，融合新机，使将来的作品别开生面也是一条路』。

该书采用中国传统线装模式，但有多处创新。开本接近洋装书开本比例，以浅色封面纸为底，中间放置一个黄金比例的长方形题签，题签中的书名『木刻纪程』四字为鲁迅手书，分上下两行，中间画一横线分隔，『壹』字置于右侧，字体率性随意，古雅而自然。

《木刻纪程(壹)》插图

118

《野草》

作者：鲁迅
封面设计：孙福熙
出版社：北新书局
版本信息：1927年7月初版
此为1928年10月第4版
印刷方式：铅印
尺寸：20×14厘米

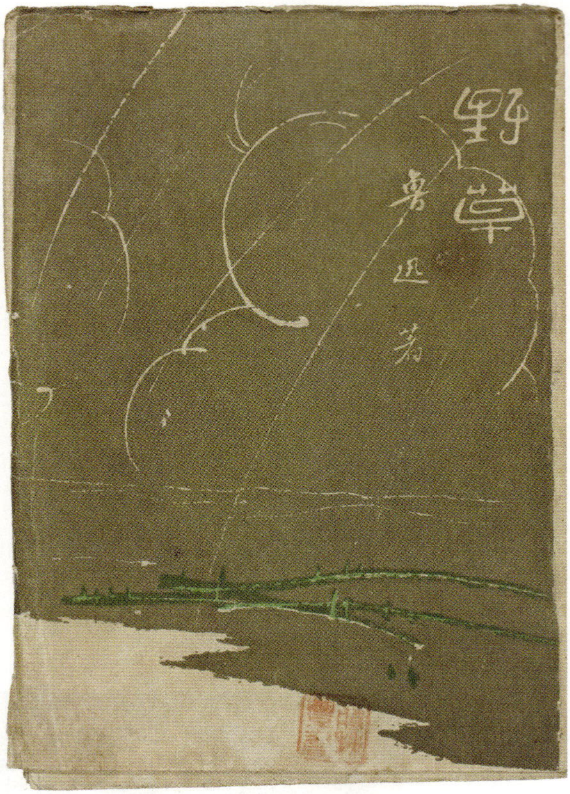

《野草》封面

《野草》收录鲁迅1924年至1926年间所作《秋夜》《影的告别》等23篇散文诗。诗集以独语式的、音乐性的抒情散文形式，诗性的想象与升华，深化了中国散文诗的艺术和思想意境。

该书封面由孙福熙设计，初版封面署名为『鲁迅先生』，后按鲁迅意思改为『鲁迅著』。主要元素有云、远山、暗绿色的草，采用山水画构图。《野草》成文于鲁迅人生中最为黑暗的时刻，密云疾雨下稀疏却挺秀的野草与本书《题辞》相互照应，其白描似的线条潇洒飞动。构成与《好的故事》类似。在《野草》的『统觉共享』中不难发现文字与图像的共同特点：或是像木刻一样颜色分明、线条粗犷刚硬，或是像水墨一样笔法汪洋恣肆，构图巧夺天工。

119
《春水》

作者：冰心
封面设计：不详
出版社：新潮社
版本信息：1923年5月初版
印刷方式：铅印
尺寸：13.7×10厘米

自1922年3月5日，冰心的小诗《春水》开始在《晨报副镌》连载，至6月30日结束，计182首，结为诗集《春水》。周作人将其编入新潮社『文艺丛书』，为该丛书第一辑的第一本。

该书封面上的手迹秀美娟丽、流畅雅致，配上寥寥几笔的春水，尽显一江柔情与诗意。

《春水》封面

120
《先知》

作者：[黎巴嫩]凯罗·纪伯伦
译者：冰心
封面设计：不详
出版社：新月书店
版本信息：1931年9月初版
印刷方式：铅印
尺寸：19.8×13.4厘米

《先知》封面

124

《爱之焦点》

作者：张资平
封面设计：不详
出版社：上海泰东图书局
版本信息：1923年12月初版
印刷方式：铅印
尺寸：18.4×12.5厘米

《爱之焦点》是张资平写于1922年的短篇小说，描写女主人公为了物质利益抛弃了恋人，与他人结婚，等到丈夫死后，再想与从前的恋人续缘，却已为时太晚。这是作者的第一部小说集，虽以描写爱情为架构，但寓意深远。该书封面采用红色字体题写书名，配上作者的署名，既俏皮又雅正。

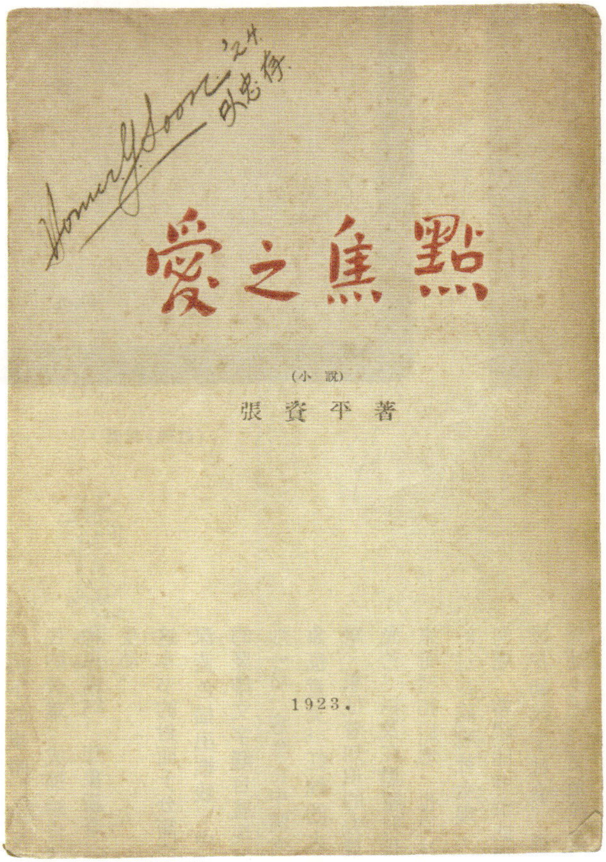

《爱之焦点》封面

125
《最后的幸福》

作者：张资平
封面设计：不详
出版社：上海现代书局
版本信息：1931年11月第11版
印刷方式：铅印
尺寸：15.5×11.5厘米

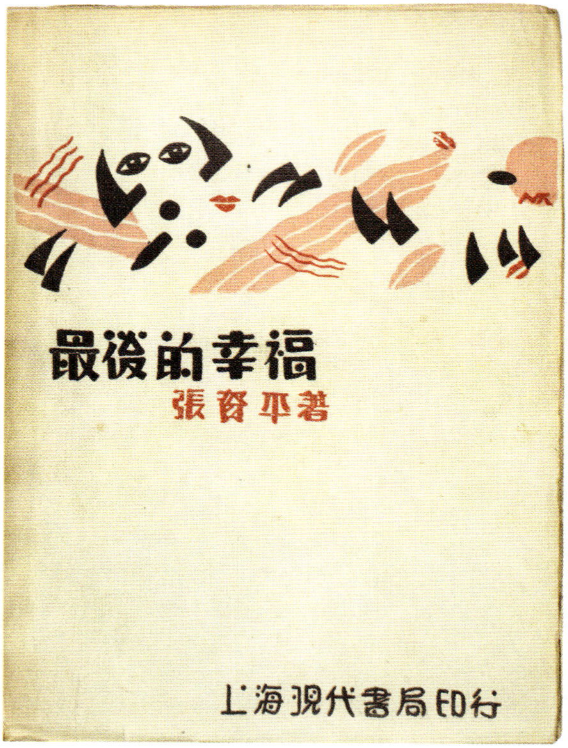

《最后的幸福》封面

《最后的幸福》书脊

《最后的幸福》是民国海派小说家张资平于1926年创作的小说，讲述了女主人公美瑛与五位男子的情感纠葛，最终美瑛染上性病去世。张资平擅长书写都市红男绿女的恋爱故事，其作品内容通俗且别具新意，曾广受新派青年读者欢迎。沈从文曾评价『其得到的「大众」，比鲁迅作品为多』。李长之在《张资平恋爱小说的考察——〈最后的幸福〉之新评》中评价该小说：『以生物学、病理学之观点描写恋爱，必然无法找到正确疗救这一社会问题之药方。』该书封面将眼睛、双角、红唇、波浪等图形要素巧妙拼合，给人一种混乱、惆怅、虚无、焦虑的感觉，难解其中真意。图片下方用艺术字体书写书名、作者以及出版社信息，其余部分则大片留白。

126
《稻草人》

作者：叶绍钧（叶圣陶）
封面设计：不详
出版社：商务印书馆
版本信息：1923年11月初版
此为1924年再版
印刷方式：铅印
尺寸：18．8×13厘米

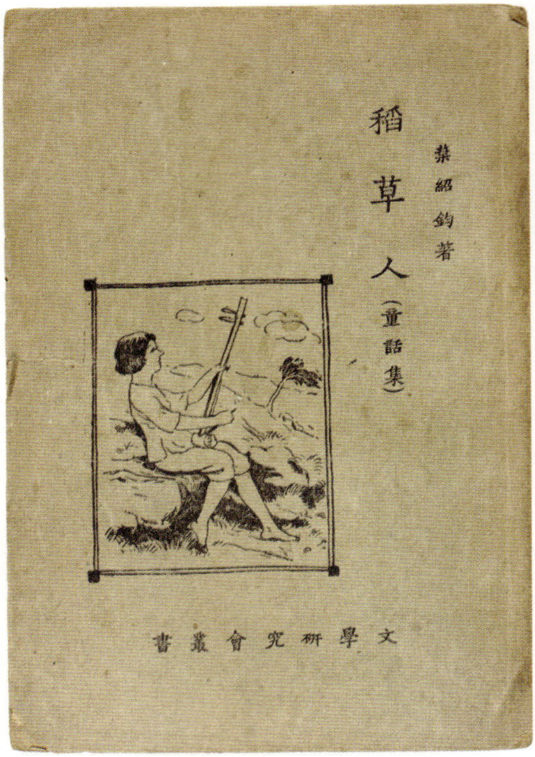

《稻草人》封面

稻草人　三十二

肩上，時時給風吹起。看她輕鬆的步子，知道她心裏裝滿了快活。
她手裏有了紅的白的花，心想這鮮黃的棠棣花也得采一點。正要采時，一聲哀苦的叫使她住了手。原來一個可愛的小燕子躺在那裏呀，金光的羽毛上有血殷呢！
她放下手中的花，將小燕子捧了起來；取出雪白的手巾，給他拭去血污，更輕輕地撫摩他的羽毛；將右頰親着他，柔語道，『可憐的小寶貝，你吃苦了。是誰欺侮了？你是誰欺侮了你？現在你的痛苦過去了。我給你睡柔暖的牀；我給你吃甜美的食；我給你做親愛的伴。你跟我家去罷，小寶貝呀！』

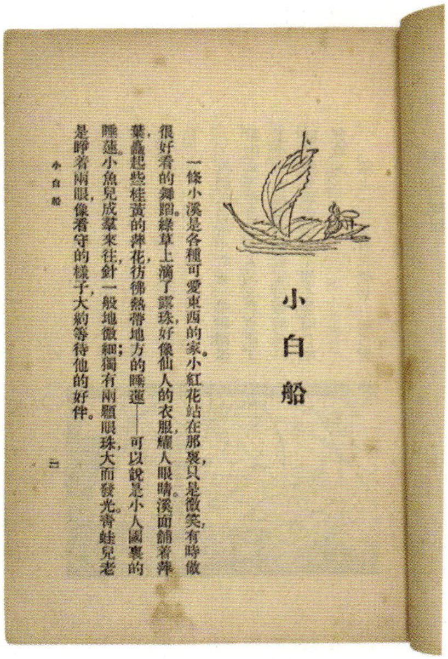

小白船

一條小溪是各種可愛東西的家。小紅花站在那裏，只是微笑，有時做很好看的舞蹈。綠草上滴了露珠，好像仙人的衣服，耀人眼睛。溪面鋪着萍葉，矗起些桂黃的萍花，彷彿熱帶地方的睡蓮——可以說是小人國裏的睡蓮。小魚兒成羣來往，針一般地微細；獨有兩顆眼珠，大而發光。青蛙兒老是睜着兩眼，像看守的樣子，大約等待他的好伴。

小白船　三

《稻草人》内页

叶绍钧（即叶圣陶）的童话集《稻草人》为文学研究会丛书之一种，收录《小白船》《傻子》《燕子》《一粒种子》《地球》《芳儿的梦》《新的表》《梧桐子》《大喉咙》《眼泪》《画眉鸟》《玫瑰和金鱼》《花园之外》《祥哥的胡琴》《快乐的人》《小黄猫恋爱的故事》《稻草人》等23篇童话，风格多样，形式各异，既具有明显的儿童文学特征，又带有浓厚的现实主义气息，真实地反映了旧中国劳动人民的苦难生活，表现人民群众的斗争精神。其修辞、内容、模式、结构、风格和思想都有较高的水准。

郑振铎为该书作《序》称：『圣陶自己很喜欢这童话集。……虽然《稻草人》里有几篇文字，如《地球》《旅行家》等，结构上似稍幼稚，而在描写一方面，全集中几乎没有一篇不是成功之作。』鲁迅高度评价道：『叶绍钧先生的《稻草人》是给中国的童话开了一条自己创作的路。』

此书的装帧设计采用了简洁而富有诗意的风格。封面的背景为浅色，给人一种宁静温馨感。封面中下方点缀了一幅小插图，描绘一个坐在石头上拉胡琴的小孩，小孩的姿势显得非常专注和投入，仿佛在演奏一首动听的乐曲。小孩的外貌特征并不明显，但整体形象有一种异国情调。封面上的文字部分采用了竖排的方式，黑色与背景对比鲜明，使得文字更加突出和易读。字体简洁大方，秀雅庄重。许地山之兄许敦谷为该书作插图。

《稻草人》内页

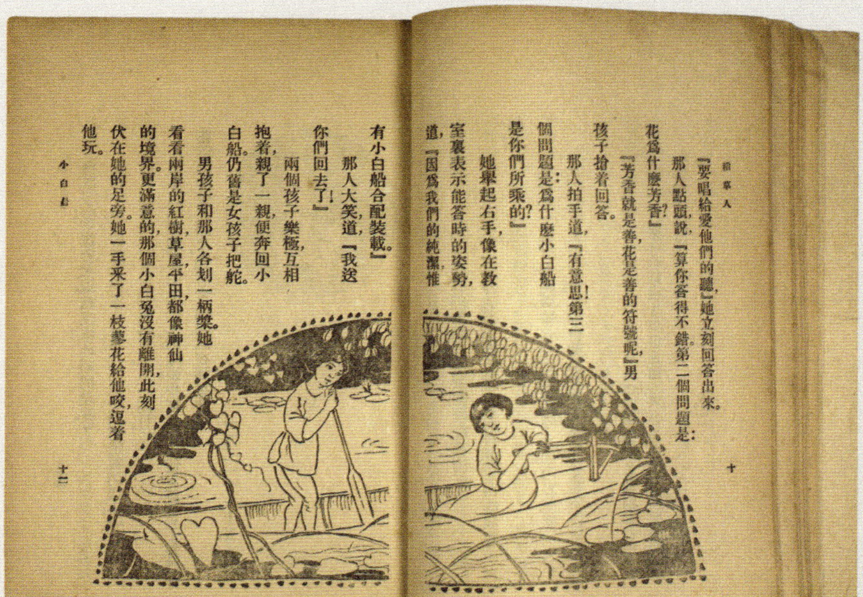
稻草人

『要唱給愛他們的聽，』她立刻回答出來。

那人點頭說，『算你答得不錯。第二個問題是：花爲什麼芳香？』

『芳香就是善，花是善的符號呢，』男孩子搶着回答。

那人拍手道，『有意思！第三個問題是爲什麼小白船是你們所乘的？』

她舉起右手，像在教室裏表示能答時的姿勢，道，『因爲我們的純潔，惟有小白船合配裝載。』

那人大笑道，『我送你們回去了！』

兩個孩子樂極，互相抱着，親了一親，便奔回小白船。仍舊是女孩子把舵。男孩子和那人各划一柄槳。她看看兩岸的紅樹，草屋，平田，都像神仙的境界，更滿意的，那個小白兔沒有離開，此刻伏在她的足旁。她一手采了一枝蓼花給他咬，逗着他玩。

小白船

十

十二

127
《自由岸》

作者：浮鸥
封面设计：徐剑胆
出版社：实事白话报
版本信息：1924年7月初版
印刷方式：铅印
尺寸：18.5×12.3厘米

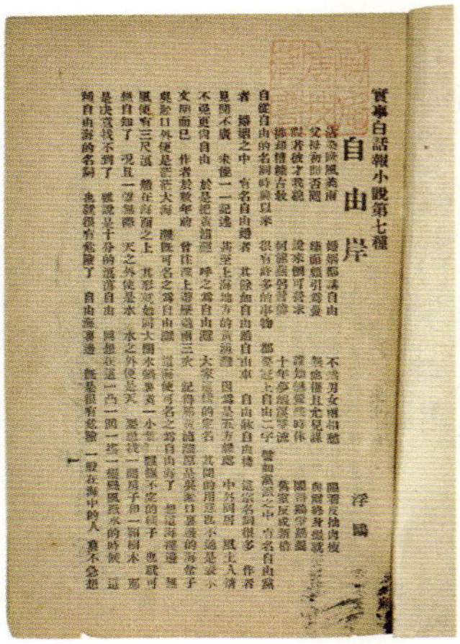

《自由岸》内页

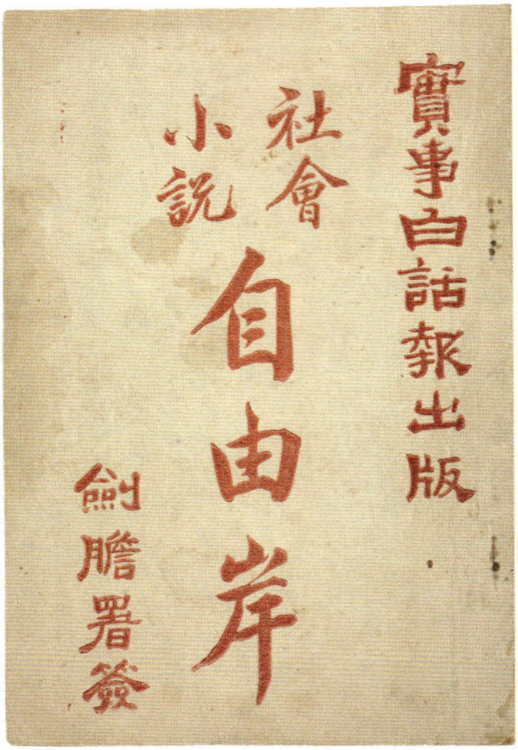

《自由岸》封面

《自由岸》是浮鸥创作的社会小说，属于实事白话报小说第七种，是白话京味儿小说的力作。浮鸥在该书序言中表达了对自由的看法：『自从自由的名词时兴以来，很有许多的事物，都要冠以「自由」二字。譬如党派之中，有名自由党者；婚姻之中，有名自由婚者。其余如自由船、自由车、自由床、自由椅，这宗名词很多，作者见闻不广，未能一一记述。甚至上海的地方黄浦滩，因为是五方杂处，中外同居，风土人情，不免更尚自由，于是把黄浦滩呼之为自由滩。大家这样的定名，其间的用意也不过是表示文明而已。』

该书封面白底红字，由徐剑胆题签，从右到左题写『实事白话报出版』『社会小说·自由岸』『剑胆署签』，字体端庄大气。徐剑胆是清末民国初年京味儿小说家，著作颇丰，书画俱佳。

128
《山野掇拾》

作者：孙福熙
封面设计：孙福熙
出版社：新潮社
版本信息：1925年2月初版
印刷方式：铅印
尺寸：20×12.7厘米

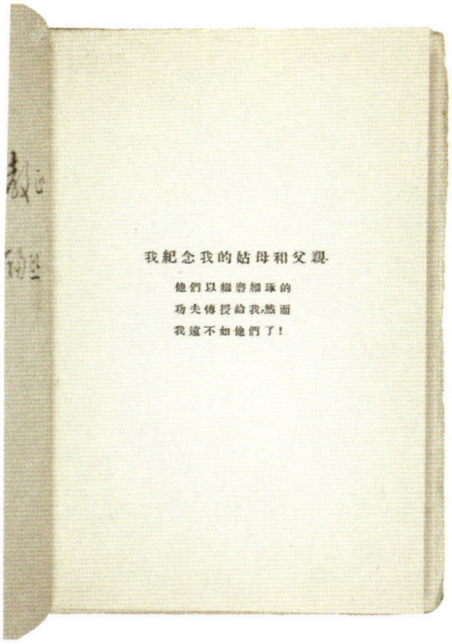
我紀念我的姑母和父親
他們以細磨細琢的
功夫傳授給我,然而
我遠不如他們了!

《山野掇拾》扉页

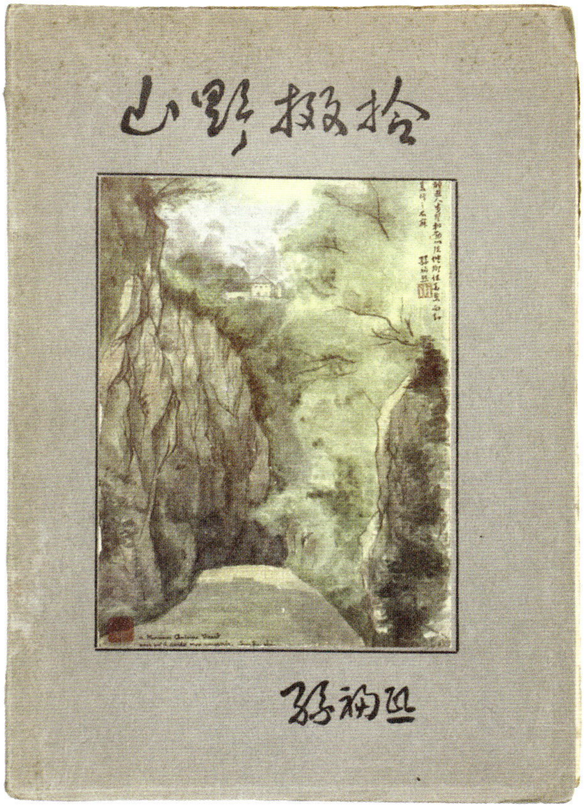

《山野掇拾》封面

《山野掇拾》是孙福熙在留学法国期间创作的散文集，收录《我为什么有这个旅行》《车中的和平空气》《我的寓所》《找寻画景》《静默而又生动的音乐》等82篇短小的散文，以游记的形式记录了作者1922年暑期从法国里昂到萨瓦乡村去画山野时的种种见闻。《晦庵书话》称：『这是一册游记，更准确地说，这是一本从日记中摘录下来的游记。』

该书封面图是孙福熙自己画的一幅中西合璧的山水画《扣动心弦深处》，画面如作者在书中的描述：『曲折起伏的山径，夹在岩壁间，十分静寂间表示严肃。太阳由左边的岩顶上透射而下，使岩石、矮树、山径以至于石隙间的苔藓，都融合成一气……』画上方是其手写的书名，下方是孙福熙的签名。扉页有题词：『我纪念我的姑母和父亲，他们以细磨细琢的功夫传授给我，然而我远不如他们了！』

孙福熙
SUN
à Monsieur Antoine Vicard
pour qu'il garde mon souvenir. Sun Fu-shi.

129
《童心》

作者：王统照
封面设计：不详
出版社：上海商务印书馆
版本信息：1925年2月初版
印刷方式：铅印
尺寸：17.5×9.6厘米

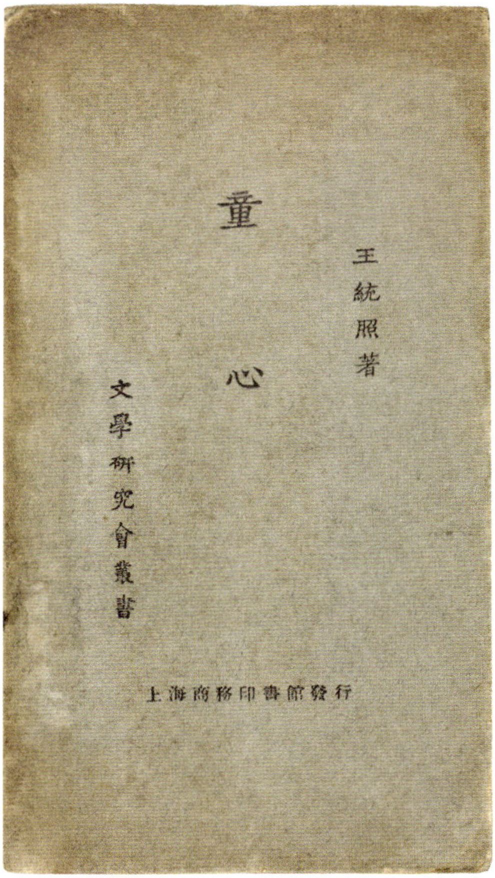

《童心》封面

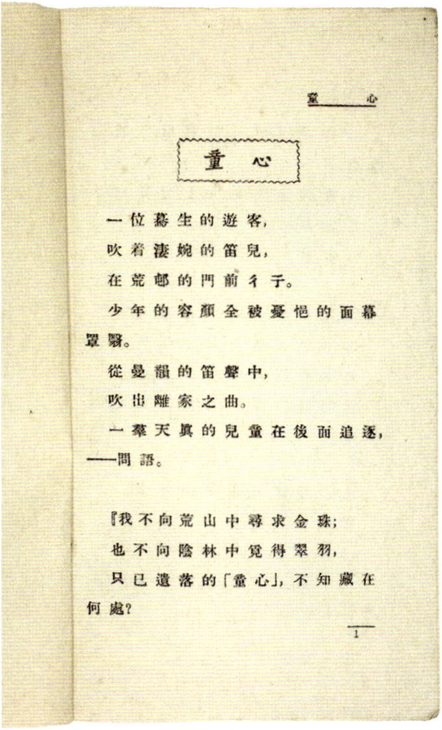

童　心

童心

一位慕生的遊客，
吹着淒婉的笛兒，
在荒郊的門前彳亍。
少年的容顏全被憂悒的面幕罩翳。
從曼韻的笛聲中，
吹出離家之曲。
一羣天眞的兒童在後面追逐，
——間語。

『我不向荒山中尋求金珠；
也不向陰林中覓得翠羽，
只已遺落的「童心」，不知藏在何處？

1

《童心》内页

《童心》是作家王统照的第一部诗集，收录其1919年至1924年创作的新诗，包括《童心》《铁道边的小孩子》《紫藤花下》《爱情》《春梦的灵魂》《生命之火燃了》等。诗歌文字含蓄轻灵，不拘格律，侧重表现刹那间的感受，富有哲理意味。陈毅曾于1958年在《诗刊》发表诗作悼念王统照，称：『剑三今何在？爱国篇章寄深慨。《一叶》《童心》我喜读，评君雕琢君不怪。』

该书封面朴实无华，蓝色背景上印制书名、作者、丛书名和出版者信息，正如『童心』般纯洁。

130
《山雨》

作者：王统照
封面设计：叶圣陶
出版社：开明书店
版本信息：1933年9月初版
印刷方式：铅印
尺寸：19.8×14厘米

《山雨》封面

《山雨》是新文化运动中著名的现实主义长篇小说，取『山雨欲来风满楼』之意，真实刻画了一群安分守己的农民的苦难生活，再现了在帝国主义压榨下，军阀混乱、兵匪灾荒的北方农村经济急剧崩溃的现实，是中国新文学中最早描写农民苦难生活及其挣扎反抗斗争的长篇小说作品。王统照在『跋』中称，『《山雨》意在写出北方农村崩溃的几种原因与现象，以及农民的自觉』。

该书出版后引起较大反响，茅盾称之为『在目前文坛上应当引人注意的新作』，有批评家将《山雨》与茅盾的《子夜》相提并论，称1933年为『山雨子夜年』。不久后，国民党中央宣传委员会以其『颇含阶级斗争意识』，『予以警告，勒令禁止发行』，将该书查禁，王统照被列入『危险人物』黑名单。

该书封面极其简练，用淡青布纹纸装帧，由叶圣陶用篆体字题写书名『山雨』，古朴厚重，下边题写作者名字。叶圣陶1979年曾感慨：『这本书的封面和扉页都是我写的，非常难看，对不起作者，对不起读者，现在后悔也来不及。看剑三自己写的跋，想起彼此间将近四十年的交情十分可贵，可是他的声音容态久已渺茫了。』

131

《一只马蜂及其他独幕剧》

作者：西林（丁西林）
封面设计：不详
出版社：北京大学现代评论社
版本信息：1925年5月初版
印刷方式：铅印
尺寸：17.6×12.5厘米

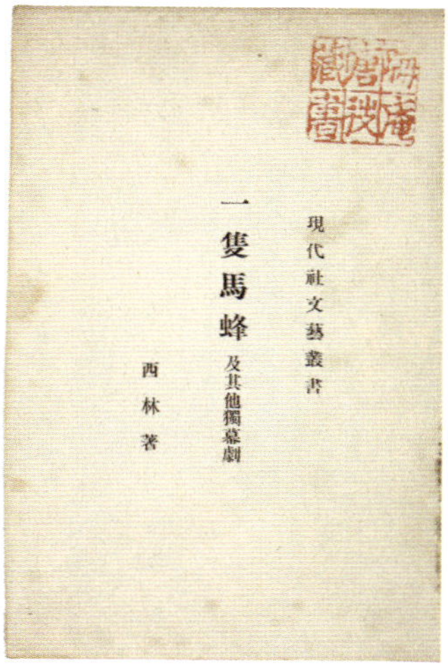

《一只马蜂及其他独幕剧》扉页

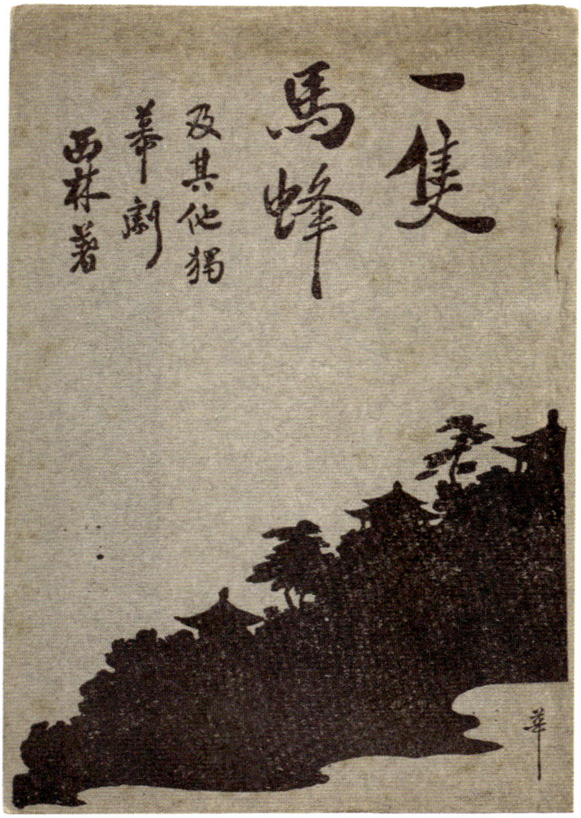

《一只马蜂及其他独幕剧》封面

《一只马蜂及其他独幕剧》是独幕剧圣手丁西林的第一部独幕剧作集，收《一只马蜂》《亲爱的丈夫》《酒后》三个独幕剧，被列为『现代社文艺丛书』之一。丁西林的喜剧语言既风趣幽默，又文雅漂亮。李健吾称：『他的戏剧语言不仅意味隽永，而且往往声东击西，最后给人一种意外感觉。』

其中爱情喜剧《一只马蜂》是作者的处女作，创作于1923年，描写『五四』后觉醒的青年为争取婚姻自主，与封建家长守旧势力抗争中发生的种种故事。戏剧结构精妙，人物的喜剧性格鲜明，语言活泼幽默，开了『五四』时期新式戏剧的先河，1925年3月在北京上演后获得广泛好评，被称为『中国新剧在舞台上最初的成功』。

该书封面是中国传统的水墨风，右下方以墨色描绘山中树木和亭台的剪影，左上方用潇洒飘逸的毛笔字题写书名和作者名，清逸俊朗。

138
《扬鞭集（上、中）》

作者：刘半农
封面设计：不详
出版社：北新书局
版本信息：上册1926年6月初版
中册1926年10月初版
印刷方式：铅印
尺寸：19.2×15厘米

《扬鞭集》分上中两册。作者原计划出上中下三册，后来只印上中两册，下册始终没有出版。上册收诗36题，中册收诗并山歌62题，下册原定为译诗。

此书采用连史纸中式排印，书皮、书签内框及书名均为蓝色，设计独特。

《扬鞭集（上、中）》封面

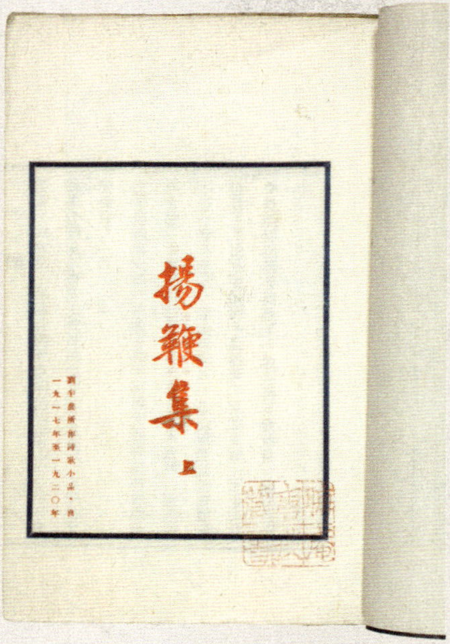

《扬鞭集（上）》扉页

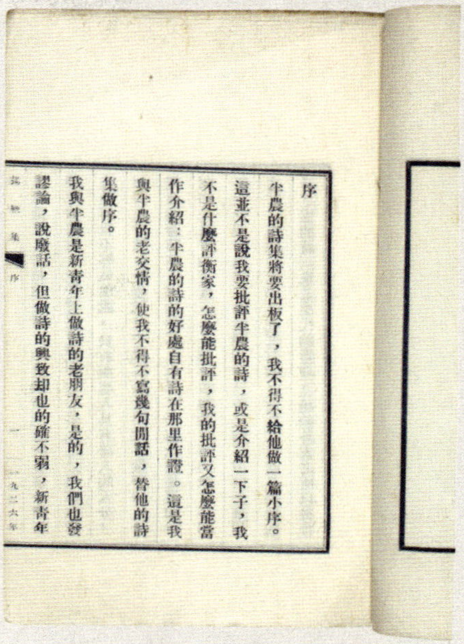

《扬鞭集（上）》序

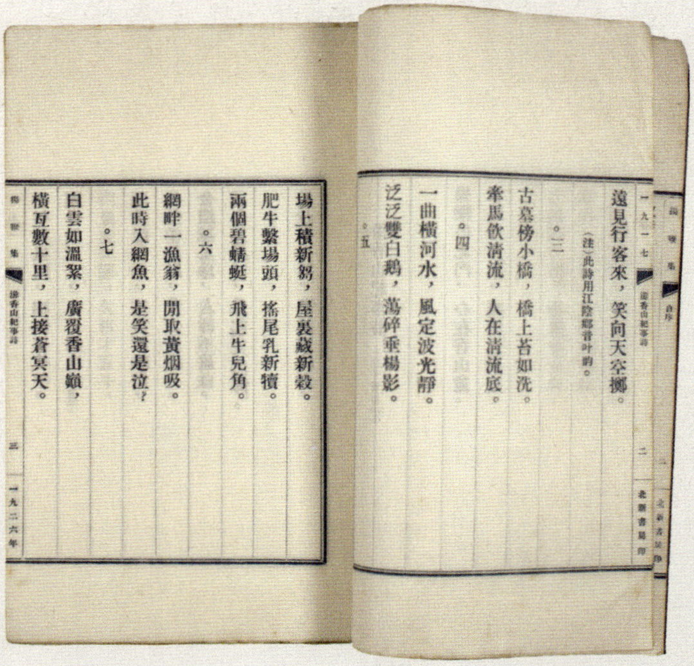

《扬鞭集（上）》内页

139

《小仲马名剧：茶花女》

作者：[法] 小仲马
译者：刘半农
封面设计：不详
出版社：北新书局
版本信息：1926年7月初版
此为1926年8月再版
尺寸：19.5×14厘米

《小仲马名剧：茶花女》封面

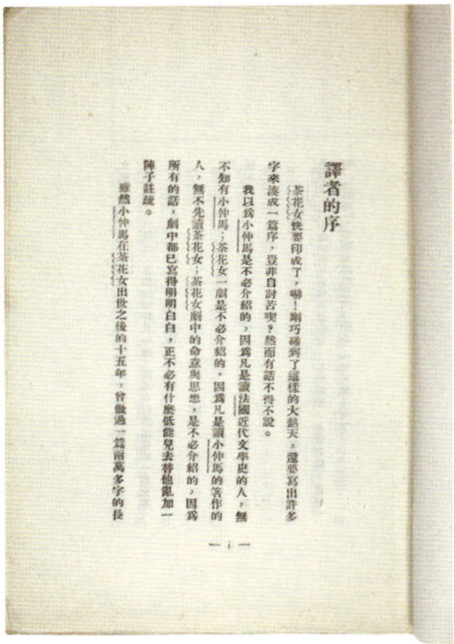

譯者的序

茶花女快要印成了，嚇！剛巧碰到了這樣的大熱天，還要寫出許多字來湊成一篇序，豈非自討苦喫？然而有話不得不說。

我以爲小仲馬是不必介紹的，因爲凡是讀法國近代文學史的人，無不知有小仲馬；茶花女一劇是不必介紹的，因爲凡是讀小仲馬的著作的人，無不先讀茶花女；茶花女劇中的命意與思想，是不必介紹的，因爲所有的話，劇中都已寫得明明白白，正不必有什麽低能兒去替他亂加一陣子註疏。

雖然小仲馬在茶花女出世之後的十五年，曾做過一篇兩萬多字的長

— 1 —

《小仲马名剧：茶花女》内页

《茶花女》是19世纪法国著名作家、剧作家小仲马的小说，后改编成五幕话剧。此书由刘半农翻译，他在《译〈茶花女〉剧本序》中的介绍颇为有趣：『我以为小仲马是不必介绍的，因为凡是读法国近代文学史的人，无不知有小仲马；《茶花女》一剧是不必介绍的，因为凡是读小仲马的著作的人，无不先读《茶花女》；《茶花女》剧中的命意与思想，是不必介绍的，因为所有的话，剧中都已写得明明白白，正不必有什么低能儿去替他乱加一阵子注疏。』

该书封面异域色彩浓厚，大面积的红色花纹围着中间的红色画框，画框上半部分是蓝色绘就的长发女人和蓝色枝叶，下半部分是两个石柱顶着屋顶，中间题写书名和译者名，字体潇洒有力。

140
《半农杂文二集》

作者：刘半农
封面设计：不详
出版社：上海良友图书印刷公司
版本信息：1935年7月初版
印刷方式：铅印
尺寸：15.3×10.4厘米

《半农杂文二集》封面

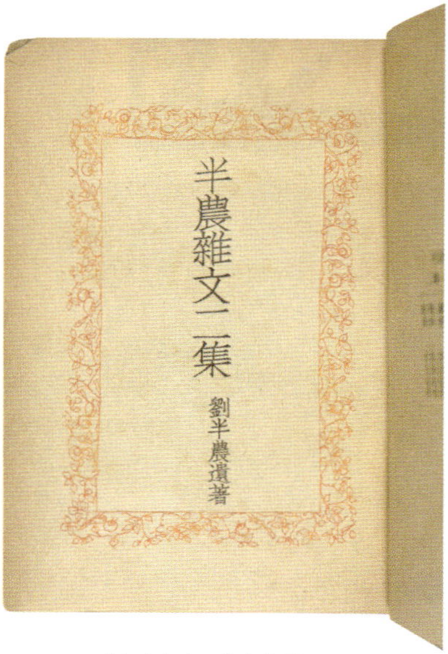

《半农杂文二集》扉页

1935年，刘半农离世近一年后，其遗著《半农杂文二集》出版。同年7月5日《人间世》第31期上刊载的关于这部遗著的广告词中这样评价刘半农：『半农先生是中国新文学运动史上的历史人物。他当时所发表的许多文章，可以看到当时的社会背景以及作者思想的前进和透彻处。他文章中所特长的辛辣味，在半农先生刚死了不久的现在，敬仰和爱好半农先生的读者，这本书是不能放过的。』

该书封面以清新的草绿为底色，四周勾勒有花纹边框，书名为黑色打印体，衬以浅色方框背景。

141
《落叶》

作者：徐志摩
封面设计：闻一多
出版社：北新书局
版本信息：1926年6月初版
印刷方式：铅印
尺寸：18.4×13厘米

《落叶》封面

《落叶》是徐志摩创作的散文集。其中一部分是讲演稿，包括《落叶》《话》《海滩上种花》等；《青年运动》与《政治生活与王家三阿嫂》是为始终不曾出世的『理想』而写；《论自杀》《列宁忌日——谈革命》《守旧与『玩』旧》曾在《晨报副刊》上刊载。

《落叶》较多地展现了徐志摩坚韧、执着、为理想不懈奋斗的一面，他特别反对『精力的散漫，志气的怠惰，苟且心理的普遍，悲观主义的盛行』，主张『Everlasting Yea！』即要对生活永远持有积极肯定的态度。该书由于书名与郭沫若的小说《落叶》同名，存在被指抄袭的嫌疑。对此，徐志摩在序言中特意进行了说明。

该书封面由闻一多设计，铺设大面积的红色作为背景，中间是一幅画，画中纷飞的落叶似受到某种力量的控制，呈现出旋转的波形轨迹，一强壮的躯体站立其中，似惊奇，似困惑，似用力思索。左侧画有梳形短线，很像一种密码。

142

《巴黎的鳞爪》

作者：徐志摩
封面设计：闻一多
出版社：新月书店
版本信息：1927年8月初版
印刷方式：铅印
尺寸：19×13.3厘米

《巴黎的鳞爪》封面

该书封面由闻一多设计，以黑色为底，女性的红唇、眼睛、手、耳朵、腿等呈不规则状散落在画面各处。浓艳的色彩搭配、凌乱的身体符号和不成比例的空间区隔展现了一个带有反传统审美倾向的现代主题，给人以极强的视觉冲击；“巴黎鳞爪”四个红色美术字，自上而下以一种不稳定的角度分布在一条弯曲的轴线上，整个封面让人感觉既神秘又躁动，既凌乱又艳丽魅惑，充满现代特征。左下方印有白底红字的“徐志摩著”印章，扉页有陆小曼题写的书名“巴黎的鳞爪”。

《巴黎的鳞爪》是徐志摩的散文集，主要收录徐志摩所撰写的游记，包括《巴黎的鳞爪》《翡冷翠山居闲话》《我所知道的康桥》等篇目，展现作者饱满的情感和深邃的思索。

该书的广告词颇为吸引人：

『先生，你见过艳丽的肉没有？』那么，请读——《巴黎的鳞爪》！

『你做过最荒唐、最艳丽、最秘密的梦没有？』那么，也请读——《巴黎的鳞爪》！

《巴黎的鳞爪》能叫你开开眼界，能叫你知道散文的妙处。

《巴黎的鳞爪》译成过日文，不愿让日本读者独开眼界，独得妙处的，不可不读此书。

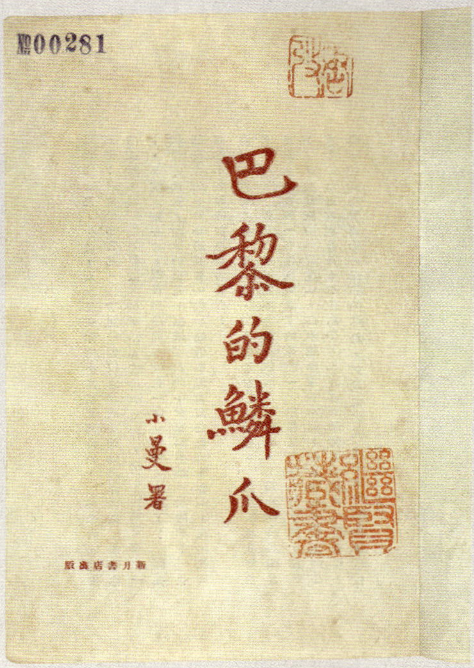

《巴黎的鳞爪》扉页

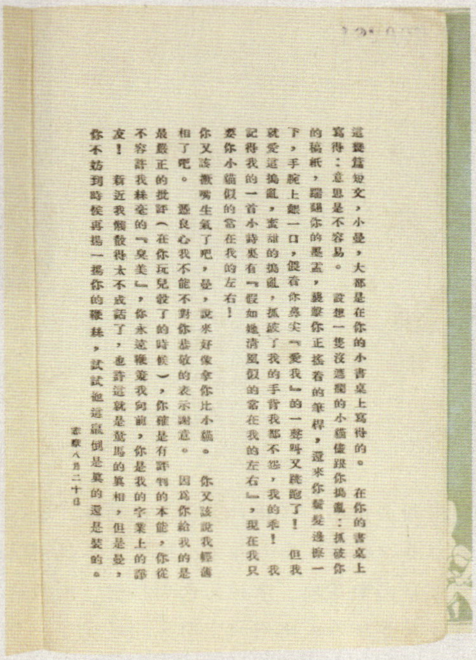
這幾篇短文，小曼，大部是在你的小書桌上寫得的。 在你的書桌上寫得；意思是不容易。 設想一隻沒遮攔的小貓儘跟你搗亂：抓破你的稿紙，踹翻你的墨盂，襲擊你正搖着的筆桿，還來你鬢髮邊擦一下，手腕上齩一口，偎着你鼻尖『愛我』的一聲叫又跳跑了！ 但我就愛這搗亂，蜜甜的搗亂，抓破了我的手背我都不怨，我的乖！ 我記得我的一首小詩裏有『假如她清風似的常在我的左右』，現在我只要你小貓似的常在我的左右！

你又該撅嘴生氣了吧，曼，說來好像拿你比小貓。 你又該說我輕薄相了吧。 憑良心我不能不對你恭敬的表示謝意。 因為你給我的是最嚴正的批評（在你玩兒彀了的時候），你確是有評判的本能，你從不容許我絲毫的『臭美』，你永遠鞭策我向前，你是我的字業上的諍友！ 新近我懶散得太不成話了，也許這就是駑馬的真相，但是曼，你不妨到時候再揚一揚你的鞭絲，試試他這疲倒是真的還是裝的。

志摩八月二十日

《巴黎的鳞爪》内页

143
《翡冷翠的一夜》

作者：徐志摩
封面图案作者：江小鹣
出版社：新月书店
版本信息：1927年9月初版
印刷方式：铅印
尺寸：20×13.6厘米

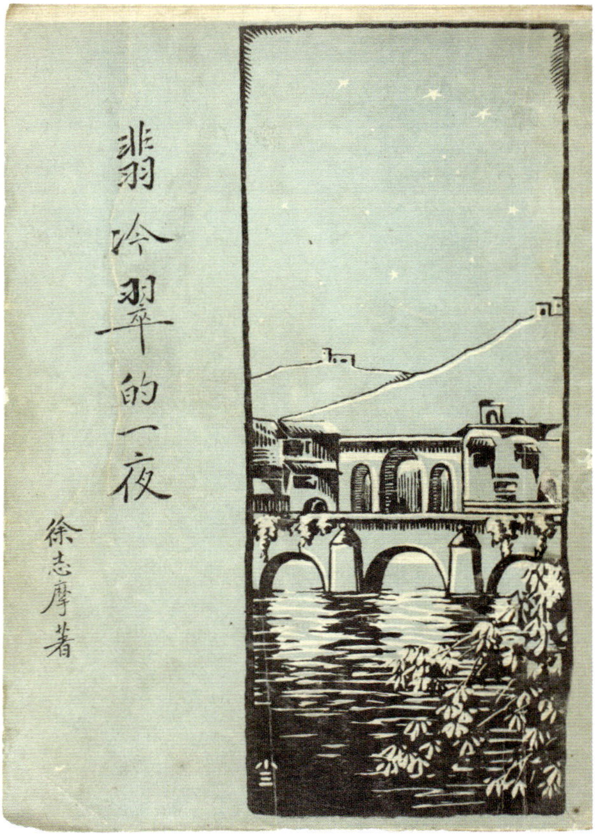

《翡冷翠的一夜》封面

《翡冷翠的一夜》是徐志摩的第二本诗集，正文共140页，收诗52首，写于1925年至1926年。徐志摩将佛罗伦萨译成『翡冷翠』，富有中国传统诗意，受到无数人的喜爱。

该书封面的主色调为青蓝色，采用符合中国书写习惯的竖排标题设计。封面图案选自江小鹣所画的佛罗伦萨维基乌大桥一角的景色：清冷的水面上伫立着安静的小城，天上繁星点点，近处则以波光微漾，眼前枝叶浮水，远处则以寥寥几笔勾勒出山景。画面上虽悄无一人，却深藏人心复杂的情感。

《翡冷翠的一夜》环衬

本书的环衬，映入眼帘的是一片淡雅的绿色，仿佛春日清晨中那一抹清新的生机。纸张的质感细腻而轻盈，微微泛着柔和的光泽，给人一种温润的触感。环衬中间的折叠处，一座由书籍堆叠而成的书柱拔地而起，宛如一座知识的通天塔。书柱的顶端，一位裸体女性静静端坐，身姿优雅，双腿并拢，头微微低垂，沉浸在手中书籍的世界里。在她身后，一轮巨大的弯月高悬，洒下清冷而柔和的光辉。书柱下方，两侧各有12位裸体美女的形象，共计24位。她们或站或坐，皆在认真读书。从环衬图案颜色判断，此本为乙种本。纸张稍薄，页面光滑。

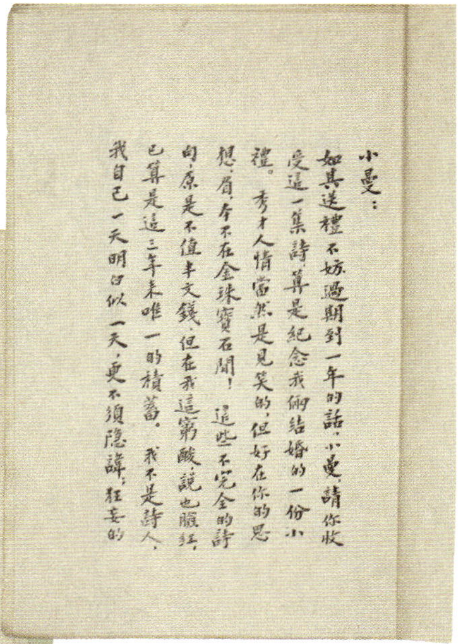

小曼：

如其送禮不妨過期到一年的話，小曼，請你收受這一集詩，算是紀念我倆結婚的一份小禮。秀才人情當然是見笑的，但好在你的思想，眉，本不在金珠寶石間！這些不完全的詩句，原是不值半文錢，但在我這窮酸，說也臉紅，已算是這三年來唯一的積蓄。我不是詩人，我自己一天明白似一天，更不須隱諱；狂妄的

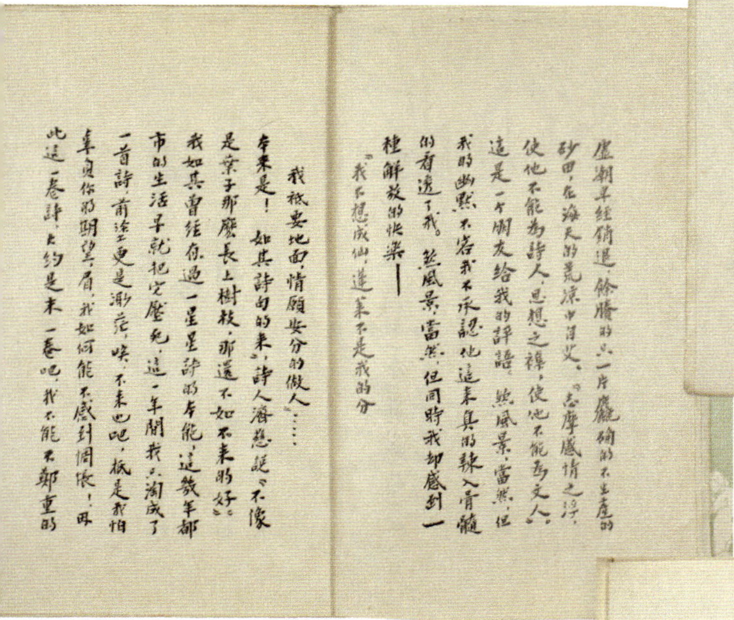

虛潮早經銷退，餘賸的只一片麤碻的不生產的沙田，在海天的荒涼中自艾。『志摩感情之浮，使他不能為詩人，思想之雜，使他不能為文人。』這是一個朋友給我的評語。煞風景，當然，但這是我的幽默，不容我不承認他這來真的辣入骨髓的看透了我。煞風景，當然，但同時我却感到一種解放的快樂——『我不想成仙，蓬萊不是我的分，我祇要地面，情願安分的做人』……本來是！如其詩句的來，詩人濟慈說『不像是葉子那麼長上樹枝，那還不如不來的好。』我如其曾經有過一星星詩的本能，這幾年都市的生活早就把它壓死。這一年間我只淘成了一首詩，前途更是渺茫，唉，不來也吧，祇是我怕辜負你的期望，眉，我如何能不感到惆悵！因此這一卷詩，大約是末一卷吧，我不能不鄭重的

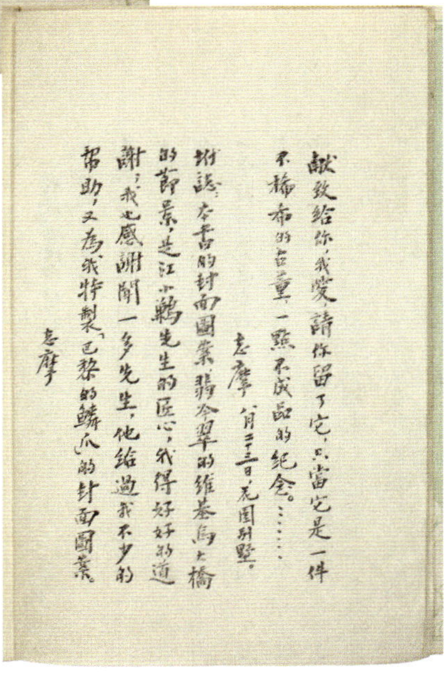

獻致給你，我愛，請你留了它，只當它是一件不稀希的古董，一點不成品的紀念。……

志摩 八月二十三日，花園別墅。

附誌：本書的封面圖案，翡冷翠的維基烏大橋的節景，是江小鶼先生的匠心，我得好好的道謝；我也感謝聞一多先生，他給過我不少的幫助，又為我特製『巴黎的鱗爪』的封面圖案。

志摩

《翡冷翠的一夜》内页

144

《卞昆冈》

作者：徐志摩、陆小曼
封面设计：江小鹣
出版社：新月书店
版本信息：1928年7月初版
印刷方式：铅印
尺寸：18.7×13.3厘米

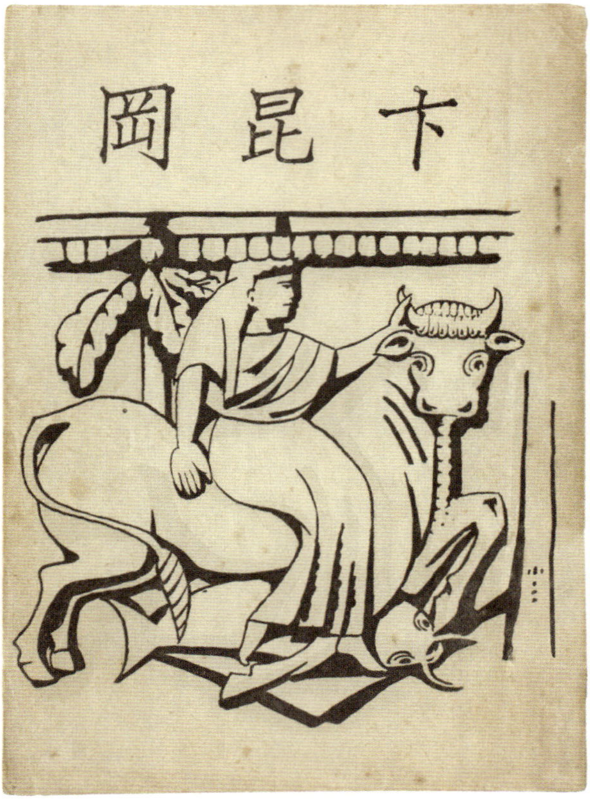

《卞昆冈》封面

《卞昆冈》是徐志摩、陆小曼合著的五幕悲剧。该剧本是徐志摩创作的唯一剧本，也是徐、陆二人唯一合作的作品，最先在《新月》杂志上连载。该剧讲述了山西云冈附近一个村庄里的石匠卞昆冈的遭遇，通过不同角色人物刻画，反映出人性美与丑的多层次对照。它虽不是最一流的剧作，但因其是为新戏剧建设而作，在一定程度上对戏剧的发展和建设事业起到了推动作用。正如唐弢在《诗人写剧》中所说：『《卞昆冈》的故事和布局都不见得高明，对白却逼真动人，这是陆小曼的功绩。』

该书封面是江小鹣设计的极似古埃及的人像石雕，一个男人骑在牛背上，一手握牛角，一手抚牛背，牛下方有一条巨大的鱼，颇为抽象，倒也与剧作主人公的石匠身份相照应。书中还有江小鹣为第一幕布景绘制的剧画《枣荫下》，农家小院里的一棵枣树下有一座白马石雕和一尊白色佛像，左侧有一个女孩一手托腮坐在台阶上。

145
《猛虎集》

作者：徐志摩
封面设计：闻一多
出版社：新月书店
版本信息：1931年8月初版
印刷方式：铅印
尺寸：18.9×13厘米

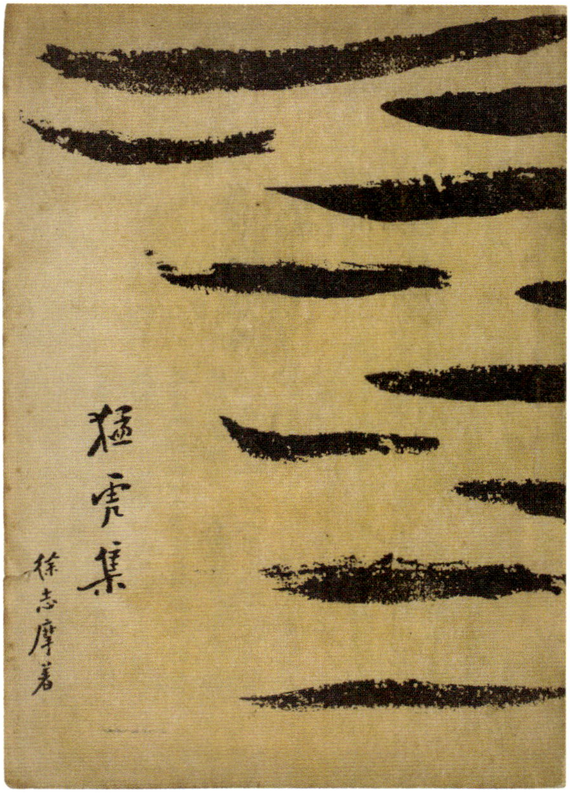

《猛虎集》封面

《猛虎集》是1931年8月新月书店出版的徐志摩诗集，收《我等候你》《渺小》《猛虎》《秋虫》《泰山》《春的投生》等40首诗，其中包括翻译安诺得、哈代等人的几首诗。该书是徐志摩生前编定、出版的最后一部诗集，3个月后，他就在济南近郊北大山因飞机失事遇难。

徐志摩是新月社的代表性诗人，曾在美国和英国留学，其创作受发达资本主义社会和英国浪漫主义、唯美主义等文学作品的影响，新月社在新诗格律化方面的主张和特点都体现在此诗集中。

该书封面由闻一多设计，是一幅独具风格的经典之作。封面上并无猛虎的具体形象，而是用简单几笔墨迹作虎纹，配合鲜黄色的纸张底色，使得封面和封底浑然一体，打开即是一张虎皮，给人一种猛虎威武无比、咄咄逼人的视觉冲击力。姜德明称赞此封面『简单几笔，美丽含蓄』，还有人誉之为『中国早期书籍装帧艺术中一颗闪闪发亮的星』。闻一多还为徐志摩的《巴黎的鳞爪》《玛丽·玛丽》等书画了封面。

150
《玉君》

作者：杨振声
封面设计：闻一多
出版社：朴社
版本信息：1925年2月初版
此为1927年1月第3版
印刷方式：铅印
尺寸：20×13.5厘米

《玉君》封面

本书为杨振声著，1925年2月北京大学现代社初版，此为1927年朴社第三版。杨振声是现代著名教育家、作家，『五四』时期北大『新潮社』的发起人之一，此书是其出版的唯一一部小说作品，反映了冲破封建樊笼的青年男女对婚姻自由的追求，充分体现了『五四』新文学运动反封建的战斗传统。此封面由闻一多按照杨振声的描述设计。闻一多以浓烈红色为底色，以简洁有力的线条、红黑白三色的强烈对比构建画面，兼具现代艺术的装饰性与象征性。主体图案采用白色线条勾勒，骆驼上男子怀抱戴着头巾的女子，以心为盾牌，下方黑色图案更衬托出白色主画面的纯洁与梦幻。版权页有『朴社』版权印花。

151
《客音情歌集》（第1册）

编者：钟敬文
封面设计：不详
出版社：北新书局
版本信息：1927年2月初版
印刷方式：铅印
尺寸：20×13.8厘米

《客音情歌集》（第1册）封面

《客音情歌集》收录钟敬文搜集、整理的客家山歌140首。山歌保持了原有的率真、质朴、风趣的艺术特色。书前有编者言：『捧此谨献给与我同心情底人。』前缀《引言》，后附书中重要方言音释和《客音的山歌》一篇。作者编该书受到当时北大歌谣学运动的影响，书中标『第一册』，按作者的意思是准备继续一册册出下去的，后未如愿。

本书封面以红色为主体，热情浓烈，一个客家青年头戴草帽，骑在牛背上，行走在山间小道，四周是开得繁荣灿烂的花朵，并点缀有几个爱心，充满情歌的甜蜜之感，图案四边以花边收束，中间题写书名『客音情歌集』，使人产生丰富联想。

152

《荔枝小品》

作者：钟敬文
封面设计：关良
出版社：北新书局
版本信息：1927年9月初版
尺寸：19.7×13.4厘米

《荔枝小品》封面

《荔枝小品》是钟敬文的散文集，是『藕社丛书第一种』，收录《荔枝》《忆社戏》《再谈荔枝》《秋宵书怀》《谈雨》《旧事一零》《南国已秋深了》等22篇文章，有些篇章具备一定的史料性。

该书由关良设计封面，用朱红色画出木刻一样的装饰风景画，浓密的树荫下，有两只飞翔的小鸟，一人持书坐在长椅上静读，生动刻画了岭南风物。书前题词『敬以此书纪念我底亡兄』，并附两幅照片：广州荔枝湾风景之一和之二。

153
《昨日之歌》

作者：冯至
封面设计：冯至
出版社：北新书局
版本信息：1927年4月初版
印刷方式：铅印
尺寸：20×14.2厘米

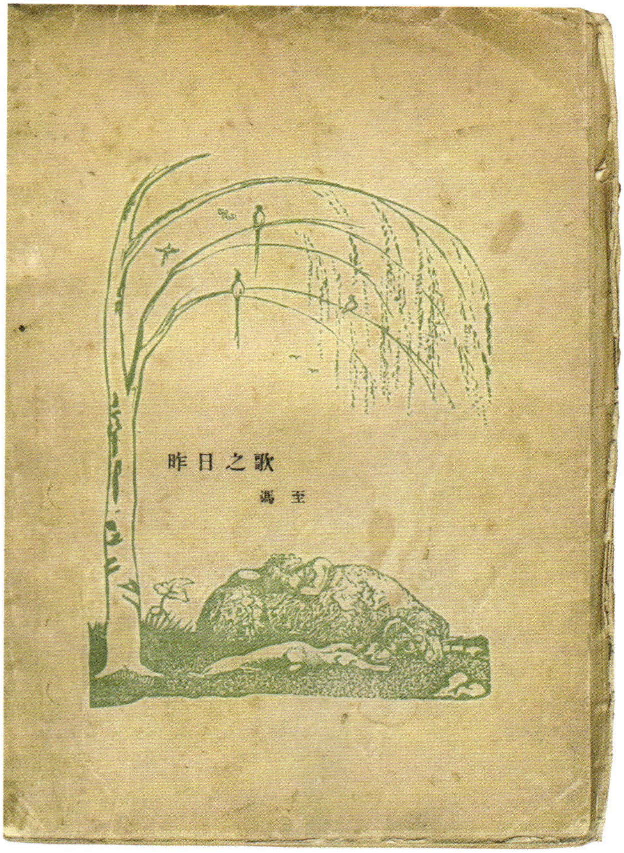

《昨日之歌》封面

本书收录了冯至早期创作的50首诗，是冯至的第一本诗集，分上、下两卷，上卷收抒情诗46首，下卷收叙事诗4首，是奠定冯至诗坛重要地位的作品。诗集的装帧设计展现了冯至独特的艺术眼光，他选用英国浪漫主义诗人兼版画家威廉·布莱克的铜版画作为封面主图。图像经藏书家、孔德学校校务主任马隅卿运用当时先进的摄影制版技术进行专业翻拍处理，使得布莱克原作中的轮廓线条与东方木刻版画技法产生微妙呼应，呈现出独特的东方美学特质，与冯至诗歌中对生命和宇宙的深沉思索形成跨时空对话。

154
《给海兰的童话》

作者：[俄] 马明 · 西皮尔雅克
译者：鲁彦
封面设计：不详
出版社：上海光华书局
版本信息：1927年11月初版
印刷方式：铅印
尺寸：20.1×14厘米

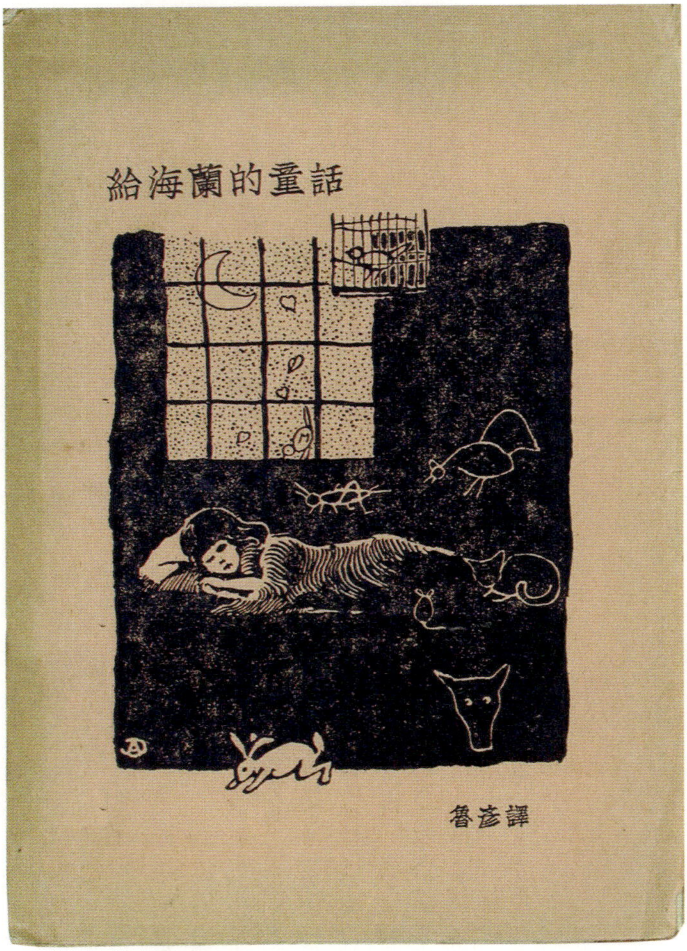

《给海兰的童话》封面

《给海兰的童话》是俄国人马明·西皮尔雅克所著的童话集，由鲁彦从世界语转译。唐弢在《晦庵书话》中曾高度评价：『《给海兰的童话》为狂飙诸书中最为难得，在文学的童话中，是一部难得的佳作。』译者鲁彦曾在北京学习世界语，成绩优异，积极响应鲁迅提出的『通过世界语译介弱小国家和弱小民族的作品』的号召，从事外国文学作品的译介工作，在这方面取得了不错的成绩。

封面以深蓝为主色调铺陈背景，营造出静谧、梦幻的童话氛围。简洁的线条勾勒出卧躺的孩童、兔子、小鸟、猫、窗格、鸟笼等元素，采用类似木刻版画的表现形式，线条简练质朴，具有鲜明的艺术装饰性。

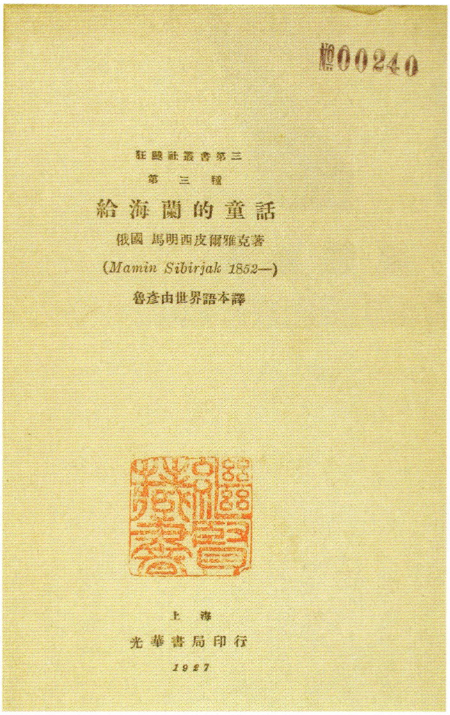
00240

狂飆社叢書第三

第三種

給海蘭的童話

俄國 馬明西皮爾雅克著

(*Mamin Sibirjak 1852—*)

魯彥由世界語本譯

上海

光華書局印行

1927

《给海兰的童话》扉页

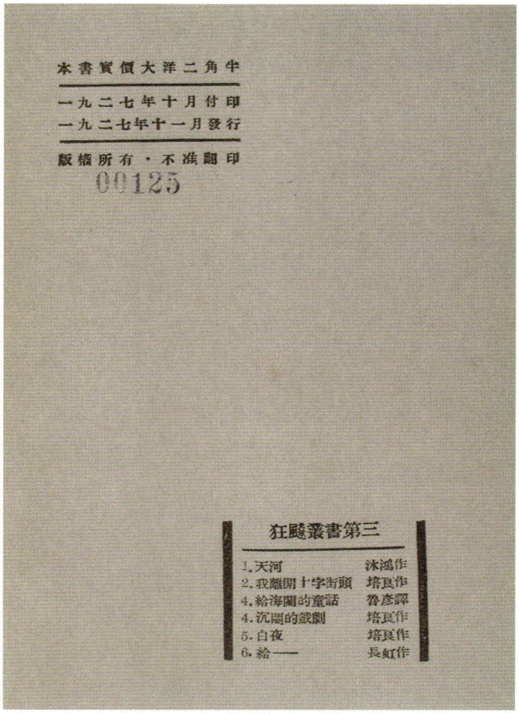
本書實價大洋二角半

一九二七年十月付印

一九二七年十一月發行

版權所有·不准翻印

00125

狂飆叢書第三

1.天河 沐鴻作

2.我離開十字街頭 培良作

4.給海蘭的童話 魯彥譯

4.沉闇的戲劇 培良作

5.白夜 培良作

6.給—— 長虹作

《给海兰的童话》版权页

155

《女娲氏之遗孽》

作者：叶灵凤
封面设计：孙玉麟
出版社：光华书局
版本信息：1928年2月初版
此为1931年5月再版
印刷方式：铅印
尺寸：18.4×13.2厘米

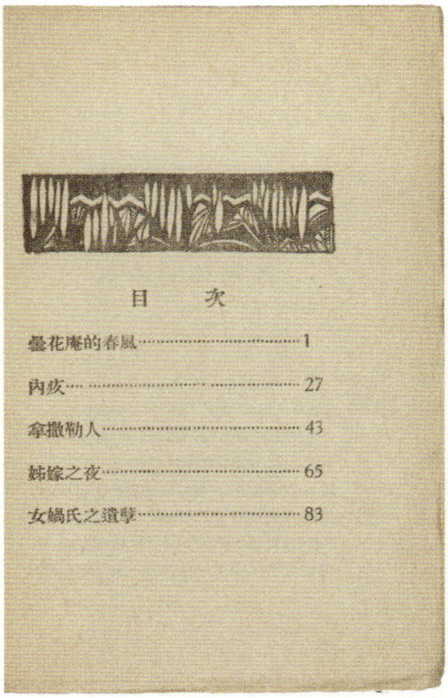

目　次

《女娲氏之遗孽》目录

《女娲氏之遗孽》封面

《女娲氏之遗孽》是初期海派作家叶灵凤的代表作，内收《昙花庵的春风》《内疚》等5篇作品。其中《女娲氏之遗孽》写于1925年3月4日的上海，载于他与潘汉年合办的《幻洲》。文中，作者以第一人称的女性视角，以手记体的形式，吸收弗洛伊德的精神分析学，以意识流的手法写了『我』——女主人公惠——一个已与敬生有着7年婚姻的有夫之妇，与青年男子莓箴的婚外恋。该书封面为孙玉麟绘制，黑、红、黄三色穿插组合为若干几何图形，拼合在一起成为一个女子形象，一颗红心与一颗黄心叠加于三角形的黑色中，突出了作品中复杂入微的心理描写，颇具现代主义气息。

156

《红的天使》

作者：叶灵凤
封面设计：不详
出版社：上海现代书局
版本信息：1930年1月初版
印刷方式：铅印
尺寸：18.9×13厘米

《红的天使》是叶灵凤的三部长篇小说之一。写两姊妹相继爱上同一男人，妹妹婉清因为嫉妒，竟施计破坏姐姐淑清的婚姻，却导致自己的毁灭，而姐姐历经磨难终于与丈夫和好如初。故事惩恶扬善的题旨一目了然。

该书封面具有设计感，以红、黑、白三色巧妙搭配。白底的封面上，红色字体书写书名及作者名，黑色设计为粗细不一的线条穿插其中，在封面中间还有红色的星星，引人注目。

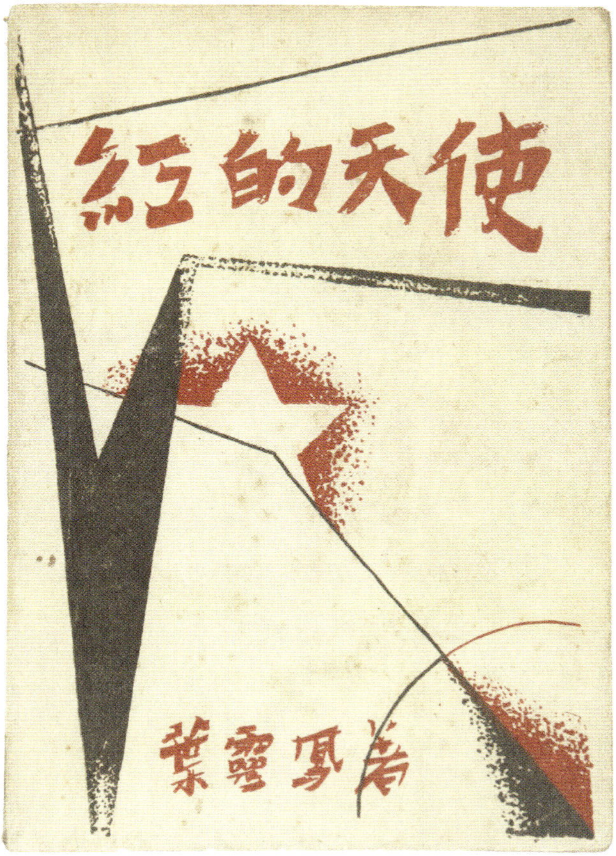

《红的天使》封面、扉页

157
《使命》

作者：成仿吾
封面设计：不详
出版社：创造社出版部
版本信息：1927年7月初版
印刷方式：铅印
尺寸：18.7×13.5厘米

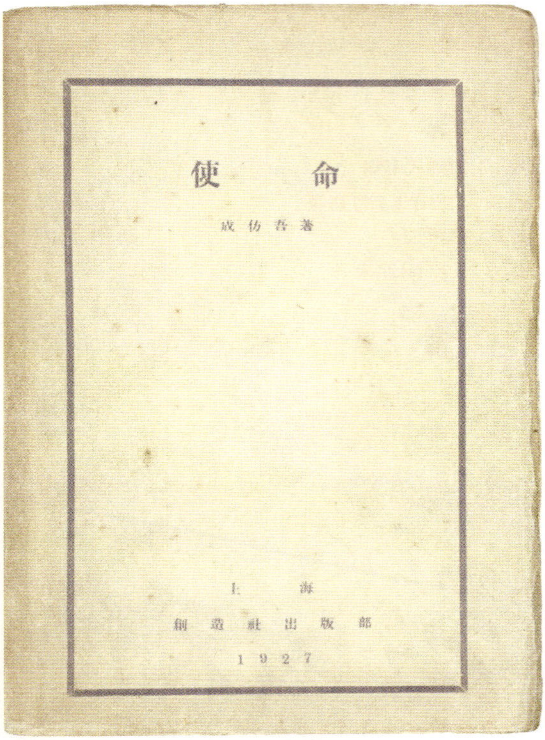

《使命》封面

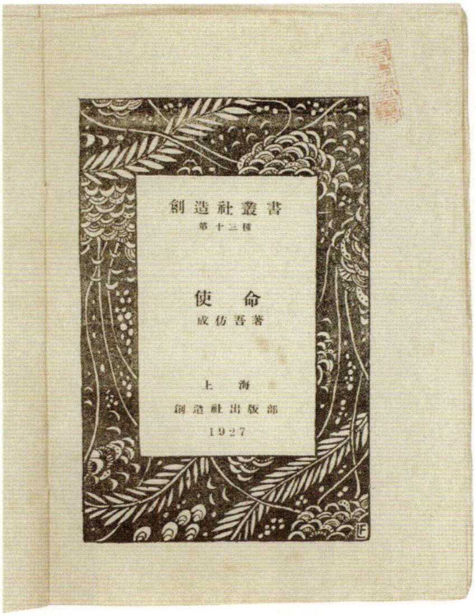

《使命》扉页

《使命》是成仿吾在创造社时期创作的评论集。分四辑，收录《新文学的使命》《真的艺术家》《艺术之社会的意义》《写实主义与庸俗主义》《批评与同情》《文学界的现形》等28篇评论文章。

成仿吾原名成灏，湖南省新化人，早年留学日本，1921年回国，『五四运动』后，与郭沫若、郁达夫等人先后在日本和国内从事反帝反封建的革命文化活动，建立了著名的革命文学团体『创造社』。

该书封面以简单的紫色框线定格，框中题写书名、作者名等出版信息，显得既简洁大方，又温和雅致。扉页在书名框后衬以凤凰纹饰，华丽美观，与封面形成反差，给人以不一样的视觉享受。

158
《女店主》

作者：[意] 哥尔多尼
译者：焦菊隐
封面设计：不详
出版社：北新书局
版本信息：1927年9月初版
印刷方式：铅印
尺寸：19×13.2厘米

《女店主》封面

《女店主》是意大利剧作家、启蒙运动时期杰出的现实主义戏剧家哥尔多尼的古典喜剧，由焦菊隐编译成中国故事。作品刻画了一个精明能干、自由且忠贞的女店主米兰多琳娜，她蔑视侯爵、伯爵之流的追求，嘲弄了骑士对妇女的偏见，最后嫁给了忠诚而朴实的仆人。这部戏剧轻松活泼又有趣，人物性格刻画得生动细致，歌颂了普通人追求幸福自由的行动，讽刺了封建贵族的腐朽没落。封面的画简洁而富有表现力，呈现一个小酒店门前倚着一个女子，似乎在等待或观察什么。女子的面部表情模糊，但姿态却传达出一种沉思或期待的情绪，与剧作中女店主米兰多琳娜的性格特点相呼应。背景部分使用深色线条勾勒出建筑物轮廓，营造出一种古朴的氛围，同时也突出了女子的形象。焦菊隐在『小引』中称该书封面设计者为司徒乔，但封面画上有『LF』的标志，又似乎是叶灵凤的签名。

162
《呆官日记》

作者：沈从文
封面设计：不详
出版社：上海远东图书公司
版本信息：1929年1月初版
印刷方式：铅印
尺寸：18．5×13．2厘米

沈从文所著《呆官日记》为中篇小说单行本，1929年1月由上海远东图书公司初版发行，为『二百零四号丛书之六』。

该书封面装帧以红黑两色为主色调，直观展现与『红黑出版社』的渊源。书名《呆官日记》黑字印于红字之上，红色的热烈与黑色的沉稳相互映衬，形成强烈的视觉冲击，仿佛在无声诉说着『红黑』背后那股『横竖都要搞下去』的倔强。

《呆官日记》封面

163

《长夏》

作者：沈从文
封面设计：不详
出版社：光华书局
版本信息：1928年8月初版
此为1932年5月再版
印刷方式：铅印
尺寸：14.4×10.5厘米

《长夏》封面

《长夏》为沈从文的中篇小说，曾于1927年8月1日至6日分6次连载于《晨报副刊》第2018—2023号，署名『何远驹』。该书封面以写意简笔勾勒出夏日田园的场景，虽没有人物，但轻巧的笔法却暗含着青年主人公看似平静，却又心潮涌动的境遇。

164
《阿黑小史》

作者：沈从文
封面设计：不详
出版社：新时代书局
版本信息：1933年3月初版
印刷方式：铅印
尺寸：18.5×11厘米

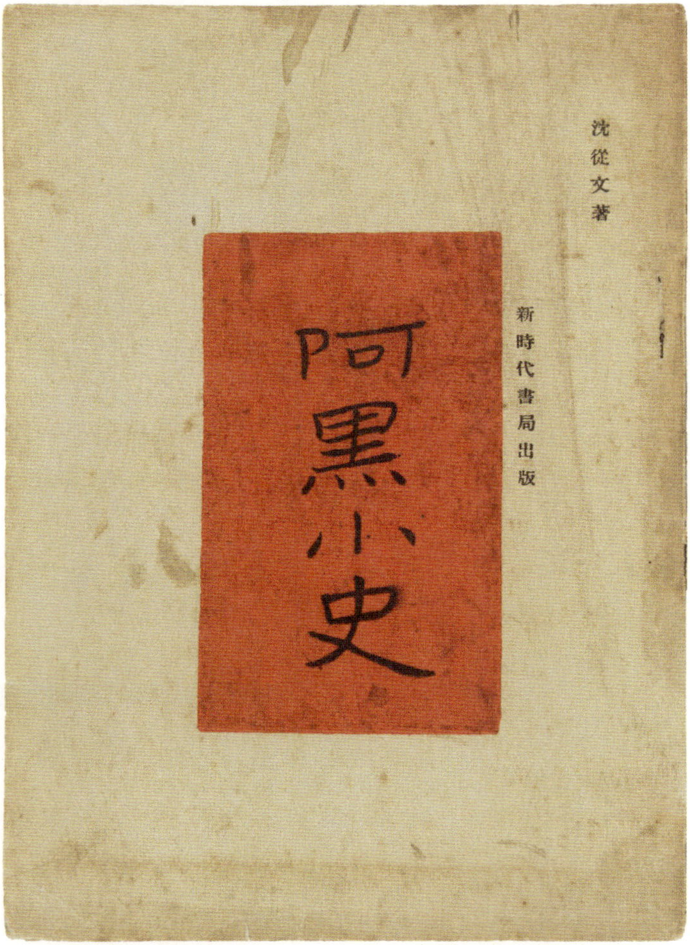

《阿黑小史》封面

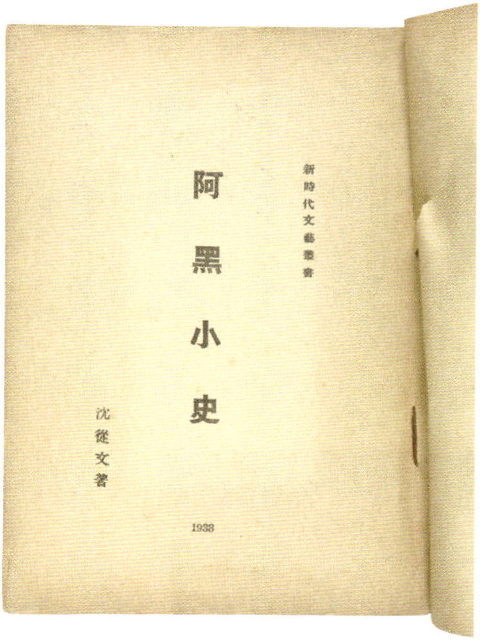

《阿黑小史》扉页

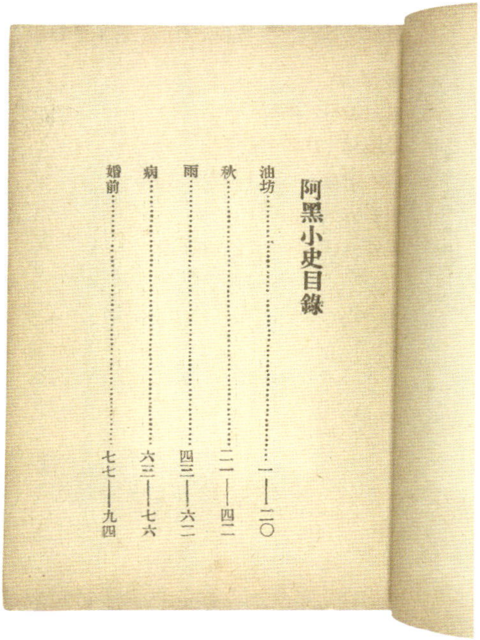

《阿黑小史》目录

《阿黑小史》是沈从文所写的一部具有浓厚牧歌风味的抒情诗小说。作品以『人人各安其生业，无匪患无兵灾』原始状态的封闭山村为背景，描写打油人的独生女儿阿黑和油坊老板的儿子五明的恋爱悲剧。

该书封面设计简洁大方，具有独特的艺术感。封面中心的红色长方形色块里是书名『阿黑小史』，这四个大字采用了醒目隽秀的手写体，字体的颜色和大小都经过精心设计，既保证了阅读的清晰度，又凸显了书名的重要性，使得读者一眼就能注意到。

165
《春灯集》

作者：沈从文
封面设计：不详
出版社：开明书店
版本信息：1943年4月初版
印刷方式：铅印
尺寸：17.8×12.4厘米

《春灯集》收录了沈从文的《春》《灯》《八骏图》《若墨医生》《第四》《如蕤》等深刻描写人性的小说。沈从文被人称誉为『美妙的故事家』，小说当然得有故事，但他的小说不仅仅止步于此，更是以体验为骨干，以哲理为脉络，糅合了现实与梦境，运用了独具风格的语言文字，才使他的故事成了美妙的故事。

该书封面的文字采用了竖排版，白底黑字，搭配四周的红色云纹，体现出中国的古典美学，清雅而大方。

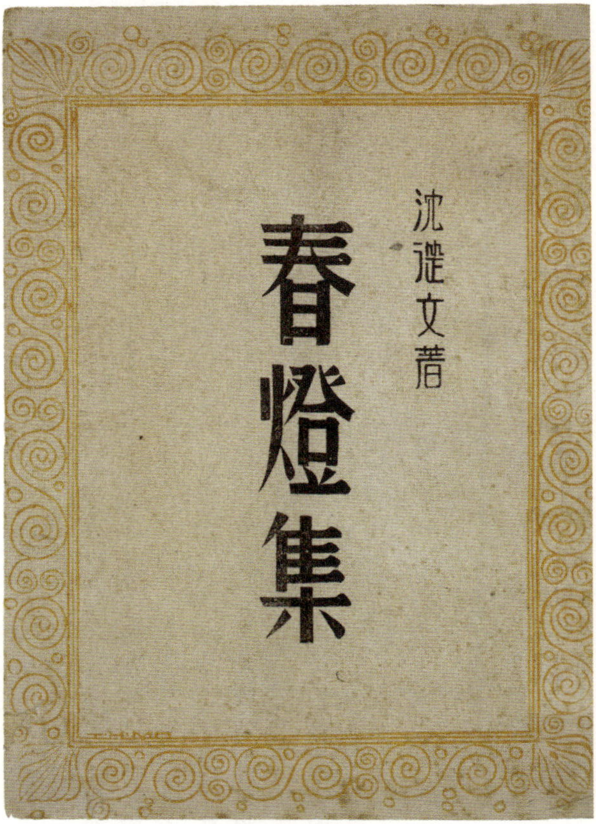

《春灯集》封面

166
《骂人的艺术》

作者：秋郎（梁实秋）
封面设计：闻一多
出版社：新月书店
版本信息：1927年10月初版
印刷方式：铅印
尺寸：18.9×13.6厘米

《骂人的艺术》封面

《骂人的艺术》是秋郎（梁实秋）的文艺随笔、短评、杂文合集，收《骂人的艺术》《雅人雅事》《看相》《麻雀》《吐痰问题》《生病与吃药》《住一楼一底房者的悲哀》等47篇文章。

该集子由梁实秋从他发表在《青光》上的八九十篇短文中挑选而出，是他编辑《青光》副刊的额外收获。他在《自序》中称：『这集里面没有「文学」，没有「艺术」，也没有「同情」，也没有「爱」，更没有「美」。里面有的，只是「闲话」「絮语」「怨怒」「讥讽」「丑陋」和各式各样的「笑声」。我恐怕读者寻不到他所要寻的东西，所以预先声明在此，免得误购后悔。』

该书封面由闻一多设计，以极简构图暗藏机锋。淡蓝色底调如冷静的幕布，右上方黑色装饰画则以戏剧性对比刺破静谧——小丑身披戏服，手持长矛，在聚光灯下闪闪发光；维纳斯虽处黑暗，但位于小丑上方且占据重要位置。长柄武器贯穿整幅图画，既似文字化为利刃刺破虚伪，又若戏谑姿态消解严肃。闻一多将现代主义几何线条与象征主义意象熔铸一体，使封面成为内容的精神镜像：雅与俗、攻击与幽默、破坏与重构，皆在方寸间激荡出独特的美学张力，恰如书中那些『闲话』『怨怒』背后潜藏的智性锋芒。

167
《花之寺》

作者：凌叔华
封面设计：不详
出版社：新月书店
版本信息：1928年1月初版
印刷方式：铅印
尺寸：19.4×14.1厘米

《花之寺》封面

《花之寺》是『五四』时期女作家凌叔华的第一部小说集，收录《凌叔华的画簿》《酒后》《绣枕》《吃茶》《再见》《茶会以后》《中秋晚》《花之寺》《有福气的人》《太太》《说有这么一回事》等12篇小说，以细腻的笔触描写女性主人公的生活小事，常有出人意料的故事结局。鲁迅曾评价道：『凌叔华的小说……恰和冯沅君的大胆，敢言不同，大抵是很谨慎的，适可而止地描写了旧家庭中的婉顺的女性。』

书前有陈西滢的《编者小言》，徐志摩曾为该书撰写序文，但在印行时未用，后在《新月月刊》创刊号上将其当作广告词介绍说：『《花之寺》是一部成品有格的小说，不是虚伪情感的泛滥，也不是草率尝试的作品，它有权利要求我们悉心的体会。』

该书封面与小说风格颇为一致，以黛色轻摹一株美丽的花，左侧以娟秀的小楷题写书名和作者名，典雅美丽，令人赏心悦目。

168
《花束》

作者：[法] 拉姆贝尔
译者：王鲁彦
封面设计：不详
出版社：光华书局
版本信息：1928年3月初版
印刷方式：铅印
尺寸：19.9×14.1厘米

《花束》封面

《花束》是法国迭崇（Dijon）大学教授拉姆贝尔（Ch. Lambert）的文艺论文集，包括三篇文艺评论。《希腊的朝山和奇迹地》讲古希腊人在天医庙求治病的事情，《沙库泰拉和印度的戏剧》讨论印度名剧《沙库泰拉》（*Sakuntala*），第三篇《睡美人和神仙故事》论法国童话《林中睡美人》。周作人为该书作序，在序言中称赞：『这部书却是极有味的。』

该书封面以红、黄、蓝三色搭配，下半部分的蓝底白色条纹似山似海，上半部分以红色为背景，一只修长的手握着一束红色的花，左上角是美术字体『花束』，整体封面色彩明丽，活泼可爱。

169
《哭诉》

作者：蒋光慈
封面设计：不详
出版社：上海春野书店
版本信息：1928年3月初版
印刷方式：铅印
尺寸：16×11厘米

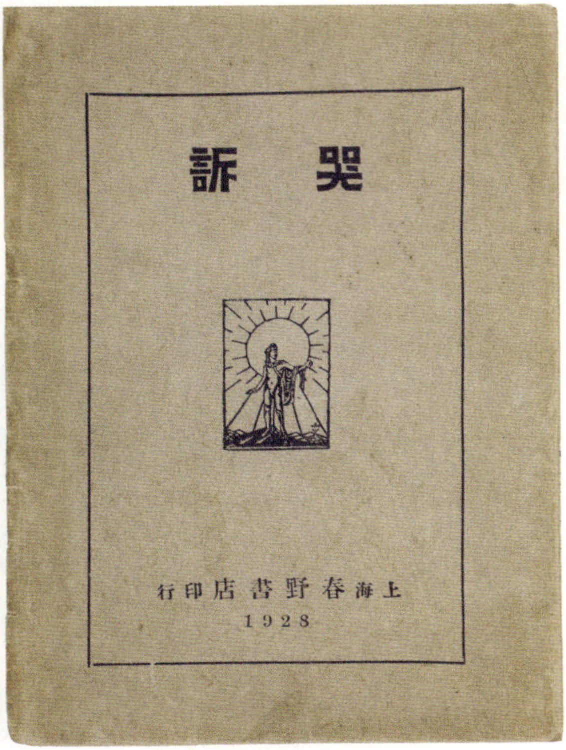

《哭诉》封面

《哭诉》扉页

《哭诉》是蒋光慈的诗集。蒋光慈的作品通常以动荡的革命现实作为故事背景，倡导革命文学，致力于『建设无产阶级文学的基础的工作』，明确『想对目前的如火如荼的新时代文艺运动，加上一点推进的力量』。

蒋光慈在该书『后记』中称：『倘若别的诗人矜持自己是超时代的艺术家，是美的创造者，那我就矜持我自己是时代的忠实儿子，是暴风雨的歌者。』其中长诗《哭诉》（又名《写给母亲》）表达了对反动派的极大愤怒，以及自己虽受创伤但绝不屈服的决心。

该书封面为白底线框，框内印着书名、出版者等信息，中间是一幅小画，光芒四射的太阳下屹立着一个昂首挺胸的男子，封面整体有一种现代气息。

170

《冲出云围的月亮》

作者：蒋光慈
封面设计：不详
出版社：北新书局
版本信息：1930年1月初版
此为1930年2月再版
印刷方式：铅印
尺寸：19.5×13.9厘米

《冲出云围的月亮》封面

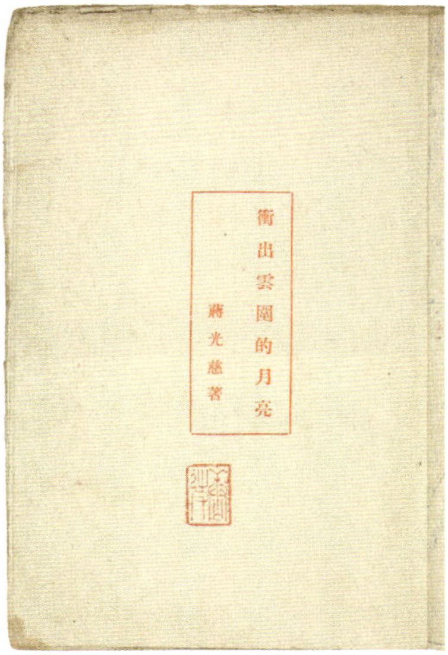

《冲出云围的月亮》扉页

《冲出云围的月亮》是左联作家蒋光慈的长篇小说。此书是作者1929年夏赴日后所作，描写了三种不同政治倾向的知识青年。主人公王曼英在大革命失败后，由追求理想而变为颓废没落，在李尚志的帮助下，她成为女工并回到革命队伍，这就仿佛月亮冲出了云层的包围，放射出皎洁的光辉，『向着大地展开着胜利的光明的微笑』。

蒋光慈的作品多以澎湃的革命热情，鲜明的阶级意识，迅捷地反映革命斗争，表现时人密切关注的尖锐时代问题，塑造工人领袖、党的领导者形象，引领了一批进步的或苦闷的青年人走上了革命的道路。

该书封面以红、黄、蓝三色的三角形、圆、梯形等几何图形搭配，天空中一轮圆圆的月亮有冲出云层之感，配色鲜艳生动，书名特将『冲』字放大，凸显冲出的力量，鲜活且富有力量。

171
《白雪遗音选》

编者：西谛（郑振铎）
封面设计：不详
出版社：鉴赏社
版本信息：1926年12月初版
此为1928年4月第3版
印刷方式：铅印
尺寸：18.3×12.8厘米

《白雪遗音选》封面

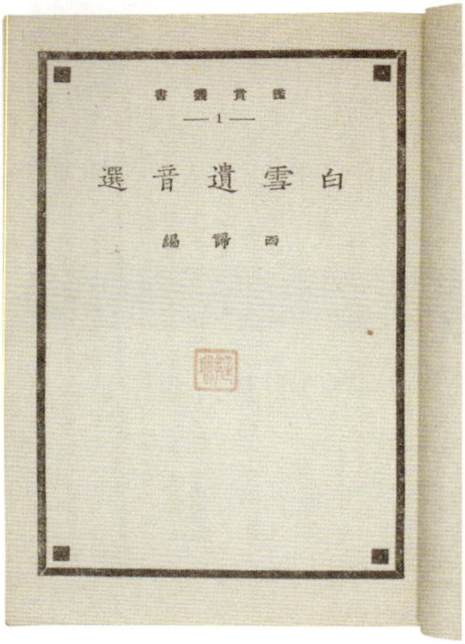

《白雪遗音选》扉页

《白雪遗音选》是郑振铎（笔名西谛）编选的第一部俗文学选集，是从清代华广生编的俗曲、马头调等民间歌谣《白雪遗音》中选录了其中134首，书末附马头调谱。1925年5月起在郑振铎主编的《鉴赏周刊》连载，1926年由鉴赏社初版。

郑振铎在《〈白雪遗音选〉序》中说明了没有将《白雪遗音》全书付印的原因：『第一，原书中猥亵的情歌，我们没有勇气去印；第二，许多故事诗，许多滑稽诗，许多小剧本，在考证上尽有许多用处，然却没有什么文艺的价值。』

该书封面设计颇为简洁别致，具有现代气息，橘红色的封面上题写着书名『白雪遗音选』，黑色的树叶从左上角纷披下来，起到装饰作用。

172
《陶元庆的出品》

作者：陶元庆
封面设计：不详
出版社：北新书局
版本信息：1928年5月初版
印刷方式：铅印
尺寸：19.4×13.9厘米

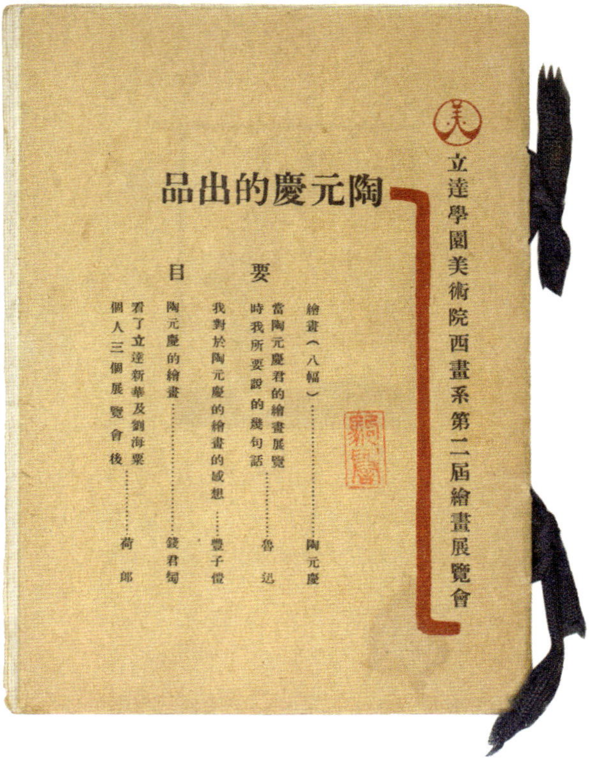

《陶元庆的出品》封面

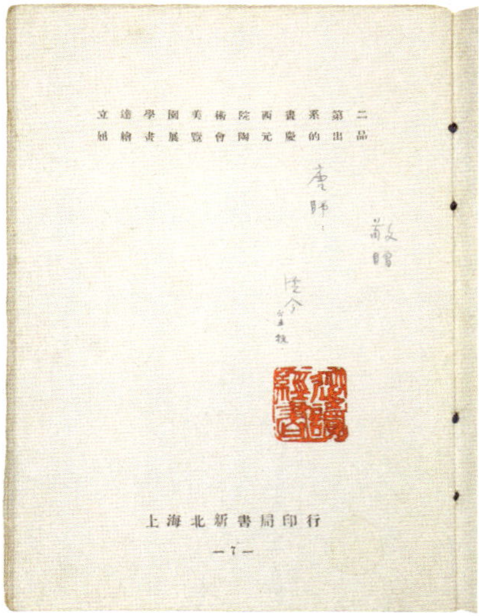

《陶元庆的出品》内页

《陶元庆的出品》是陶元庆在上海立达学园美术院西画系第二届绘画展览会上展出作品的选集，收录《大红袍》《一瞥》《落红》《车窗外》《卖轻气球者》《静物》《女神》《新妇》共8幅绘画作品。陶元庆，中国现代书籍装帧史上大胆创新采用新颖的图案装饰作为新文艺书籍封面设计的第一人，曾为鲁迅的《坟》《彷徨》《朝花夕拾》《苦闷的象征》等著译作品绘制封面。

该书封面简单明了地题写书名、作者名，以及目录，让读者可以对书本内容一目了然，扉页有签名、签章。书内还有鲁迅、丰子恺、钱君匋等人对其画风、画作的评价。鲁迅评价称，『他以新的形，尤其是新的色来写出他自己的世界，而其中仍有中国向来的魂灵，要字面免得流于玄虚，则就是：民族性』，给予陶元庆高度认可。

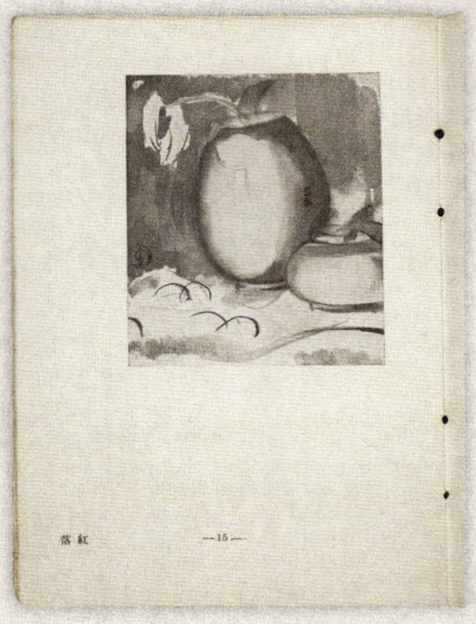

《陶元庆的出品》插图

173
《茶杯里的风波》

作者：彭家煌
封面设计：不详
出版社：上海现代书局
版本信息：1928年6月初版
印刷方式：铅印
尺寸：18.5×13.5厘米

《茶杯里的风波》是现代乡土作家彭家煌创作的短篇小说集，收录《贼》《父亲》《丧奔》《劫》《莫校长》《陈四爹的牛》《喜期》《茶杯里的风波》《蹊跷》共9篇小说。『茶杯里的风波』运用了西谚『茶杯里的风暴』而更改了一字，铺陈出一篇小说，描写了婚姻中性格不同的夫妻两人。

该书封面中，上下两个茶杯呈中心对称，一红一绿的配色形成鲜明对比。受西方艺术影响的设计，题写书名的字体大小有变化，是当时封面设计的一种新探索。

《茶杯里的风波》封面

《茶杯里的风波》扉页

174
《幻灭》

作者：茅盾
封面设计：不详
出版社：上海商务印书馆
版本信息：1928年8月初版
印刷方式：铅印
尺寸：19×13厘米

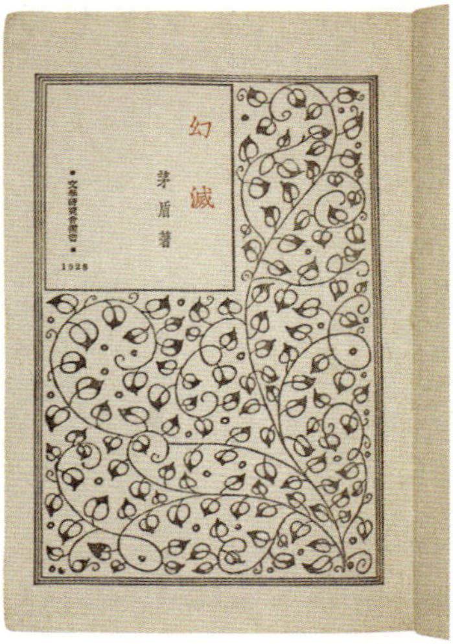

《幻灭》扉页

《幻灭》封面

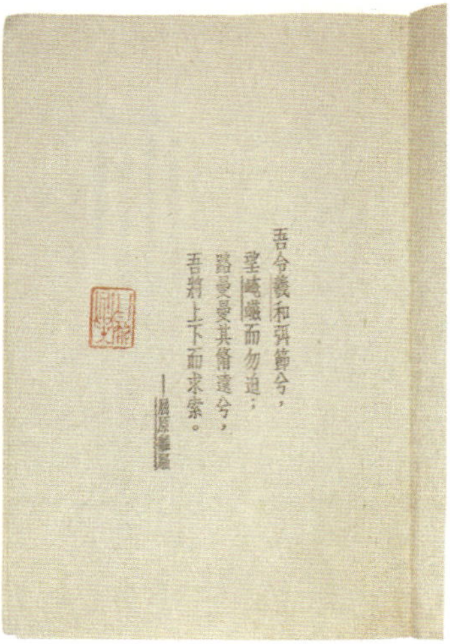

《幻灭》内页

《幻灭》是茅盾创作的中篇小说，历来被认为是书写革命低潮期小知识分子幻灭感的佳作。小说讲述了一个对革命抱有美好幻想的『静女士』，三次梦想和憧憬被残酷现实一一击碎的经历。

该书封面设计独特，在以黑为底色的封面中有一团明亮的燃烧的火焰，火焰中两名女性正在起舞，展示了一种艰难、幻灭的状态。

175
《路》

作者：茅盾
封面设计：不详
出版社：光华书局
版本信息：1932年6月初版
印刷方式：铅印
尺寸：18.7×13.1厘米

《路》封面

《路》扉页

《路》是茅盾1930年11月始写于上海的中篇小说，当时正值左联五位青年作家柔石、胡也频、殷夫、冯铿、李伟森被害前后，国内白色恐怖严重。小说的历史背景是大革命失败后，『革命经过短时间的低潮而声势又复大振的时期』，表现『当时中国青年是吓不倒的，他们苦心探求自己的出路与革命的道路』。

该书封面色彩绚丽，以蓝色为底色，配以大面积的白色，点缀以黄黑两色的线条。画面采用圆形、半圆、直线、三角形等几何图案互相搭配，像是一本书在蓝色的封面中打开，书页中的黄色锐角三角形看上去像是光线，让人充满希望，又颇有电光火石之感，书名『路』也是用几何图形写就的艺术字体，颇有设计感。

176

《子夜》

作者：茅盾
封面设计：不详
出版社：开明书店
版本信息：1933年4月初版
印刷方式：铅印
尺寸：19.6×13.6厘米

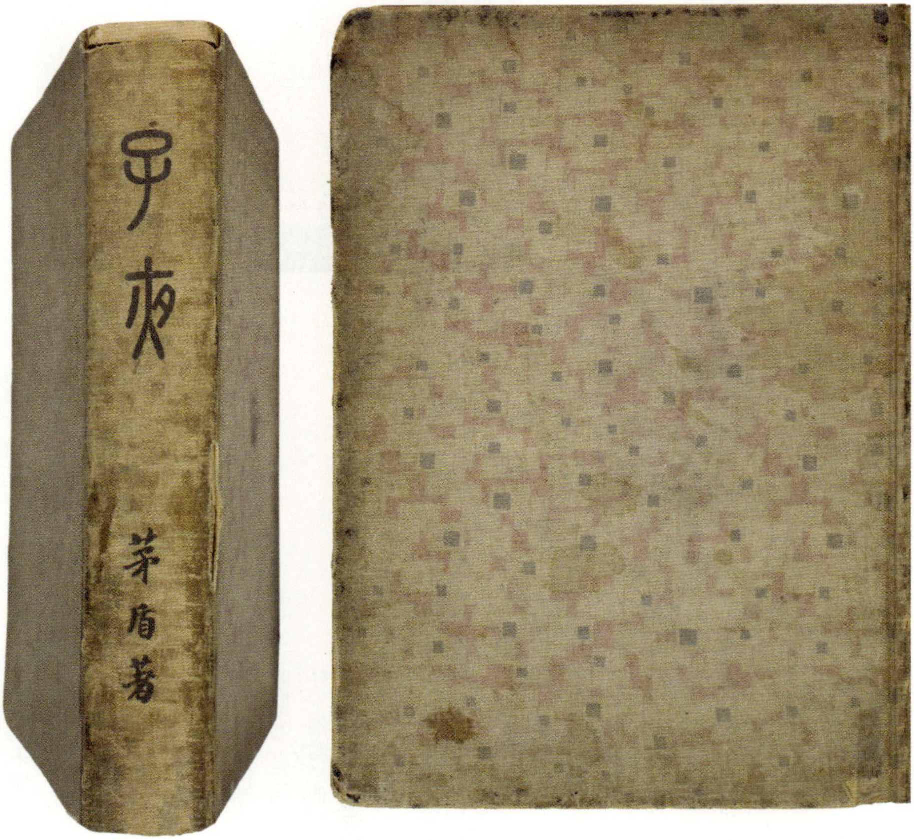

《子夜》封面、书脊

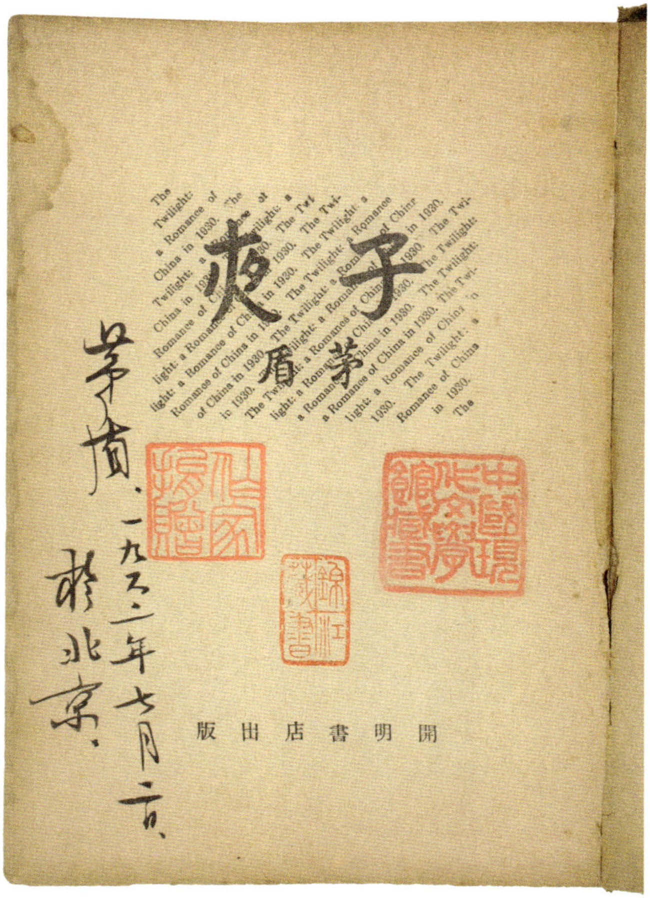

《子夜》扉页

《子夜》是茅盾创作的长篇小说，它以民族工业资本家吴荪甫和买办金融资本家赵伯韬的矛盾、斗争为主线，生动、深刻地反映了当时的社会面貌。作品背景广阔，人物众多，情节复杂；语言简洁、细腻；人物性格鲜明，心理刻画生动。

该书封面为布面精装，简洁大方。扉页篆字题名为叶圣陶书写，字形淳朴，墨色匀称，入眼非常舒服。扉页将书名和作者姓名置于书页上方，并用英文『The Twilight：a Romance of China in 1930』打底。本册扉页有茅盾亲笔签名。

177
《春蚕》

作者：茅盾
封面设计：不详
出版社：开明书店
版本信息：1933年5月初版
印刷方式：铅印
尺寸：19×14厘米

《春蚕》是茅盾的短篇小说集，收录了《春蚕》《小巫》《林家铺子》《神的灭亡》等小说。其中，《春蚕》对农村生活的描写方式，对同时期的乡土题材创作产生了重要影响。

该书封面以汉字为唯一元素，『春蚕』二字为小篆字体，平正而严谨，简明而古朴，既能体现出个人气质，又有中国传统风格。

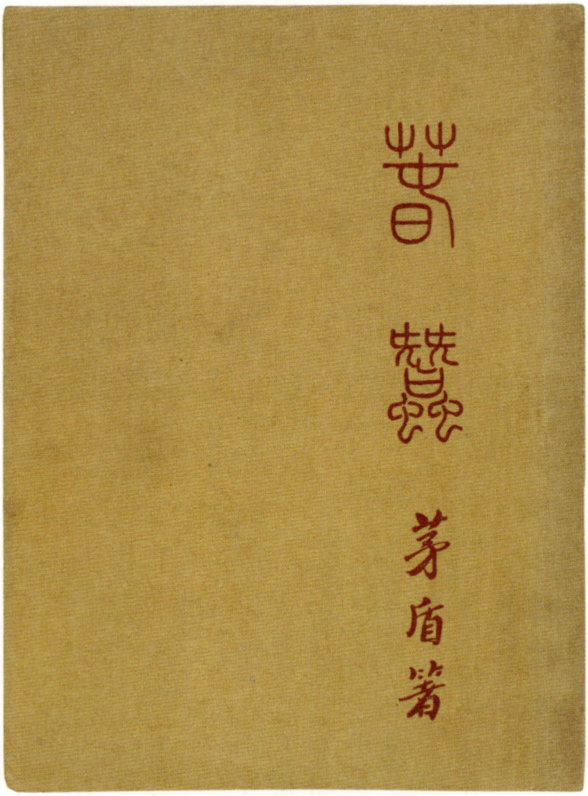

《春蚕》封面

178
《第一阶段的故事》

作者：茅盾
封面设计：不详
出版社：亚洲图书出版社
版本信息：1945年4月重庆初版
此为1946年3月沪一版
印刷方式：铅印
尺寸：18.5×12.3厘米

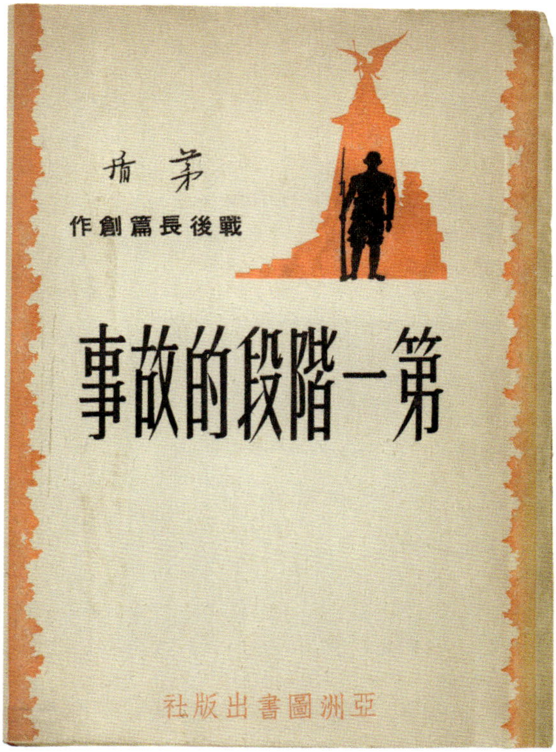

《第一阶段的故事》封面

1938年，茅盾于香港创作完成《第一阶段的故事》。作品最初取名为《你往哪里跑》，以『八一三』淞沪抗战为写作背景，着重描写了上海军民的奋勇抗战，满含爱国热情。

该书封面以视觉张力凝练时代精神，猩红标题如烽火破空，方正遒劲的字体暗涌抗争意志，与下方灰调上海街景形成炽烈与沉郁的碰撞。设计师巧妙运用迷蒙的街巷构成叙事基底，既是战时上海的具象切片，亦隐喻民族命运的阴云笼罩。标题红并非明艳朱砂，而是掺有铁锈质感的暗赤，恰如热血渗入焦土；背景灰也非单一暮色，而是带有硝烟青的色调，仿佛弹痕累累的城市肌理。这种克制的色彩美学摒弃直白渲染，却在红灰交响间建构出双重时空——既凝固了『八一三』烽烟中的悲壮瞬间，又以标题燃烧般的生命力昭示永不言败的赤子之心。封面装帧将纪实性与象征性熔铸一体，恰如茅盾笔下那些在瓦砾中挺立的灵魂，用最朴素的视觉语言完成对民族脊梁的庄严致敬。

179

《参情梦及其他》

译者：傅东华
封面设计：不详
出版社：开明书店
版本信息：1928年9月初版
印刷方式：铅印
尺寸：16×11.5厘米

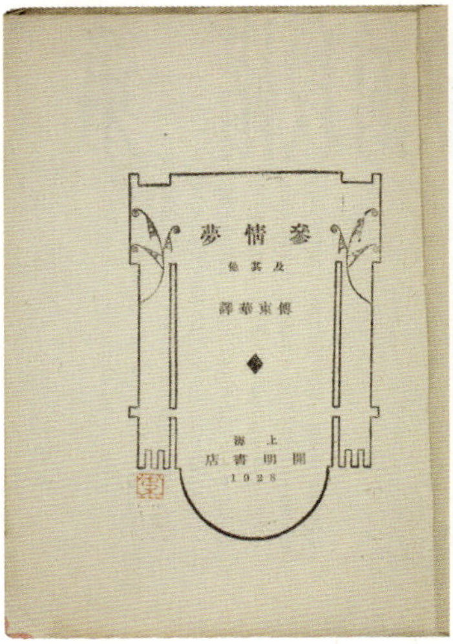

《参情梦及其他》扉页

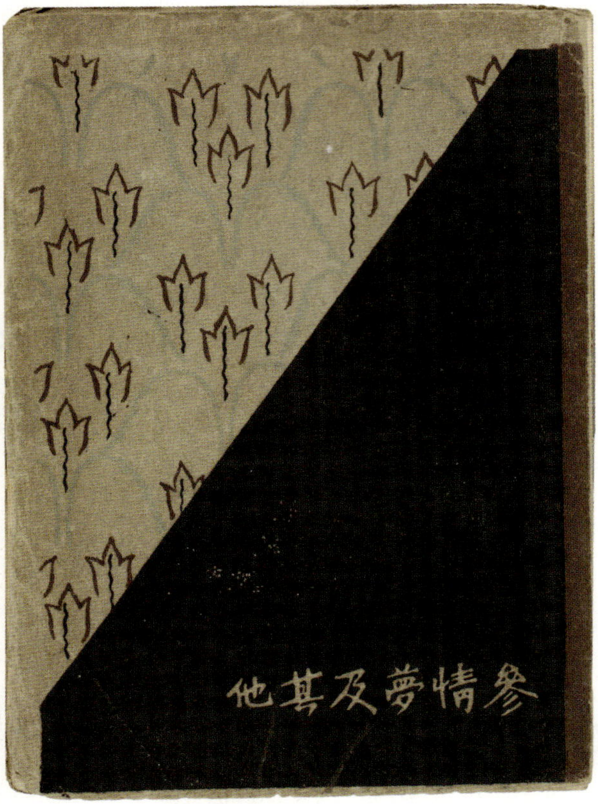

《参情梦及其他》封面

《参情梦及其他》是傅东华翻译的外国诗歌集，译文一律采用韵语。傅东华曾立下宏愿，要在5年之内用韵语翻译外国长诗一百种，然而后来他对韵文译诗从热衷逐渐转为冷淡，『百首长诗』最终缩减为『长长短短的八首诗』，分别是《参情梦》《初雪》《布衫行》《乌林侯的女儿》《与夜莺》《阿龙索与伊木真》《多啦》《以诺阿登》。于是，这些诗歌被印成单行本以作纪念，便是这本书。

该书封面采用黑白撞色设计，右下角的黑三角处只印着书名，左上的白三角中错落有致地画着山与树。虽是简笔画，却给人一种山中树木郁郁葱葱的感觉，殊为美观。

180
《痛心！》

作者：黄药眠
封面设计：［日］余留河泰吕
出版社：上海乐群书店
版本信息：1928年9月初版
此为1929年6月再版
印刷方式：铅印
尺寸：16×12厘米

《痛心！》封面

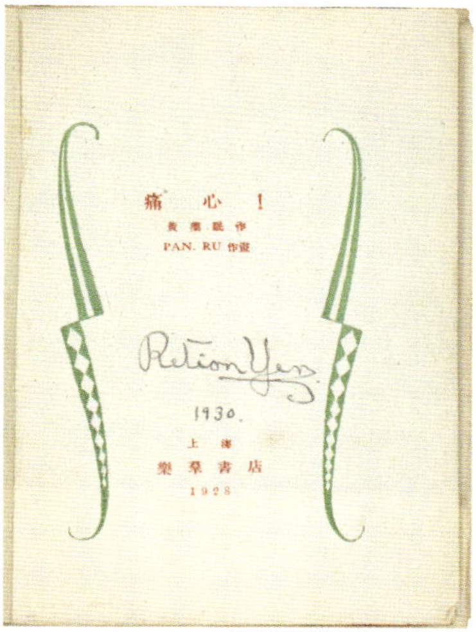

《痛心！》扉页

《痛心！》是黄药眠在创造社时期创作的中篇小说，小说开首引用一段出自《圣经》的英文题词，正文由男主人公Y写给昔日同学L的一封长信构成，Y诉说自己跟L绝交的原因，以及自己4年来所经历的痛苦，展现了恋爱与革命的关系。

该书封面由日本青年画家余留河泰吕设计，颇具现代感，线条流畅，引人奇想。整个画面由红、白、黑三色构成，空间分割恰当。画面以一扇红色的半圆顶屏风做背景，占据封面的四分之三，屏风中间有一只精致的手，三指竖立，食指和拇指优雅地捏住一支眼睛造型的精巧烛台；掌心的中央画着一只美丽的眼睛。画面上半部分有四分之一的留白，用宋体题写书名『痛心』。书名后出现感叹号『！』是颇为独特的，既起到装饰作用，也传递出该书的情绪。

181
《水仙》

作者：[爱尔兰]王尔德、[法]波特莱尔 等
译者：朱维基、芳信
封面设计：不详
出版社：光华书局
版本信息：1928年9月初版
印刷方式：铅印
尺寸：18.5×13厘米

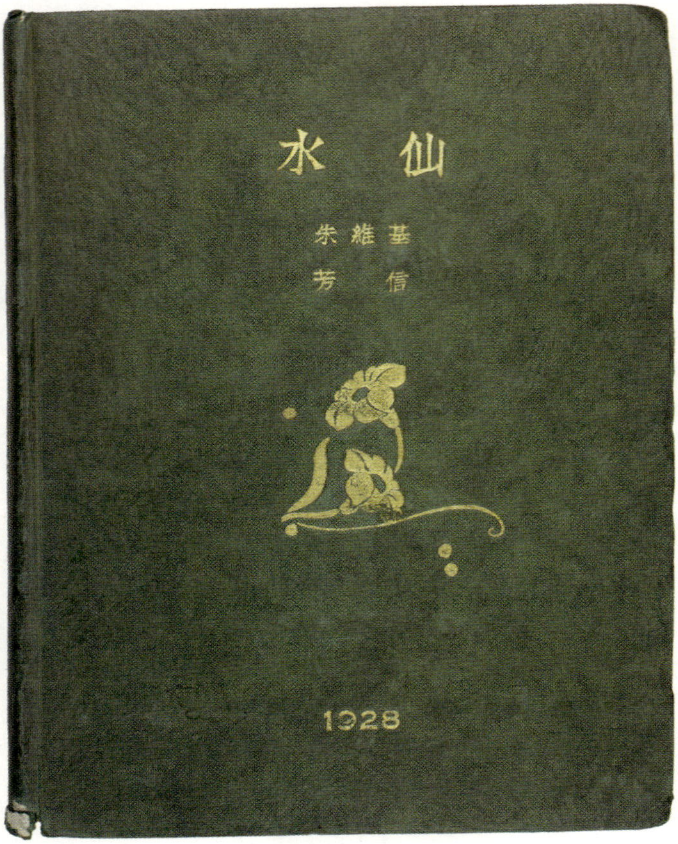

《水仙》封面

《水仙》是朱维基与芳信合作翻译的一部唯美主义译文集，收录了《谎语的颓败》(对话，Qscar Wild著)、《英国诗选》(11首，Burns等著)、《一瞬间的吟游歌人》(诗剧本，Dowson著)、《印度情诗选》(15首，Hope著)、《波特莱尔散文诗选》(8篇，Charles Baudalaire著)、《一个明媚的早晨》(剧本，Serafin、Quintero著)、《幽会》(短篇小说，Poe著)、《印度拉神的判断》(独幕剧，Mukerji著)等作品。

邵洵美在《洵美文存》中称赞该书：『「唯美」是它的目的，而「感伤」是它们的色彩。他们的翻译，的确是有主张的有成见的，比之一般专译有容易翻字典的生字的外国文者，我们不得不同声地赞美。』

该书的装帧设计颇为精致，以绿色为底，上面印着烫金字体的书名、译者名以及出版年份，中间印着两朵盛开的水仙花，叶子蔓延舒展，极具唯美浪漫之感。

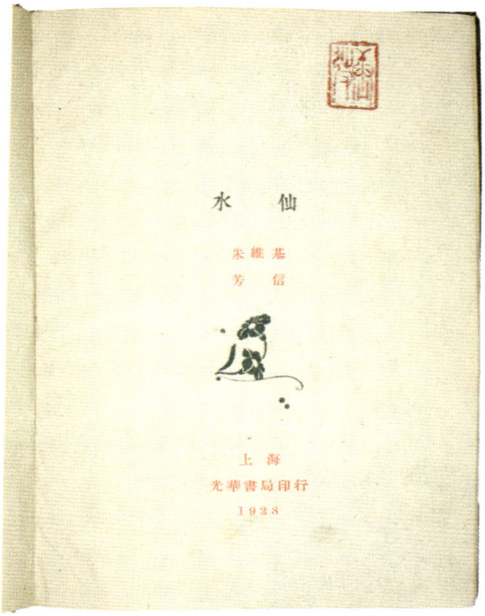

《水仙》扉页

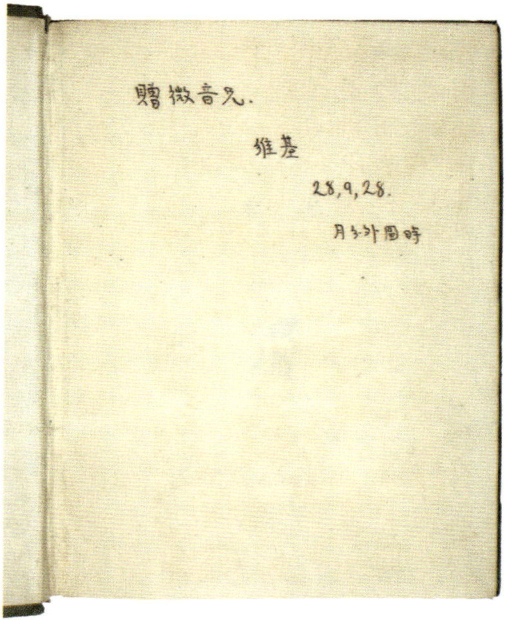

《水仙》译者赠言

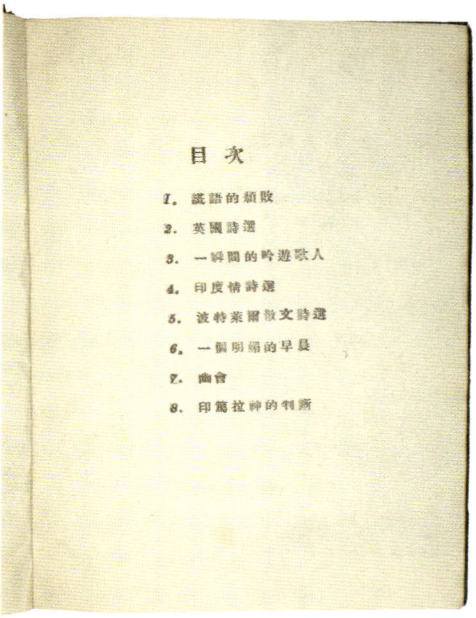

《水仙》目录

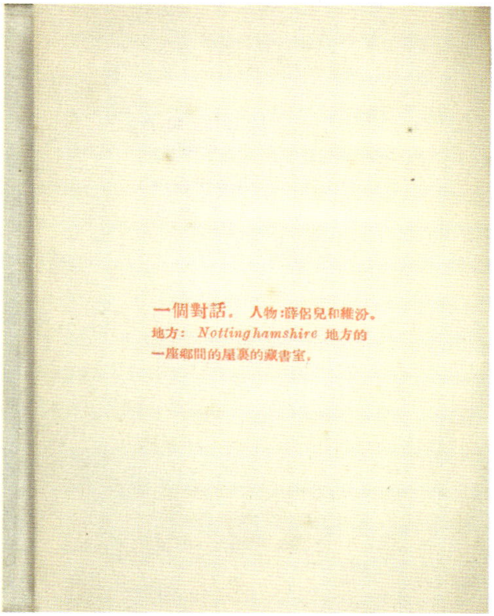

《水仙》内页

182
《背影》

作者：朱自清
封面设计：不详
出版社：开明书店
版本信息：1928年10月初版
印刷方式：铅印
尺寸：18.8×13厘米

《背影》收录朱自清1925年至1928年所写散文15篇，是作家的第一部散文集，文笔平淡朴素而又清新秀丽。

该书封面设计雅致大方，右侧以黑色作底，绘制连续的花朵图案。左侧淡色素雅简单，印有印刷体书名及作者信息，两个色块浓淡鲜明，繁简得宜。

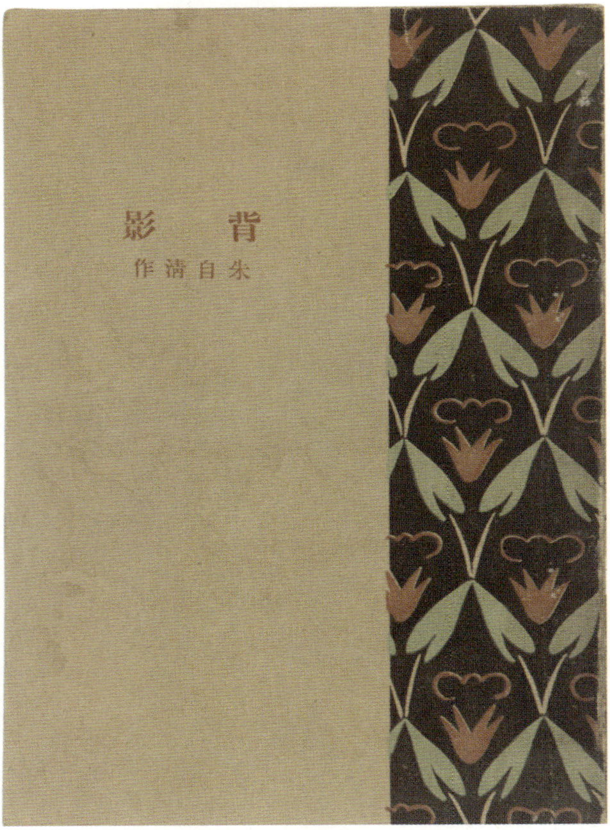

《背影》封面

183

《暗夜》

作者：华汉（阳翰笙）
封面设计：不详
出版社：创造社
版本信息：1928年12月初版
印刷方式：铅印
尺寸：18.1×13.4厘米

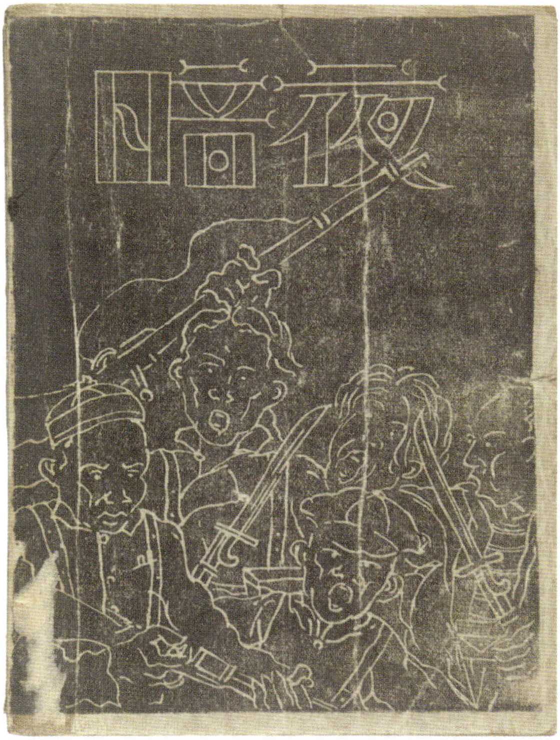

《暗夜》封面

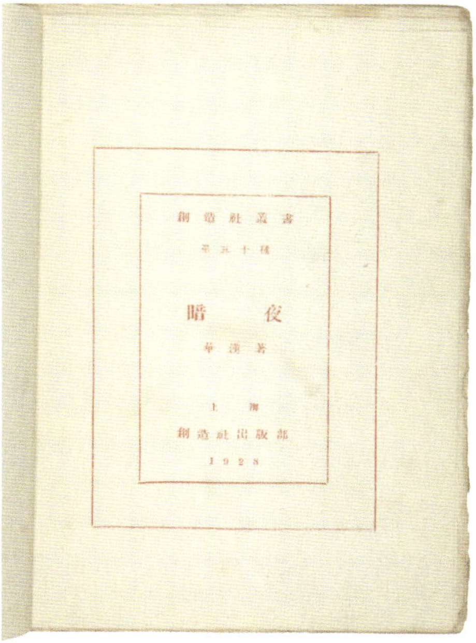

《暗夜》扉页

《暗夜》是描写农民不堪忍受反动地主阶级的剥削与压榨而公开暴动的一部作品，阳翰笙于1928年8月1日完成，同年12月25日由创造社出版部出版单行本，为『创造社丛书』第30种，署名『华汉』。1930年10月，阳翰笙将《暗夜》《寒梅》《复兴》等三部曲合为长篇，取名《地泉》。

该书封面和书名的色调与风格一致，在暗夜般深色的封底上，以白色的线条勾勒出举着刀枪暴动的农民剪影。

184

《清流万里（文化春秋）》

作者： 于伶、田汉、吴天、徐昌霖、陈白尘、阳翰笙等（集体创作）
封面设计： 丁聪
出版社： 新群出版社
版本信息： 1947年10月初版
印刷方式： 铅印
尺寸： 18.2×13.1厘米

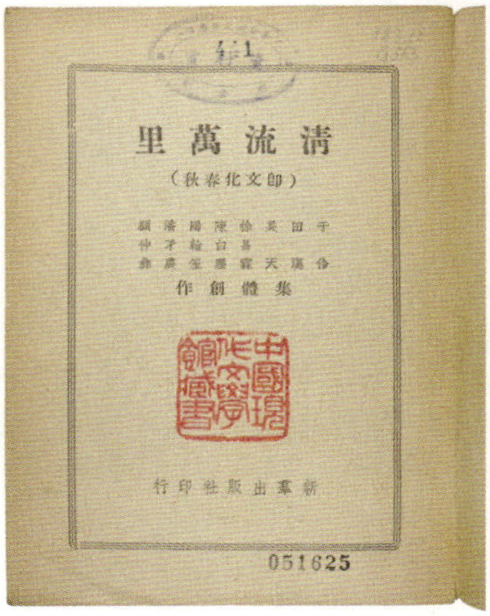

《清流万里（文化春秋）》扉页

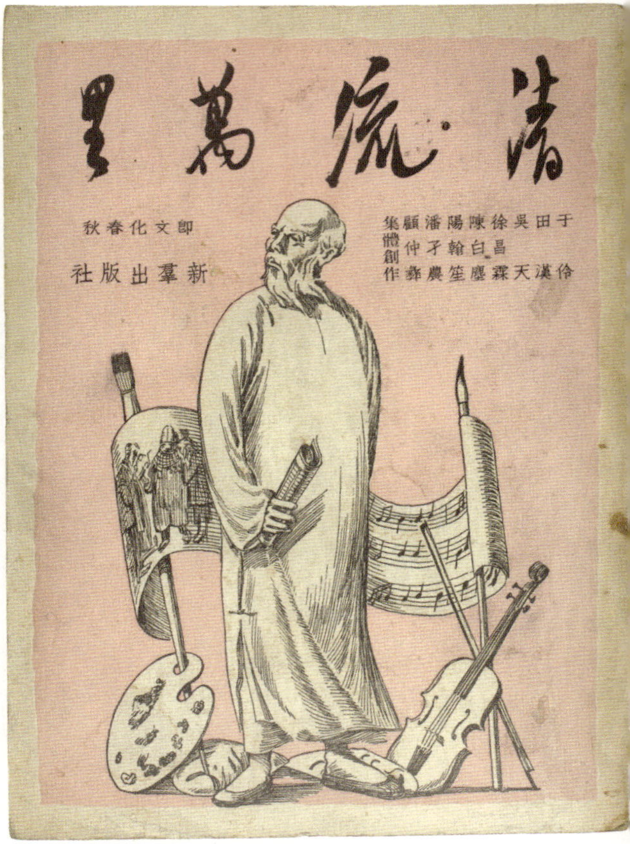

《清流万里（文化春秋）》封面

《清流万里》，又名《文化春秋》，由于伶、田汉等集体创作，是上海进步文化界为宋庆龄主持的中国福利基金会募集捐款而集体创作的三幕六场话剧。剧作反映了中国文化工作者在抗战胜利前后所遭受的苦难，以及反对内战、争取民主的斗争。

该书由丁聪设计封面，田汉题书名。封面用简练的线条组成带有雕塑感的人物绘画，一个身穿长衫、胡子花白的老者手握书卷，身后是由画笔和毛笔架起的画卷，左侧画着画，画笔旁边是调色盘，右侧画着曲谱，毛笔旁边放着一把小提琴，地面上还散落着两个面具脸谱。画面象征着剧作中所涉及的包括画家、音乐家、文学家、记者、剧作家等在内的文化工作者。

185

《还乡集》

作者：[德] 海涅
译者：杜衡
封面设计：不详
出版社：上海尚志书屋
版本信息：1929年1月初版
印刷方式：铅印
尺寸：11×6厘米

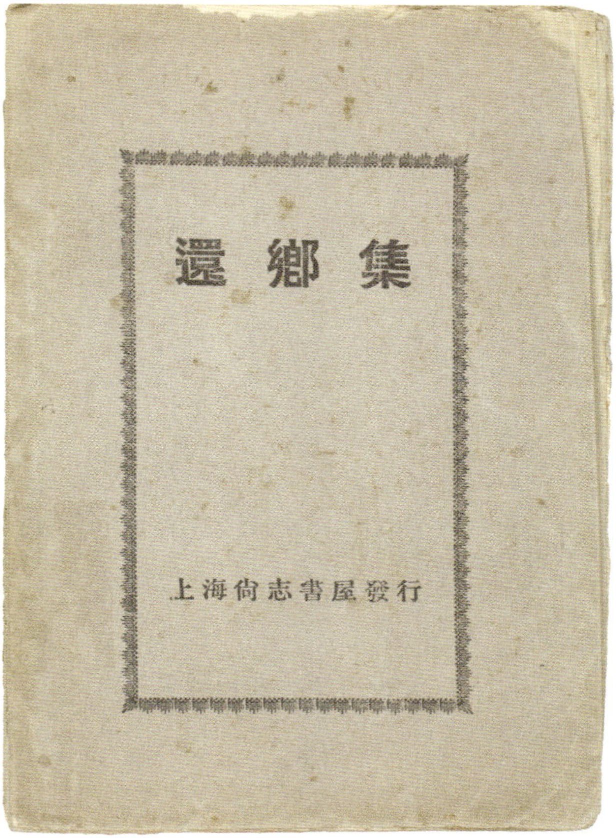

《还乡集》封面

《还乡集》为19世纪德国诗人海涅创作、杜衡翻译的诗集，展现青年海涅的经历、感受和憧憬，具有浪漫主义色彩，接近民歌风格。收录短诗90首，短小精悍，译笔优美。

该书封面朴实无华，以米色纸为背景，用简单的花边修饰边框，以黑体字题写书名，宋体字印出版社。书的扉页钤『唐弢先生』印。1927年蒋介石在上海发动反革命政变，国民党扩大反共，一时间风声鹤唳，草木皆兵，杜衡作为进步作家是当时政府通缉的『危险分子』，为了躲避追杀，他藏匿在好友施蛰存家小小的阁楼里，《还乡集》便是这一时期的作品，即使身处危险之中，他依然保持对文学的热爱。

186
《傀儡美人》

作者：冯乃超
封面设计：不详
出版社：长风书店
版本信息：1929年1月初版
印刷方式：铅印
尺寸：15.1×10.4厘米

《傀儡美人》封底

《傀儡美人》封面

《傀儡美人》是冯乃超重要的小说、散文集。冯乃超，笔名冯子韬，现代著名诗人、作家、文艺评论家、翻译家、教育家、革命活动家，是创造社的重要成员，曾参加『左联』的筹建活动。该书收录《傀儡美人》《眼睛》《故乡》《无彩的新月》《奇迹》《瞬间》《被收买的生命》等9篇小说和散文。其中，《傀儡美人》以褒姒的故事为背景，是新文学第二个十年较早出现的历史小说。小说讽刺了周幽王的昏庸无能和群臣的愚蠢，褒姒则被刻画成一个单纯的少女。

该书封面设计大胆，画面以黑色为背景，点缀以花草的纹样，一个裸女仰头站在画面中央，长发及膝，左手捂胸，右手前伸，似手在够天上的一抹弯月，刻画出一个纯情少女的模样。封面左侧用美术字题写『傀儡美人』，与画面对比形成一种反差感，营造一种悲剧气氛。

187

《也频诗选》

作者：胡也频 著；丁玲 编
封面设计：不详
出版社：红黑出版处
版本信息：1929年1月初版
印刷方式：铅印
尺寸：18.5×13厘米

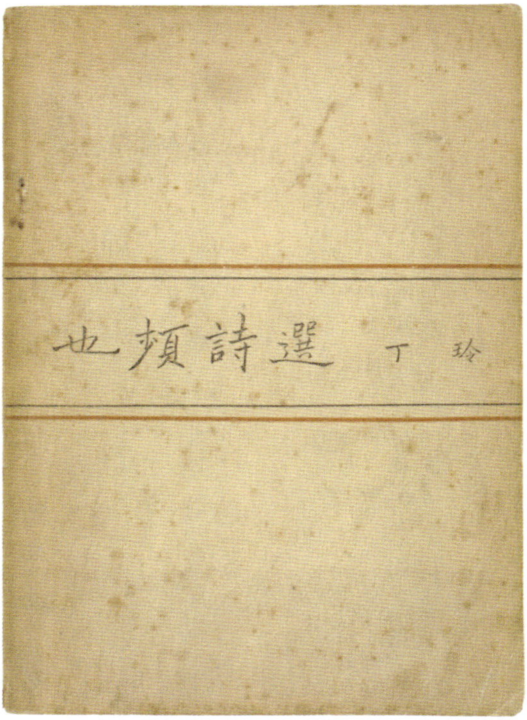

《也频诗选》封面

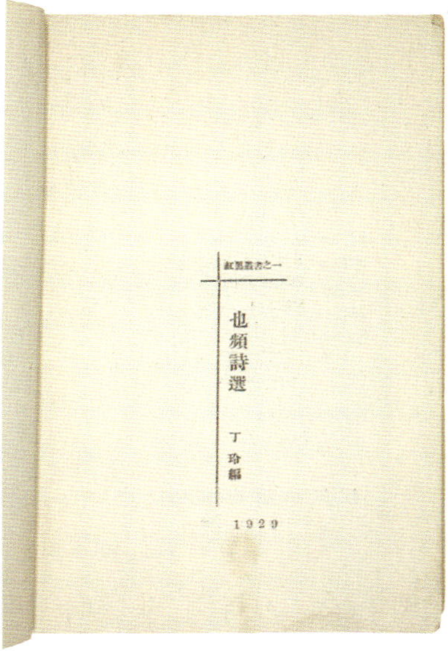

《也频诗选》扉页

《也频诗选》是胡也频生前唯一出版的诗集，由丁玲编选并写序言，收录了《别曼伽》《给爱》《低语》《自白》《慰藉》《爱神的降临》《离情》《秋色》等诗作，以情诗居多。胡也频作诗不大讲究音节，以散文的组织来容纳诗人的想象，自成风格。丁玲在序言中称：『他的诗的确是写得好的，他的气质是更接近于诗的，……在那诗里面，他对于社会与人生是那样的诅咒，我曾想，我们那时代真是太艰难了呵！』

该书封面设计朴实无华，以米色为底，中间以俊逸硬朗的字体手写书名『也频诗选』和编者『丁玲』，用红蓝二色线条在上下两侧装饰，使得封面既简洁又不失秩序感。

188
《法网》

作者：丁玲
封面设计：不详
出版社：上海良友图书印刷公司
版本信息：1932年4月初版
印刷方式：铅印
尺寸：12.8×9.5厘米

丁玲的短篇小说《法网》在良友图书印刷公司的『一角丛书』系列中出版。小说通过对恶劣生活环境的描写，揭示了压迫穷人的腐败社会制度以及工人不觉悟造成的惨剧，血泪迸发。该书出版后曾遭到国民党当局的查禁。

该书封面上画外的人物手持长鞭，仿佛抽出刺耳的声响，突出了故事的主题：在被驱赶和奴役下，穷人的生活被压得透不过气，工人在资本的鞭笞之下是否能够觉醒？颇具引人深思的意味。

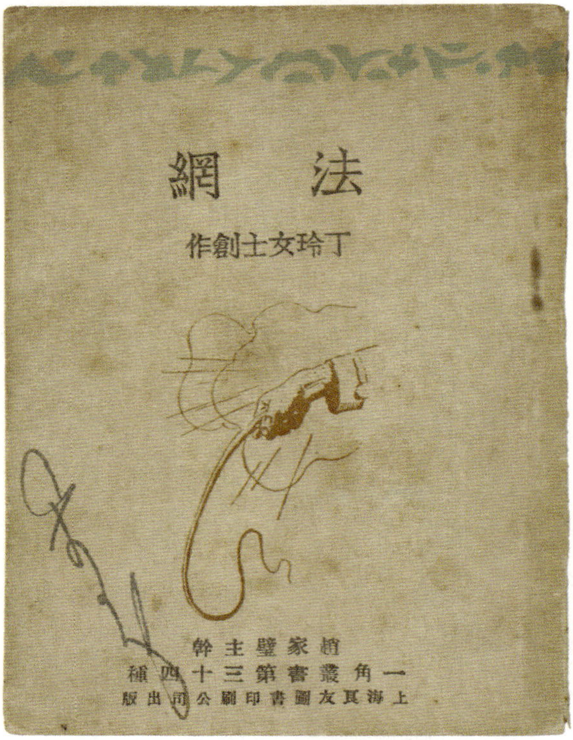

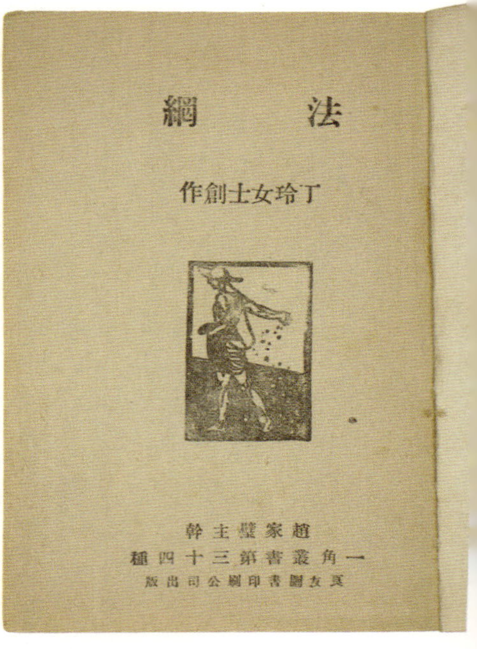

《法网》封面、扉页

189
《河内一郎》

作者：丁玲
封面设计：不详
出版社：汉口生活书店
版本信息：1938年7月初版
印刷方式：铅印
尺寸：16.5×12厘米

《河内一郎》封面

丁玲的三幕话剧《河内一郎》是一部以独特角度反映抗日战争生活的剧作，是西北战地服务团丛书之一。茅盾先生曾对此书做出好评，称它是『坚强我们的信心的作品』。

这本书的右上角用一个浅褐色的方块分割出配图区域，两个人物形象前后交错着呈现在此处：前面是一个日寇形象，黑恶阴暗；后方则是一个手中握枪、随时准备战斗的战士形象，点出此作内涵。

190
《海愁》

作者：张国瑞
封面设计：不详
出版社：泰山书局
版本信息：1929年1月初版
印刷方式：铅印
尺寸：17.5×12.5厘米

《海愁》封面

《海愁》是张国瑞于1925年4月至1926年12月期间创作的诗歌集，系『金塔诗集一』，收录《银月挂在花墙》《呈献》《桃色的夜》《让我睡在你的臂弯》《月上柳梢时》《飘渺的银月夜》《红桃花的悲哀》等作品。

该书封面设计大胆，配色出奇，饰以黄色边框，蓝色的背景上有许多白色圆形和弧线，使得背景看上去像挂着一轮明月的蓝色天空，又像是倒映着圆月的大海。画面前景是一个赤身裸体、双手撩起头发的女人背影，别具特色，与书名『海愁』相照应。

191

《流冰》

译者：画室（冯雪峰）
封面设计：不详
出版社：上海水沫书店
版本信息：1929年2月初版
印刷方式：铅印
尺寸：19×14.5厘米

《流冰》是画室（冯雪峰）翻译的苏联诗歌集，由戴望舒编集，收新俄诗人13家的诗作25首。诗作者多是俄国著名的共产党，后因被国民党认为『诗中含宣传赤化的用意』而遭查禁。唐弢评价《流冰》各诗『金刚怒目，充满战斗意味』（《晦庵书话》）。

该书封面色彩丰富且明丽，红色宋体书名『流冰』二字颇为醒目，下面画着一幅用蓝、红、黄、棕、黑五种颜色绘就的乐器抽象画，充满生命力。

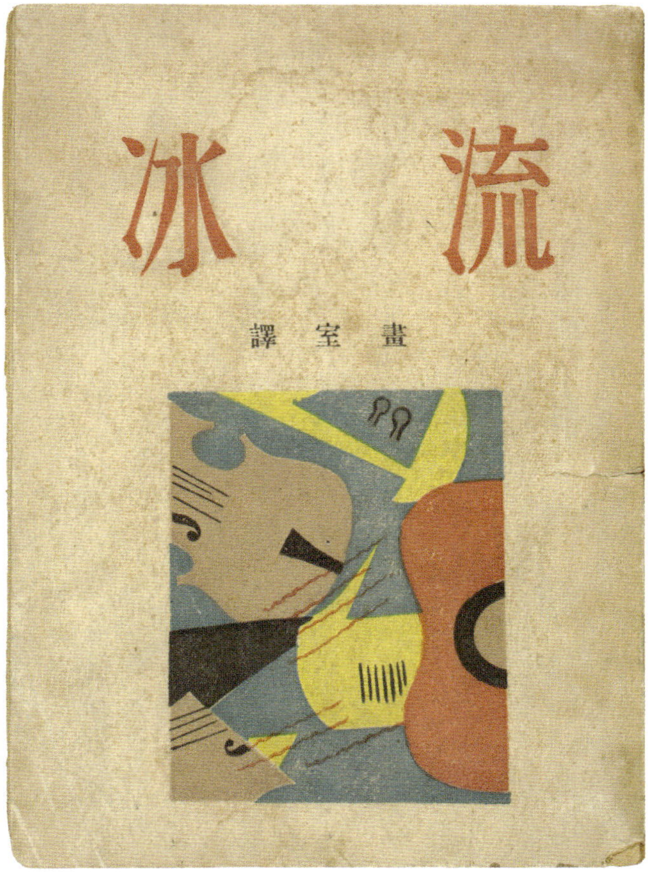

《流冰》封面

192
《红灯照》

作者：金石声
封面设计：[日] 余留河泰吕
出版社：上海乐群书店
版本信息：1928年12月初版
此为1929年4月再版
印刷方式：铅印
尺寸：15．3×11厘米

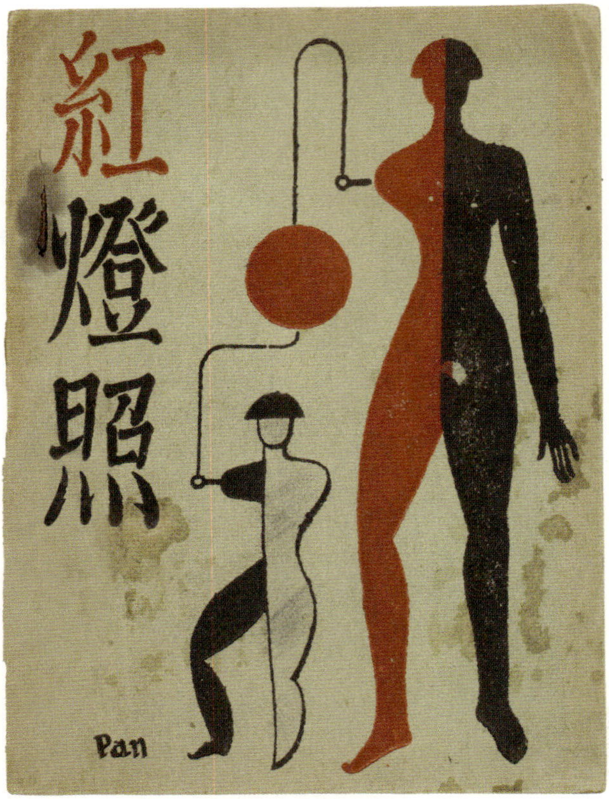

《红灯照》封面

《红灯照》是金石声创作的关于义和团故事的中篇小说。『红灯照』通常指义和团中的妇女组织，由懂武艺的女子组成。

该书封面由PAN·UR设计。根据袁熙旸考证，这位设计师为旅居上海、主要为张资平所创乐群书店工作的日本青年画家余留河泰吕。画面由红、白、黑三色构成，有一大一小两个变形的人物，人物身体分别对半剖成一黑一红、一黑一白，人物造型颇具立体主义风格。两个人形之间由规则的几何线条连接，线条中间有一个象征红灯的红色圆形图案。封面左侧用仿宋书写『红灯照』三个字，字体颜色红黑对比，下方写着『Pan』。

193
《冰块》

作者：韦丛芜
封面设计：关瑞梧
出版社：未名社
版本信息：1929年4月初版
印刷方式：铅印
尺寸：21.5×14.6厘米

《冰块》封面

至于纯粹以中国画作封面，除杂志外，单行本极少见，有之，惟未命名版《冰块》而已。双松倒挂，冷月当空，纯然水墨作风。

——唐弢

《冰块》插图

《冰块》是未名社成员韦丛芜于1925年至1928年创作的短诗集，是『未名新集之一』，收录了《冰块》等4首散文诗，8首自由体诗，以及翻译惠特曼的自由诗2首。其中有诗人为『三一八』惨案写下的政治抒情诗《我披着血衣爬过寥阔的街心》和《我踟蹰，踟蹰，有如幽魂》，描写作为惨案亲历者惊心动魄的遭遇，颇具悲剧力量。

该书封面由关瑞梧作画，以淡蓝色的天空中一轮圆月为背景，两枝松枝横穿在画面的对角线上，构图雅致，左侧用毛笔字题写书名和作者名，字体娟秀，整体风格颇为典雅。书前有题词『消不了的是生的苦恼，治不好的是世纪的病』，以及著者韦丛芜的侧面留影。

194

《白蔷薇》

作者：林微音
封面设计：不详
出版社：北新书局
版本信息：1929年6月初版
印刷方式：铅印
尺寸：19.8×13.8厘米

1929年由北新书局出版的短篇小说集《白蔷薇》是林微音的代表作。林微音提倡『为艺术而人生』的创作态度，作品大多唯美而隽永。

该书封面简洁舒朗，书名上方印有几何形不规则排列的变形花卉图案，颇具江南庭院中镂空的花窗之美，十分写意。

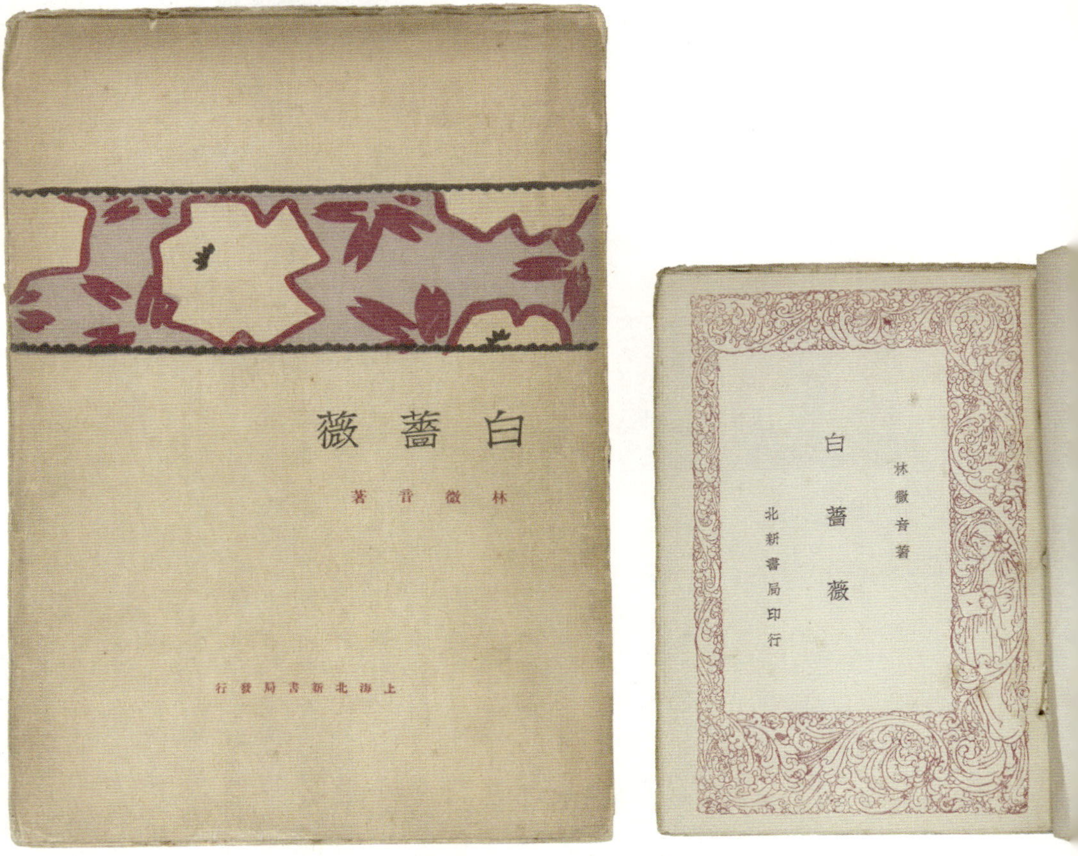

《白蔷薇》封面、扉页

195

《善终旅店》

作者：[比利时] 爱米尔·凡尔哈仑
译者：徐霞村
封面设计：不详
出版社：上海水沫书店
版本信息：1929年7月初版
印刷方式：铅印
尺寸：19×13厘米

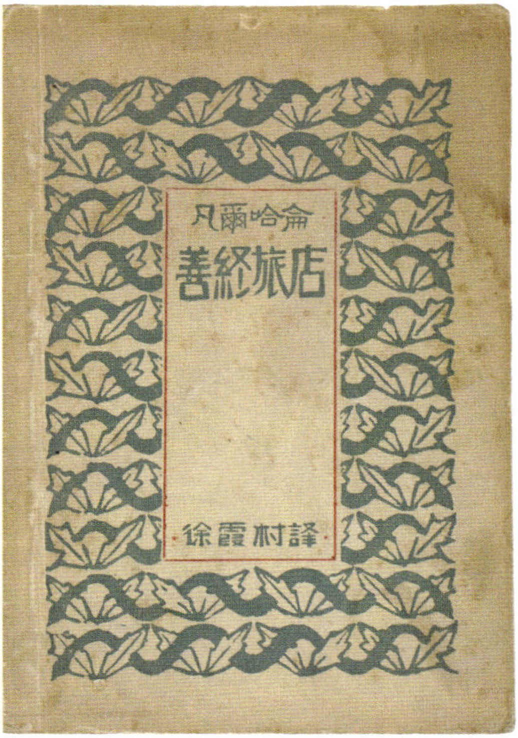

《善终旅店》封面

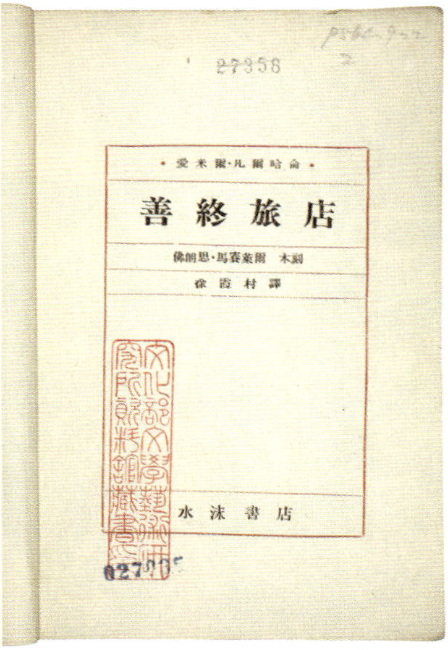

《善终旅店》扉页

《善终旅店》是比利时诗人爱米尔·凡尔哈仑唯一的短篇小说集，收录《善终旅店》《村中》《奥普多普的马市》《三朋友》《一夜》共5篇短篇小说。凡尔哈仑原受法国巴尔那斯派诗人及自然主义诗人的影响，后建立起自己的诗风和哲学。该书不足百页，却配有比利时木刻家麦绥莱勒创作的28幅插图，每一篇小说的插图少则3幅，多则十几幅，『富有装饰味，不乏神秘色彩，黑白对比强烈完美』。1929年该书由刘呐鸥、戴望舒和施蛰存三人开办的水沫书店出版，施蛰存在回忆该书的出版时说：『这本书有许多马赛莱尔（即麦绥莱勒）的木刻插图，我们是为了介绍马赛莱尔的版画而译印此书的。』

该书封面设计简洁但有装饰意味，以交织在一起的藤蔓和叶子为主体元素，形成装饰性图案，整齐又秀丽。从封面装帧的图案样式看，疑是钱君匋设计，也有可能取自原版图书。

《善终旅店》插图

《善终旅店》插图

196
《木偶奇遇记》

作者：[意] 科罗狄
译者：徐调孚
封面设计：不详
出版社：开明书店
版本信息：1928年6月初版
此为1929年7月第3版
印刷方式：铅印
尺寸：18×12.7厘米

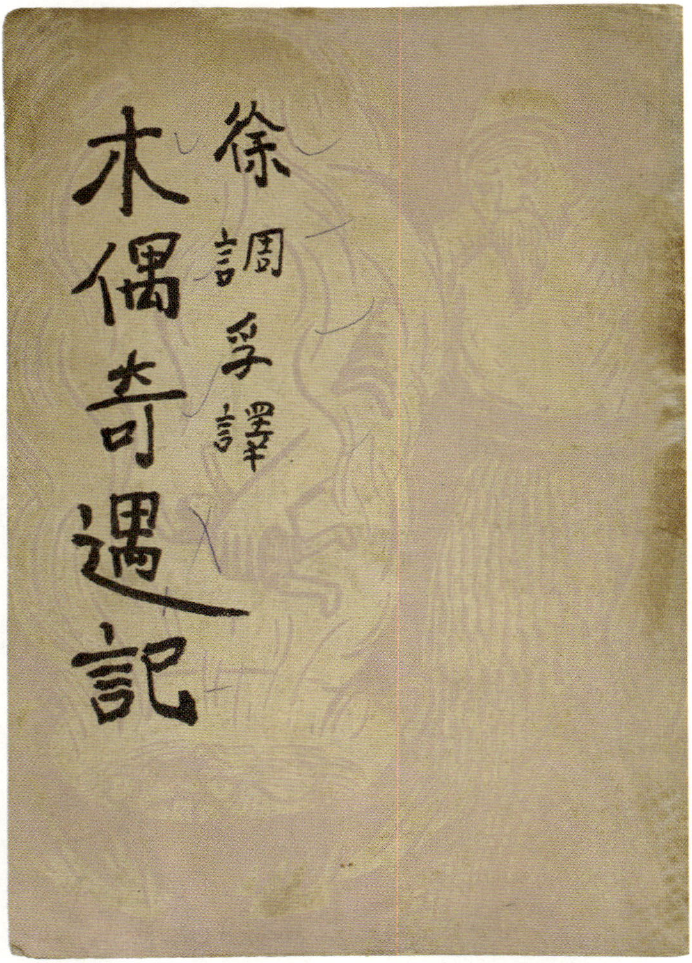

《木偶奇遇记》封面

《木偶奇遇记》是意大利作家、童话家科罗狄的代表作，讲述木匠皮帕诺心爱的木偶匹诺曹经过种种历险，通过勇气、忠心以及诚实的考验，最终变成为一个诚实、勤劳、善良的真真正正的男孩的故事。

作品想象丰富，文笔幽默，描写逼真。《开明》创刊号宣传《木偶奇遇记》称：『如果哪一位先生或太太嫌你的小孩子在家里胡闹，我们介绍你买一本《木偶奇遇记》给他。他看了这本书，我们敢写一张保证书，他不会再吵了。你不信吗？我们来报告一件新闻：丰子恺先生曾把这本书的故事讲给他的三个小孩子听，他们听出神了，连饭都不要吃，肚子饿都忘却了。难道这是我们编造出来的谎话吗？你们有机会去问问丰先生看。』巴金评价称：『我费了几点钟工夫把《木偶奇遇记》读完之后，我虽然已经不是一个小孩子了，然而我也像丰子恺先生家里的孩子们那样被这奇异的故事迷住了。』

该书封面构思独特，以老木匠皮帕诺手拿木偶匹诺曹的画面为底，上面用生动幼稚的笔触题写书名和译者名，给人一种亲切可爱之感，符合童话书的格调。

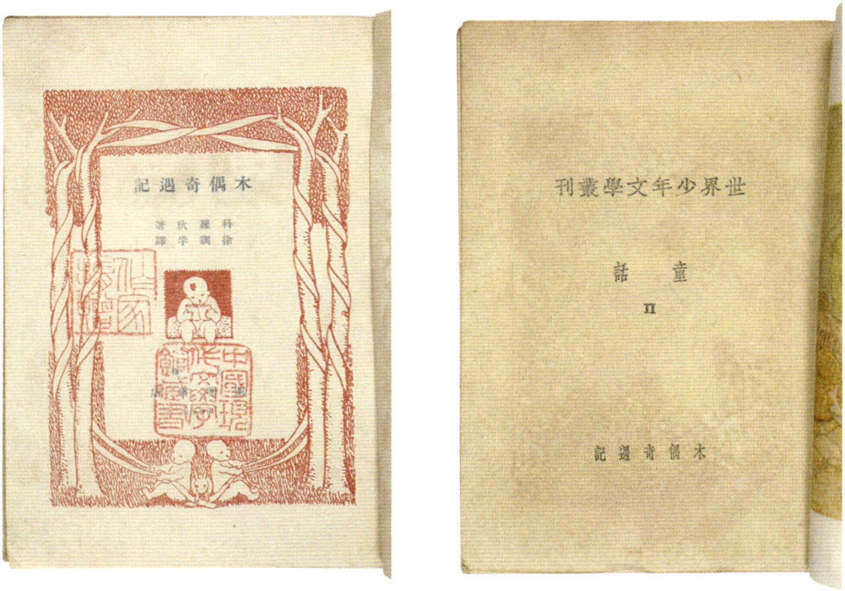

《木偶奇遇记》扉页

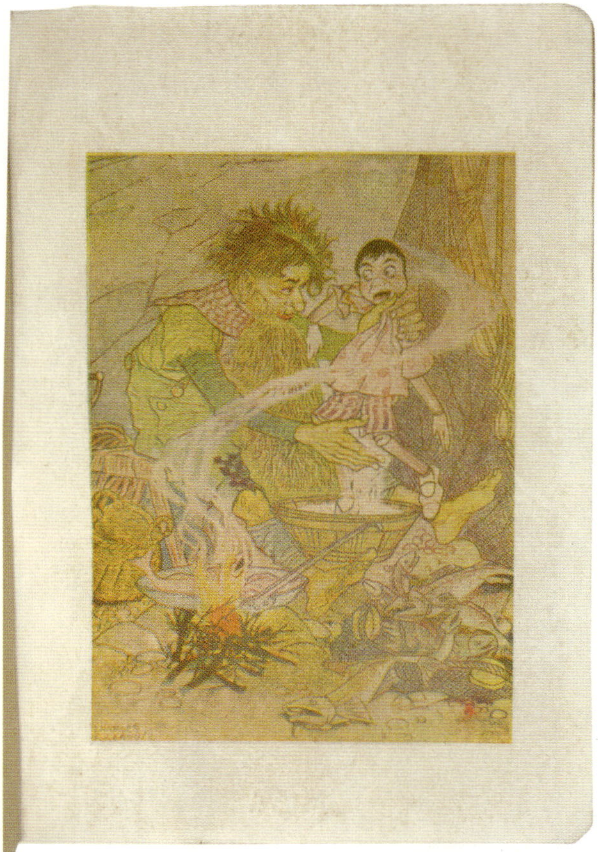

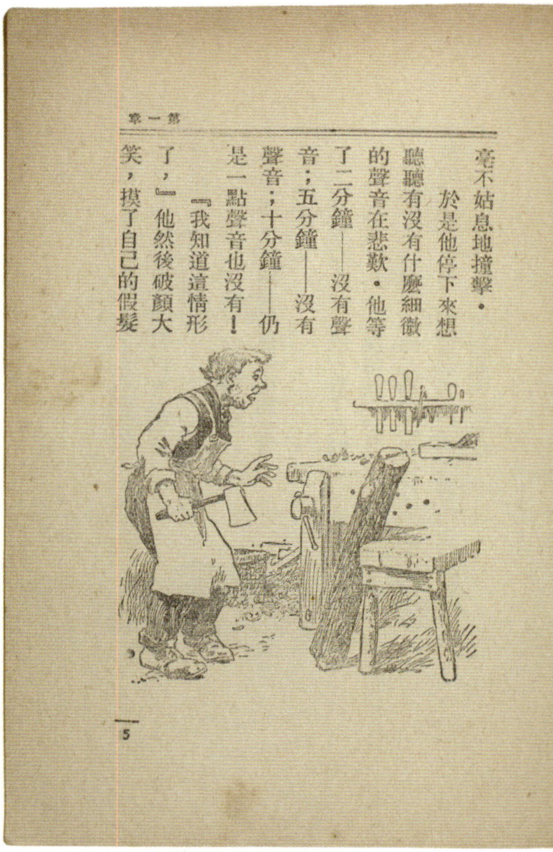

第一章

毫不姑息地撞擊•
於是他停下來想聽聽有沒有什麼細微的聲音在悲歎•他等了二分鐘——沒有聲音；五分鐘——沒有聲音；十分鐘——仍是一點聲音也沒有！
「我知道這情形了，」他然後破顏大笑，摸了自己的假髮

5

《木偶奇遇记》插图

197

《王以仁的幻灭》

作者：王以仁
封面设计：不详
出版社：明日书店
版本信息：1929年7月初版
印刷方式：铅印
尺寸：19×13.5厘米

《王以仁的幻灭》封面

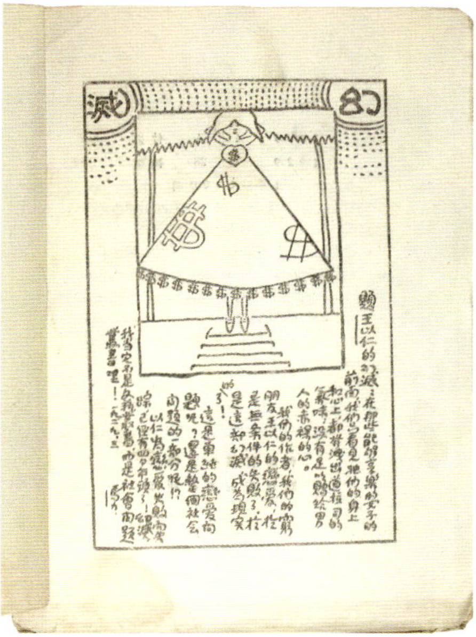

《王以仁的幻灭》插图

《王以仁的幻灭》是现代作家王以仁的遗作。王以仁于1923年开始从事白话文学写作，1924年后在《小说月报》等刊物上发表小说、散文、诗歌，1926年夏秋之交，因失恋从台州出走，在海门开往上海的轮船上跳海自杀，年仅25岁。

1928年，王以仁的挚友许杰及其他友人收集其遗作及未完成之残篇残稿，集纳成书。开篇是许杰撰写的长序《王以仁的幻灭》，叙述王以仁的为人，以及他的恋爱、失恋、失踪乃至自杀的经过；第一卷是已发表的小说《神游病者》《七夕》等；第二卷是未发表的长篇杂稿《幻灭》《漂泊的云》；第三卷是残诗《落花曲》《哀歌》等；附录收郁达夫作《打听诗人的消息》、许杰作《秋夜怀以仁》等。

该书封面充满象征意味，以群山为背景，水面为前景，一支长箭从空中垂直下落，就像王以仁的跳海自杀，周围飞着几只蝴蝶，暗示其生命就像蝴蝶一样短暂又绚丽。右侧用红色艺术字体写就的书名，围成一个半圆，又像是水面上的一轮太阳。

198
《围着棺的人们》

作者：[日] 秋田雨雀、金子洋文
译者：田汉
封面设计：不详
出版社：上海金屋书店
版本信息：1929年8月初版
印刷方式：铅印
尺寸：16．1×11．9厘米

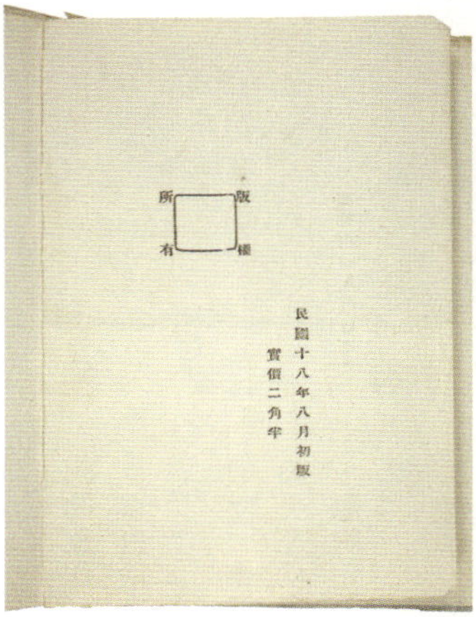

《围着棺的人们》版权页

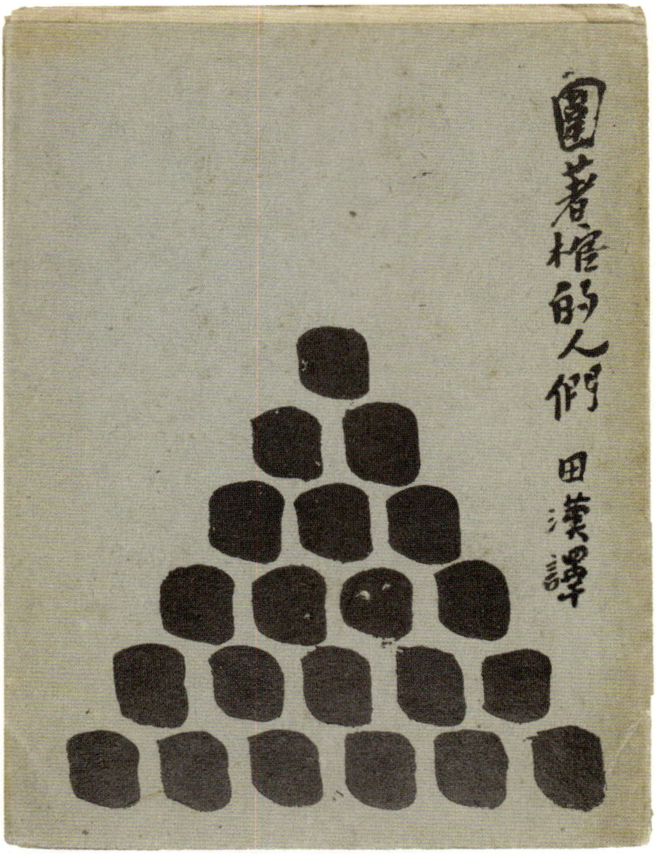

《围着棺的人们》封面

《围着棺的人们》是田汉辑译的日本秋田雨雀、金子洋文的剧本，收入《围着棺的人们》（秋田雨雀）和《理发师》（金子洋文）两个独幕剧本。该书由上海金屋书店1929年8月出版，64开袖珍毛边本。金屋书店印过不少装帧印刷讲究的书，该书的用纸接近欧洲古典书籍的用纸，类似厚重的字典纸。

该书封面设计很大胆，带有相当的现代感。以浅蓝色的纸张为底，用实墨块堆成塔的形状，似坟似棺，虽然不逼真，但以形似取胜，营造出一种凄凉萧瑟的气氛。书名和译者名用毛笔书写在画的右侧，与画呼应，浑然一体。

199

《暴风雨中的七个女性》

作者：田汉
封面设计：不详
出版社：上海湖风书局
版本信息：1932年9月初版
印刷方式：铅印
尺寸：18.5×13厘米

《暴风雨中的七个女性》讲述了不同阶层的7位女性在抗日救亡斗争中的故事。

该书封面以黑色、红色为主色调，封面被色彩、圆点和线条划分成3个部分。上部是手写体的『暴风雨中的七个』，左下部突出的『女性』二字旁屹立着一位吹响号角的女性，右部为作者信息。

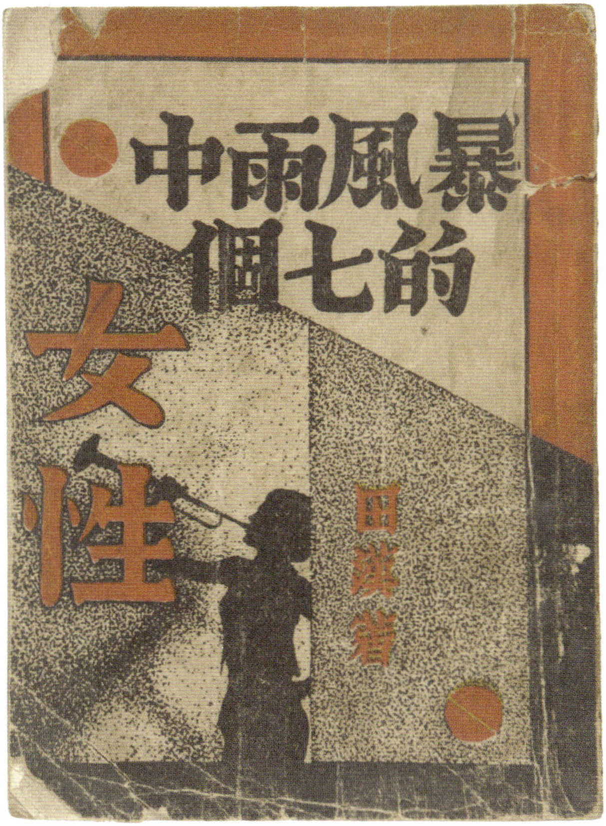

《暴风雨中的七个女性》封面

200
《回春之曲》

作者：田汉
封面设计：郑川谷
出版社：上海普通书店
版本信息：1935年5月初版
此为1936年5月再版
印刷方式：铅印
尺寸：18.5×13厘米

《回春之曲》封面

《回春之曲》扉页

《回春之曲》写于1934年底，1935年1月31日至2月2日由上海舞台协会首演，同年5月收入普通书店版《回春之曲》剧本集；1954年修改，收入人民文学出版社1955年版《田汉剧作选》。作品热情讴歌了中国人民英勇抗敌、抵御外侮的民族正气和斗争精神，并预示了抗战必胜的光明前途。同时还对国民党政府对敌妥协退让，实行『不抵抗主义』『打自己人』和某些人甘当『顺民』的亡国奴思想进行了揭露和批判。

该书封面用艺术字写作书名，封面右下角的图案以红色为背景，上有一位穿着绿色长裙的女士手拿一把吉他似在弹唱，和题目相互呼应。

201
《复活（六幕剧）》

作者：[俄] 托尔斯泰 著；田汉 改译
封面设计：不详
出版社：上海杂志公司
版本信息：1936年9月初版
印刷方式：铅印
尺寸：18．5×13厘米

《复活（六幕剧）》扉页

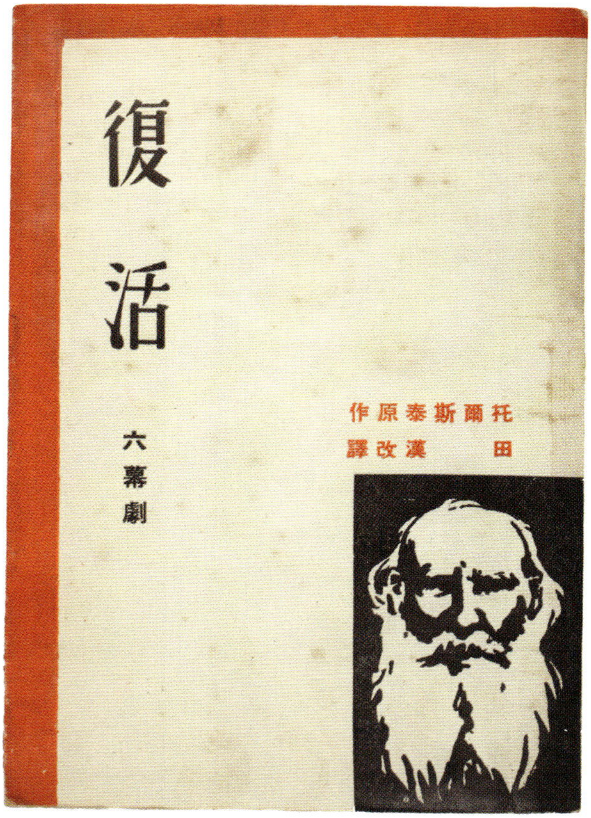

《复活（六幕剧）》封面

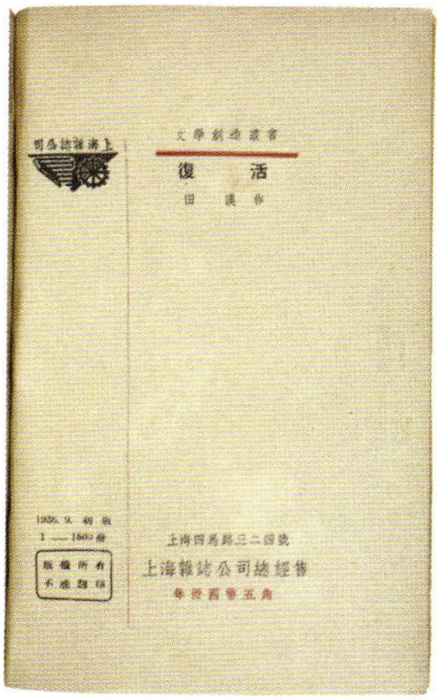

《复活（六幕剧）》版权页

托尔斯泰的《复活》在全世界范围内都是当之无愧的经典，也出版了众多戏剧改编本。本书是田汉改译的六幕剧《复活》，属于『文学创造丛书』，1936年由上海杂志公司出版，9月、12月各印1500册。

封面右下角是托尔斯泰的黑白木刻像，与上侧和左侧的红色色块对比明显；黑色的书名，与红色的作者名、译者名也形成色彩对比，封面整体大面积留白，显得干净、醒目。书中附有吴作人设计的《复活》第一幕舞台布景，封面设计是否出自他手尚无定论。

202
《春明外史（第三集）》

作者：张恨水
封面设计：不详
出版社：世界日晚报社
版本信息：1929年8月初版
印刷方式：铅印
尺寸：18.5×15.3厘米

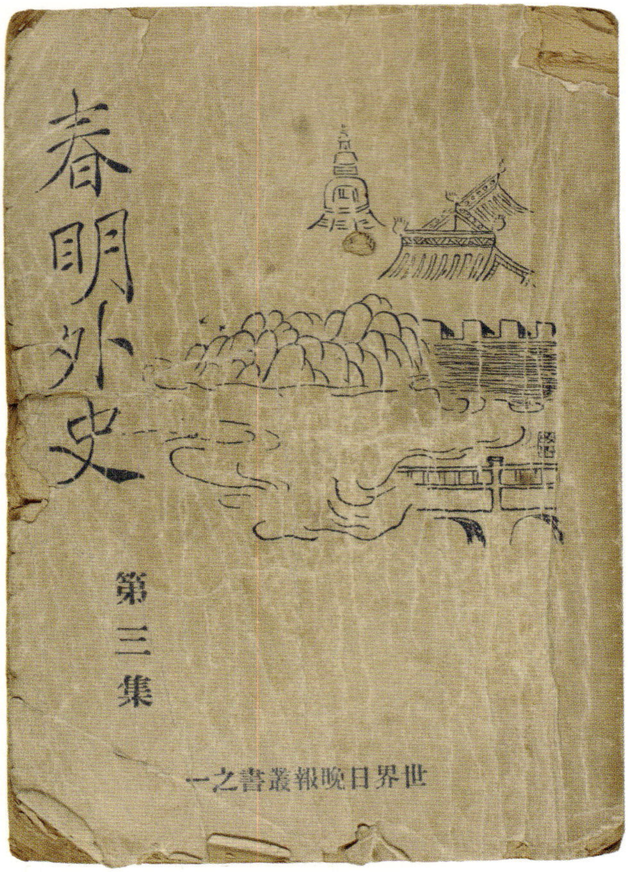

《春明外史（第三集）》封面

《春明外史》是张恨水在北京发表的第一部长篇小说，是其成名作，也是其社会言情小说的代表作之一。张恨水极重视该书，称它是『一生的力作之一』。

这部小说长达90多万字，于1924年4月12日至1929年1月24日在北京《世界晚报》上连载。小说通过描写男主人公杨杏园的文化个性和人生感悟，塑造出一个具有多维人格特征的青年知识分子形象，侧面反映当时我国下层知识分子孤苦无助、进退两难的人生处境，真实反映了北洋军阀统治下黑暗的社会现实，上层权贵的腐朽生活，劳动人民的贫困、愚昧和斑斑血泪，对理解20世纪20年代末中国知识分子和市民心态有重要意义。

张恨水创作该书时还存在『描写社会琐事，以博朋友笑谑』的写作态度，故事情节和人物缺少艺术概括，主人公散发着比较浓郁的才子佳人气息，是为不足之处。

该书封面以米色纸为底，以深蓝色的线条勾勒出塔顶、屋顶、城墙、群山、围栏的一部分，不显山露水，又自成意境。左侧手写书名，字体娟秀飘逸，颇为美观。

203
《满江红》（全四册）

作者：张恨水
封面设计：不详
出版社：世界书局
版本信息：1932年10月初版（下图左）1948年新4版（下图右）
印刷方式：铅印
尺寸：19×13.5厘米（下图左）19×13厘米（下图右）

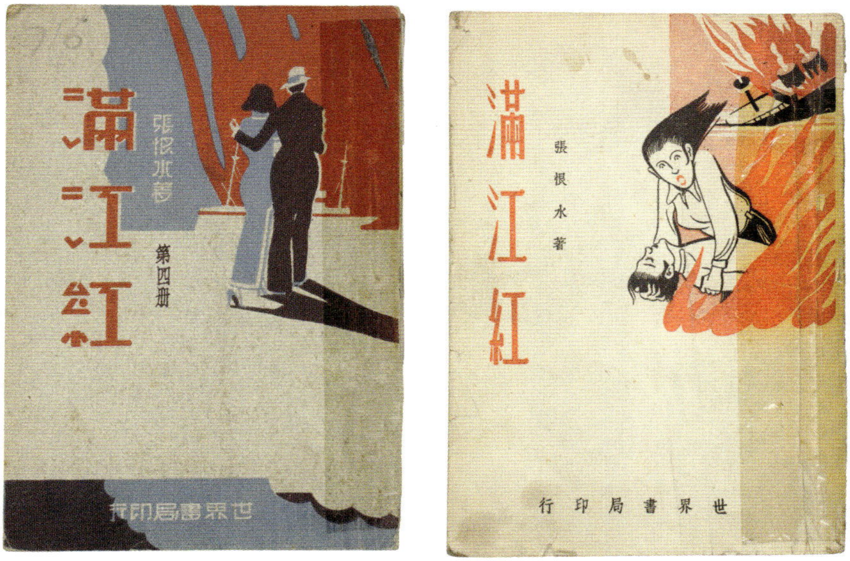

《满江红》（全四册）（两个版本的封面）

《满江红》是张恨水创作的长篇言情小说，讲述了歌女李桃枝与画家于水村的悲剧爱情故事，以及南京三个穷困的艺术家栖居在城中的清凉山上艰难度日的传奇经历，反映小市民及小知识分子阶层的生活遭遇。

左侧封面以红蓝黑三色为基调，色彩搭配考究，展现一对男女和谐的背影，一身黑色西装的男士搂着身着蓝色旗袍的女士，让人感觉到爱情的甜蜜，但两人的前方是一片火红，让人隐隐感觉到不安。左侧用红色字题写书名，加大了封面整体的红色。

右侧封面为世界书局1948年新4版，以红色为基调，左侧题写书名和作者，右侧的绘画展现的是船体倾斜失火，一女子在火海中救一个男子的画面，与小说中李桃枝易装救情郎于水村的情节相呼应。

204
《巷战之夜》

作者：张恨水
封面设计：李松时
出版社：新民报社
版本信息：1946年11月初版
印刷方式：铅印
尺寸：17.9×12.8厘米

《巷战之夜》封面

《巷战之夜》扉页

《巷战之夜》是张恨水创作的中篇抗战军事小说，以张牧野在天津沦陷之际参加巷战且身负重伤的传奇经历为蓝本，叙述了天津人民在日寇的猛烈进攻与残酷血腥屠杀下，团结一心与官兵共同抗击侵略者的历程，刻画出众多英勇斗争、浴血奋战的民族英雄形象，进而呼吁全国人民团结起来，将日本侵略者彻底打败。

该书封面设计者为李松时，采用红白两色搭配，用剪影的形式呈现出远处红色的战火以及处于战斗姿态的士兵们，战士们的愤怒和反抗交织成烈火熊熊燃烧。

205

《江南民间情歌集》

作者：李白英 编
封面设计：麇文焕
出版社：光华书局
版本信息：1929年9月初版
印刷方式：铅印
尺寸：19.4×13.2厘米

《江南民间情歌集》是一本民歌选集，收录锡邑情歌46首。其中最为常见的一首是：『栀子花开来六瓣头，养媳妇并亲今夜头，日长遥遥正难过，推开纱窗望日头。』

该书封面由麇文焕设计，他用裸女形象表达对作品主题的揭示。既提示了情歌中蕴含的宝贵的反叛精神，也表达了追求个性解放、自由呼吸的文化情怀。

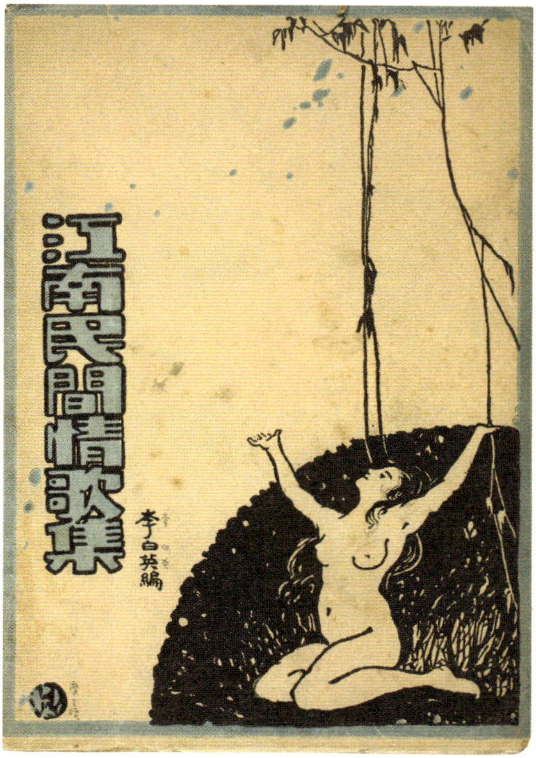

《江南民间情歌集》封面

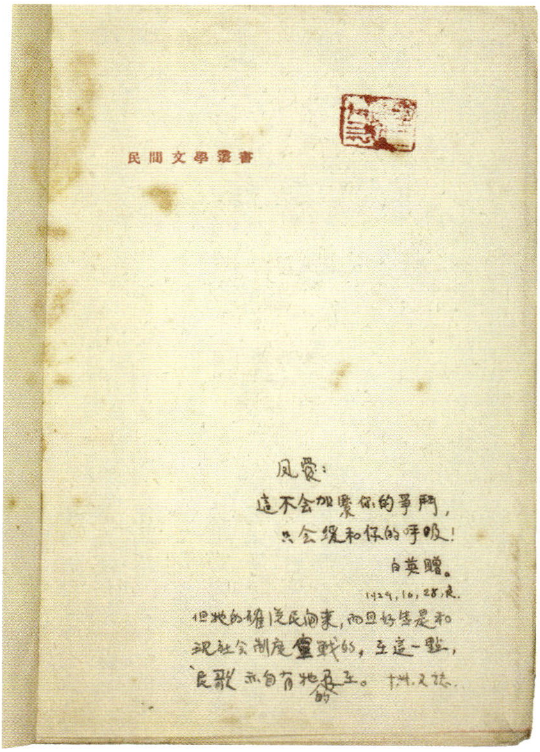

《江南民间情歌集》编者赠言

206
《火殉》

作者：左干臣
封面设计：不详
出版社：上海文艺书局
版本信息：1929年9月初版
印刷方式：铅印
尺寸：19.4×13.3厘米

《火殉》扉页

《火殉》封面

《火殉》是左干臣的短篇小说集，收录了《火殉》《落英》《殒落》《古佛》《新来的客人》《爱与仇》共6篇小说。

左干臣，原名左敬，曾在1938年创办《新中国日报》并担任总编。他的文学创作不拘泥于章法：『我没读过小说作法。……所以我的作品或许是不合所谓小说法程的，结构由我自由编配，文字由我自由缀饰，故事由我自由起讫，这一点我也许吃了大亏。』其创作极为自由，不拟定写作提纲，也没有写作计划，更未加入任何文学社团。『有的写便写，没有的写便搁笔，有地方发表便发表，没地方发表便留了自己看。所以我不曾请过文学要人作序，也不曾请人硬介绍过稿件，一任自然，便是没有人看我的书，声名不腾于人口，也不以为意』。

该书封面为蓝底黑字，左上角以艺术字体书写『火殉』二字，中间以黑白两色勾勒出一长发裸女，中间那一笔黑色似是女子飘飞的长发，又似是一团熊熊燃起的火焰，令人联想到女子正在火殉的场景，画风自由大胆。

207

《爱的映照》

作者：孟超
封面设计：不详
出版社：上海泰东图书局
版本信息：1930年2月初版
印刷方式：铅印
尺寸：20×14.4厘米

《爱的映照》扉页

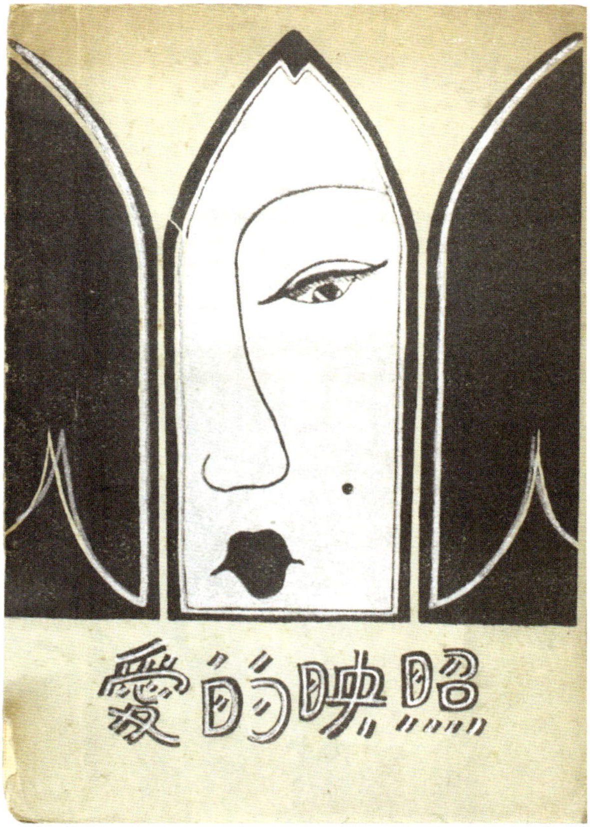

《爱的映照》封面

《爱的映照》是左联作家孟超的短篇小说集，收录《冲突》《茶女》《梦醒后》《爱的映照》《陶先生的烦恼》5篇小说，作品有『革命加恋爱』和『标语口号』的文学印记。孟超（1902—1976），原名孟宪棨，1928年与蒋光慈等在上海成立太阳社，1932年参加『左联』。抗战时期在广西、四川、香港等地从事报刊编辑和创作。

该书曾以《冲突》为名由上海春野书店出版，原书名既反映革命者的矛盾心情，也揭露国民党的大屠杀政策。为免遭查禁，1930年由上海泰东图书局出版时改名《爱的映照》，版权页印有：『本书原名《冲突》，以恐引起读者误会，故改此名，特识。』

该书封面看似是梳妆台的三个面，中间为镜子，镜中是一个女性的媚眼红唇。封面设计相当软性，但仍被当局查禁了。

208 《鬼影》

作者：张少峰
封面设计：不详
出版社：震东印书馆
版本信息：1930年4月初版
印刷方式：铅印
尺寸：19.4×13.3厘米

《鬼影》是张少峰的短篇小说集，收录了《金陵的故事》《白薯》《在侦缉队里》《梦兆姑娘》《黑龙潭边》《表哥之死》《将来的爱人》《王寡妇》《走到她的坟前》共9篇小说。这些小说曾在青年学生中广受欢迎。

该书封面采用红黑两色蜡笔搭配，绘制出一个畸变的人脸，且用红色蜡笔题写书名，画面整体给人一种抽象而鬼魅的感觉，充溢着一种神秘而独特的气息，让人在凝视中不禁陷入无尽的遐想。图书还附有作者的肖像。

《鬼影》封面

209
《史嘉本的诡计》

作者：[法] 马里哀
译者：唐鸣时
封面设计：不详
出版社：商务印书馆
版本信息：1930年8月初版
印刷方式：铅印
尺寸：19×13.5厘米

《史嘉本的诡计》是法国喜剧作家马里哀晚期创作的三幕喜剧，讲述了聪明勇敢的仆人史嘉本帮助年轻的主人反对家长专制的故事。该书封面呈现出抽象派简笔画风格，画面中有几幢房屋，其间，一位手拿拐杖、肩背大麻袋的男子与一位头戴礼帽的男子正弯腰躲在墙边，仿佛在悄然筹备着某事，颇具『诡计』之韵。画面右侧的书名采用艺术字体，与整体画面风格相得益彰，极具设计感。

《史嘉本的诡计》封面

210
《邮吻》

作者：刘大白
封面设计：怡怡、沈玄庐
出版社：开明书店
版本信息：1926年12月初版
此为1930年10月第3版
印刷方式：铅印
尺寸：20．4×13．7厘米

《邮吻》封面

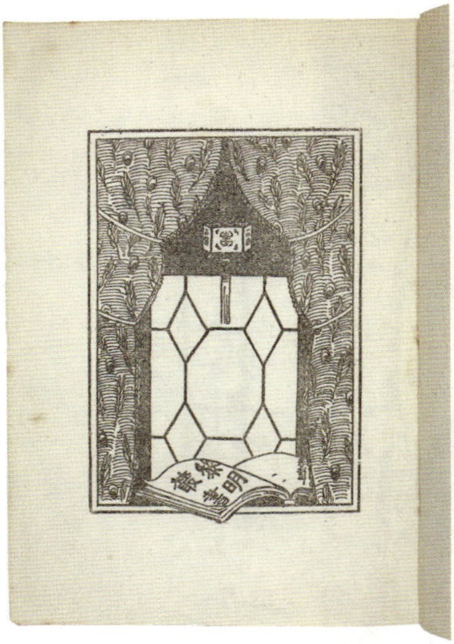
《邮吻》插图

《邮吻》是刘大白继《旧梦》之后的第二本新诗集，列入『黎明社丛书』，以爱情诗为主，收录《邮吻》《记得》《永生的心》《我愿》《白马湖之夜》《泪珠》《别凤凰山》《深秋晚眺》《湖滨晚眺》《春去》等31首诗。书前有著者的〈《邮吻〉付印自记〉。其中，《邮吻》一诗通过描写主人公拆信的动作细节，生动细腻地表现了恋爱中的男青年收到女友信时如痴如醉的动人情景，展现了爱的真挚和神圣。

该书封面由怡怡作画，沈玄庐题字，刘大白在《〈邮吻〉付印自记》中提道：『我对于给我画封面的怡怡先生和写封面的玄庐先生，在此表示很诚挚的谢意！』封面设计颇为清新活泼，采用浅粉色和淡绿色的搭配，上半部分在粉色底色上用蓝色楷体字题写书名和作者，下半部分为一双手捧着一封信，信的邮票上印着一个唇印，还画着一双眼睛，将爱情的温馨甜蜜烘托得恰到好处。

211

《白屋遗诗》

作者：刘大白
封面设计：夏丏尊
出版社：开明书店
版本信息：1935年4月初版
印刷方式：铅印
尺寸：19.6×13.3厘米

《白屋遗诗》封面

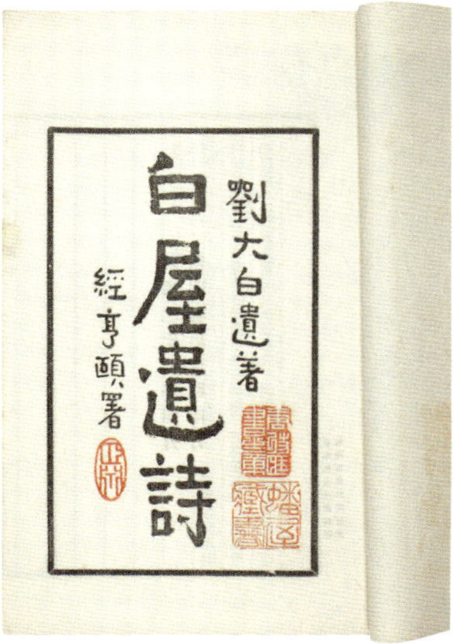

《白屋遗诗》扉页

《白屋遗诗》是刘大白唯一的旧体诗集，其早年创作的旧体诗400余首大多收入其中，内分『辨云剩稿』『冰庑集』『剑胆集』『北征小草』『东瀛小草』『南冥小草』『西泠小草』等辑，在他逝世三年后由开明书店出版。

刘大白，别号白屋，是近现代诗人、文学史家。国学根基深厚，擅写旧体诗和新诗，『五四』后积极倡导白话新诗，创作新诗600多首，晚年专注于文学评论和文学史研究，提出『游览指南』『因袭创造』等文学史观。

该书装帧古朴，采用传统雕版线装形式，以磁青纸为封面，左侧是夏丏尊题签的书名『白屋遗诗』和『丏尊』二字，带有浓厚的中国传统文化气息。书前印有刘大白的故友王世裕所作的百余字序言，称『五四以还，大白敝屣其旧诗；然温丽隽爽，予夙爱之』。

212
《爱痕》

作者：张天一
封面设计：不详
出版社：上海晨光书店
版本信息：1930年10月初版
印刷方式：铅印
尺寸：18.4×12.5厘米

《爱痕》是张天一的短篇小说集，收《爱痕》《勇侠儿》《一夜》《叔祖的话》《视学》《河边》《祖母》《不眠》《归鸿》《流浪》《梦》《儿子》12篇小说。

该书封面的设计充满了创意和想象力。封面的色彩对比强烈，从明亮的色调到暗色调的过渡，给人一种视觉上的强烈冲击。

《爱痕》封面

213

《悔与回：梦家玮德诗两首》

作者：方玮德、陈梦家
封面设计：徐志摩
出版社：诗刊社
版本信息：1930年12月初版
印刷方式：铅印
尺寸：18．5×12．7厘米

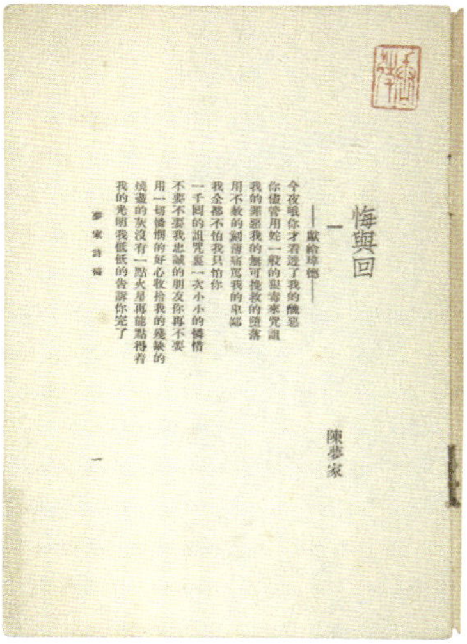

悔與回

一

——獻給瑋德——

陳夢家

今夜哦你才看透了我的醜惡
你儘管用蛇一般的狠毒來咒詛
我的罪惡我的無可挽救的墮落
用不赦的刻薄痛罵我的卑鄙
我全都不怕我只怕你
一千倍的詛咒裏一次小小的憐惜
不要不要我忠誠的朋友你再不要
用一切憐憫的好心收拾我的殘缺的
燒盡的灰沒有一點火星再能點得着
我的光明我低低的告訴你完了

夢家詩稿

一

《悔与回：梦家玮德诗两首》内页

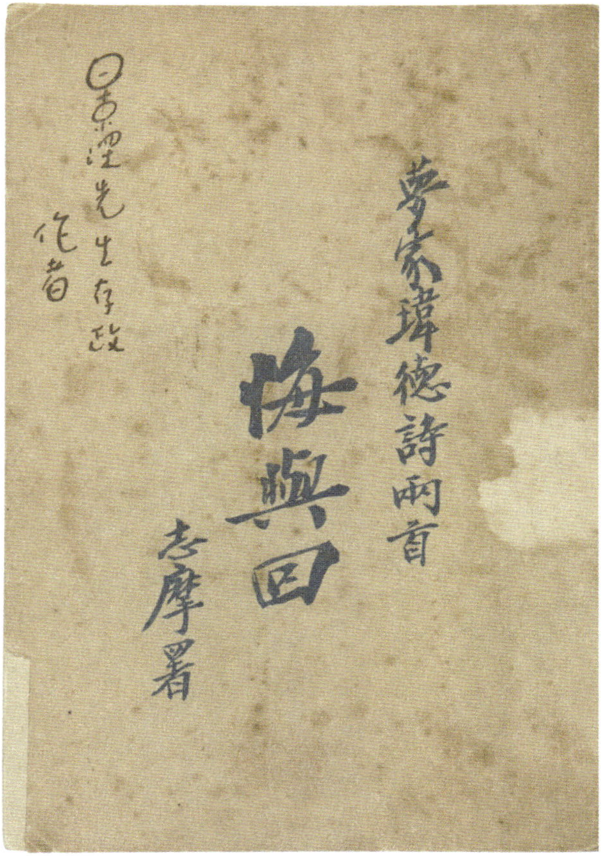

《悔与回：梦家玮德诗两首》封面

《悔与回：梦家玮德诗两首》收录了『新月派』第二代诗人代表陈梦家和方玮德的诗。书中收录了陈梦家与方玮德的诗信往来：1930年11月21日，陈梦家给方玮德写了诗《悔与回——献给玮德》，内容便是向好友忏悔，说自己『但是我太软弱我终抵不过，那些惑人的甜蜜紧身的拥抱』；稍后，方玮德也写了《悔与回——献给梦家》，对于陈梦家瞒着自己与女友交往表示了原谅。徐志摩评介《悔与回》：『梦家与玮德的唱和是难能的一时的热情的奔放。』

该封面上的书名由徐志摩题写，并设计成白底蓝字。

214

《新月诗选》

作者：陈梦家 编
封面设计：不详
出版社：新月书店
版本信息：1931年9月初版
此为1933年4月再版
印刷方式：铅印
尺寸：18．5×12．5厘米

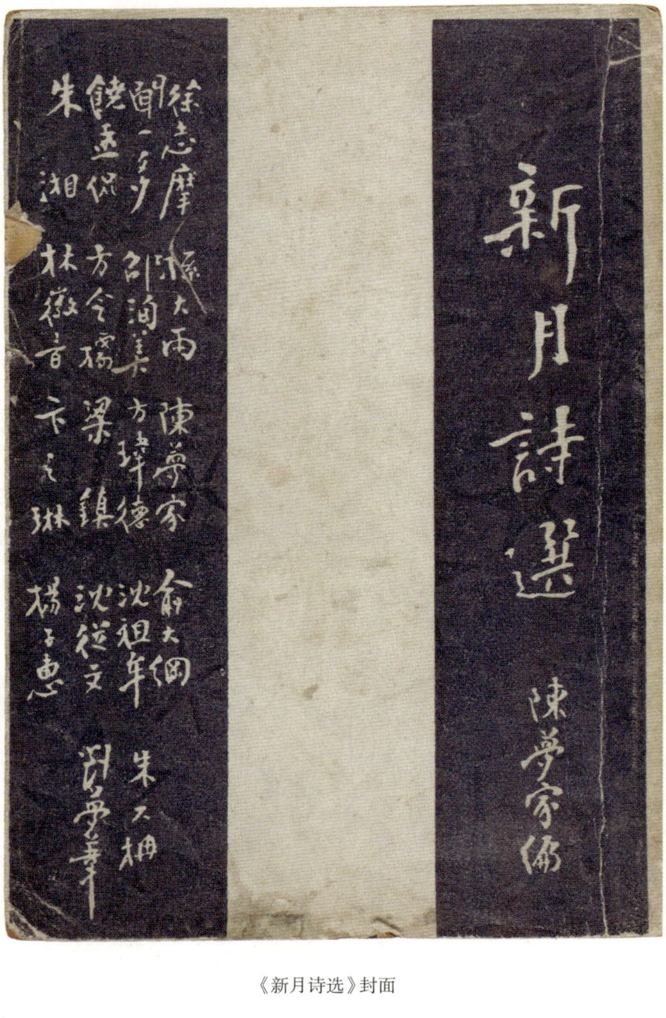

《新月诗选》封面

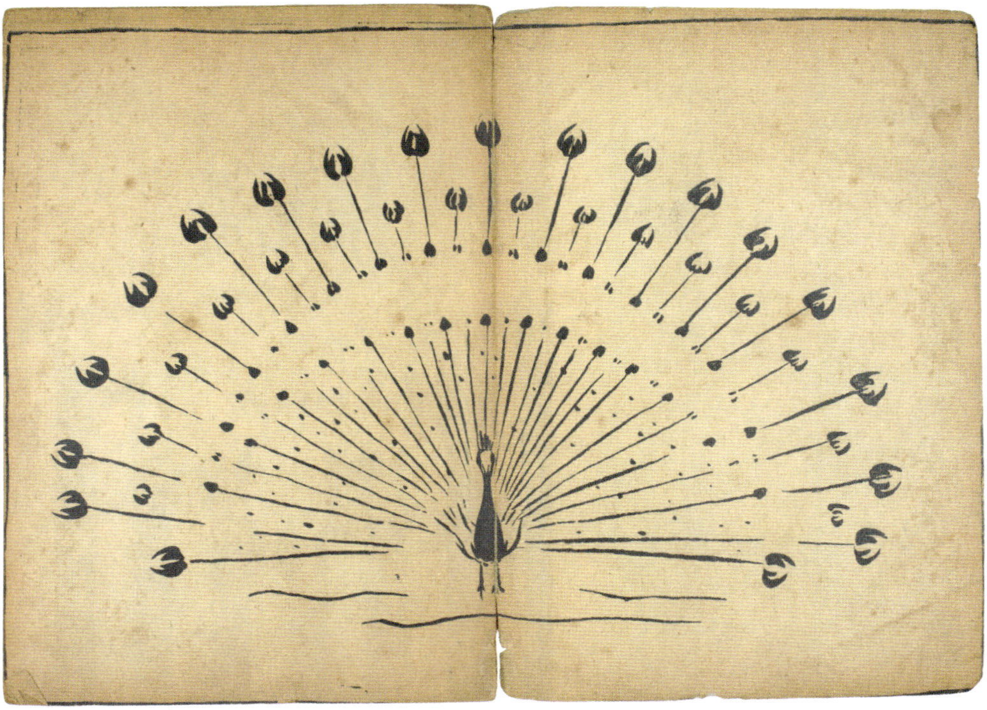

《新月诗选》环衬

《新月诗选》是陈梦家受徐志摩委托编辑的现代新诗集，收录徐志摩、闻一多、饶孟侃、朱湘、孙大雨、邵洵美、方令孺、林徽音、陈梦家、方玮德、梁镇、卞之琳、俞大纲、沈祖牟、沈从文、杨子惠、朱大楠、刘梦苇共18位新月诗派诗人的80首诗。其中多为短小的抒情诗，集中地体现了新月派的艺术风格，是研究新月派的重要参考资料。

新月诗派是1926年至20世纪30年代初常在《晨报·诗镌》和《新月》诗刊发表诗作风格相似的作家群。陈梦家在编本书时只有20岁，书前有其1931年8月拟于上海天通庵的长篇序言，可以看作是新月诗派的一个诗歌宣言。

该书装帧精致漂亮，封面正中间是通底见顶的浅绿色矩形，把封面分为三等份，左右两侧是深蓝色矩形，右侧题写书名和编者，左侧题写18个作者的名字，字体为行书，显得潇洒飘逸。搭配匀称妥帖，别具心裁。前、后环衬各有一个占两面宽的孔雀开屏图案装饰，极为美观。

215
《茶话集》

作者：谢六逸
封面设计：不详
出版社：新中国书局
版本信息：1931年10月初版
印刷方式：铅印
尺寸：18．8×13．1厘米

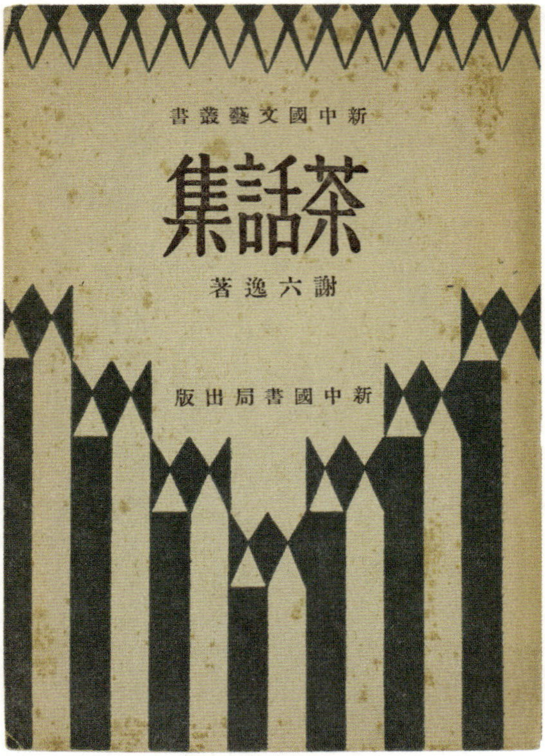

《茶话集》封面

《茶话集》是谢六逸的散文集，为『新中国文艺丛书』之一，收录《摆龙门阵》《作了父亲》《致文学青年》《文艺管见》《〈草枕〉吟味》《『中国文学系』往何处去》《唯性史观与大学生》《美国新闻大王哈斯脱》《新闻教育的重要及其设施》《〈上海报纸改革论〉序》等，内容颇为丰富，包括抒情散文、文艺杂感、译文，讨论大学教育、研究新闻学。他在《『中国文学系』往何处去》中主张大学中文系应该『以现代的眼光，研究历代的文学；以世界的眼光，创造本国的文学』。

谢六逸在《题记》中解释书名的由来：『我看见别人开会时，程序单上常有「茶话」「余兴」的节目。临到这两个节目时，已是在「雄辩」「叫喊」「筋疲力尽」之后了。所以我的书名便采用「茶话」两个字，也希望阅者用同样的心情去看它。』徐蔚南评价谢六逸『是讲小品趣味的，幽默的，辛辣的，集纳主义的，早稻田风的』。

该书封面为『新中国文艺丛书』系列封面，颇具现代风格，以绿色为主色调，采用对称的几何图案组合形成一个三角形空间，看上去像是舞台，中间印书名和作者名等信息，非常有创意。

216
《安特列夫评传》

作者：钱杏邨
封面设计：不详
出版社：上海文艺书局
版本信息：1931年2月初版
印刷方式：铅印
尺寸：18.5×13厘米

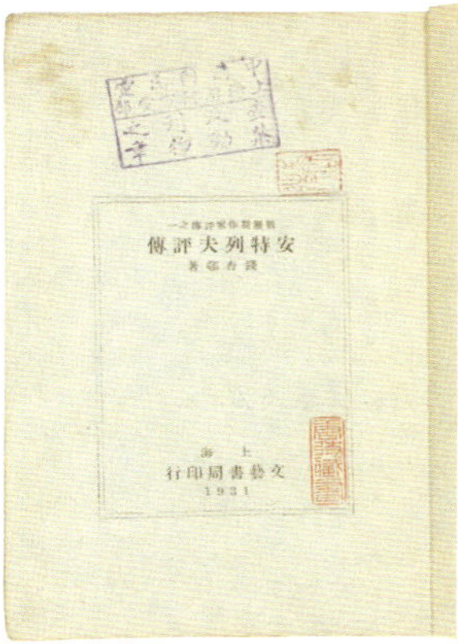

《安特列夫评传》扉页

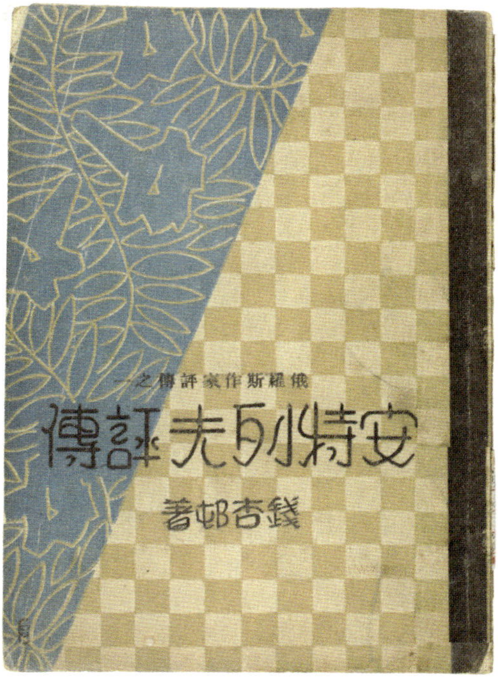

《安特列夫评传》封面

《安特列夫评传》是由钱杏邨所著的一部具有重要价值的俄罗斯作家评传。

在这部作品中，钱杏邨以深入的研究和独特的视角，全面介绍了安特列夫的生平经历、思想发展及其代表作品。作为俄罗斯文学中具有独特风格的作家，安特列夫的作品常常流露出对人类命运和社会现实的深刻思考。钱杏邨对安特列夫的颓废思想进行了独到且深刻的分析，指出安特列夫的作品以一种极为专注的方式凝视着人类的苦恼。他认为安特列夫是俄罗斯文学里颓废派的典型代表，是高尔基时代『一个最妍烂的才人』，其作品中弥漫着一种『使人毛骨悚然的，好像腐烂了的墓场一般的空气』，这种氛围不仅反映了当时社会的某些阴暗面，也展现了安特列夫独特的创作风格和对人性、社会的独特认知。

从书籍的外观设计来看，《安特列夫评传》的封面别具特色。一条斜线巧妙地将画面分割为两个中心对称的梯形，左侧以蓝色为底色，绘有黄色的花草纹，线条灵动，充满生机与活力；右侧则是黄色格子纹，显得规整有序，二者风格相互补充，相得益彰。封面上用艺术字体题写的书名和作者名，为整个封面增添了一股艺术气息和文化韵味。而在扉页上，一枚青莲色的图章格外引人注目，上面刻着『中国国民党上海特别市党部查禁反动刊物之章』。这枚印章充分反映了在白色恐怖笼罩的时期，国民党当局为了维护其统治，对进步文化进行残酷打压的恶劣行径。他们禁止出版进步书刊，妄图通过这种方式遏制进步思想的传播；破坏进步文化团体，使文化界的进步力量受到严重打击；疯狂迫害进步文化工作者，许多有良知、有正义感的文人墨客遭受迫害和折磨。这枚印章是那段黑暗历史的见证，从侧面反映了当时进步文化与反动势力之间的激烈斗争，对于研究中国现代文化史和政治史都具有重要的研究价值。

217
《梦乡曲》

作者：孙毓棠
封面设计：不详
出版社：震东印书馆
版本信息：1931年初版
印刷方式：铅印
尺寸：20×13.5厘米

《梦乡曲》是孙毓棠在清华发表的第一首诗，全诗共有78个诗节，长达230多行，每节由3行组成，有序曲、正曲和尾曲，采用了类似但丁《神曲》的梦幻形式，描写了诗人在一个风雨的秋夜思索人生路途的情景。

该书封面颇有古籍装帧韵味，以古朴的深蓝色为背景，浅色方框如同古籍书衣上的书签，简洁、雅致。

《梦乡曲》封面

218
《幻醉及其他》

作者：谢冰季
封面设计：不详
出版社：中华书局
版本信息：1930年10月初版
此为1932年12月再版
印刷方式：铅印
尺寸：18.5×13厘米

《幻醉及其他》是谢冰季创作的短篇小说集，包括《江口之夜》《栓子》《幻醉》《中学校里的大学生》等小说，是徐志摩主编的『新文艺丛书』之一。谢冰季是冰心的弟弟，冰心在该书序中说：『冰季弟在我心里，永远是一个孩子。』

该书封面上半部分由简单精致的线条和红、白、黑三色涂色构成，包含梳童花头的少女红脸颊、高脚酒杯、樱桃和细长的树叶，图案活泼明快，灵动跳跃，充满音乐的韵律感；下半部分题写书名『幻醉及其他』和『谢冰季著』，楷体字清秀可人。书的扉页印有徐志摩题写的『幻醉小说集』字样。

《幻醉及其他》封面

219

《海底梦》

作者：巴金
封面设计：不详
出版社：上海新中国书局
版本信息：1932年8月初版
此为1933年1月再版
印刷方式：铅印
尺寸：18.8×13厘米

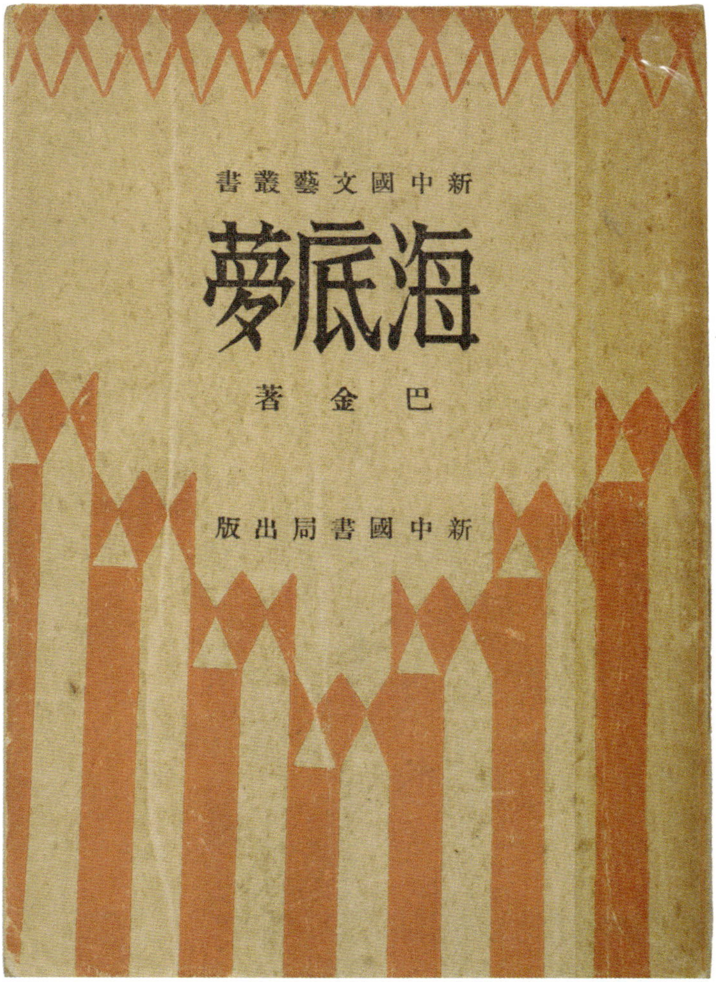

《海底梦》封面

巴金的中篇小说《海底梦》写于1932年3月，原载1932年5月至7月《现代》第1卷第1期至第3期。同年8月上海新中国书局出版发行。1936年1月，巴金『收回来改版重印，自己曾仔细地校过一遍』，交开明书店出版发行，1958年3月编入人民文学出版社版《巴金文集》第1卷时改为《海的梦》。

此书为『新中国文艺丛书』之一。封面为『新中国文艺丛书』的同一系列。

220《电》

作者：巴金
封面设计：不详
出版社：上海良友图书印刷公司
版本信息：1935年3月初版
印刷方式：铅印
尺寸：17.6×13厘米

《电》是巴金长篇小说《爱情三部曲》的最后一部，原载于1934年4月1日、7月1日《文学季刊》，题名《龙眼花开的时候——1925年南国的春天》，署名『欧阳镜蓉』。1935年3月上海良友图书印刷公司发行的初版改名为《电》，列为『良友文学丛书』第17种。

该书为布面精装。封面设计只在铅字的大小和位置排列上用功夫，效果简洁大方。

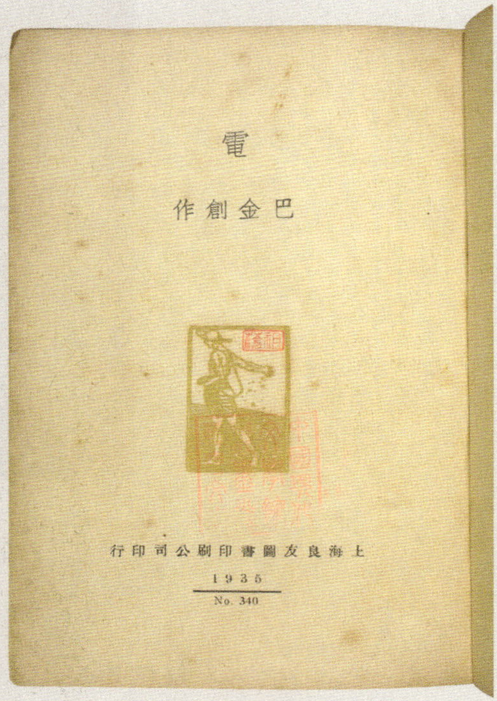

《电》封面、扉页

221
《点滴》

作者：巴金
封面设计：不详
出版社：开明书店
版本信息：1935年4月初版
印刷方式：铅印
尺寸：18.9×13.2厘米

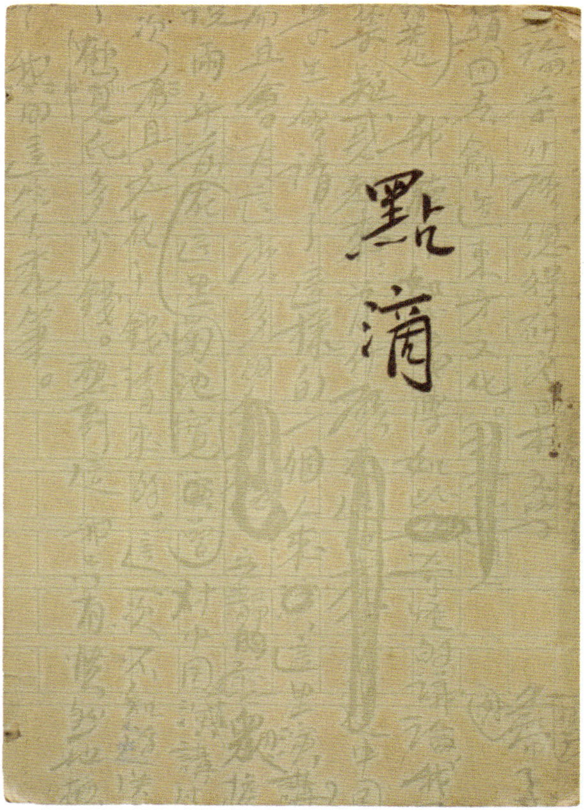

《点滴》封面

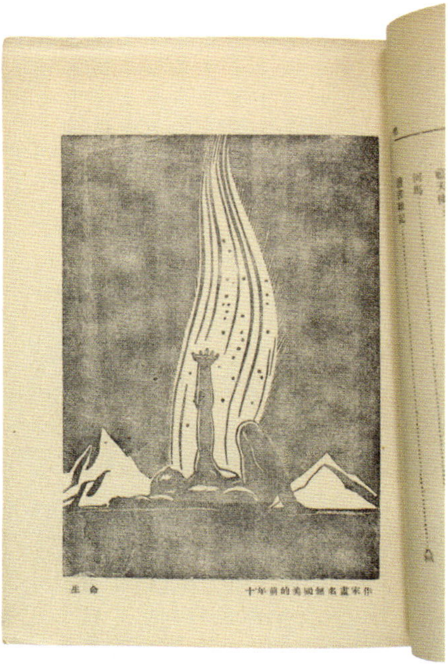

《点滴》插图

《点滴》收录巴金1934年至1935年2月间的散文和杂感，大部分作品是他旅居日本期间所写的。巴金说，这里有他『一点一滴的血』，也是『一个活着的现代青年的话』。

该书封面以巴金手稿满版垫底，又用巴金手迹『点滴』作为书名。虽然以手稿作为封面设计元素的情况在新文学书籍装帧中屡见不鲜，但作家的笔迹确实更能显现写作风格与思路。巴金的《点滴》《海底梦：给一个女孩的童话》《梦与醉》这三本书都以手稿作为背景底图，它们铺天盖地地展示了文字的冲击力，增强了读者的阅读兴趣。

222
《雪》

作者：巴金
封面设计：不详
出版社：文化生活出版社
版本信息：1936年11月初版
印刷方式：铅印
尺寸：18.7×12.9厘米

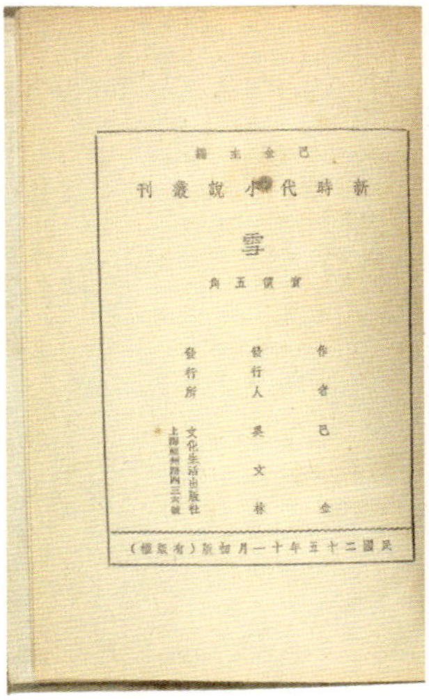
巴金主編
新時代小說叢刊
雪
實價五角
作者 巴金
發行人 吳文林
發行所 文化生活出版社 上海福州路四三六號
民國二十五年十一月初版（有版權）

《雪》版权页

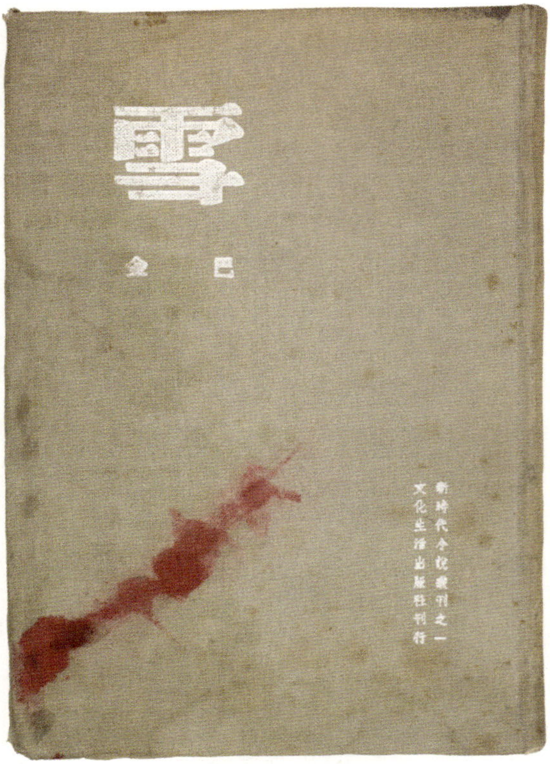

《雪》封面

《雪》封面局部

223

《黑土》

作者：巴金
封面设计：不详
出版社：文化生活出版社
版本信息：1939年10月初版
印刷方式：铅印
尺寸：17.4×12.3厘米

《黑土》这篇短文记述一个身在异国的俄国人通过自己带来家乡的黑土思念家乡的故事。作品充满深情地回忆与朋友在南国生活的一些片段，抒发对故土和友人的怀念，表示有一天『也会响应他们的呼唤，再到那里去』。

为呼应主题，封面用一束花的形象装点，既隐喻了作为花朵，只有在故乡的『黑土』中才能盛开，也代表了对落叶归根的渴望。书封周围用黑色花纹装饰，简洁大气。

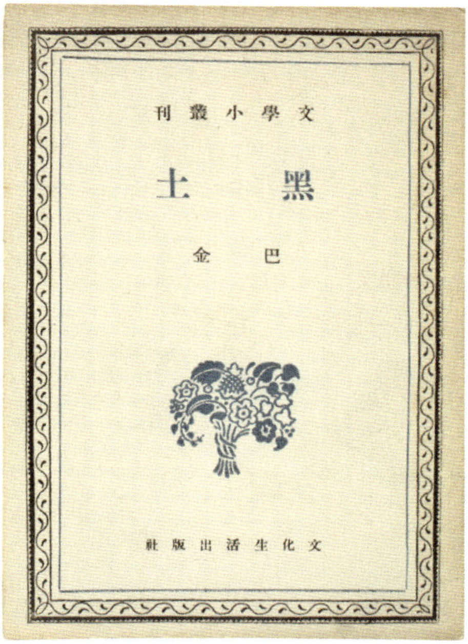

《黑土》封面

（对页）

《雪》是巴金创作的以煤矿为题材的长篇小说，因其高度的政治敏感性，在出版过程中历经挫折，使得此书成为难以存世的稀缺品。此书初名《萌芽》，致敬世界文学史上第一部正面描写煤矿工人罢工的长篇名作——爱弥尔·左拉的小说《萌芽》，1933年8月由现代书局出版，因被国民党当局多次查禁，不得已更名为《煤》，1934年8月开明书店未能成功出版，又改名为《雪》，后由巴金自费委托秘密发行，1936年11月在上海由文化生活出版社公开出版。这样的屡遭查禁的出版经历，充分反映了当时乌云笼罩的恶劣政治环境，从而具有重要的历史研究价值。

该书鲜明地表达了对工人阶级反抗斗争的热情歌颂和支持，尤其是反映出巴金强烈的批判倾向和炽热的革命热情以及自己所倾注的理想和希望，是巴金渐渐走上现实主义道路的转折，具有重要的文学研究价值。

该书封面极其简约，蓝色封底上只用宋体字在左上角写书名及作者，右下角写出版信息，倒也与书名『雪』的洁净相得益彰。

224
《迟开的蔷薇》

作者：[德] 斯托姆
译者：巴金
封面设计：巴金
出版社：文化生活出版社
版本信息：1943年11月初版
此为1945年12月再版
印刷方式：铅印
尺寸：18×13厘米

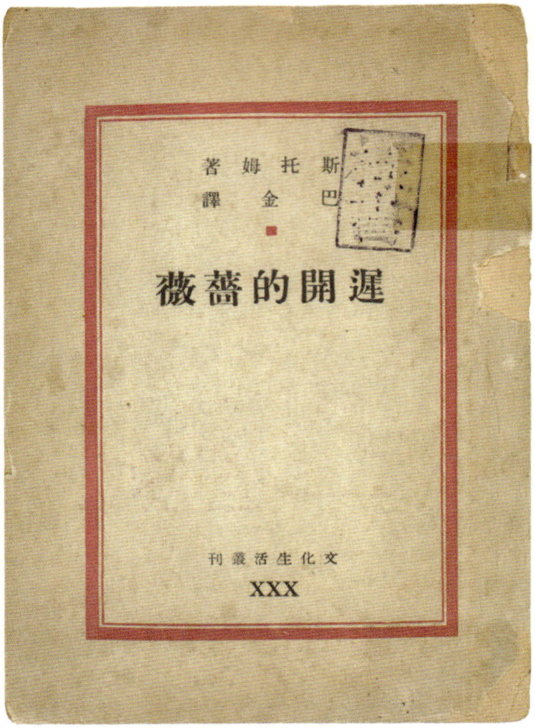

《迟开的蔷薇》封面

《迟开的蔷薇》收录斯托姆创作、巴金翻译的三篇短篇小说，即《迟开的蔷薇》、《马尔特和她的钟》、《蜂湖》（即郭沫若翻译的《茵梦湖》）。巴金在学习德文时曾经背诵过斯托姆的小说《迟开的蔷薇》，喜欢他的文笔，为此专门买了一部德文原版的斯托姆全集，时常翻读。巴金在书的后记中写道：『我不想把它介绍给广大的读者。不过对一些劳瘁的心灵，这清丽的文笔，简朴的结构，纯真的感情也许可以给少许的安慰吧。』

该书1933年11月由上海文化生活出版社出版，是『文化生活丛刊』第30种，迄1953年重印多次，印数达12000册，受到广泛欢迎。作为斯托姆作品的译本，其影响之大，与郭沫若和钱君胥合译的《茵梦湖》相当。书的封面由巴金亲自设计，干净利落，就是一个方框，排字、单色，简洁大方。

225
《水仙辞》

作者：[法] 保罗·梵乐希
译者：梁宗岱
封面设计：不详
出版社：中华书局
版本信息：1931年2月初版
此为1933年1月再版
印刷方式：铅印
尺寸：19.4×13.3厘米

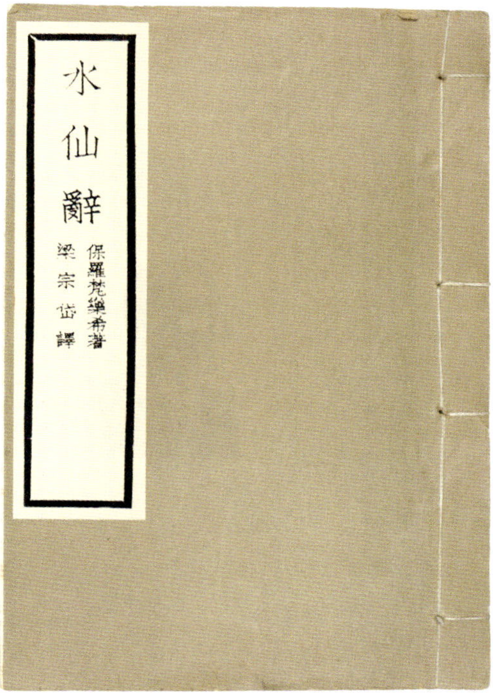

《水仙辞》封面

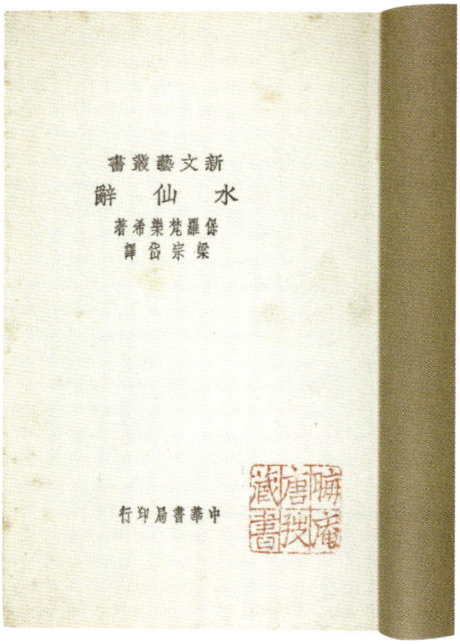

《水仙辞》扉页

《水仙辞》是法国诗人保罗·梵乐希创作的长诗。水仙是梵乐希酷爱的题材之一，该诗初次发表时他刚20岁。

译者梁宗岱1926年春留学法国期间，经巴黎大学同学引荐，结识了法国后期象征派诗歌大师保罗·梵乐希，并迅速成为好友。梁宗岱与梵乐希在绿林苑散步，聆听梵乐希讲解自己《水仙辞》的意境。不久，梁宗岱便将这首长诗译成中文，寄回国内刊载。因翻译优雅传神，此书迷倒了当时的一大批青年，也第一次让中国人认识了梵乐希。卞之琳认为梁宗岱在20世纪30年代关于梵乐希的『译述论评无形中配合了戴望舒二三十年代已届成熟时期的一些诗创作实验，共为中国新诗通向现代化的正道推进了一步』。

该书虽为线装形式，但书内还是平装书版式，版本难得一见。封面使用中国传统典籍的装帧设计，米色纸张左侧一方白色笺纸，以宋体字题写书名、作者、译者，但内容又是国外诗人写的，中外对比强烈，更显得有意味。

《水仙辞》作者像

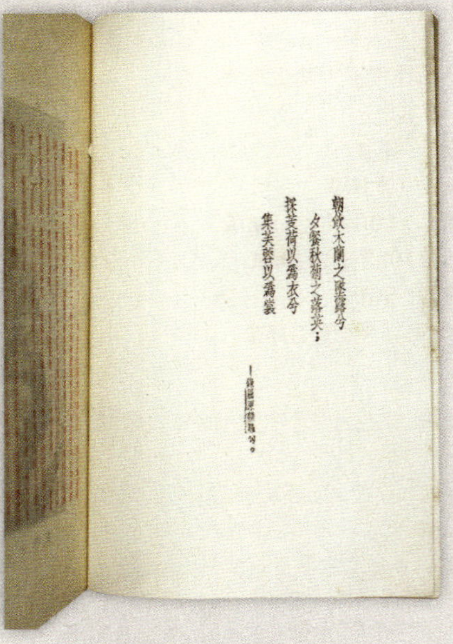

《水仙辞》内页

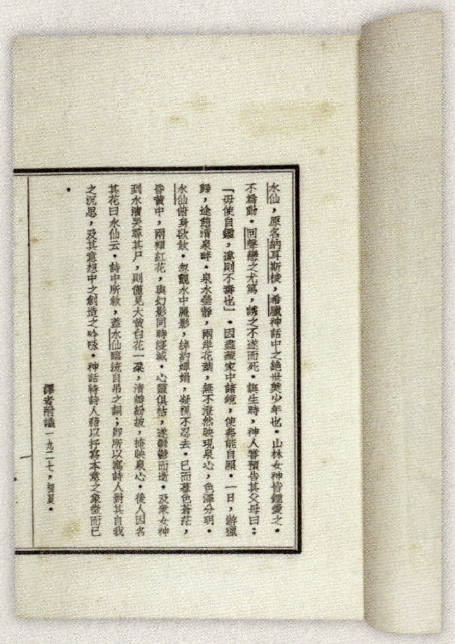

《水仙辞》内页

226
《飘零集》

作者：卢葆华
封面设计：孙青羊
出版社：苍山书店
版本信息：1933年1月初版
印刷方式：铅印
尺寸：19×14厘米

《飘零集》封面

《飘零集》是卢葆华创作的旧体诗集，分3卷，收录诗人9岁至28岁之间所写的诗，包括《梅雨》《题机联会刊》《沪市提倡国货有感》等，其中《题秋瑾集》《感时》等诗表现了诗人忧国忧民之情。有人评价诗人『工愁工病复工诗』，柳亚子为该书题词『黄绢幼妇』（『黄绢』就是色丝，是绝字；『幼妇』是少女，是妙字。）

该书封面由孙青羊设计，画面唯美，用红色线条勾勒一个身穿长裙的短发女子迎风站立，周围飘着几片红枫叶，与飘飞的衣服和围巾相衬，平添几分凄凉之感。上方用细的笔触题写书名『飘零集』。书的扉页题词『献给湘江菊子及同一不幸者之前』，书前有柳亚子、王廷杨、何崇仪等人的题词，曾今可等人的序，以及作者的自序、画像。

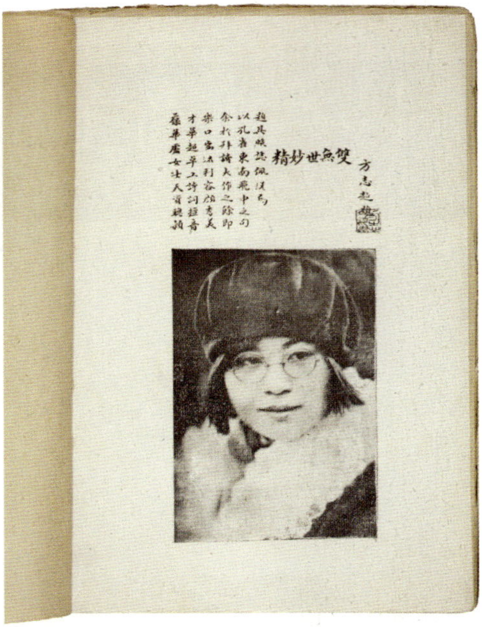

《飘零集》作者像及题词

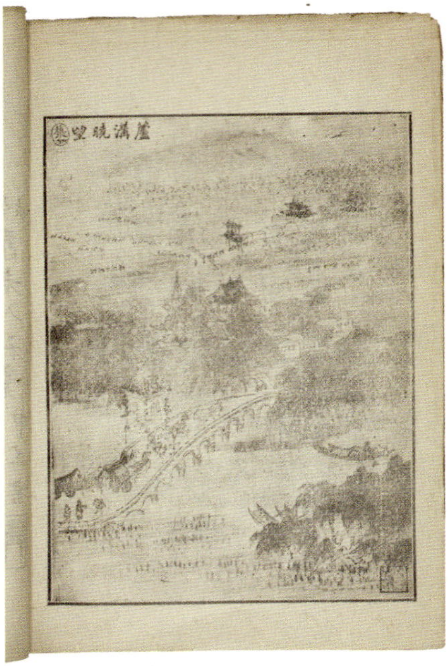

《飘零集》插图

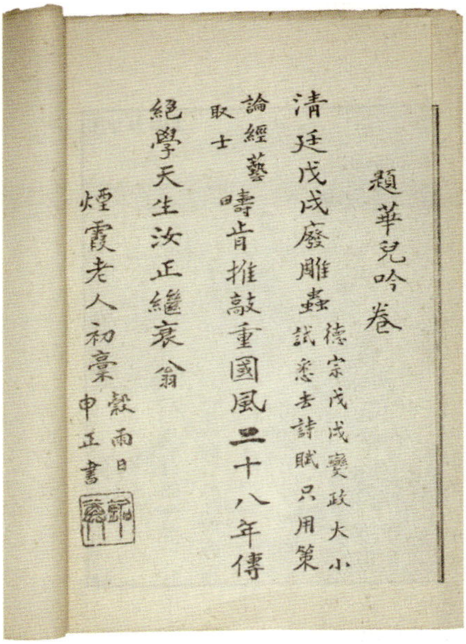

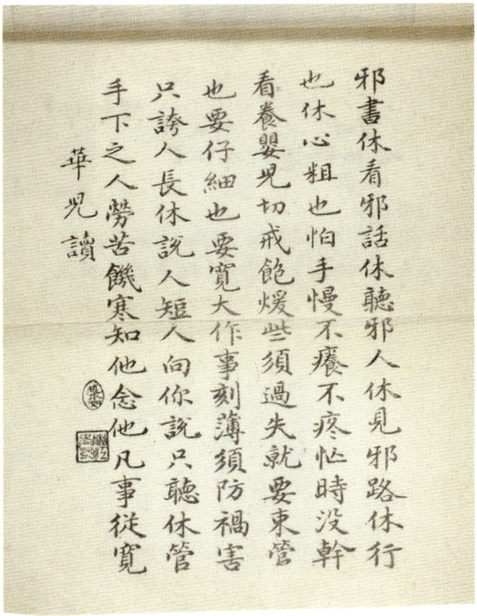

《飘零集》内页

227

《铁甲列车Nr. 14—69》

作者：[苏]符舍伏洛特·伊凡诺夫
译者：韩侍桁
封面设计：[德]Karl Holtz
出版社：上海神州国光社
版本信息：1932年8月初版
　　此为1933年5月再版
印刷方式：铅印
尺寸：18.7×13厘米

《铁甲列车Nr. 14—69》封面

《铁甲列车Nr. 14—69》扉页

《铁甲列车Nr. 14—69》是苏联作家符舍伏洛特·伊凡诺夫的中篇小说，被鲁迅编入『现代文艺丛刊』。小说讲述了苏联国内战争期间，西伯利亚工人农民组成游击队，与高尔察克白匪军进行斗争的故事。

该版本由韩侍桁翻译，鲁迅根据日译本和德译本进行了校订，并在译本后记中指出：『关于巴尔底山的小说，伊凡诺夫所作的不只这一篇，但这一篇称为杰出。巴尔底山者，源出法语，意云「党人」，当拿破仑侵入俄国时，农民即曾组织团体以自卫。』

1934年鲁迅在回答国际文学社的提问时，道出了引进该书的初衷：『我觉得现在的讲建设的，还是先前的讲战斗的——如《铁甲列车》《毁灭》《铁流》等——于我有兴趣，并且有益。我看苏维埃文学，是大半因为想绍介给中国，而对于中国，现在也还是战斗的作品更为紧要。』

该书封面画由德国画家Karl Holtz创作，以黑白两色描绘了一辆在群山众林中穿梭的铁甲列车，蒸汽腾腾，气势恢宏，有一种革命斗争必胜的气息。

228
《不走正路的安得伦》

作者：[苏] 亚历山大·聂维洛夫
译者：曹靖华
封面设计：不详
出版社：上海野草书屋
版本信息：1933年初版
印刷方式：铅印
尺寸：20.8×15.3厘米

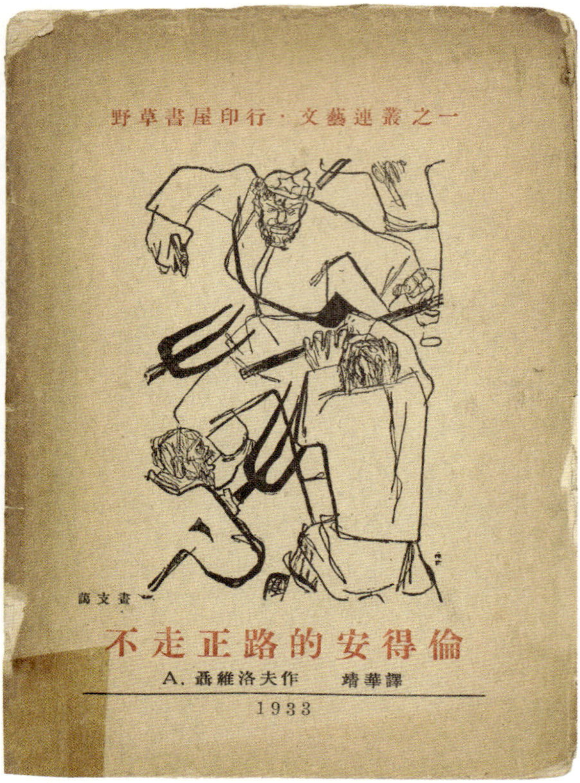

《不走正路的安得伦》封面

『不走正路的安特倫』 陳頡

曹清華譯 草野書店印行

讀過聶維洛夫的名著『豐饒的城塔什干』的人，都該認識了這位作者藝術的特徵是在充滿了對於生活不斷的呼聲，在他這篇『不走正路的安特倫』就也同樣地號集了這種偉力。作者底筆是像磁石一樣地吸引着無數的讀者，對於他們描寫的事態和人物付與貪饞般的注意，這固然是他對於描寫技巧具着付優秀的手腕，然而最要緊的是在他識接着人類生活所發生的熱愛，造成了聶維洛夫創作不可抗的媚力。在『不走正路的安特倫』裏出現的那主角安特倫自己是一個對於生活具着强固不屈的意志的戰士，艱苦的道路和一切的阻礙都不足以使他灰心，都不足以使他意懶，反而更積極地，即雖感到苦惱，向着他決定的道途上邁進。另一方面，在他的四周全是包圍着黑暗的勢力，俄羅斯革命初期農民的落後的思想，像橡皮一樣地頑固，在對於革命作着種種的危害，豪農車木金因爲痛心着八塊木板而和將軍們站在一邊了，豪農色斗甘因爲惜着他的糧食而揮起快利的斧子要結果安得倫的性命了……這些都是他們自私的心理最眞實的表現。而安特倫呢，在他看到農人的黑暗和愚笨，使他感到窒息，滿懷着憐憫和眼淚，『不憐憫着不是，憐憫着不是』……

『不走正路的安特倫』正如聶維洛夫所有的作品，現實生活與心理學取着同等的重要，個人的事情與集團的事情絲毫不能分離的密接着，所以他能把故事那樣眞實地顯示給讀者，那樣生動地銘記着偉大不忘的印象，這就屬於聶維洛夫藝術的祕密，稀有的才能。

当年关于《不走正路的安得伦》的报道

《不走正路的安得伦》是曹靖华翻译的苏联作家聂维洛夫的中篇小说，描写1918年至1920年苏联国内战争时农村中激烈的阶级斗争。主人公安得伦对复杂尖锐的斗争环境认识不足，富农杀死了他的朋友，烧掉了他的房屋，但他没有动摇对革命的信念，而是决心去实现社会主义改造农村的任务。

1931年12月25日，鲁迅收到曹靖华寄来的翻译稿后，积极筹措出版，但许多出版社都不敢出。鲁迅遂以『野草书屋』名义自己出资出版。

鲁迅亲自校阅该书并作《小引》，介绍作者经历、作品梗概以及译者和插图的情况。鲁迅称赞：『作者是一个最伟大的农民作家，描写动荡中的农民生活的好手，可惜在十年前就死掉了。这一个中篇小说，所叙的是革命开初，头脑单纯的革命者在乡村里怎样受农民的反对而失败，写得又生动，又诙谐。』鲁迅称曹靖华是当时中国第一流的『切实的翻译者』，高度评价了曹靖华的译文及书中的插图：『译者深通俄国文字，又在列宁格拉的大学里教授中国文学有年，所以难解的土话，都可以随时询问，其译文的可靠，是早为读书界所深悉的，内附蔼支的插画五幅，也是别开生面的作品。』

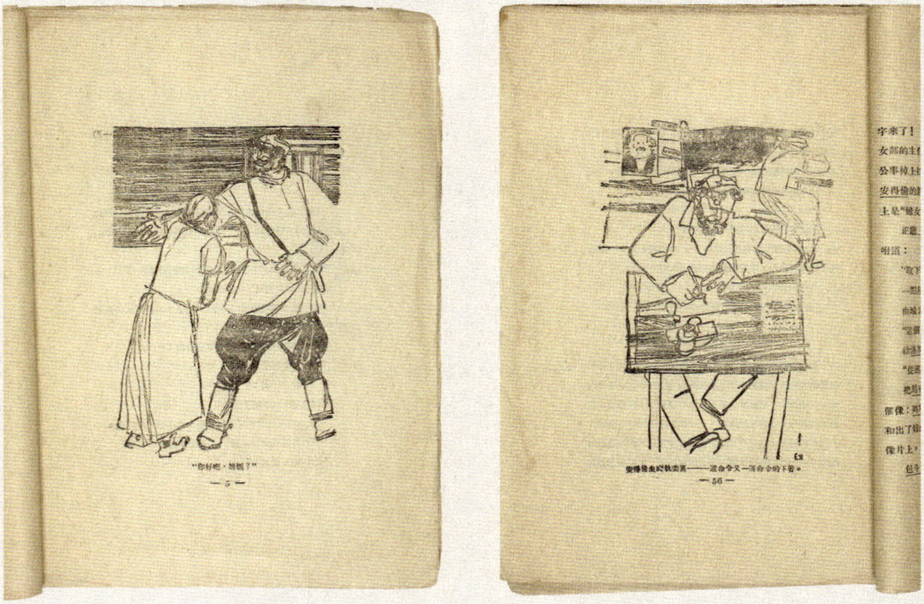

《不走正路的安得伦》插图

229
《离婚》

作者：老舍
封面设计：不详
出版社：上海良友图书印刷公司
版本信息：1933年8月初版
印刷方式：铅印
尺寸：17.7×12.6厘米

《离婚》是老舍创作的长篇小说，以科员老李为切入点，集中展示了特定时代的普通知识分子的精神结构及其与时代、社会的关系。小说中日常生活的呈现使得老李这个人物形象的精神内涵既指向复杂的社会现实，也同时针对其人格中具有的传统文化积淀进行了多向的思考。

该书封面为绿底，在左上角题有书名，书名做了凹凸设计。

《离婚》封面

230
《火车集》

作者：老舍
封面设计：不详
出版社：上海杂志公司
版本信息：1939年8月初版
印刷方式：铅印
尺寸：18.5×13厘米

短篇小说集《火车集》收入老舍《『火』车》《东西》《人同此心》《杀狗》《我这一辈子》《一封家信》《一块猪肝》《浴奴》《兔》共9篇作品。

该书封面设计为左文右图：左边写书名和作者名，右边设置绿色花纹，二者相互映衬，简洁大方。

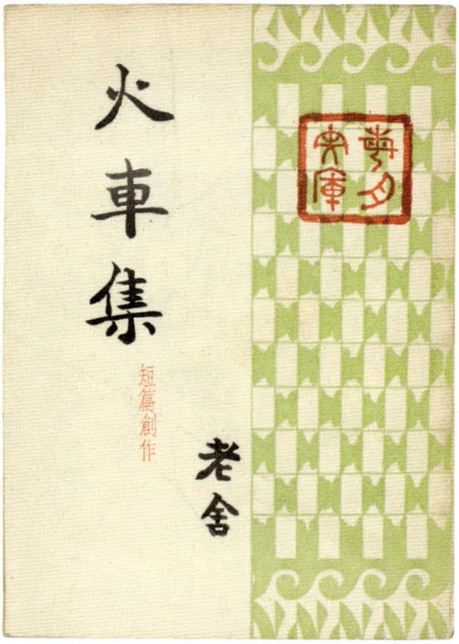

《火车集》封面

231
《剑北篇》

作者：老舍
封面设计：不详
出版社：大陆图书公司
版本信息：1942年5月初版
尺寸：18×12.8厘米

《剑北篇》是老舍在抗战期间创作的一部长篇叙事诗，也是老舍生前出版过的唯一的长诗。1939年6月26日至12月9日，老舍代表中华全国文艺界抗敌协会赴西北八省慰问抗日将士。他将这次慰劳活动中的所见所闻以新诗形式记录下来，最终形成此篇。

该书以牧牛图为封面，所画笔墨娴熟，神韵自然。整幅图以平远法构图，中景为一株茂盛的大树；近景为一人一牛在水边闲适地行走；远景则为大量留白，上题写书名和作者名。

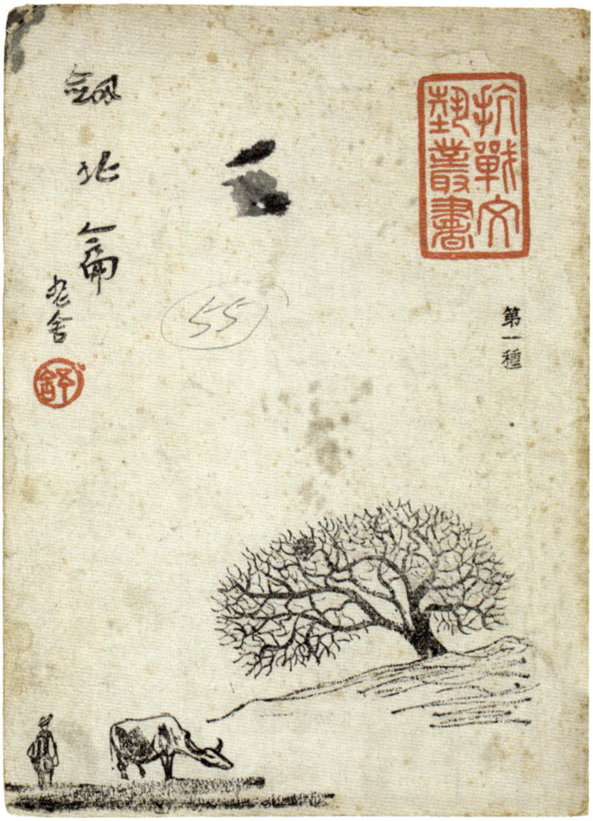

抗戰文藝叢書
第一種
劍北篇
老舍
文藝獎助金管理委員會發行
1942

《剑北篇》封面、扉页

232
《归去来兮》

作者：老舍
封面设计：不详
出版社：作家书屋
版本信息：1943年2月初版
印刷方式：铅印
尺寸：17.2×12厘米

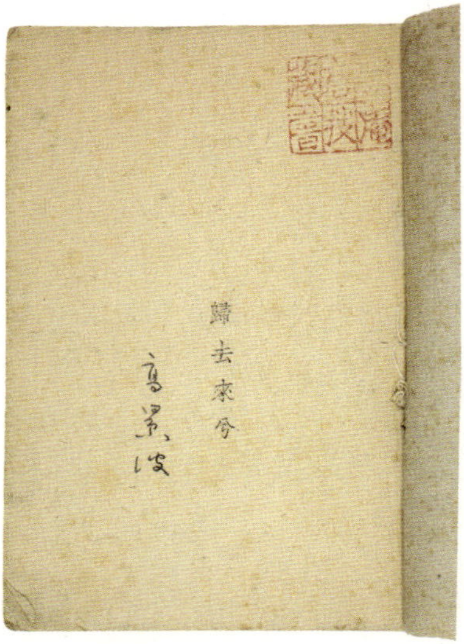

《归去来兮》扉页

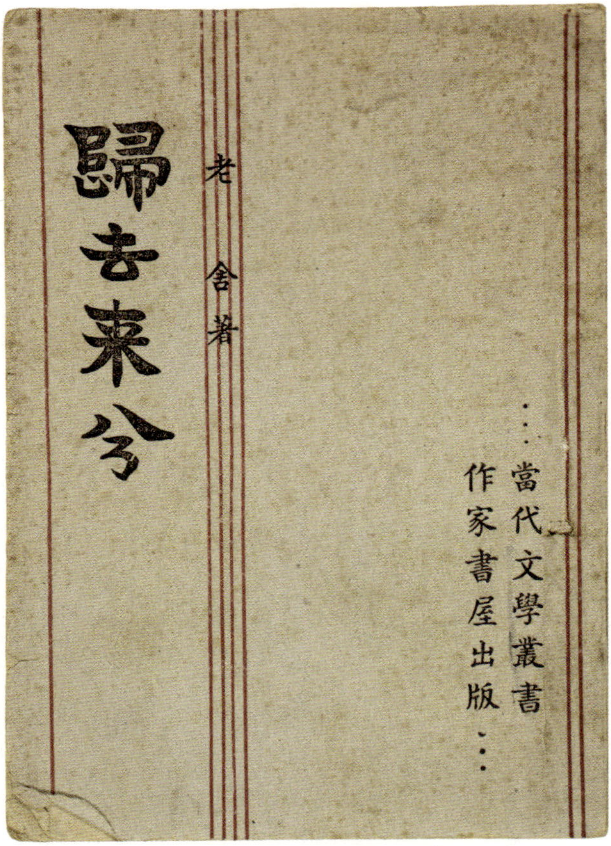

《归去来兮》封面

《归去来兮》为老舍所著的五幕话剧，原名《新罕默列特》，初版本无序跋。初载于1942年6月10日至29日《新蜀报》。剧本描写香港陷落前后，商人乔绅在抗战中不顾国家民族利益，昧着良心大发战争财，对大儿子为国牺牲也无动于衷，并丧尽天良地虐待盘剥利用自己的朋友、儿女、妻子，最终众叛亲离。剧本一针见血地指出了抗战中知识分子有热情而缺乏勇气、有思想而缺乏行动的弱点，号召人民用勇敢血性捍卫国家民族的利益与尊严。

《归去来兮》封面简约大方，封面和扉页印『当代文学丛书』，书名由老舍自题。7条红色竖线装饰封面，疏密不同，错落有致。

233

《惶惑·四世同堂第一部》

作者：老舍
封面设计：不详
出版社：上海晨光出版公司
版本信息：1946年11月上下册初版
　　此为1948年1月合订本第3版
印刷方式：铅印
尺寸：17×12厘米

《惶惑·四世同堂第一部》封面

《惶惑·四世同堂第一部》书脊、封底

《四世同堂》是老舍创作的长篇小说。小说在卢沟桥事变爆发、北平沦陷的时代背景下，以祁家四世同堂的生活为主线，形象、真切地描绘了以小羊圈胡同住户为代表的各个阶层、各色人等的荣辱浮沉、生死存亡。

该书封面以蓝、白、黑色块构成，封面右下角是老舍先生的照片，他身穿长袍坐在椅子上，封面左边黑色色块上书名白字竖排，从书名和作者名则横排，具有强烈的形式感。

234
《骆驼祥子》

作者：老舍
封面设计：不详
出版社：文化生活出版社
版本信息：1941年11月初版
此为1949年2月第8版
印刷方式：铅印
尺寸：18.2×13厘米

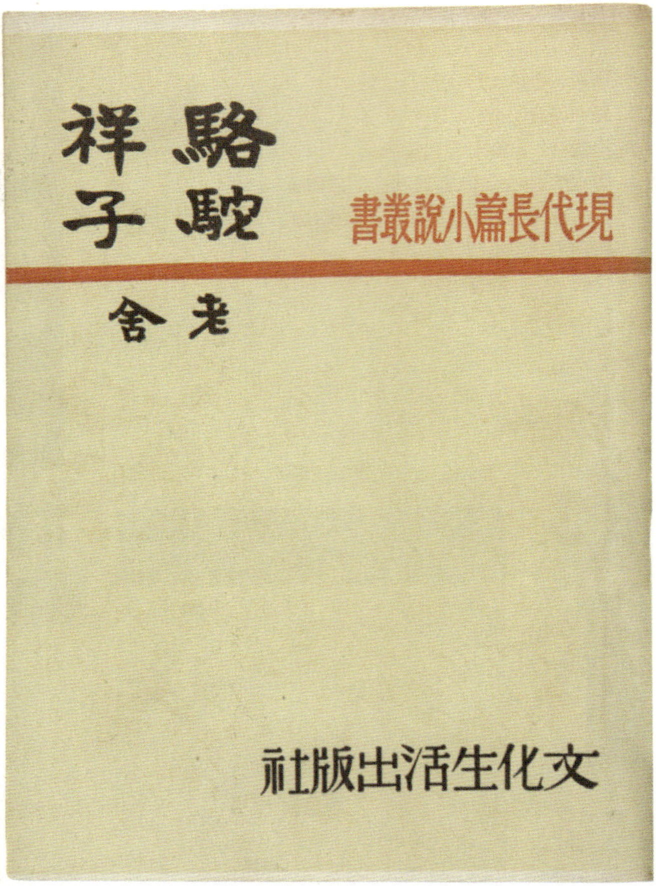

《骆驼祥子》封面

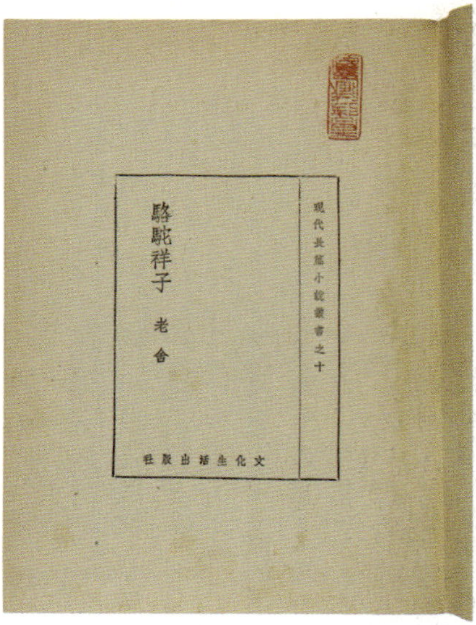

《骆驼祥子》扉页

《骆驼祥子》是老舍的代表作，作品用同情的笔触描绘了一幕悲剧：20年代的北京，一个勤劳、壮实的底层社会小人物怀着奋斗、发家的美好梦想，却最终为黑暗的暴风雨所吞噬。它揭示了当时『小人物』的奴隶心理和希望的最终破灭。这是旧中国老北京贫苦市民的典型命运。

该书的封面设计简洁大方，醒目的红色横条将白底分隔成两部分，上方黑字写书名，并用红字标注此书为『现代长篇小说丛书』。

235
《一个人的受难》

作者：［比利时］麦绥莱勒
封面设计：不详
出版社：上海良友图书印刷公司
版本信息：1933年9月初版
印刷方式：铅印
尺寸：18.5×13厘米

《一个人的受难》封面

麦绥莱勒为比利时画家、木刻家，擅长用木刻表现完整故事。本书封面为白底，采用了书中第六图的局部为主要内容，即受难者『到底免不了被人踢出，像打跑一条野狗一样』，生动地对应了书名『一个人的受难』。除了写作序言，鲁迅还为书中的25幅木刻插图一一撰写了说明文字。1933年10月8日鲁迅在给赵家璧的信中说：『这书的制版和印刷，以及装订，我以为均不坏。』

236

《高尔基创作四十年纪念论文集》

作者：周起应（周扬） 编
封面设计：不详
出版社：上海良友图书印刷公司
版本信息：1933年10月初版
印刷方式：铅印
尺寸：18．5×13厘米

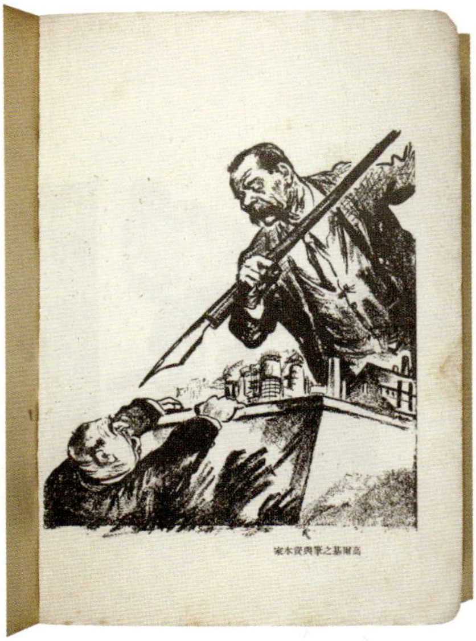

《高尔基创作四十年纪念论文集》插图

《高尔基创作四十年纪念论文集》封面

《高尔基创作四十年纪念论文集》是为纪念高尔基从事文学创作四十周年而编，收录周起应、沈起予等多篇译文，包括《马克西姆·高尔基》（周起应译）、《伟大的无产阶级作家高尔基》（周起应译）等。篇首《高尔基的四十年创作生活》是『左联』以鲁迅等名作家的名义，为庆祝高尔基创作纪念而写的祝词，署名『鲁迅等』。

该书封面左侧为高尔基托腮沉思的画像，右侧题写书名，黄色搭配褐色，沉稳有力。书前的空白页印有：『高尔基的名字代表着世界文学史上的新时期，这里，世界上的新的阶段开辟了一条新的道路，开始创造真正全人类的新文化。』该书出版不久就遭到查禁。

237
《萧三的诗》

作者：萧三
封面设计：不详
出版社：苏俄国家联合出版部远东分部
版本信息：1934年4月初版
印刷方式：铅印
尺寸：14.5×11厘米

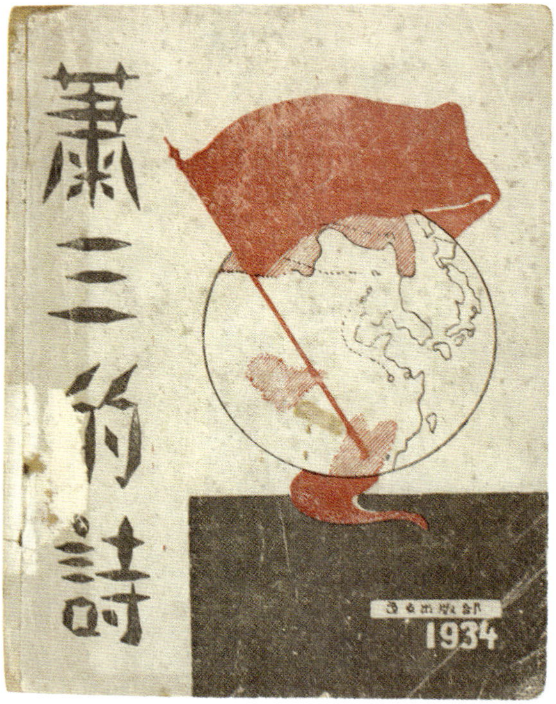

《萧三的诗》封面

《萧三的诗》收录了《突击队员的微笑》《棉花》《南京路上》《血书》《兄弟们，敬礼了！》《问工农》《告高尔基》《满洲工农歌》等诗作13首。

萧三是我国新诗史上一位成绩卓著的诗人，特别推崇鲁迅关于新诗形式的论述：『诗须有形式，要易记，易懂，易唱，动听，但格式不要太严。要有韵，但不必依旧诗韵，只要顺口就好。』他的诗歌以革命化、通俗化、口语化的特色在诗坛上独树一帜。毛泽东在致萧三的信中曾说：『大作看了，感觉在战斗。』

该书封面设计豪放大气，画一个地球，上边是迎风招展的红旗，共产主义气息浓厚，左侧是用艺术字体题写的书名，很有设计感。

该书出版时萧三在莫斯科，编辑在未征得作者同意的情况下，对原稿擅加删改，致使诗集出现许多讹误，最后只能将最违背原意的地方略予改正，印一张勘误表连同诗集一同发行。该书扉页有题字：『元任先生：永信自俄寄赠。一九三四，四，廿七。』可见此本是萧三赠送给赵元任的珍贵签名本。

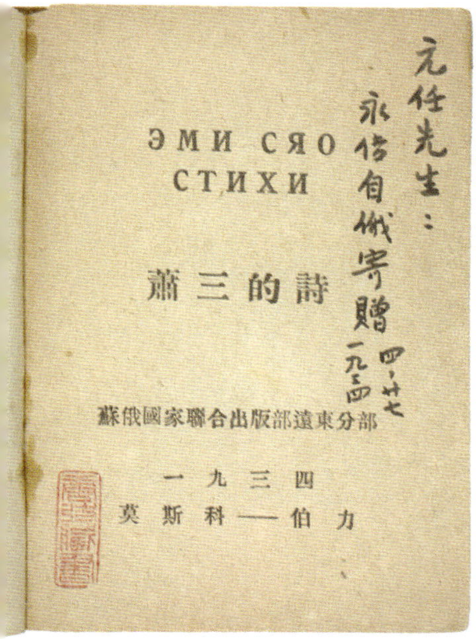

《萧三的诗》扉页

《萧三的诗》插图

238
《石承的诗》

作者：章石承
封面设计：莫志恒
出版社：上海孤帆社
版本信息：1934年4月初版
印刷方式：铅印
尺寸：18.6×13.2厘米

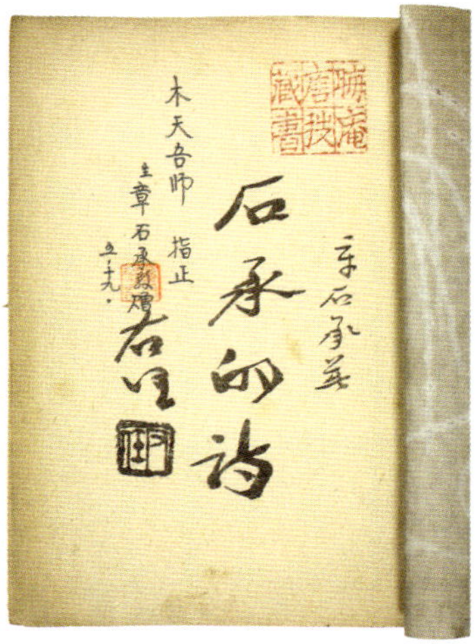

《石承的诗》扉页

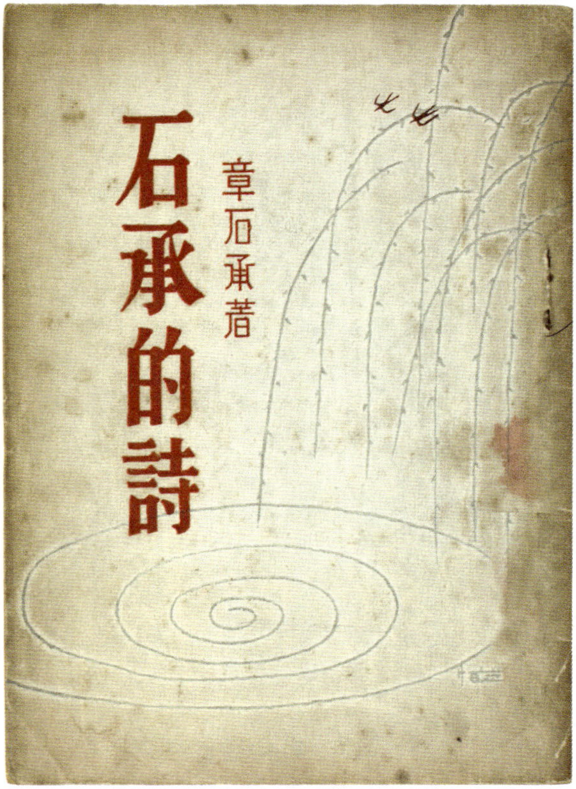

《石承的诗》封面

《石承的诗》是章石承创作的诗集，收录《给》《梦残雨冷》《给达琴》《一二八之夜》《该记吧迦茵》《夜》《告诉我》《若不是您》《变心》《你已经嫁了》《我怕》《锄秧草的农夫》《前线》《夏夜》《洋囱囱》《上工》《寂寞》《秋之天空》《世界活像一块沙漠》《给漫孤》《我要》《别了》共22首诗。

该书由莫志恒设计，颇为雅致，封面右侧垂下数条柳枝，有两只燕子飞过，下方是从圆心晕开的水波纹，浅绿色的绘画与红色字体的书名和作者名形成鲜明对照，令人感觉耳目一新。

扉页有于右任的题字，书前有穆木天的序《写在〈石承的诗〉的前边》和夏炎德的序《〈石承的诗〉题记》。

239
《白金的女体塑像》

作者：穆时英
封面设计：不详
出版社：上海现代书局
版本信息：1934年7月初版
印刷方式：铅印
尺寸：19×13.3厘米

《白金的女体塑像》主要描写单身汉谢医师为第7号女病人看病时产生的畸念，展现了现代都市人忙碌、快节奏的生活下的孤独和压抑感。

该书封面上方有一条橙紫相间菱格纹饰带，给人较强的视觉冲突感。

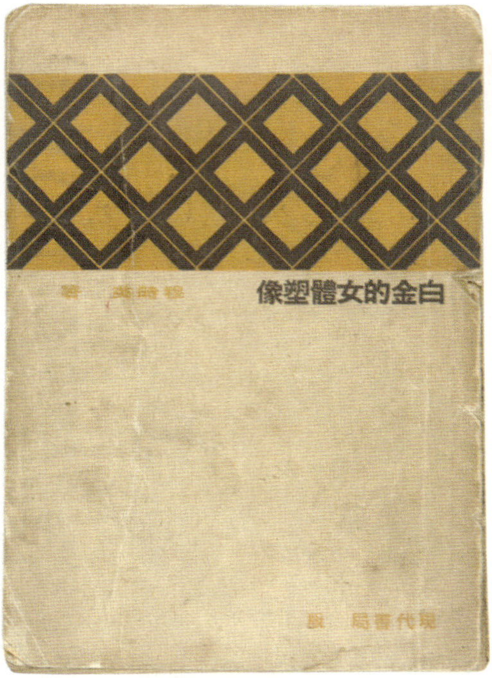

《白金的女体塑像》封面

240
《高贵的人们》

作者：凌鹤
封面设计：陈静生
出版社：上海千秋出版社
版本信息：1934年8月初版
印刷方式：铅印
尺寸：18.8×13厘米

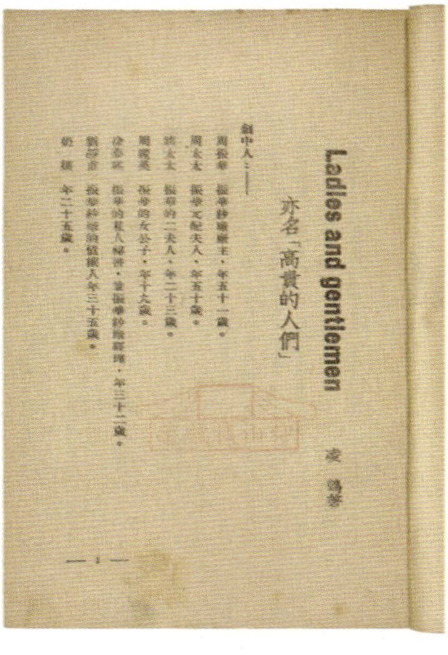
Ladies and gentlemen

亦名「高貴的人們」

凌鶴著

劇中人：——

周振華 振華紗廠廠主，年五十一歲。
周太太 振華元配夫人，年五十歲。
姚太太 振華的二夫人，年二十三歲。
周麗英 振華的女公子，年十九歲。
徐恭斌 振華的私人秘書，兼振華紗廠經理，年三十二歲。
劉紹言 振華紗廠的監察人年三十五歲。
奶 媽 年二十五歲。

— 1 —

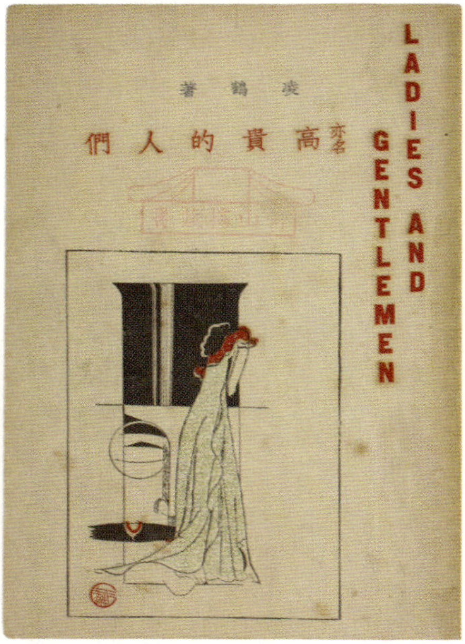

《高贵的人们》封面、内页

《高贵的人们》，亦名*Ladies and gentlemen*，是石凌鹤创作的三幕话剧，揭露资本家剥削工人的同时遭受外资倾轧而破产的社会现实。石凌鹤，原名石联学，笔名凌鹤、丹枫，是『左翼剧联』作家，与夏衍、钱杏邨、王尘无、司徒慧敏同属1933年3月成立的『党的电影五人小组』，凌鹤分管电影评论。

该书由陈静生设计封面，用简洁的线条勾勒出一个身穿绿色裙子、一头红色长卷发的优雅女士，女士身后的背景乍一看像是酒台与夜窗，仔细看来是一个口衔吕宋烟的绅士头像，既有戏剧效果，亦呼应了书名『*Ladies and gentlemen*』。中文书名采用横排，英文书名采用竖排，充满趣味性。书内附有本剧在青年会公演时的剧照，每一幕的布景，以及剧中人周振华、周太太、徐秘书、姨太太、周丽英等人的简笔画，颇为生动传神。

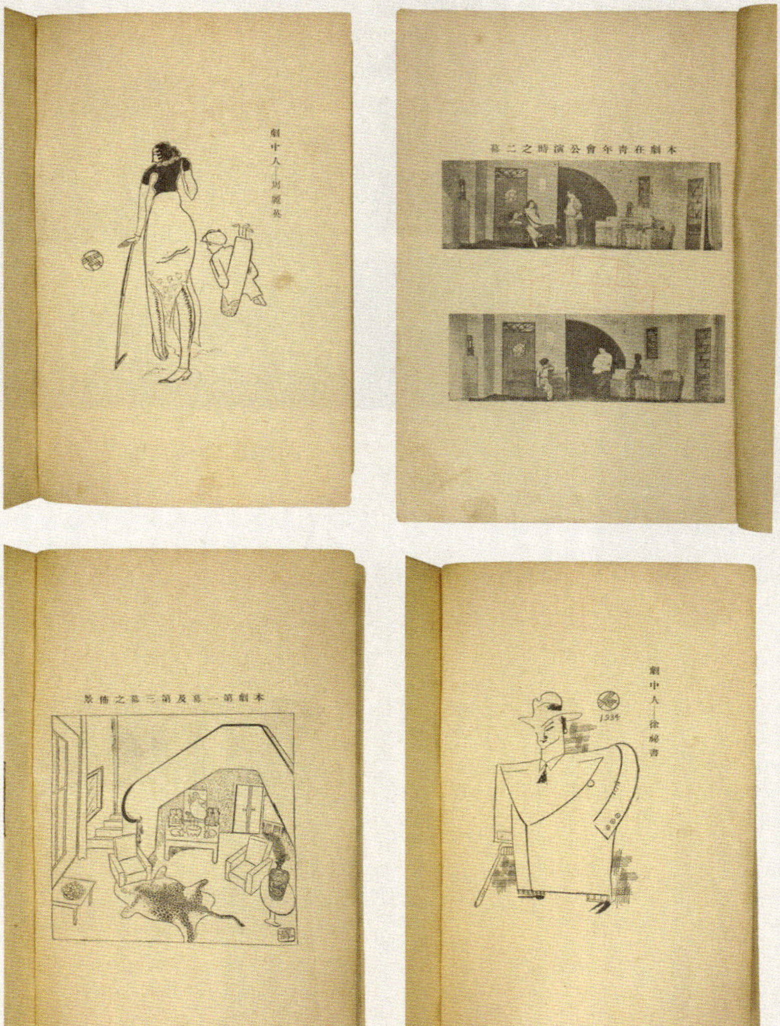

《高贵的人们》插图

241
《庐隐短篇小说选》

作者：庐隐 著；姚明达 编
封面设计：不详
出版社：女子书店
版本信息：1935年1月初版
印刷方式：铅印
尺寸：18.5×13.3厘米

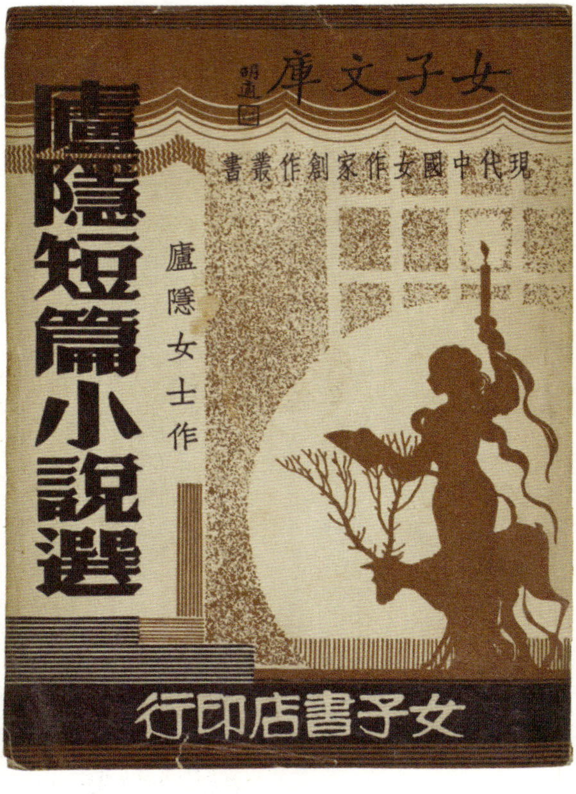

《庐隐短篇小说选》封面

《庐隐短篇小说选》扉页

《庐隐短篇小说选》收录了《海滨故人》《父亲》《或人的悲哀》《丽石的日记》《胜利以后》《何处是归程》《地上的乐园》《苹果烂了》共8篇小说，被列入『现代中国女作家创作丛书』。

庐隐，原名黄英，1921年开始从事文学创作，她以杂文的形式描绘社会现实，针砭时弊。茅盾曾评价：『「五四」时期的女作家能够注目在革命性的社会题材的，不能不推庐隐是第一人。』她特别为女权发声，反对专制统治。唐弢称：『五四的主要精神是反封建。所有反抗旧礼教，反抗买卖式的婚姻，争取恋爱自由等等，在庐隐的作品里有着鲜明的反映。』其作品语言灵动、自然。

该书封面风格严肃庄重，以棕黑色为主色调。背景是一个上方挂着棕色窗帘的窗户，右下角一个白色的圆中，映照着一个昂首挺胸的女性剪影，女子一手拿着书一手举着烛台，旁边还有一只梅花鹿，传递出一种昂扬不屈的战斗气息。

242

《庐隐佳作选》

作者：庐隐 著；巴雷、朱绍之 编选
封面设计：不详
出版社：上海新象书店
版本信息：1941年7月初版
印刷方式：铅印
尺寸：17.3×12.2厘米

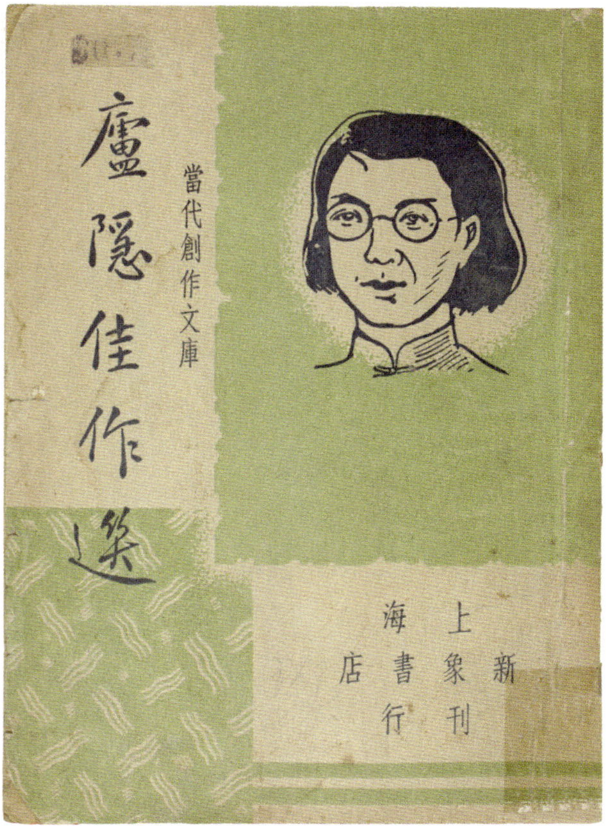

《庐隐佳作选》封面

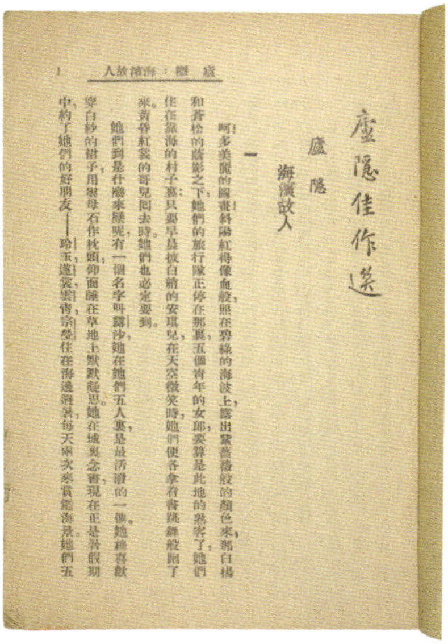
廬隱：海濱故人　1

廬隱佳作選

廬隱

海濱故人

一

呵！多美麗的圖畫！斜陽紅得像血般，照在碧綠的海波上，露出紫薔薇般的顏色來，那白楊和蒼松的蔭影之下，她們的旅行隊正停在那裏，五個青年的女郎，要算是此地的熟客了，她們住在靠海的村子裏：只要早晨披白綃的安琪兒，在天空微笑時，她們便各拿着書跳舞般跑了來。黃昏紅裳的哥兒回去時，她們也必定要到。

她們到是什麼來歷呢，有一個名字叫露沙，她在她們五人裏，是最活潑的一個。她總喜歡穿白紗的裙子，用雲母石作枕頭，仰面睡在草地上默默凝思。她在城裏念書，現在正是暑假期中，約了她們的好朋友——玲玉，蓮裳，雲青，宗瑩住在海邊避暑，每天兩次來賞鑑海景她們五

《庐隐佳作选》内页

《庐隐佳作选》由巴雷、朱绍之编选，收《海滨故人》《曼丽》《父亲》《或人的悲哀》《房东》《时代的牺牲者》共6篇小说。

庐隐是『五四』时期与冰心齐名的女作家，文学研究会成员。其作品文笔流利自然，从不炫技弄巧，多写探索人生的艰苦，感情与理智冲突下的苦闷，作品题材较为狭窄，使人看不到前途，但真实反映出『五四』时期青年的心理。茅盾在《作家论》中称『读庐隐的全部著作，就仿佛再呼吸着「五四」时期的空气』，并指出，『在反映了当时苦闷彷徨的站在享乐主义的边缘上的青年心理这一点看来，《海滨故人》及其姊妹篇是应该给予较高的评价的』。

该书封面以白绿色块将画面分为4个部分，显得错落有致，整齐又不失灵动，右上方画着庐隐的简笔头像，是一个充满书卷气的女子形象，左侧手写书名，字体柔美。

243
《爱》

作者：沙汀
封面设计：不详
出版社：上海天马书店
版本信息：1935年9月初版
印刷方式：铅印
尺寸：18.7×12.9厘米

《爱》是沙汀创作的短篇小说集。该书封面采用极具几何元素的版画图案，直观展现男人和女人的神情，生动形象，周围的背景设计则相对简洁，没有过多的装饰或图案，干净利落。同时，这种设计也给读者留下了足够的想象空间，引导他们去想象书中可能讲述的故事。

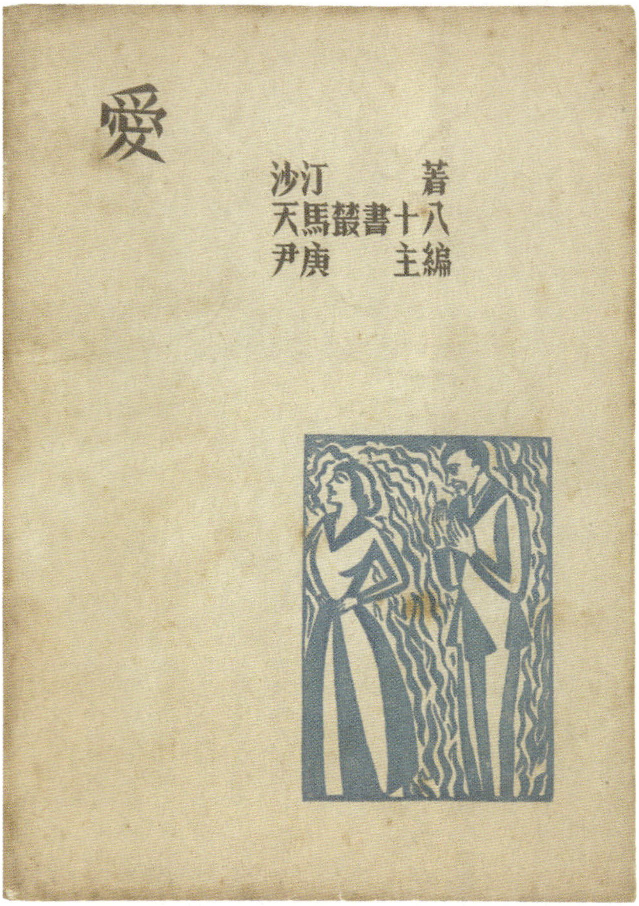

《爱》封面

244

《生死场》

作者：萧红
封面设计：萧红
出版社：奴隶社
版本信息：1935年12月初版
印刷方式：铅印
尺寸：19.6×13.8厘米

《生死场》描写了沦陷前后东北农村近乎原始的生存状态，既揭露日伪统治下社会的黑暗，又大胆反映了人民的诉求。『我不当亡国奴，生是中国人，死是中国鬼』。她喊出中国人民的心声。小说原名《麦场》，鲁迅邀请胡风审阅时，胡风觉得书中的东北农民仿佛『蚊子似的生活着，糊糊涂涂的生殖，乱七八糟的死亡』，这种生活状态让他联想到了『生死场』这个概念，建议将书名改为《生死场》。萧红将这一建议转达给了鲁迅，鲁迅听后认为这个名称非常贴切，能够强烈地表达作品的内涵和张力。1935年11月14日夜，鲁迅为《生死场》作序。在致二萧（萧军、萧红）的信中鲁迅说：『我不大希罕亲笔签名制版之类，觉得这有些孩子气，不过悄吟太太既然热心于此，就写了附上，写得太大，制版时可以缩小的。这位太太，到上海以后，好象体格高了一点，两条辫子也长了一点了，然而孩子气不改，真是无可奈何。』《生死场》的封面由萧红自己设计，封面用纸为紫红色，萧红想做成半黑半红，代表生与死。萧军觉得半面整个涂黑不美观，只把书名周围涂黑就行了，萧红同意。于是我们看到了现在的设计：封面上斜劈一道直线，作者的名字一半在东北的黑暗中，一半在明亮的地方。

《生死场》封面

245
《商市街》

作者：悄吟（萧红）
封面设计：不详
出版社：文化生活出版社
版本信息：1936年8月初版
此为1936年9月再版
印刷方式：铅印
尺寸：17.2×12.4厘米

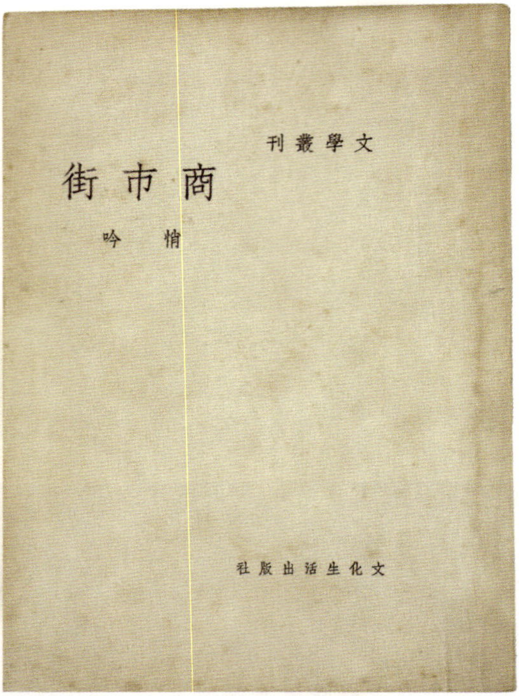

《商市街》封面

《商市街》是悄吟（萧红）的散文集，被列为巴金主编的『文学丛刊』第二集第十二册。收录了《雪天》《他去追求职业》《家庭教师》《来客》《提篮者》《黑列巴和白盐》《度日》《飞雪》《他的上唇挂霜了》《当铺》《借》《买皮帽》《广告员的梦想》《新识》《同命运的小鱼》《春意挂上了树梢》《小偷车夫和老头》《公园》《夏夜》《家庭教师是强盗》等41篇文章，后还附郎华（萧军）的《读后记》1篇。

该书是萧红最早对哈尔滨市井生活和人文景观进行描述的作品，记录了萧红闯荡文坛之时与萧军共同生活在道里商市街的一段经历。美国学者葛浩文在《萧红传》中称：『书中的许多篇章几乎可与同时出版的奥威尔（George Orwell，英国作家）的《巴黎伦敦受困记》中一个一文不名的青年在欧洲受难的真人实事的情节相比。』

该书封面朴素大方，不作任何装饰，以宋体字简单地印制着书名、作者名、从书名等出版信息，有一种返璞归真的气息。

246

《呼兰河传》

作者：萧红
封面设计：不详
出版社：上海寰星书店
版本信息：1947年6月初版
印刷方式：铅印
尺寸：18×12.5厘米

《呼兰河传》作者像

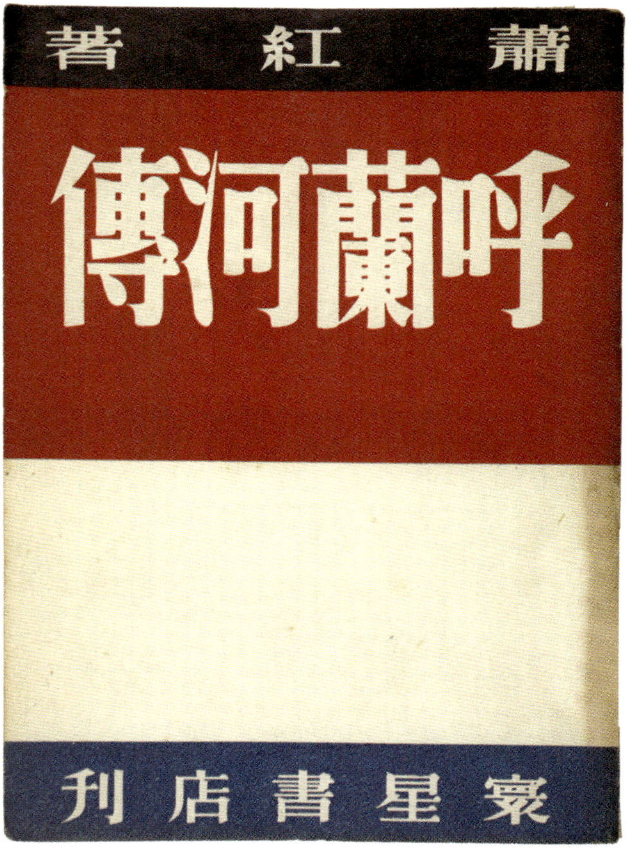

《呼兰河传》封面

《呼兰河传》是萧红创作的一部传记色彩很浓的长篇小说，也是萧红最后一部著作，标志着其小说艺术风格的成熟，被文坛誉为富有艺术魅力的一部诗意小说。

小说以作者的童年回忆为线索，描写了20世纪20年代东北呼兰小城的生活图景，既写出了作者家乡的美丽富饶，又写出了家乡人民的愚昧无知和落后野蛮。茅盾在《〈呼兰河传〉序》中指出『它是一篇叙事诗，一幅多彩的风土画，一串凄婉的歌谣』。

该书封面色彩鲜明，黑、红、白、蓝四色搭配，题写作者名、书名和出版者，中间的留白使得鲜亮的颜色得以稀释，但又不脱凝重之感。

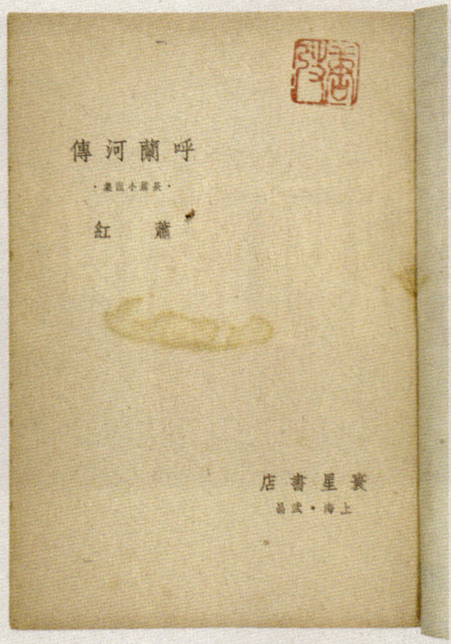

呼蘭河傳

·長篇小說叢·

蕭紅

寰星書店

上海·武昌

《呼兰河传》扉页

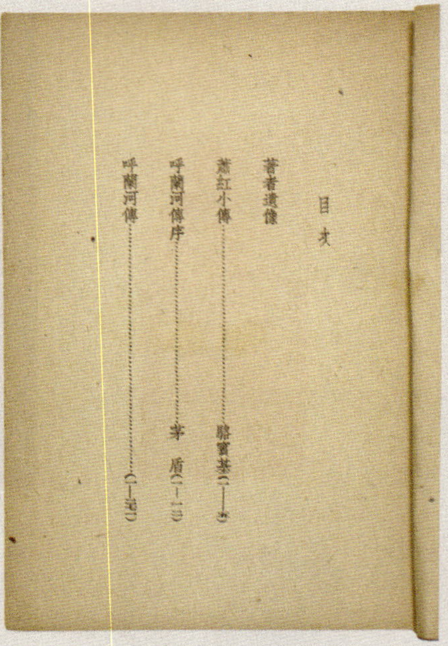

目次

《呼兰河传》目录

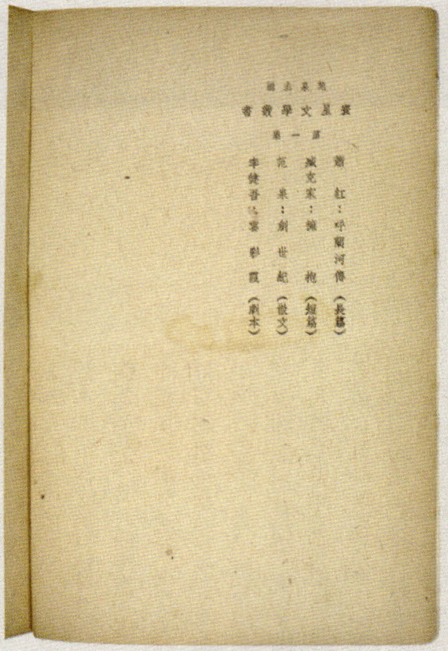

[illegible]主編

寰星文學叢書

第一集

蕭紅：呼蘭河傳（長篇）
臧克家：擁抱（短篇）
范泉：創世紀（散文）
李健吾改寫：彩霞（劇本）

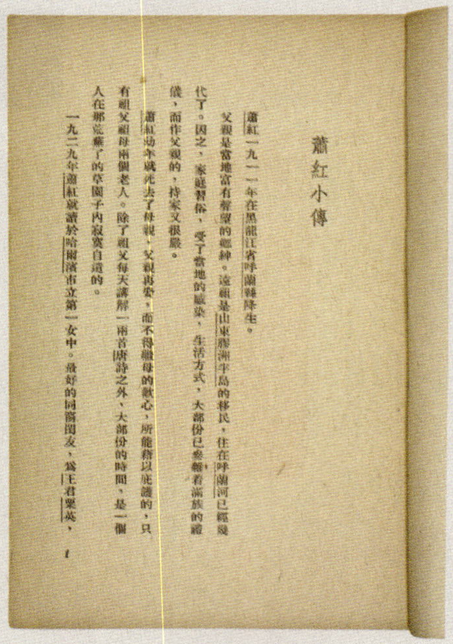

蕭紅小傳

蕭紅一九一一年在黑龍江省呼蘭縣降生。

父親是當地富有聲望的鄉紳。遠祖是山東膠洲半島的移民，住在呼蘭河已經幾代了。因之，家庭習俗，受了當地的感染，生活方式，大部份已經帶着滿族的禮儀，而作父親的，持家又很嚴。

蕭紅幼年就死去了母親，父親再娶，而不得繼母的歡心，所能藉以庇護的，只有祖父祖母兩個老人。除了祖父每天講解一兩首唐詩之外，大部份的時間，是一個人在那荒蕪了的草園子內寂寞自遣的。

一九二九年蕭紅就讀於哈爾濱市立第一女中。最好的同窗閨友，爲王君粟英，

《呼兰河传》内页

247
《平屋杂文》

作者：夏丏尊
封面设计：不详
出版社：开明书店
版本信息：1935年12月初版
印刷方式：铅印
尺寸：19×14厘米

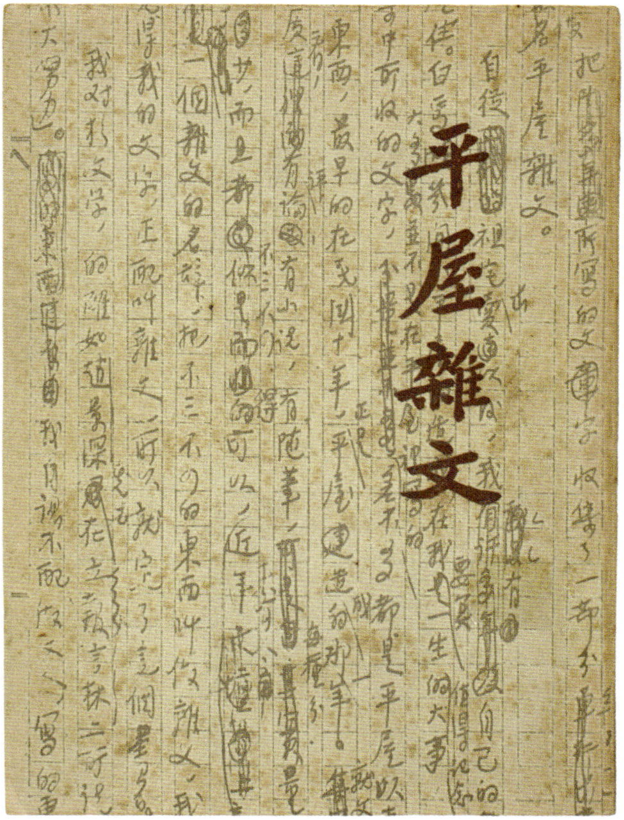

《平屋杂文》封面

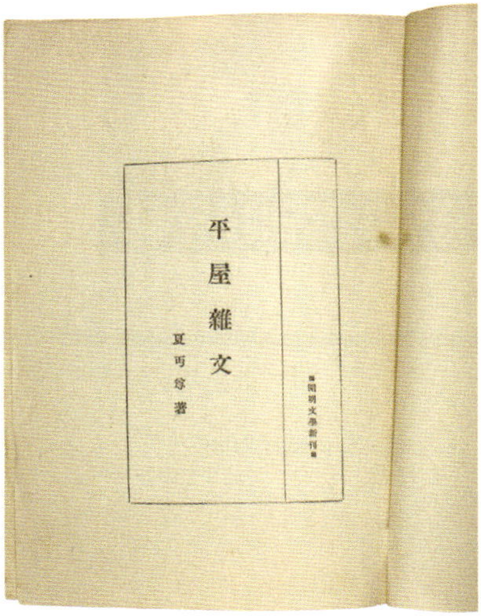

《平屋杂文》扉页

《平屋杂文》是夏丏尊的第一本散文集，收录评论、随笔、小说、散文等共33篇，包括《怯弱者》《猫》《长间》《命相者》《一种默契》《幽默的叫卖声》《闻歌有感》《两个家》《整理好了的箱子》等。夏丏尊认为这些『文字正配叫杂文，所以就定了这个书名——「平屋杂文」，取「混合、掺揉」之意』。这些文章凝聚了作者对人、事、物的态度和感想，展现出深厚的文学功底。多用短句，文笔朴实典雅，自然流畅。

夏丏尊散文的总体特质为一平二白（『平』即平实质朴、清隽意长；『白』即白描之成功），他被尊为『白马湖派』的精神领袖，而《平屋杂文》堪称『白马湖派』散文的标杆。叶圣陶曾推荐该书称：『如果大学中学的学生要选择语文科的读物，这本集子是值得向他们推荐的。』

该书封面设计别具匠心，以夏丏尊的创作手稿为背景，修改涂抹的原始痕迹清晰可见，上面题写书名『平屋杂文』，不刻意雕琢，浑然天成，与散文的整体风格颇为契合。

248
《凯撒大帝登台》

作者： 宋春舫
封面设计： 不详
出版社： 商务印书馆
版本信息： 1933年4月初版
此为1936年出版
印刷方式： 铅印
尺寸： 19×13厘米

《凯撒大帝登台》封面

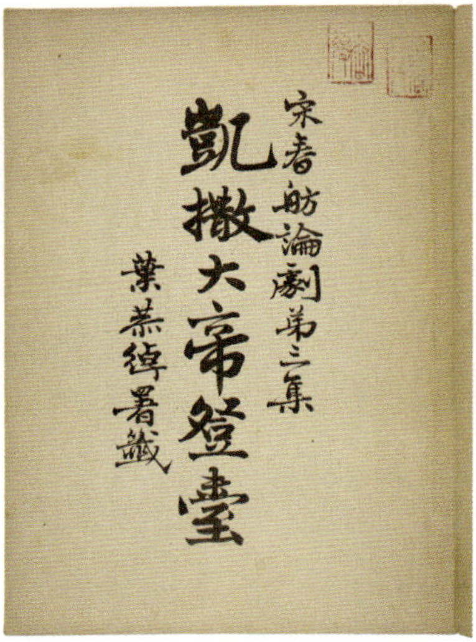

《凯撒大帝登台》扉页

《凯撒大帝登台》是《宋春舫论剧》第三集。《宋春舫论剧》共三集，其中出版于1923年的第一集是『五四』期间唯一详尽介绍世界戏剧思潮的论文集。第三集收录《凯撒大帝登台》《从莎士比亚说到梅兰芳》《戏剧家王尔德》《大战时欧洲各国戏曲概说》《吾不小觑平剧》等13篇论剧短文。书前有作者1936年2月18日写于青岛褐木庐的序言，引用唐诗『青云满眼不干禄，白发盖头仍著书』，表达病中的自己对时局的不安和心中的愤懑。

宋春舫藏书颇丰，1931年建立藏书室『褐木庐』，主藏国外戏剧书刊，被誉为『世界三大戏剧藏书家』之一。该书封面以戏剧舞台的剪影为底，舞台上有一戴帽侧身的绅士，与该书内容直接呼应，上面题写书名和出版社信息。扉页有叶恭绰题写的书名。

249

《无题之秋》

作者：朱英诞
封面设计：不详
出版社：开明书店
版本信息：1935年初版
印刷方式：铅印
尺寸：18×13厘米

《无题之秋》封面

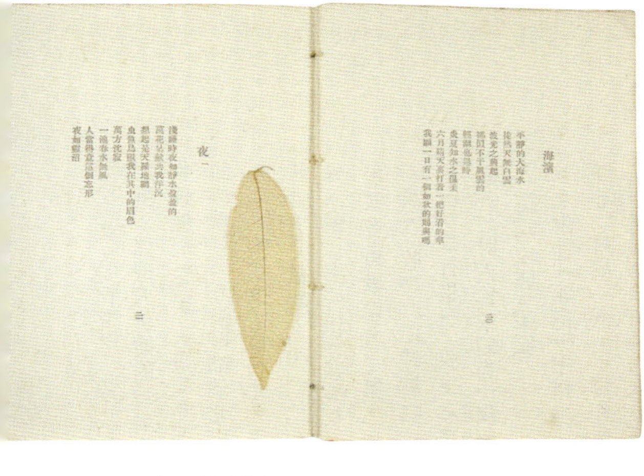

《无题之秋》内页

1935年底，由林庚作序推荐，开明书店出版了朱英诞自印诗集《无题之秋》。在《无题之秋》中收录《冬室》《红日》《雷之前后》《画》《少年行》《落花》《破晓》等诗。在《花间》一诗中，诗人从蝴蝶的自在状态感悟到万物的静与不静的辩证。

该书封面的主体造型为一弯内涵丰富的月亮，看似无题实则以多种柔美的线条缱绻缠绕，表现出怅惘的心境与细腻的心思。

250

《汉园集》

作者：何其芳、李广田、卞之琳 著；
卞之琳 主编
封面设计：不详
出版社：商务印书馆
版本信息：1936年3月初版
印刷方式：铅印
尺寸：17×11.2厘米

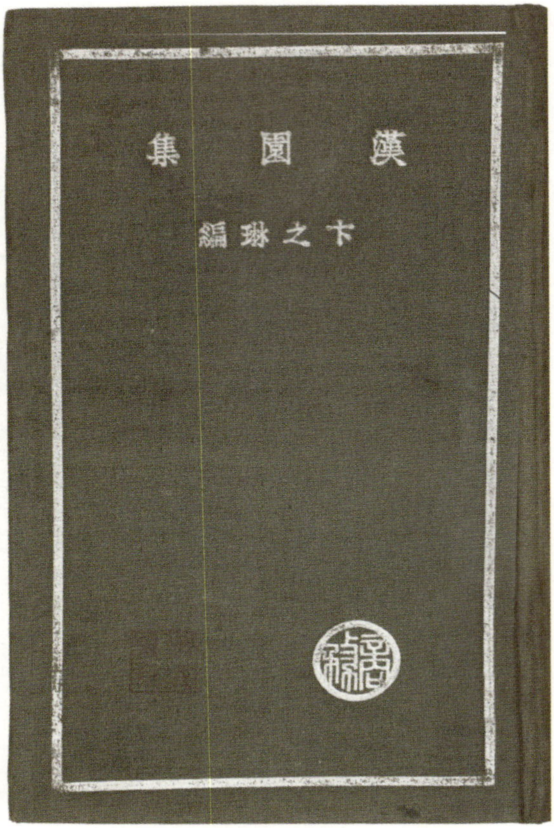

《汉园集》封面

《汉园集》是何其芳、李广田、卞之琳三位诗人早期的诗歌合集，收录他们1930—1934年间创作的诗歌。三人当时都是北京大学外文系的学生，常在北大汉园切磋诗艺，故取名为《汉园集》，分三辑，第一辑『燕泥集』，收何其芳诗歌16首；第二辑『行云集』，收李广田诗歌17首；第三辑『数行集』，收卞之琳诗歌34首。时人称他们为『汉园三诗人』或『汉园三杰』。

卞之琳在《题记》中指出，他们并非『自成一派』，诗作风格各不相同。李广田诗质朴无华、自然浑厚；卞之琳诗歌象征主义色彩鲜明、抽象淡泊；而何其芳诗则华美浪漫绚丽，轻柔哀怨多情的感伤气质更为浓烈。三人虽创作个性各异，但都在诗里表达了对人生真谛的探索。

该书封面以灰绿细布面精装，列为『文学研究会创作丛书』之一。封面印有书名、编者和『商务』标识，别无更多装饰。

251
《阿左林小集》

作者：[西] 阿左林 著；卞之琳 辑译
封面设计：不详
出版社：国民图书出版社
版本信息：1943年5月初版
印刷方式：铅印
尺寸：18．2×13厘米

《阿左林小集》封面

阿左林是西班牙著名作家，推动了西班牙的现代文艺复兴运动。民国时期被译介至中国，其作品以独特的风格、鲜明的文体受到了当时多数京派作家的喜爱与推崇。汪曾祺曾说：『阿左林是我终生膜拜的作家。』

卞之琳深受阿左林影响，认为：『他把王公贵人和市肆负贩，宫廷和铁匠铺，用了同样篇幅，同样气力写，仿佛不知道谁大谁小……阿左林先生固然并没有教我爱西班牙，更没有教我爱中国，然而从他的作品里，如同从一切真挚的作品里，我增得了对于人、对于地的感情，也就增得了对于西班牙的感情，也就增得了对于本国的感情。』1943年，卞之琳从自己所译的阿左林作品《西窗集》中抽出部分文章，编成此书，共收录小说、散文27篇，译笔传神，意境幽远，堪称翻译佳品，因不再重版，此书已成为新文学书刊收藏中难得的珍本。

该书封面以一幅抽象漫画为主体，左侧一男子顶天立地，一手指向天空，脚边站着两个孩子，右侧一女子身着华服，捧着孔雀尾，画面风格富有西班牙地域特色。

252

《黄土泥》

作者：老向

封面设计：不详

出版社：上海人间书屋

版本信息：1936年6月初版

印刷方式：铅印

尺寸：18.8×13.3厘米

《黄土泥》是老向的短篇小说及散文集，收录《村儿辍学记》《籴米》《糖瓜祭灶》《故都黎明的一条胡同儿里》等30篇文章。老向原名王焕斗，又名王向辰，其作品语言追求大众化、通俗化，乡土气息浓厚，文字轻快幽默，被称为『幽默作家』。

该书封面极富乡土气息，一个老翁悠闲地靠坐于茅屋旁边，口衔旱烟袋，青烟缓缓升起，右边一只小狗侧立。绘画者笔法娴熟，颇见功力。封面左侧是作者题字的书名和作者名，字体清爽洒脱。

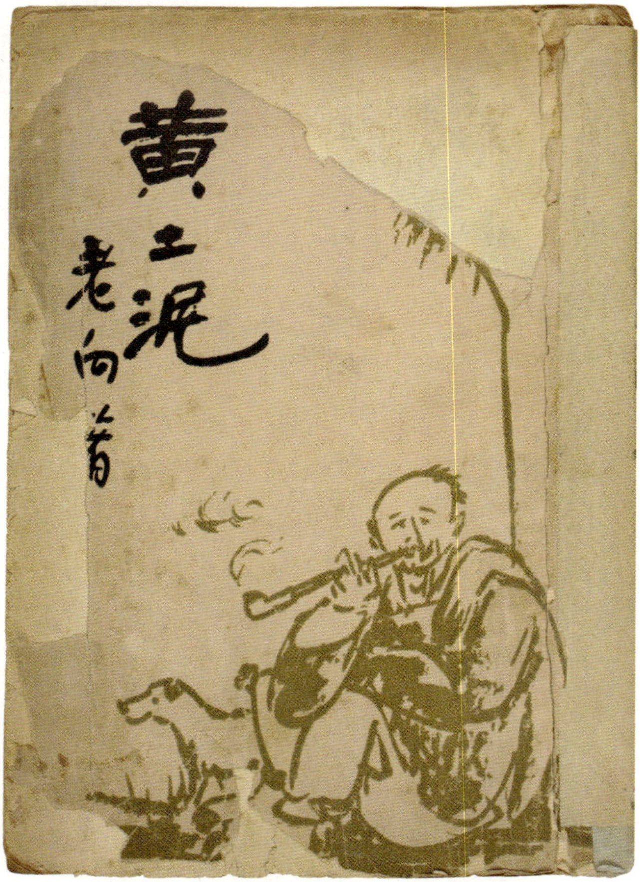

《黄土泥》封面

253

《一个女兵的自传》

作者：谢冰莹
封面设计：不详
出版社：上海良友图书印刷公司
版本信息：1936年7月初版
印刷方式：铅印
尺寸：17.5×13厘米

《一个女兵的自传》封面

《一个女兵的自传》环衬

《一个女兵的自传》是谢冰莹创作的长篇传记体小说，是『良友文学丛书』之二十七。作品记叙了谢冰莹从1906年出生至1928年到上海的生活经历，分为幼年时代、小学时代、中学时代、从军时代、家庭监狱、漂流六大部分，既展现了一位坚强女性艰难曲折的人生奋斗历程，又真实再现了大革命时期反帝、反封建、反军阀的壮烈斗争画面。此书后多次再版，并被译成英、日、朝等文，在国内外产生了广泛影响。

谢冰莹是现当代著名作家，曾参加北伐军，写下《从军日记》，一举成名。柳亚子为她题诗：『谢家弱女胜奇男，一记从军胆气寒。谁遣寰中棋局换，哀时庾信满江南。』鲁迅则在给谢冰莹的信中勉励道：『做人傲气不可有，傲骨不可无。』

该书封面采用天蓝色软布面精装，封面左上角印书名和作者名，右下角印有上海良友图书印刷公司的标志，整体设计简洁大气。

254
《燕郊集》

作者：俞平伯
封面设计：不详
出版社：上海良友图书印刷公司
版本信息：1936年8月初版
印刷方式：铅印
尺寸：17.8×12.6厘米

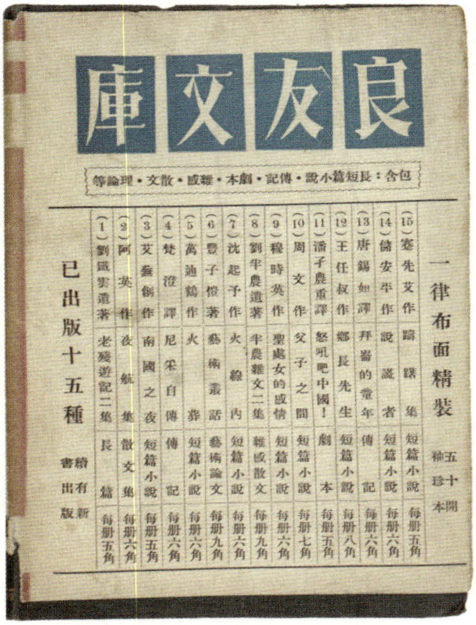

《燕郊集》封面、封底

《燕郊集》是俞平伯创作的散文集，是『良友文学丛书』第二十八种，所收篇目比较杂，收录《谷音社社约引言》《贤明的——聪明的父母》《积木词》《赋得早春》，以及『词课示例』及爱伦坡小说的译文等。王瑶评价称：『俞平伯这期有《燕郊集》，仍然是一种糅合古文、白话、方言等的文学格调，表现一种知识分子底知识和趣味的作品。』

俞平伯是现代诗人、散文家、红学家，与胡适并称『新红学派』的创始人；『五四』时期是新潮社、文学研究会、语丝社的成员，其散文创作受周作人影响，文笔含蓄委婉。

该书封面以紫色色块对画面进行分割，既有规则图形的齐整效果，又不失活泼，顶端书写『良友文学丛书之廿八』，左侧题写书名和作者名，文字横版和竖版变化，不拘一格，右侧是旭日初升于水面、飞鸟翱翔于树枝下的画面。

255

《遥夜闺思引》

作者：俞平伯
封面设计：不详
出版社：个人刊，北平彩华印刷局承印
版本信息：1948年3月初版
印刷方式：珂罗版影印
尺寸：18.7×12.6厘米

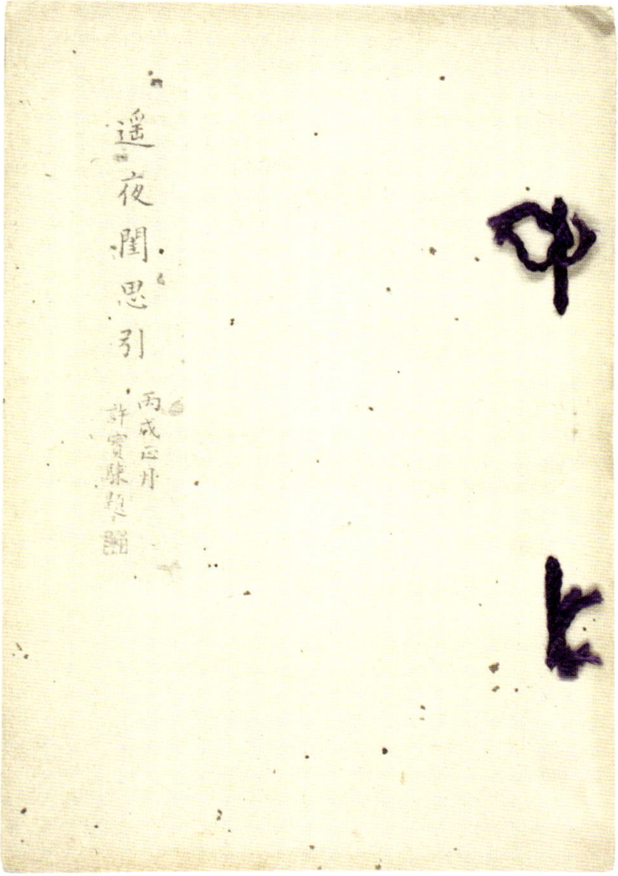

《遥夜闺思引》封面

《遥夜闺思引》是俞平伯酝酿于沦陷末期、完成于抗战胜利后的一部长篇古风诗。卢沟桥事变后，俞平伯留居北平，始终面临着士林社会内部的道义压力，新文学出身的俞平伯借此选择旧体诗来表达自己的身世处境，向南渡又北归者婉转表达自己沦陷时期的处境与心境。以儿女之情思写国家之忠爱，词意凄婉，托喻深微，须细推求。

该书由作者用极漂亮的小楷写在『仿绍兴本通鉴行格』的纸上，由北平彩华印刷局珂罗版影印。封面设计极其精练，用娟秀的楷体字题写书名，采用丝线装订，共影印一百部，洵为珍贵。

256

《冬夜》

作者：俞平伯
封面设计：许敦谷
出版社：亚东图书馆
版本信息：1922年3月初版
印刷方式：铅印
尺寸：12.7×18.6厘米

本书是俞平伯的首部新诗集，收录其1919至1922年间创作的58首白话诗作，依题材编为四辑，是继胡适《尝试集》、郭沫若《女神》后第三部引发新文学界广泛关注的白话诗集。卷首附有朱自清撰写的理论性序言，系统阐释新诗创作理念。封面由许地山胞兄、画家许敦谷执笔设计，采用横32开本形制，豆青底色上以黑色水墨勾勒出古典意蕴的图景——一女子怀抱琵琶垂首拨弦，膝畔灵猫侧耳谛听，线条简练而气韵生动。

《冬夜》题记：花影底绰约，却是银灰色的。影儿虽碍花，花终不愿抛撇她依依的影。

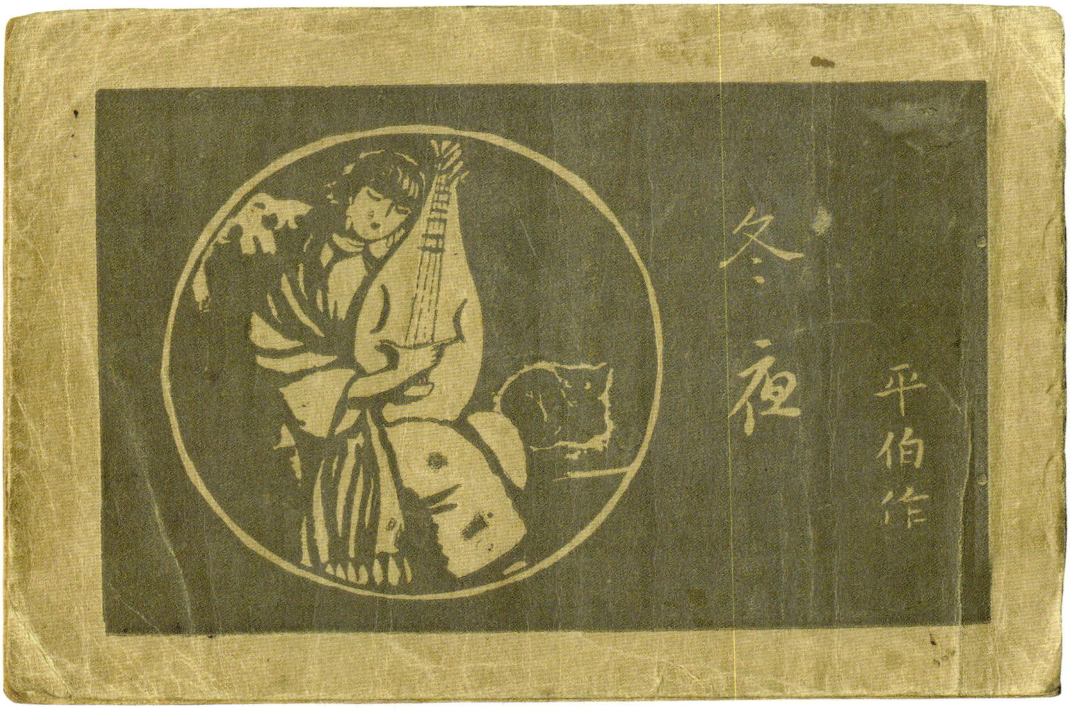

《冬夜》封面

257
《赛金花》

作者：夏衍
封面设计：郑川谷
出版社：生活书店
版本信息：1936年11月初版
此为1937年3月再版
印刷方式：铅印
尺寸：12×16.5厘米

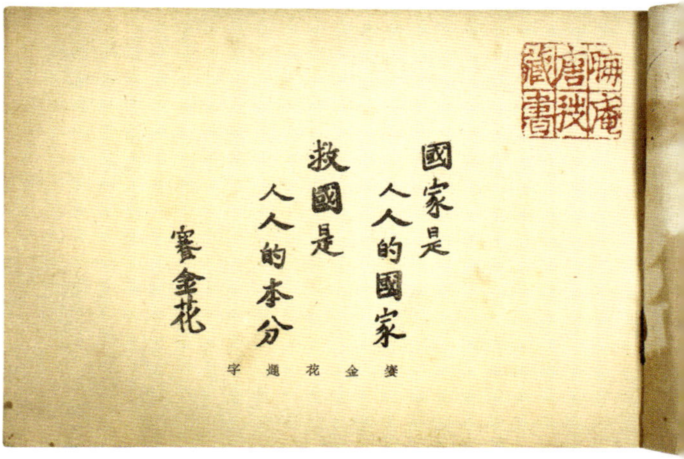

《赛金花》内页

《赛金花》封面

《赛金花》是夏衍创作的话剧，由生活书店初版于1936年11月。赛金花在历史上确有其人，是清末北京名妓。传说赛金花曾在八国联军侵华时期与德军统帅瓦德西有过接触，甚至用一些周旋技巧说服瓦德西令其部队在北京停止烧杀抢掠等无耻行为。该剧本以庚子事件中赛金花与瓦德西的传说为线索，刻画八国联军入侵北京后，清政府和无能官员、顺民在侵略者面前投降求荣的丑态，以讽刺日军侵华期间国民党政府的腐败无能、丧权辱国。

该剧本由上海四十年代剧社公演，轰动一时。当时有报纸评论：『除此绥东炮火声中，此历史悲壮哀艳之名剧，益令观众感到无穷之兴奋与感叹。当距今三十年前，八国联军入北京城，清帝蒙尘西奔，城中乃处异族铁蹄下，三千壮士齐下拜，竟无一个是男儿。独名妓赛金花以一弱女子，往见统帅瓦德西。』

据《中国书籍装帧4000年艺术史》考证，该书封面由资深装帧设计家郑川谷先生设计，采用横排的形式，颇有舞台效果，令人耳目一新。封面左侧用白底黑字写着书名和作者名，十分醒目，巧妙使用黑、蓝、白三色，古城楼、门洞和大炮采用剪影方式，前面的箭楼是倾斜的，寓意将被炸毁，北京形势紧迫，既解释了主题，又有艺术性。

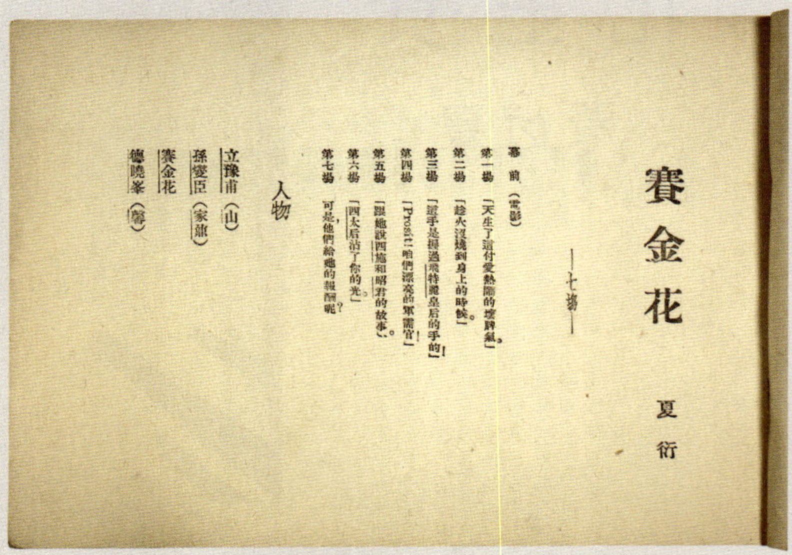
賽金花

——七場——

夏衍

幕前（雷影）
第一場「天生了這付愛熱鬧的壞脾氣。」
第二場「趁火沒燒到身上的時候。」
第三場「這手是握過飛特麗皇后的手的！」
第四場「Prosit！咱們漂亮的軍需官！」
第五場「跟她說西施和昭君的故事。」
第六場「西太后沾了你的光。」
第七場 可是，他們給她的報酬呢？

人物

立豫甫（山）
孫燮臣（家鼐）
賽金花
德曉峯（馨）

《赛金花》内页

258

《上海屋檐下》

作者：夏衍
封面设计：郑川谷
出版社：戏剧时代出版社
版本信息：1937年11月初版
印刷方式：铅印
尺寸：18.4×13厘米

《上海屋檐下》封面

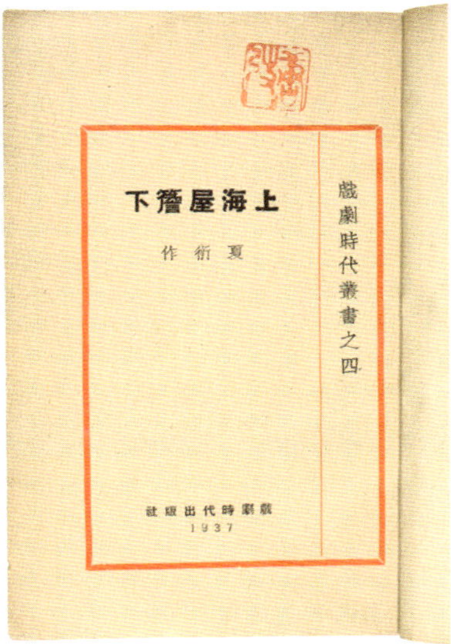

《上海屋檐下》扉页

《上海屋檐下》，又名《重逢》，是左联进步革命作家夏衍创作于抗战前夕的话剧，为中国左翼戏剧代表作品，系『戏剧时代丛书之四』。该书以林志成、杨彩玉与匡复三人之间的爱情纠葛为主线，利用电影蒙太奇式的镜头接连描写了普通的上海弄堂里五个家庭为生存而挣扎的人生遭遇和上海底层小人物的喜怒哀乐，揭露了国民党统治下的黑暗现实。

该书封面以漫画为主体，白墙黑瓦的屋檐下有一盏灯，下面呼应以黄白条纹为顶的屋子，漫画整体看起来又像一个人脸，两扇窗户像是人的眼睛，在窥探着人们的生活。封面顶部的黑色色块中题写书名，左侧黑色线条旁边的白底中题写作者名，构图又像是另一个大屋檐。

259

《两个伊凡的吵架》

作者：[俄] 果戈里
译者：夏衍
封面设计：不详
出版社：旦社
版本信息：1940年4月初版
印刷方式：铅印
尺寸：16.5×12厘米

《两个伊凡的吵架》封面

《伊凡·伊凡诺维奇和伊凡·尼基福罗维奇骂架的故事》是俄国小说家、戏剧家果戈里创作的滑稽而忧郁的小说，描绘了两个好朋友浅薄低级地相互伤害摧残。鲁迅是最早介绍果戈里给中国人民的人，他本拟译该小说作为『朝花小集之三』，并曾刊出过广告，后未果。

日本作家伊马鹈平将该小说改编成六幕剧《两个伊凡的吵架》，后夏衍因为反感当时剧坛上流行的『情节戏』『服装戏』，创作了戏剧《上海屋檐下》，翻译了这六幕剧并于1940年4月由上海旦社出版。李健吾在《咀华集·咀华二集》中指出夏衍的戏剧《上海屋檐下》与果戈里的《两个伊凡的吵架》的气质同属一种——忧郁。正如果戈里所说：『人生是忧郁的。』

260

《愁城记》

作者：夏衍
封面设计：不详
出版社：开明书店
版本信息：1946年5月初版
印刷方式：铅印
尺寸：17.2×12.2厘米

《愁城记》是夏衍所著四幕剧，围绕着米行老板赵太爷一家的跌宕经历，展现了1937年上海沦陷后人们身处愁城的愁苦生活。该书封面简约大方，白底搭配红色框线的设计典雅精到。书名、作者名与出版社信息均为宋体。

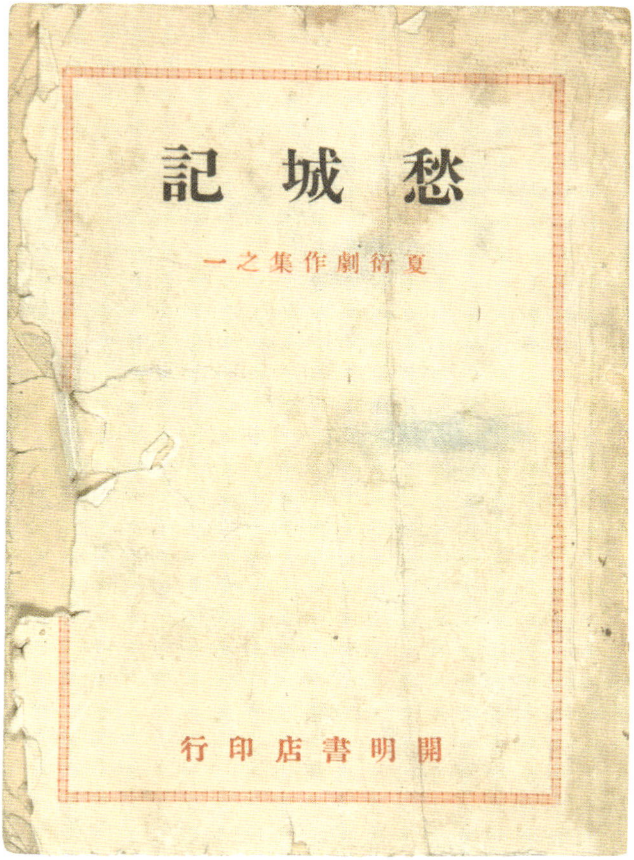

《愁城记》封面

261
《春寒》

作者：夏衍
封面设计：不详
出版社：香港人间书屋
版本信息：1947年11月初版
此为1949年12月再版
印刷方式：铅印
尺寸：18×12.5厘米

《春寒》是夏衍在香港《华商报》工作时创作的一部反映日军入侵前后广东社会与政治生活状况的长篇小说，1947年由香港人间书屋作为『人间文丛』的第一部作品出版。

该书封面明朗大方，左侧白底上黑色行书体『春寒』二字格外突出，右侧则搭配黄色暗纹，两种颜色的冲突对照引人关注。

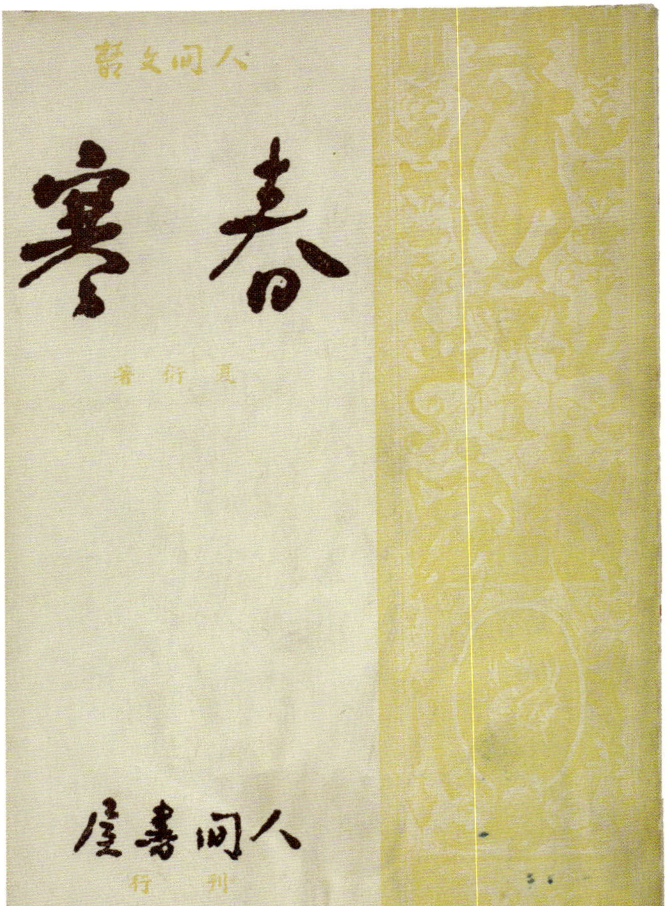

《春寒》封面

262

《大堰河》

作者：艾青
封面设计：艾青
出版社：上海群众杂志公司
版本信息：1936年11月初版
印刷方式：铅印
尺寸：19.6×13.7厘米

《大堰河——我的保姆》是艾青的成名作，发表时诗人第一次使用『艾青』这个笔名。《大堰河》诗集由上海群众杂志公司1936年11月出版，收录艾青1933年至1936年的诗作9首。

该书封面由艾青设计，封面由两种元素组成，其一为简洁大方的标题和作者名，其二为抽象线条手绘的保姆『大堰河』人物形象，突出了诗作从乡间泥土中来，但又不失西方现代风格的特点。

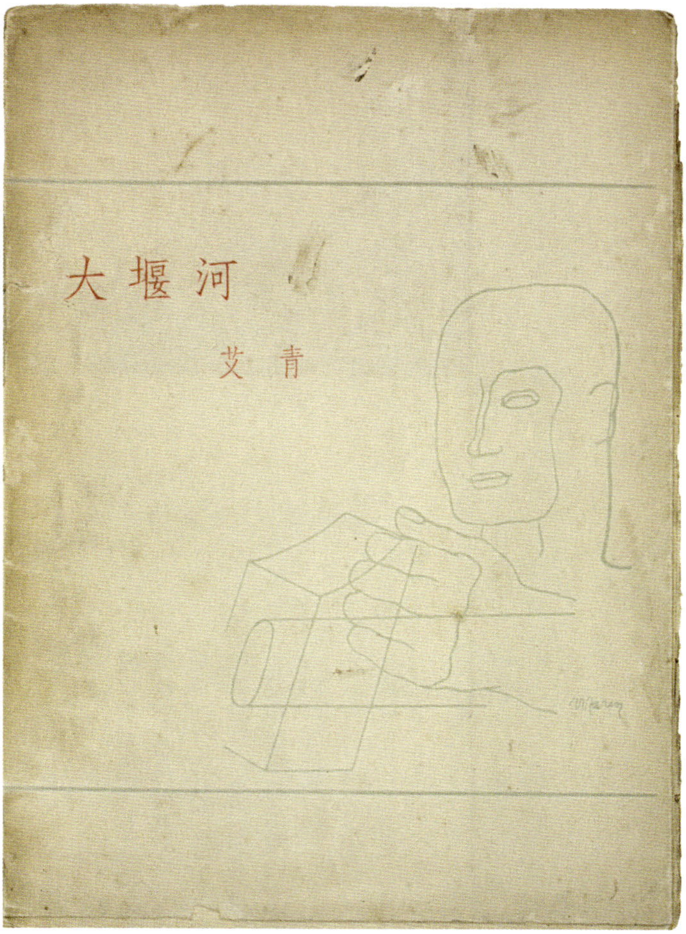

《大堰河》封面

263
《大波》

作者：李劼人
封面设计：不详
出版社：中华书局
版本信息：1937年1月初版
印刷方式：铅印
尺寸：18.6×13厘米

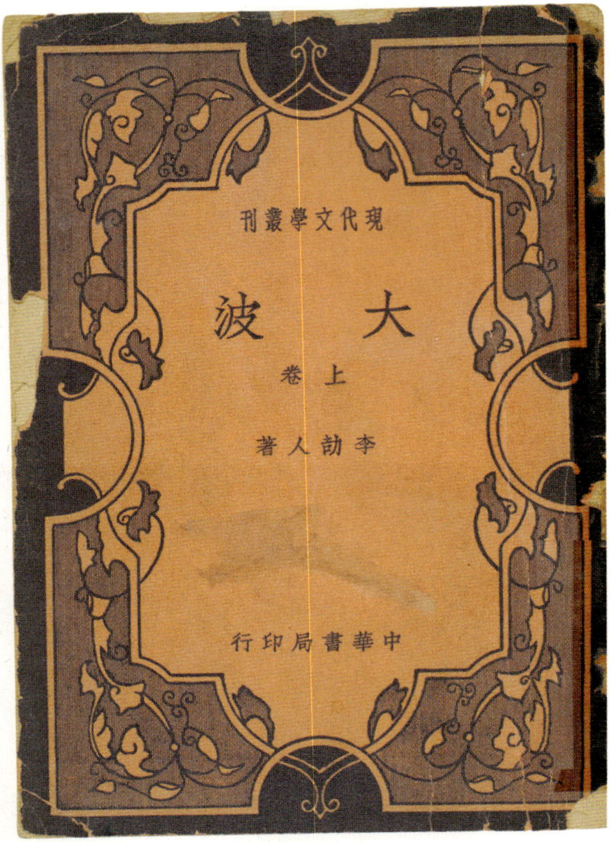

《大波》封面

《大波》用细致的笔法，刻画了辛亥革命前夕四川如火如荼的保路运动。当地城乡工农商的生活图景在这部历史小说中得到淋漓尽致的展现。由中华书局出版，分为上、中、下三卷，近50万字。

该书的封面设计和李劼人《死水微澜》《暴风雨前》两部作品都采用四方连续的环绕藤蔓图案作为边饰，古典而别有风味。这也是中华书局出版的文艺类图书的招牌样式。

264

《太平洋上的歌声》

作者：关露
封面设计：不详
出版社：上海生活书店
版本信息：1936年11月初版
此为1937年4月再版
印刷方式：铅印
尺寸：18.5×13厘米

《太平洋上的歌声》封面

《太平洋上的歌声》是关露的诗集，收录《太平洋上的歌声》《风波亭》《娜达姑娘》《没有星光的夜》《海燕》《悼高尔基》《病院》《失地》《你去吧》《别了恋人》《着白雪的梦里》《囚徒》《昨夜的忧伤》《战地》《向日葵》《故乡我不能让你沦亡》等诗作。这些作品反映了人民对帝国主义及黑暗势力的反对，对光明、自由和民主的渴望，鼓励大家联合起来共同对抗日本侵略者，争取人权和自由。

关露，原名胡寿楣，1932年加入中国共产党，抗战期间是我党优秀的『红色间谍』。

该书封面设计具有浓厚的艺术气息和时代特色。背景色为绿色，给人一种宁静、深远的感觉，象征着广阔无垠的太平洋。封面中央有一大块墨色，勾勒出一个人头的剪影，旁边晕染出墨迹，有一种神秘、深沉的感觉。中间以白色线条勾勒出大洋中航行的巨轮，象征着希望、勇气和奋斗。

265
《芭蕉谷》

作者：艾芜
封面设计：不详
出版社：上海商务印书馆
版本信息：1937年6月初版
印刷方式：铅印
尺寸：17×11厘米

《芭蕉谷》封面

本书为小说集，收录《芭蕉谷》《某校纪事》《端阳节》共三篇。其中，《芭蕉谷》聚焦于一个生活在边地底层的劳动妇女——坚忍而勤劳的姜大嫂身上。旧时代铺天盖地的令人窒息的黑暗裹挟着她，使天地之间，她竟无所逃离。

该书封面简洁素雅，36开布面精装，整个封面淡青色做底，没有过多的装饰，仅以银色的大边框分成内、外两部分，显得朴素大方又小巧厚实，框内有书名和作者信息位于正上方，『商务』二字的圆章置于封面右下角。

266

《武则天》

作者：宋之的
封面设计：不详
出版社：生活书店
版本信息：1937年6月初版
印刷方式：铅印
尺寸：18.5×12.9厘米

《武则天》是剧作家宋之的创作的五幕话剧，是『妇女生活丛书』之五。该剧作着重描绘武则天在以男性为中心的社会中反抗挣扎的情况，并于1937年公演，引起了当时社会的广泛关注。

该书封面设计优美，具有现代感，但未署封面设计者姓名。封面绘制手法不靠线条，而是采用类似蜡笔的肌理效果。画面上的古装女子长袖善舞，颇为张扬，具有强烈的现代感。袖子上方题写书名『武则天』。

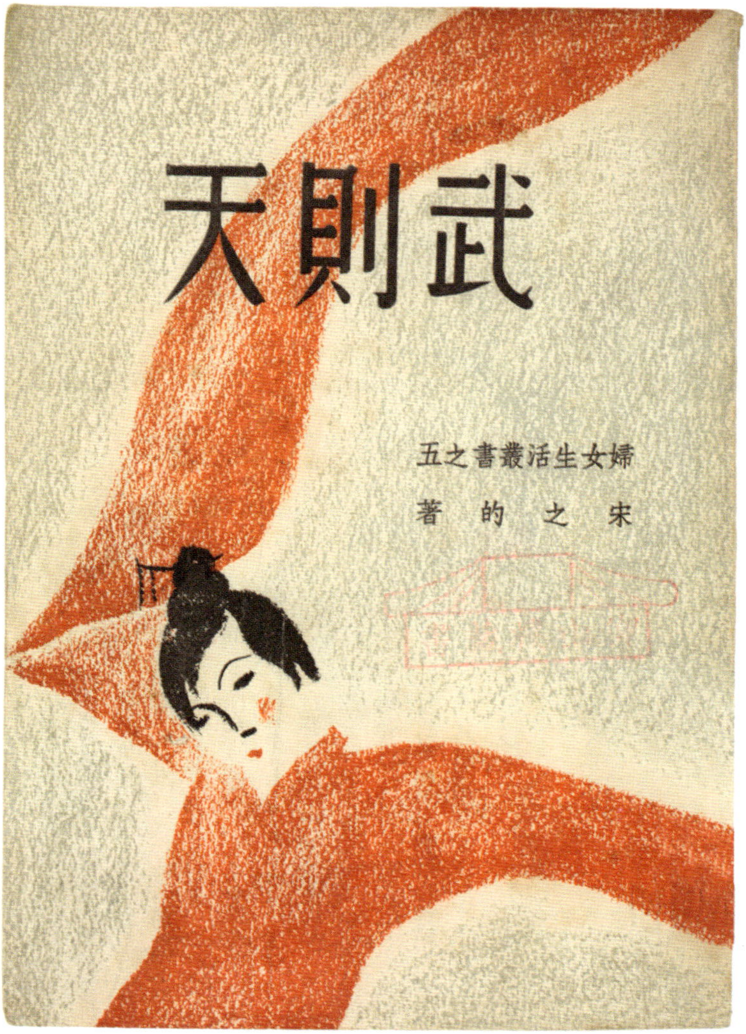

《武则天》封面

267
《黑字二十八》

作者：曹禺、宋之的
封面设计：不详
出版社：重庆正中书局
版本信息：1940年3月初版
印刷方式：铅印
尺寸：18．2×13厘米

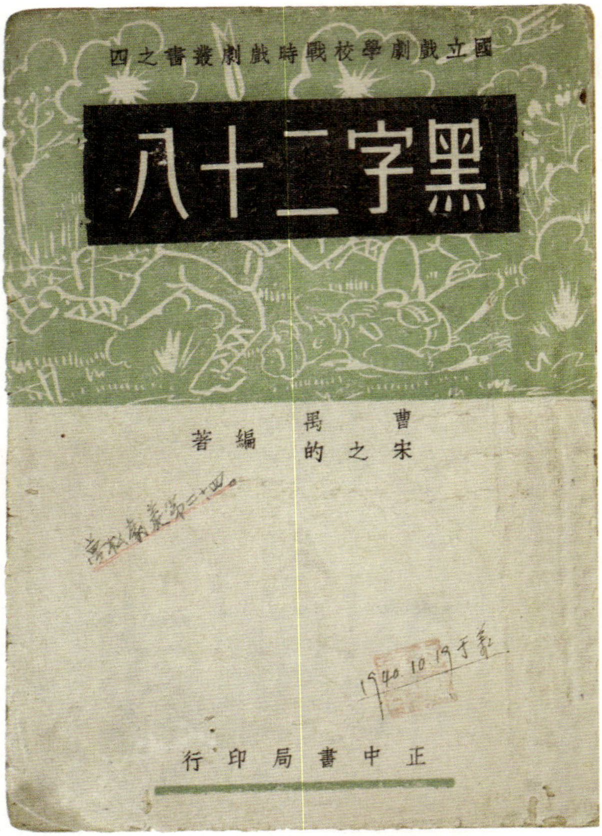

《黑字二十八》封面

《黑字二十八》是曹禺、宋之的合撰的四幕话剧，国立戏剧学校『战时戏剧丛书』之四。该剧写抗日战争爆发后，在『全民总动员』的号召下，进行的一场反汉奸、反间谍的斗争。『黑字二十八』是日本间谍的代号，本剧最后以抓获『黑字二十八』告终，故名。

封面整体以绿与淡黄搭配，上半部分的画作有版画风格，描绘了炮弹横飞，有人倒地、有人奋起反抗的图景，体现出鲜明的动员全民投入抗战的主题。

268

《台儿庄》

作者：王莹　等集体创作；锡金　等执笔；贺绿汀　作曲
封面设计：不详
出版社：汉口读书生活出版社
版本信息：1938年6月初版
印刷方式：铅印
尺寸：18.2×12.6厘米

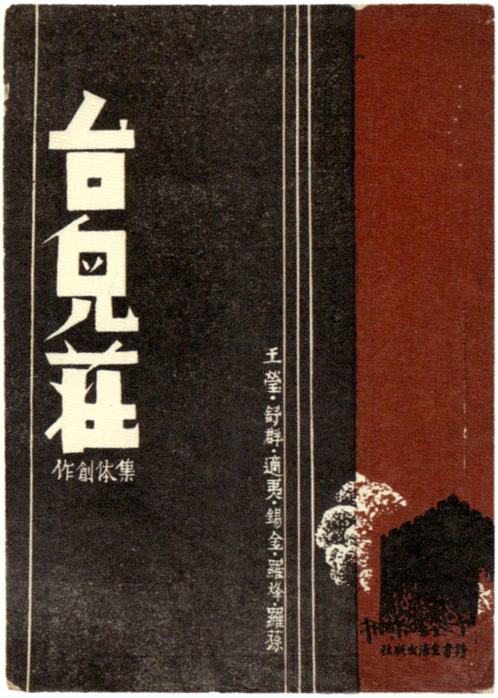

《台儿庄》封面

《台儿庄》是一部由王莹、舒群、适夷、锡金、罗烽、罗荪等多位作者共同创作的三幕剧。该剧创作于1938年4月，正值徐州会战前夕，当时国民党军队在台儿庄取得了胜利，武汉三镇有10万人举行盛大集会庆祝。书前有六位参与者的序言，其中罗烽的序言解释了他们创作《台儿庄》的目的：『不是夸扬中国的胜利，而是企图写一部人类的悲惨史诗。』他进一步指出，创作是否成功，取决于读者或观众是否能够感受到：『「人类悲惨」的反应，果是，那末不单达到了那个单纯的目的，同时，人类共同的敌人，也就被它明显地指出了。而且，更从这里指出，人类要怎样消灭那种悲惨，而争取人类共同的胜利与幸福。』

该话剧从民众的觉悟和敌军内部的厌战情绪两个角度，揭示了抗日战争的正义性和必然胜利的前景。茅盾认为，该剧没有直接描述台儿庄大战的具体情节，而是采用了侧面描写的方法，对主题进行了深入的挖掘，特别是大多数人物都被塑造得具有鲜明的个性。

这本书的封面设计采用了红黑两色的强烈对比，左侧是黑色背景配以白色文字，印有书名和作者的名字，中间穿插了几条白色的直线，打破了沉闷的氛围。右侧则是红色背景，印有黑色的长城和烽火图案。设计简洁而富有视觉冲击力。同时，红黑搭配也传达出一种庄重和严肃的感觉，符合《台儿庄》这部剧作的主题和情感基调。

269
《桃花源》

作者：鹰隼
封面设计：不详
出版社：风雨书屋
版本信息：1938年12月初版
印刷方式：铅印
尺寸：18.5×13厘米

《桃花源》封面

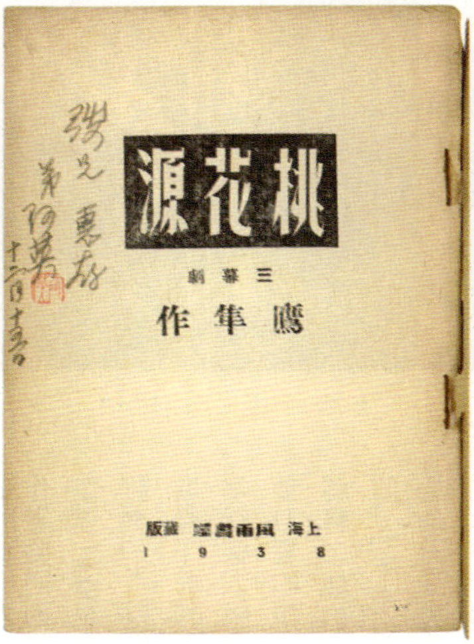

《桃花源》扉页

《桃花源》是鹰隼（阿英）于1938年创作的三幕话剧，列入『风雨戏剧丛书』。讲述一个东海猎户到中国寻找财宝，途中偶遇桃花源，强抢民女未遂后将桃花源烧成一片废墟。男女主人公被迫逃亡，猎户被桃花源居民打死。桃花源人一年后在焦土上重建新家园，男女主人公也学得一身本领，回到桃花源保卫家园。作者意在通过该故事呼吁国人积极抗日，保家卫国。该书封面色彩运用大胆，以红色为背景，蓝色的不规则图案在画面中心铺开，以红色字题写标题，下方描绘一株美丽的桃花。色彩的强烈碰撞展现出一种激烈的斗争之感，画面中心的桃花却静谧美好，寓意桃花源人民的幸福生活。

270

《灵飞集》

作者：张次溪
封面设计：冯朋弟
出版社：天津书局
版本信息：1939年2月初版
尺寸：19×12.8厘米

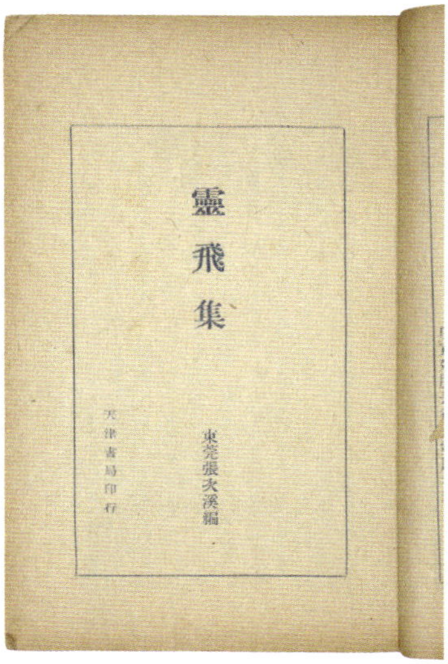

《灵飞集》扉页

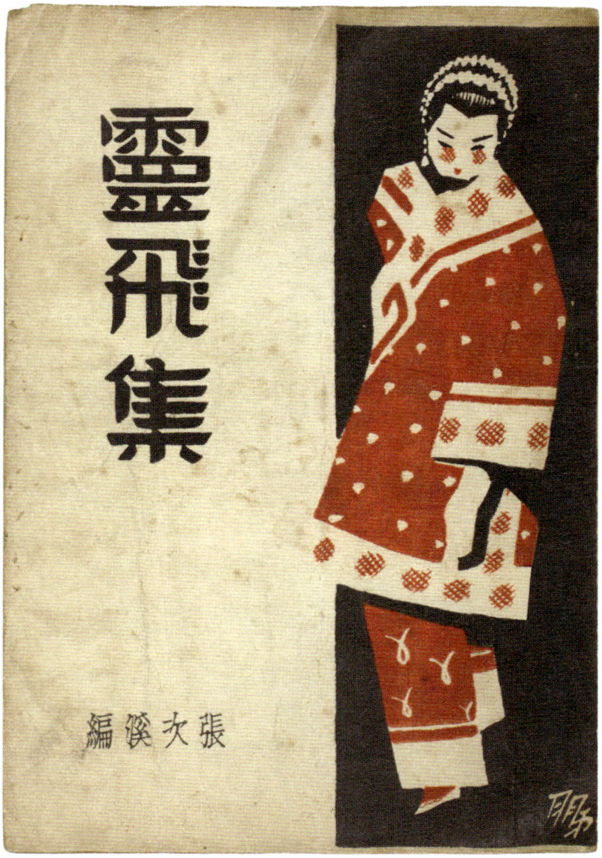

《灵飞集》封面

《灵飞集》是张次溪编的有关赛金花的诗文集，收录杨云史、金松岑等人的作品，包括《灵飞倩影》《赛金花墓表》《灵飞墓诗碣》《前彩云曲》《致灵飞书》等赛金花墓表、挽联、诗曲以及系年小录等。书前有赛金花的照片和王青芳刻的赛金花木刻画像。

该书封面设计者冯朋弟，是沦陷时期平津通俗报刊的漫画家，著有连环漫画人物老白薯、老夫子、阿摩林等。封面人物是主人公赵灵飞（即赛金花），作者使用简练的笔墨，敢于有所舍弃、夸张。书名和人物画的底衬为黑色，赛金花的衣服花纹、鞋袜、脸颊和嘴唇均为红色，再以白色装点边衬，用红、白、黑三种颜色即创造出魅人的艺术效果，展现了一身清装打扮的赛金花神采飞扬的姿态。画面和谐明快，既简洁又不失稳重。

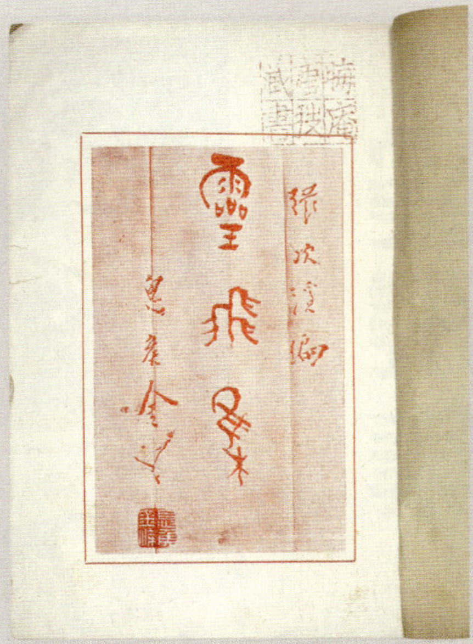

《灵飞集》插图

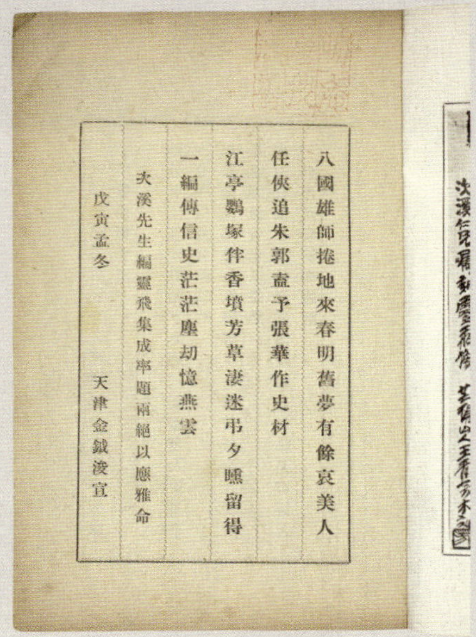
八國雄師捲地來春明舊夢有餘哀美人任俠追朱郭盍予張華作史材
江亭鸚塚伴香墳芳草淒迷弔夕曛留得一編傳信史茫茫塵刧憶燕雲
次溪先生編靈飛集成率題兩絕以應雅命
戊寅孟冬　天津金鉞浚宣

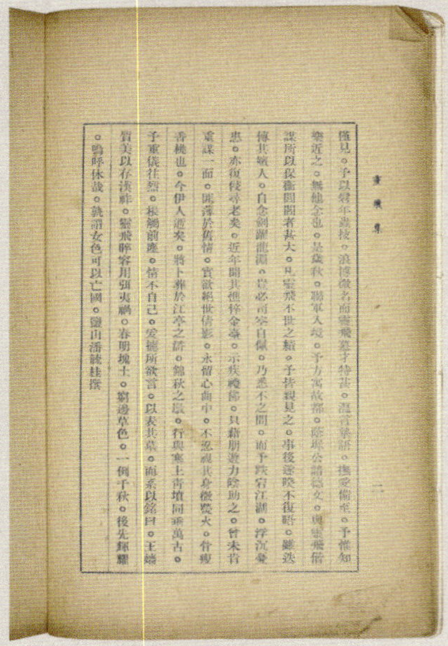

《灵飞集》内页

271
《华发集》

作者：周黎庵
封面设计：不详
出版社：葑溪书屋
版本信息：1940年5月初版
印刷方式：铅印
尺寸：18.3×12.9厘米

《华发集》封面

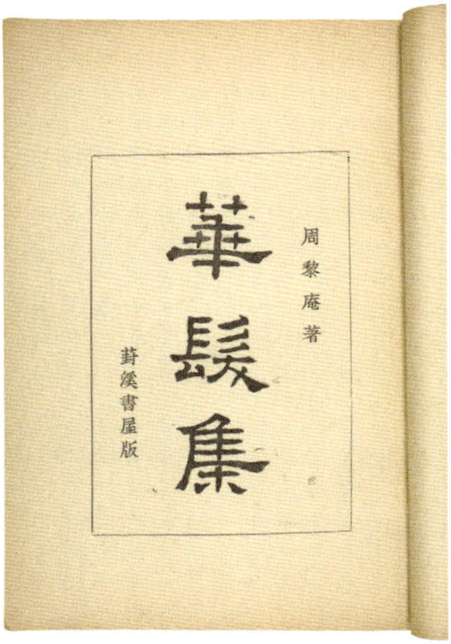

《华发集》扉页

《华发集》是周黎庵的杂文集，收录了诸如《说傲慢》《周作人与范爱农》《关于周作人先生的事》《关于文字狱史》《苏武与庾信》《看人论事》《吴梅村的『读史杂感』》等45篇杂文，深刻剖析了中国社会百态。该书书名源自黄仲则的诗句『终古远山埋落日，半生华发战高秋』，以此作为自勉之意。周黎庵在书后的跋语中对唐弢表达了感激之情，正是唐弢给予了他创作杂文最大的鼓励，他遂将这本书献给这位挚友。

该书封面清新淡雅，以隶书题写书名，下方的圆形之中是一幅中国传统山水画，细腻地描摹出山石与松柏的形态，与书名所引用的诗句相互映衬，相得益彰，颇具悠远意境。

272
《吴钩集》

作者：周黎庵
封面设计：不详
出版社：宇宙风社
版本信息：1940年2月初版
此为1940年7月再版
印刷方式：铅印
尺寸：18.3×12.7厘米

《吴钩集》为周黎庵的杂文集，收录《清代文苑杂录》《西洋人与跪拜》等28篇文章。扉页印有：『谨把这册小书，献给——一位寂寞的老人。幼时，她给我读许多书的环境；同时，她也是世界上最爱着我的人。』

该书封面以线条和色块分割成上下两个部分，上半部分以极具艺术性的曲线和书名组成，下半部采用深色色块，形成强烈的对比呼应，极富形式感。

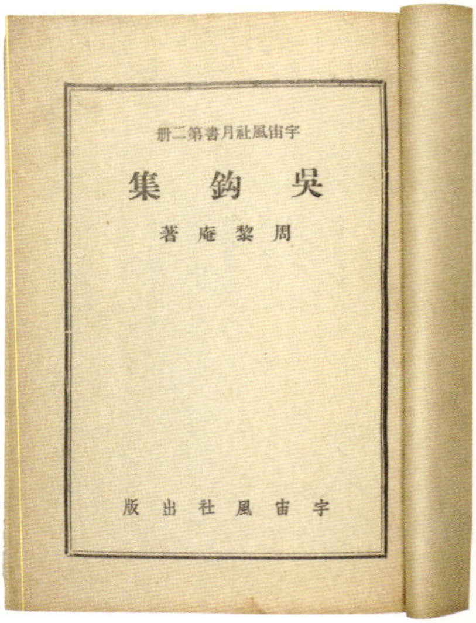

《吴钩集》封面、扉页

273
《葑门集》

作者：周黎庵
封面设计：郑午昌、吴铁声
出版社：庸林书屋
版本信息：1941年6月初版
印刷方式：铅印
尺寸：18.3×12.9厘米

《葑门集》扉页

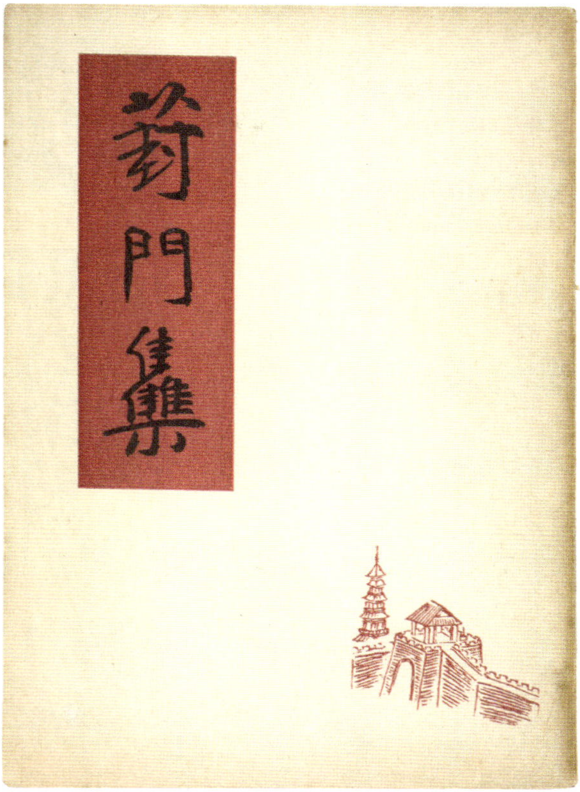

《葑门集》封面

《葑门集》是周黎庵的作品集，收录他在东吴大学读书时作的36篇文章，包括《论风度与人情》《论真率》《谈『书院教育』》《袁子才与郑板桥之幽默》《回首丙子六十年》《〈论语〉三年》《半小时访章记》《章太炎先生轶事》《由苏至沪杂记》《春天的虎丘道上》《镇扬游踪》《春来忆江南》《蔼理斯及其著作》等。因写于苏州葑门一隅，故拈以作书名。文章大多为周黎庵的『少作』，在序言中称：『我所珍惜的不是那幼稚的文字，老实说，是为了写作时的环境和心境。』

该书封面由郑午昌、吴铁声设计，配色鲜亮，以玫红色的笺纸题写书名，右下角则是以玫红色绘就的城楼和塔，令人眼前一亮。

274

《战争与文学》

作者：[苏] 爱伦堡 等
译者：高扬 等
封面设计：不详
出版社：海燕书店
版本信息：1941年10月初版
印刷方式：铅印
尺寸：17．2×12．3厘米

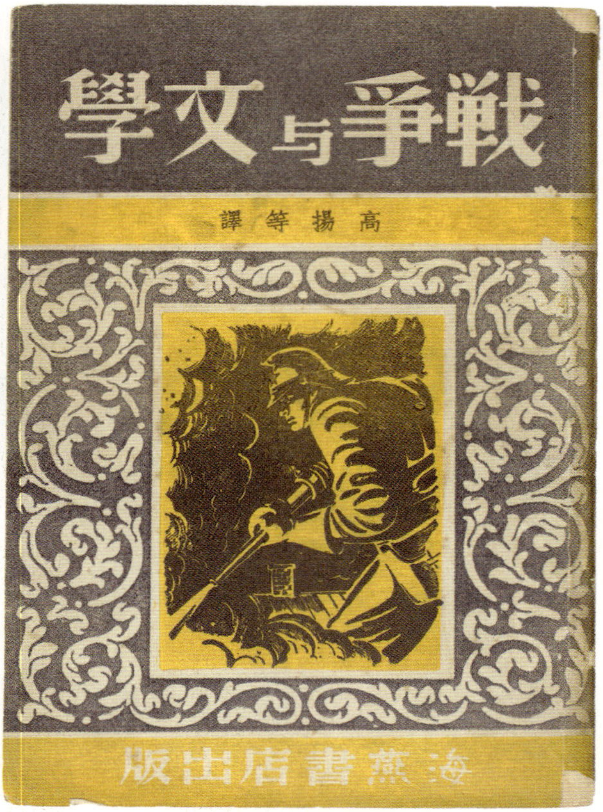

《战争与文学》封面

《战争与文学》由苏联著名战争文学作家爱伦堡等人创作，收录战争题材的报告文学、小说、剧本共22篇。全书所反映的爱国主义、英雄主义和人道主义精神在当时极大地鼓舞了中国的抗日军民，具有重要的时代价值和革命意义。

该书封面有典型的翻译文学特点，以深蓝色和金黄色为基调，两条金黄色的框将封面分为两个空间，上方题写书名，字体大小变化；下侧绘以花纹，花纹中间是一幅画，表现一个戴着头盔的士兵正手握武器。此封面设计将战争和文学的主题融入画面中，引人深思。

275
《换巢鸾凤》

作者：刘云若
封面设计：不详
出版社：天津励力出版社
版本信息：1941年3月初版
印刷方式：铅印
尺寸：18.4×13厘米

《换巢鸾凤》封面

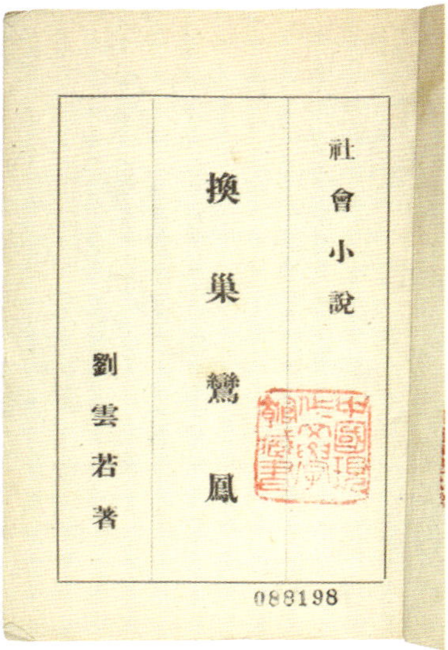

《换巢鸾凤》扉页

《换巢鸾凤》是刘云若创作的社会小说。刘云若是20世纪30年代天津著名的社会言情小说家，被称为『直面人性的「小说大宗师」』。『换巢鸾凤』是词牌名，本意一般指妇女改嫁。小说讲述华慧娜在故乡遭匪患劫烧之后，家人尽丧，独身逃到天津，在举目无亲的情况下只好抛弃继续求学的念头，投入新舞场做一个舞女，在几个男性之间无法自主的命运。小说饱含着熠熠生辉的人性，体现了民国社会生活特色，深受读者喜爱。

该书封面有鲜明的民国画报特色，在暖黄色灯光的房间里，一个西装革履的男子搂着一个穿浅蓝色布旗袍的舞女，与小说内容相呼应，封面右侧用楷体书写书名和作者名。

276

《边塞的军笳》

作者：彭桂萼
封面设计：老舍
出版社：警钟社
版本信息：1941年10月初版
印刷方式：铅印
尺寸：13.1×9厘米

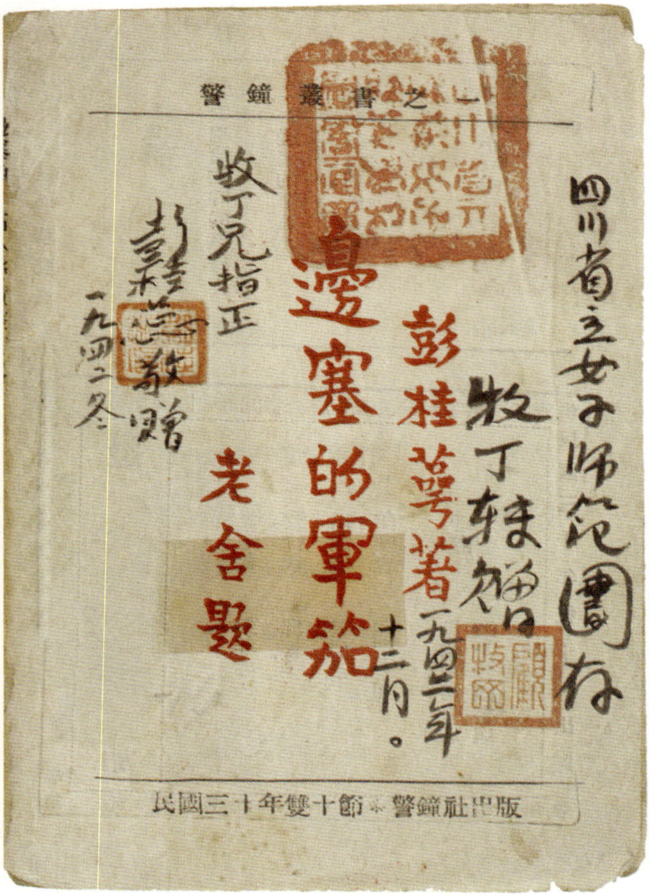

《边塞的军笳》封面

《边塞的军笳》是彭桂萼的诗集，列为『警钟丛书』之一，收录《军笳》《跨进了战斗的第三年》《胎动》《祖国已快要回春》《突破病魔的封锁线》《怅望着高黎贡山》《踏上天海路线》《南方的秋晨》《茶山鸡的歌唱》《野鸭塘边开野宴》共10首诗作，书前有雷石榆的《吹响了军笳》，书末有《尾声》。

彭桂萼的诗歌创作以民族解放为主题，善于选择具有时代感的画面和重大历史事件入诗。雷石榆评价彭桂萼的抗战诗歌『富有澎湃的热情与飞翔的想象力』，臧克家称在彭桂萼的诗歌里『看到了一幅幅的边疆抗战图，看到了一片片山川的风色』。蒙树宏在《云南抗战时期文学史》中也指出：『在抗战时期后，云南文学工作者绝大多数集中在昆明，像彭桂萼这样长期在边疆，并且专心致志地歌颂边疆各民族人民的新觉醒，反映他们所深受的痛苦，抒写自己对边地一山一水一草一木的深情厚谊，是绝无仅有的。』

此书封面由老舍题签，该藏本是作者于1942年冬赠送给马牧丁的。

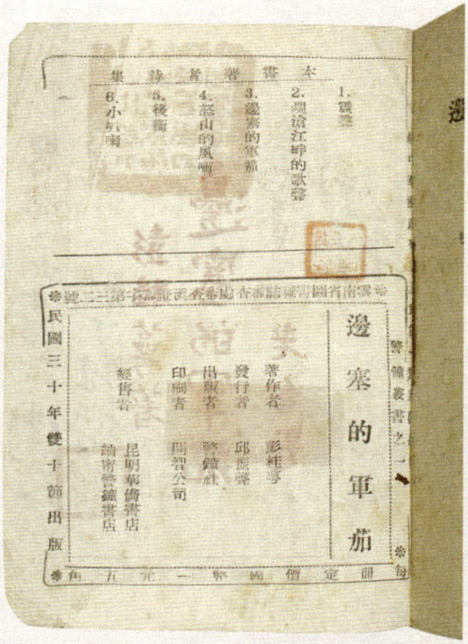
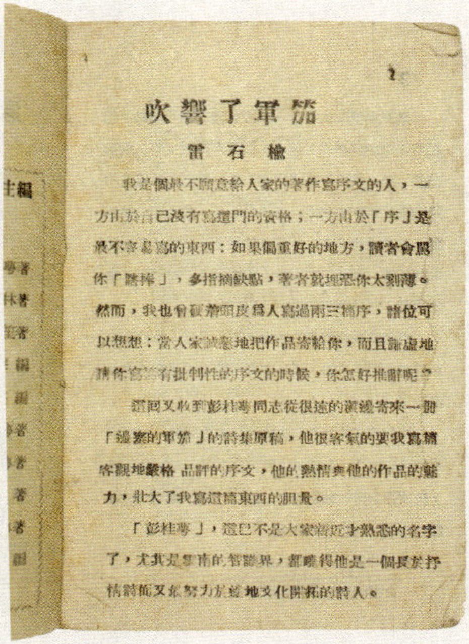
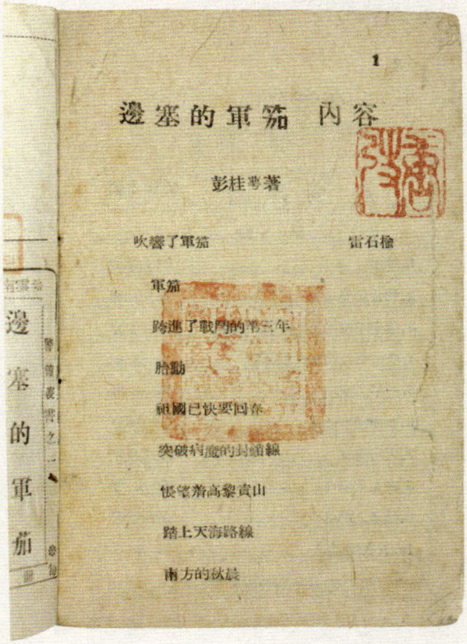
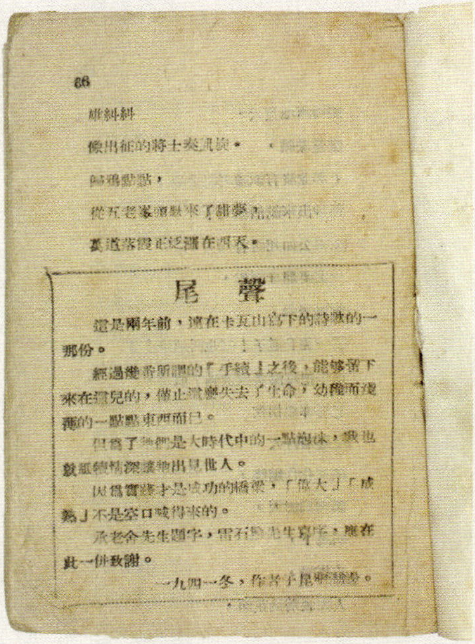

《边塞的军笳》内页

277
《感情的野马》

作者：臧克家
封面设计：不详
出版社：当今出版社
版本信息：1943年11月初版
印刷方式：铅印
尺寸：16．5×11．4厘米

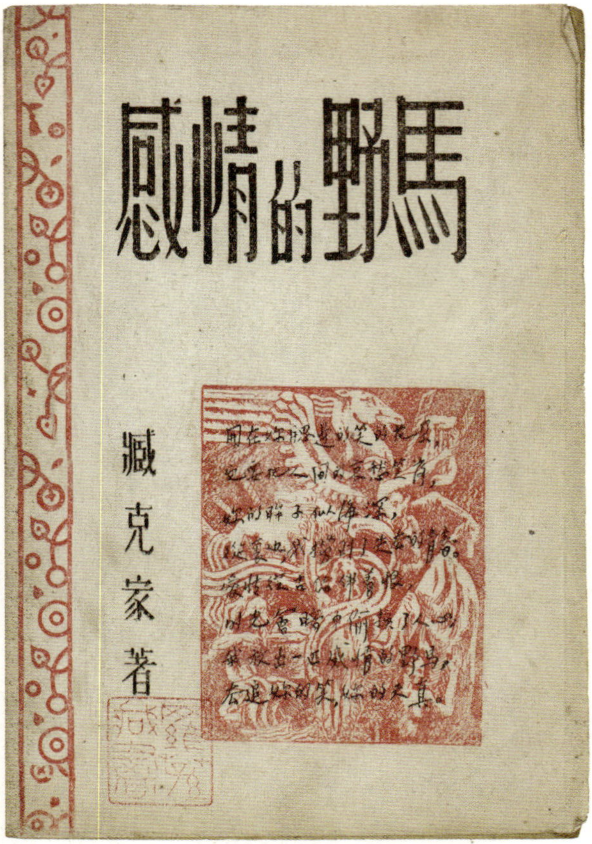

《感情的野马》封面

作为中国新诗史上重要诗人之一，臧克家曾在抗战大后方——重庆生活过近四年，度过了他诗歌创作极为重要的一段时期，诗集《感情的野马》便是这些诗作的集合。同名代表作是臧克家唯一带有自传色彩的爱情叙事长诗。

该书封面呈现了《感情的野马》原文，在红色调方形的野马图案上印着：『开在你腮边的笑的花朵，它要把人间的哀愁笑落，你的眸子似海深，从里边，我捞到了失去的青春。爱情从古结伴着恨，时光会暗中偷换了人心；我放出一匹感情的野马，去追你的笑，你的天真。』左侧边缘则以红色简笔花纹图案做成饰带，整体搭配色彩浓郁，体现出诗人蓬勃的感情。

278

《烙印》

作者：臧克家
封面设计：李广田、邓广铭
出版社：自费出版
版本信息：1933年7月初版
印刷方式：铅印
尺寸：18.2×11.3厘米

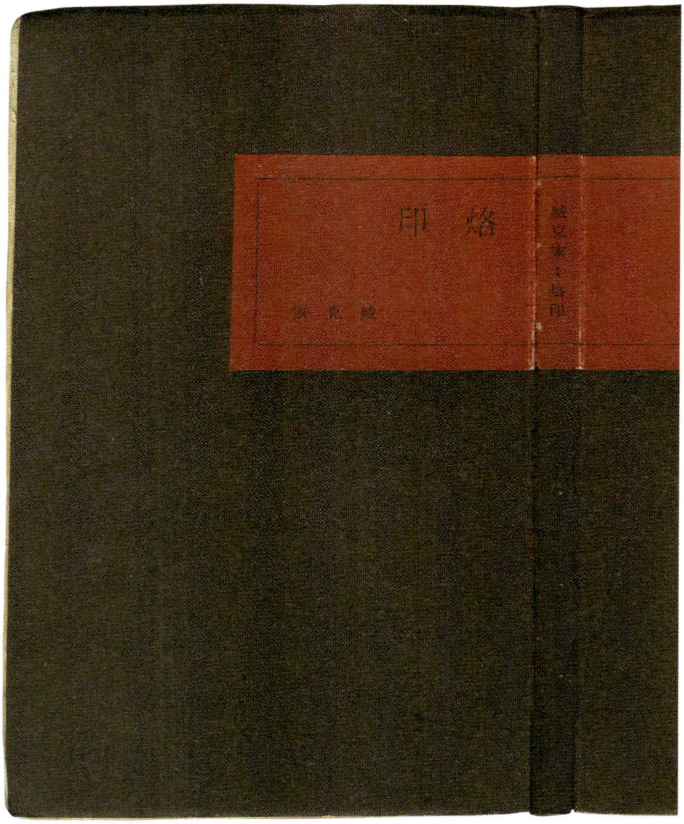

《烙印》封面

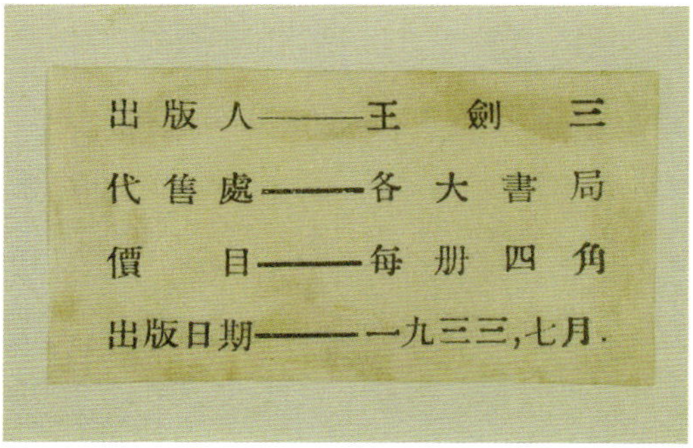

出版人——王劍三
代售處——各大書局
價目——每册四角
出版日期——一九三三，七月.

《烙印》版权页局部

《烙印》是臧克家的第一本诗集，在闻一多、王统照等人的资助下出版，收录了臧克家创作于1929至1932年间的22首诗作，首印量为400册。中国现代文学馆馆藏此本为毛边本，封面黑色，书名用红方骑背，为臧克家赠友人唐弢，是二人友谊深厚的见证。

279
《称心如意》

作者：杨绛
封面设计：不详
出版社：上海世界书局
版本信息：1944年1月初版
印刷方式：铅印
尺寸：18.1×12.8厘米

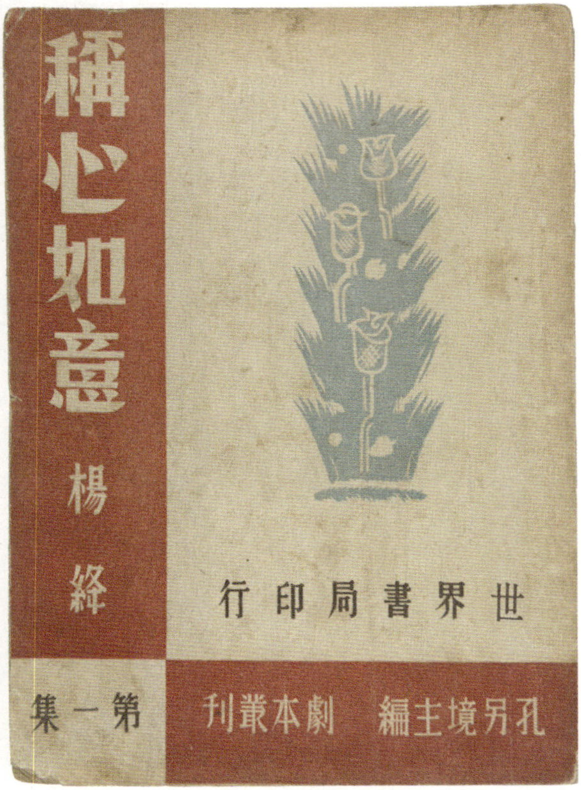

《称心如意》封面

《称心如意》的故事发生在20世纪30年代的上海，讲述了当时所谓上流人士的下流品性，以此窥见大上海的小社会全貌。

该书封面由经典的红白双色块为主要构成，辨识度极高。左侧红色块中以白色写出『称心如意』及『杨绛』几个字，右侧占主体部分的则是白色块，上有蓝色花朵、枝叶图案。

280

《贝壳》

作者：袁犀
封面设计：玉城实
出版社：北京新民印书馆
版本信息：1943年5月初版
此为1944年4月第3版
印刷方式：铅印
尺寸：18.3×13厘米

《贝壳》是一部以大学生恋爱与婚姻为题材的长篇小说，深入探讨了受过高等教育的现代女性如何看待爱情这一主题。作品讲述了李玫与同学吕桐热恋并怀孕，然而吕桐却不愿与她结婚。为保全名节，李玫无奈嫁给了老实的赵学文教授。面对居心叵测的吕桐以及本分刻板的赵学文，李玫在道德与良心之间徘徊自责，在情感与理智之间苦恼纠结。

作者袁犀在《贝壳·前记》中提到了该小说的主旨：『在这本小说里，我写了些知识青年男女的生活，写着他们怎样在生活里沉溺，写着他们的思想的混乱和迷惑，善变与矛盾。由于他们的教养造成他们的痛苦，由于他们的知识制作的罪恶，并且人性的丑恶的一面是怎样的被人类的教育程度以及现代生活所掩饰而伸张着。』步南批判该书最大的缺点是：『书中人物都是苍白而贫血的，欲追求真理而怀疑的。由怀疑的不可解释而陷于绝望。所暗示给我们的，至少像李玫、白澍、吕桐都该灭亡。』

该书封面由玉城实设计，极具特色，以水墨画勾勒出海边的几个贝壳与海螺，引人产生无尽联想。

《贝壳》封面、封底

281
《牛骨集》

作者：陶晶孙
封面设计：令狐原
出版社：太平书局
版本信息：1944年5月初版
印刷方式：铅印
尺寸：18.2×12.7厘米

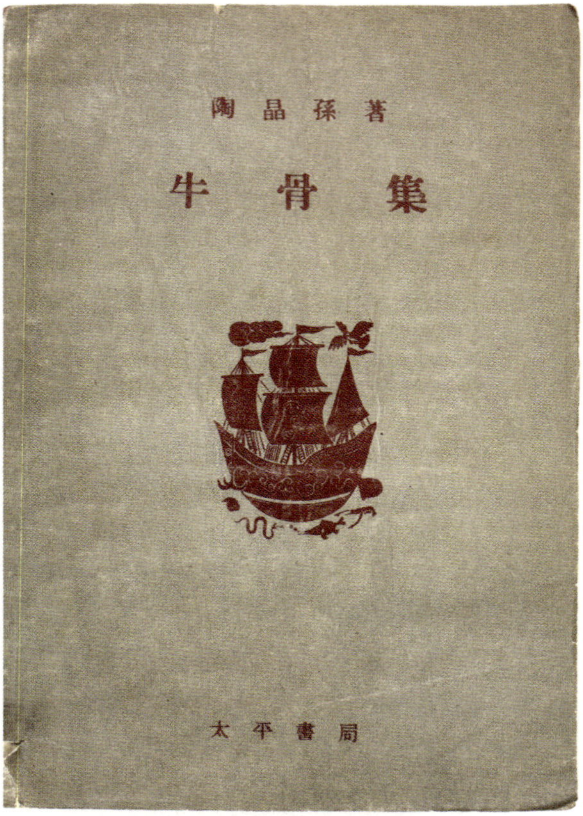

《牛骨集》封面

《牛骨集》是创造社主要创始人之一陶晶孙的杂文集，收集了陶晶孙从事文学以来所写的日记、随笔、回忆和评论，其中关于创造社的内容最多。本书出版于上海敌伪时期，太平书局是上海沦陷后期比较活跃的一家书局。

该书封面和书中插画均为漫画家令狐原所作，即米谷先生。封面以浅蓝色为底，用红色宋体字书写作者名、书名、出版社，画面中间画有一艘航行中的帆船。书中的插画装饰意味极浓，画风纤细，线描流利，与画家平时所作漫画的风格有所不同。画家有意避免以漫画代插画，画下了一组可爱而抒情的插图。

282

《托尔斯泰散文集》

作者：[苏] 托尔斯泰
译者：徐迟
封面设计：不详
出版社：美学出版社
版本信息：1944年7月初版
尺寸：17.4×12厘米

《托尔斯泰散文集》是少有的以散文集的名义翻译托尔斯泰作品的书，收录徐迟翻译的托尔斯泰的三篇散文。《为什么要把自己弄得昏迷不醒》劝人不要吸烟喝酒，《克莱采奏鸣曲》的『后记』劝男人禁欲，《过一个良好的生活的第一步》劝人不要吃肉。

该书封面设计颇有创意，采用托尔斯泰的人物肖像画，白色的发须恣意飘起，生动又不失深沉。下方题写书名和译者名，蓝白的配色清新雅致。

《托尔斯泰散文集》封面

283

《美文集》

作者：徐迟
封面设计：廖冰兄
出版社：美学出版社
版本信息：1944年11月初版
印刷方式：铅印
尺寸：17×12厘米

《美文集》封面

徐迟是我国现代散文家、诗人、翻译家，其作品具有奇特的构思、素材的有机组合和诗性的语言。《美文集》收录徐迟关于诗歌、音乐、美术等方面的美文15篇，篇篇精彩，字字珠玑，文采斐然。

封面设计出自廖冰兄，采用木刻套色印刷的形式，扣合徐迟美文的特点，构思精巧，刻画了一位身穿长裙、长发拂地，双膝着地、挎篮拾贝的少女，四周是淡蓝的海水，以及小鱼、贝壳、海鸥、海星。木刻漫画线条流畅优雅，套色明朗艳丽，装饰韵味浓厚。漫画下方用灵动的字体题写书名和作者名。徐迟曾盛赞此封面：『这幅彩色木刻美极了，我一生所出的书也将近五十种之多，编的书不算在内，没有其他任何一本书的封面能赶得上这一本之美的。』

284
《重逢》

作者：姚雪垠
封面设计：不详
出版社：东方书社
版本信息：1944年9月第3版
印刷方式：铅印
尺寸：18×12厘米

《重逢》封面

《重逢》是姚雪垠的长篇小说，创作于抗战时期的成都，在大后方的社会各界产生了巨大的反响。扉页引用有张若虚诗句『年年岁岁花相似，岁岁年年人不同』。该书封面的设计讲究对角对称，左上角为红色书名和作者信息，右下角插图中的主人公策马飞奔，如书中所写的那样，不停奔走，不停重逢。

285
《流言》

作者：张爱玲
封面设计：炎樱
出版社：五洲出版社
版本信息：1944年12月初版
此为1945年4月再版
印刷方式：铅印
尺寸：17.6×12.5厘米

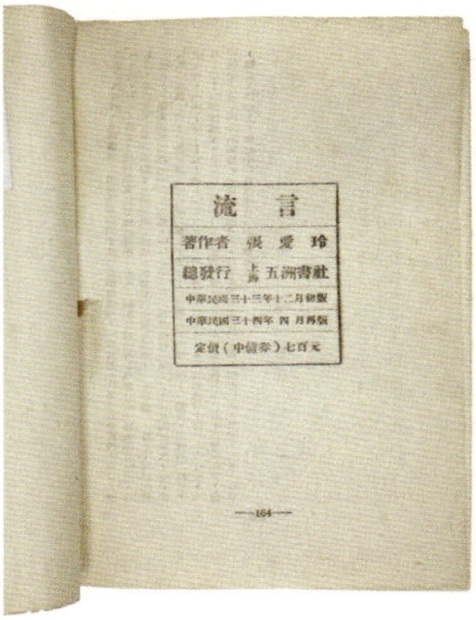
流言
著作者 張愛玲
總發行 上海 五洲書社
中華民國三十三年十二月初版
中華民國三十四年四月再版
定價（中儲券）七百元
—104—

《流言》版权页

《流言》封面

《流言》收录张爱玲23—24岁创作的随笔散文，主题丰富，不仅谈论读书作画，还有日常生活记趣，以及姑姑与好友炎樱的轶事摘录。读者能在这里看到更有温度的张爱玲，了解她成名前后的所思所想。

该封面由炎樱绘制，张爱玲绘制文中的插图。封面只用黄黑二色，黄色轻快明亮，黑色沉重严肃，二者搭配既醒目又使色彩得到恰当的调和。中间以黑色线条勾勒出身穿古装、散披头发、脸上没有五官的女子形象。她上半身穿着清装，下半身依稀可见是黑色的旗袍；上半身衣服领口和袖口有黑色滚边，在右斜襟下是云头图案。女子身体处于封面的黄金分割线位置，因头往左偏而不显得呆板，具有微微倾斜的美感，这形象俨然是炎樱为张爱玲画的个人肖像。

286

《重庆屋檐下》

作者：徐昌霖
封面设计：不详
出版社：重庆说文社
版本信息：1944年9月初版
此为1945年3月第3版
印刷方式：铅印
尺寸：18.5×12.5厘米

《重庆屋檐下》封面

《重庆屋檐下》是徐昌霖创作的六幕悲喜剧，原名《墙》，生动再现了抗战时期重庆中产阶级的居住状况，将知识分子与商人并置考察，通过对比一心想要发战争财的商人的丑陋形象，凸显了老实人的优良品质。该剧以其深刻的批判色彩和强烈的戏剧性而屡演不衰，成为重庆战时戏剧的代表剧目之一。

徐昌霖在戏剧创作和长篇小说方面都有建树，曾创办《天下文章》杂志，主编『当今戏剧丛书』，被誉为『多产的神童』，与另一位天才戏剧家吴祖光有『一时瑜亮』之誉。

该书封面以红色宋体字印书名、作者名和出版社信息，既简洁明朗，又重点突出。

287
《黄金潮》

作者：徐昌霖
封面设计：丁聪
出版社：大陆出版公司
版本信息：1945年10月初版
此为1945年12月再版
印刷方式：铅印
尺寸：18.5×13厘米

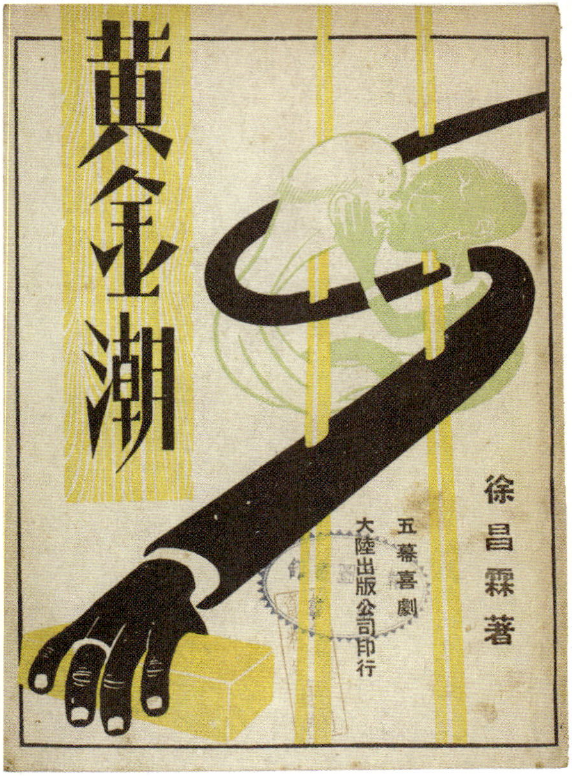

《黄金潮》封面

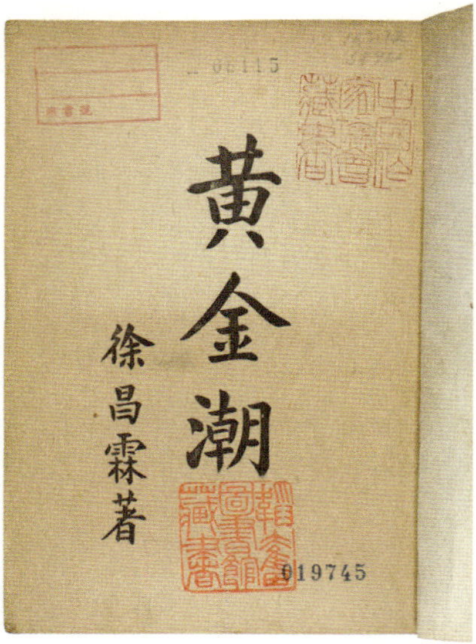

《黄金潮》扉页

《黄金潮》是徐昌霖根据当时轰动山城的国民党财政部黄金大骗案创作的五幕话剧，反映了金价暴涨以及随之而来居民日用品的通货膨胀。

该书封面由丁聪设计，以夸张的漫画手法为世相写生。画面右侧是一对正在接吻的男女，一只黑色的手臂从封面右上角盘旋而下，穿过两人，直到封面左下角，拿起一块大金条。与此同时，两根自上而下的金黄色栏杆直直贯穿手臂，将其禁锢住，画出某些巧取豪夺者的丑态。

288

《老古董俱乐部》

作者：[保] 卡拉列舍夫、[保] 爱林·沛林、[匈] 皮洛等
译者：施蛰存
封面设计：不详
出版社：十日谈社
版本信息：1945年10月初版
印刷方式：铅印
尺寸：17.5×13.4厘米

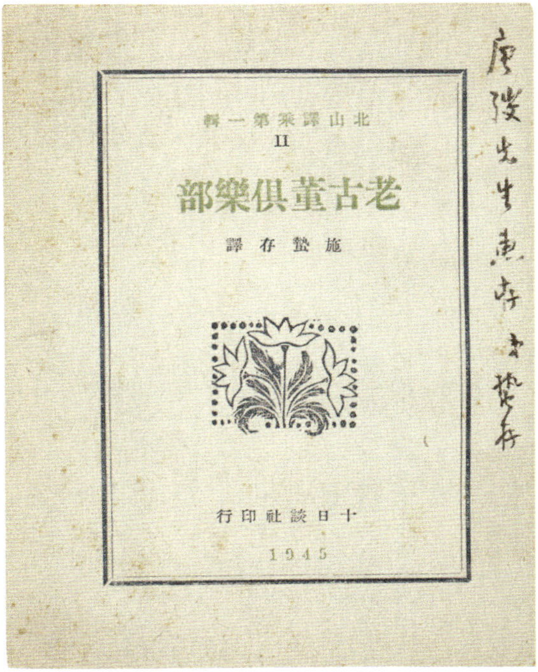

《老古董俱乐部》封面

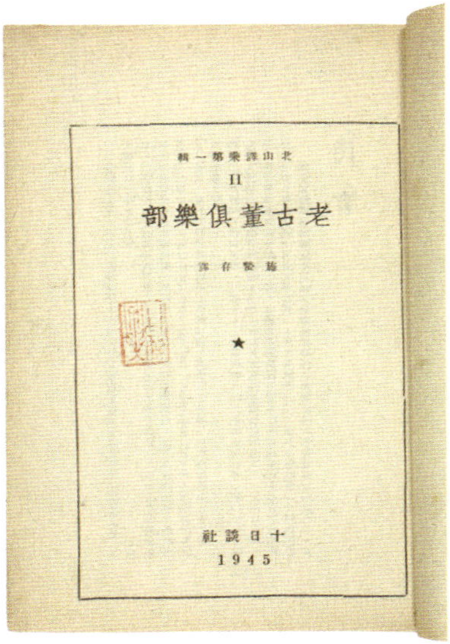

《老古董俱乐部》扉页

《老古董俱乐部》是施蛰存翻译的欧洲诸小国作家的短篇小说集，为『北山译乘第一辑』，收录保加利亚小说《罗西察河上的石桥》（卡拉列舍夫）、《圣史璧列侗的眼睛》（爱林·沛林）、《客》（爱林·沛林），匈牙利小说《两孤儿》（皮洛）、《称心如意》（育凯），瑞典小说《婚礼进行曲》（拉瑞列孚），犹太小说《缄默者彭齐》（倮莱支），捷克小说《贼》（玛喀耳），南斯拉夫小说《老古董俱乐部》（维列卡诺维岂）、《建筑家》（克莱茀）共10篇。

该书封面以蓝绿双色印刷，配色清新，蓝色的双线框中央由三朵花构成的蓝色装饰花卉图案填充，译者名和出版者信息用蓝色，上方的丛书名及书名则是绿色的，整体风格简洁素雅。此册为译者亲笔题赠唐弢先生。

289
《心病》

作者：李健吾
封面设计：不详
出版社：文化生活出版社
版本信息：1945年12月初版
印刷方式：铅印
尺寸：18.3×12.9厘米

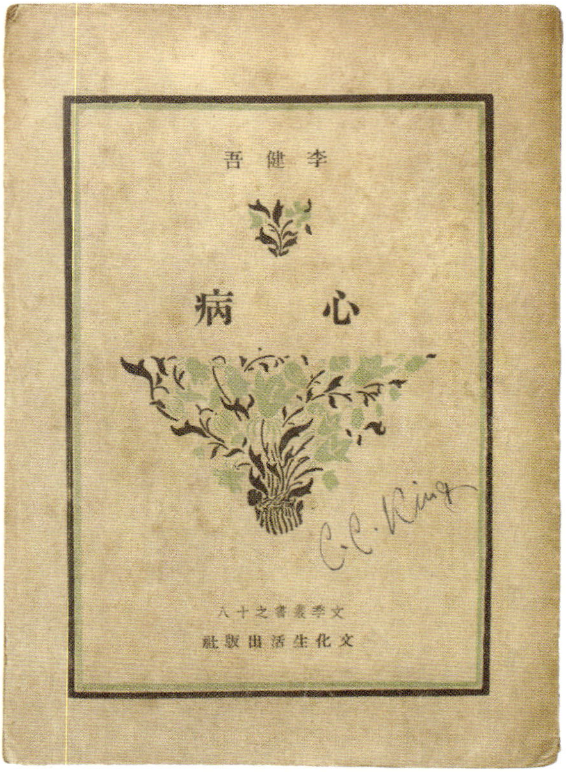

《心病》封面

《心病》是中国现代文学批评家、作家李健吾1930年在清华大学读书时创作的长篇小说，后经朱自清推荐，1931年1月至11月在叶圣陶主编的《妇女杂志》连载，1933年11月由上海开明书店出版，1940年李健吾对《心病》作了较大调整，1945年由上海文化生活出版社出版。

小说描写了大学生、小官僚、官亲、旧式太太、小姐的命运，尤其刻画了三个苦命的小资产阶级女性的悲惨遭遇，展现了封建礼教给平常人造成的危害，通篇渲染着一种左右人的『命运』的超人力量的恐怖和阴森。李健吾借鉴了伍尔夫意识流小说的艺术手法，包括第一、第三人称的变换，大量的回忆和联想，内心独白等，突破了中国文学传统规范的表现手法。朱自清1934年在《读〈心病〉》一文中称：『直到近两年，才有不以故事为主而专门描写心理的，象施蛰存先生的《石秀》诸篇便是……长篇要算这本《心病》是第一部。施先生的描写还依着逻辑的顺序，李先生的却有些处只是意识流的纪录；这是一种新手法，李先生自己说是受了吴尔芙夫人等的影响。』

该书封面古朴简洁，绿黑两色的边框中，画着一大一小两株花束。颇为别致的是，花为绿色，叶为黑色，色彩配合边框，作者名、书名和出版社名与两株花依次错开排列，显得既整齐又雅致。

290

《反刍集》

作者：楼栖
封面设计：不详
出版社：文生出版社
版本信息：1946年12月初版
印刷方式：铅印
尺寸：18.6×13.3厘米

《反刍集》封面

《反刍集》是楼栖创作的杂文集，收录了《人性的新生》《补考》《斗牛》《俏魂的恩客》《人狗之间》《仕商同途》等26篇文章。这部作品说古论今，以泼辣尖锐的语言辛辣地讽刺了社会的黑暗与虚伪，毫不留情地揭露了国民党政府的丑恶嘴脸。

该书封面以红色花边精心修饰，中间是一个披着披风、拉开弓箭的古罗马战士，展现出华丽、昂扬的战斗姿态。书前有《论杂文》（代序）等内容。书末尾的后记写于『1946年11月初寒之夜』：『剪剪贴贴，终于把这本杂文集子编好了。收集在这里的大部分是最近一年的东西，小部分是抗战期间的作品。』

291
《混沌》

作者：骆宾基
封面设计：丁聪
出版社：新群出版社
版本信息：1947年1月初版
印刷方式：铅印
尺寸：21.4×14厘米

《混沌》封面

《混沌》是骆宾基的自传体长篇小说《姜步畏家史》的第一部（第二部为《氤氲》），以幼年姜步畏的视角，叙述父亲闯关东发家、伤心的小学生涯、房产盘卖、父亲南归、母亲掌政等事件，充满稚嫩、真挚又忧伤的情调。小说描写浓郁的风土人情和风俗习惯，时代特征强烈。

《姜步畏家史》三部曲原本预计从1917年十月革命爆发写起，直到1937年全面抗战开始，表现主人公姜步畏从一个天真的幼童成长为一个自觉的革命者的人生历程。可惜因时局剧变，骆宾基两次被捕，这部长篇小说的创作被打断，最终没能完成。

该书封面由丁聪设计。解放战争时期，丁聪的创作正处于高峰，创作了大量的漫画、插图、封面设计、舞台设计和刊物版面设计，艺术质量很高。《混沌》的封面是他同时期创作的最优秀的作品之一，以粉红色为底，白字题写书名和作者名，正中间的黑框中画着一对母子互相依偎的场景。人物表情深沉，意境幽远，充分展现了丁聪出色的造型能力。

292

《荷花淀》

作者：孙犁
封面设计：不详
出版社：海洋书屋
版本信息：1947年4月初版
印刷方式：铅印
尺寸：17.3×12.4厘米

《荷花淀》封面

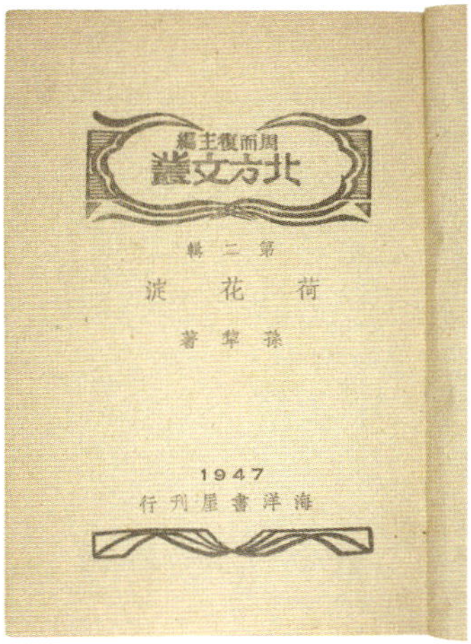

《荷花淀》扉页

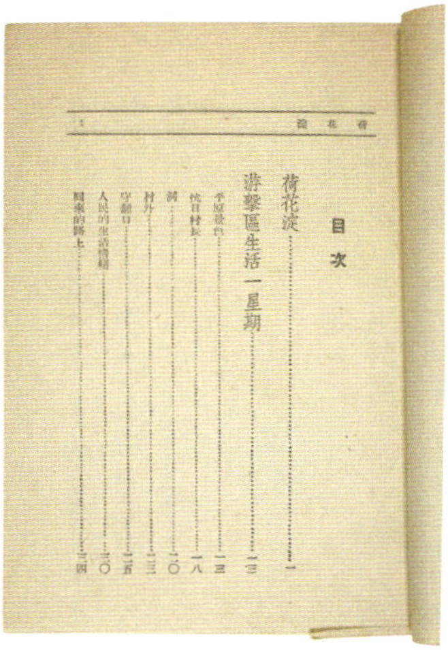

《荷花淀》目录

《荷花淀》1945年5月15日最初发表在延安《解放日报》的副刊上，描写了白洋淀地区普通民众的抗日活动。与同时期的大多数文学作品不同，在《荷花淀》里找不到烈火狂飙式的宏大战争场面。在孙犁的笔下，荷花淀洋溢着独特的风景美、淳朴的劳动美和战争中的人性美，美如画卷的白洋淀和顽强乐观的雁翎队，赋予了文章清新、明快的写作风格。

该书封面用红字写明书名和作者名，非常醒目；正中央采用双鱼和祥云的图案，展现出荷花淀独特的风景美。

293
《穆旦诗集（1939—1945）》

作者：穆旦
封面设计：不详
出版社：个人刊
版本信息：1947年5月初版
印刷方式：铅印
尺寸：17.8×12.7厘米

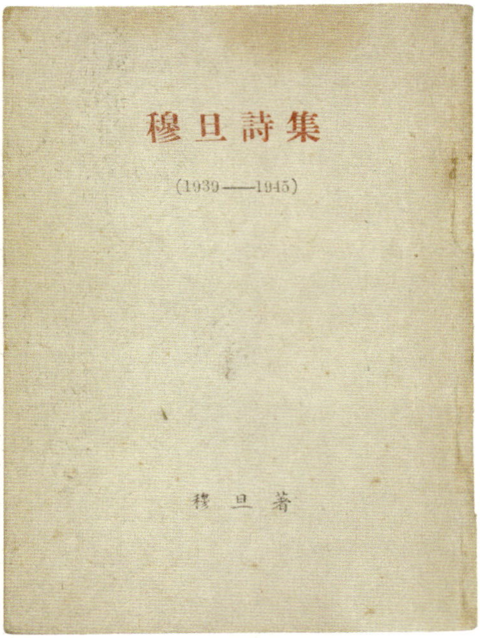

《穆旦诗集（1939—1945）》封面

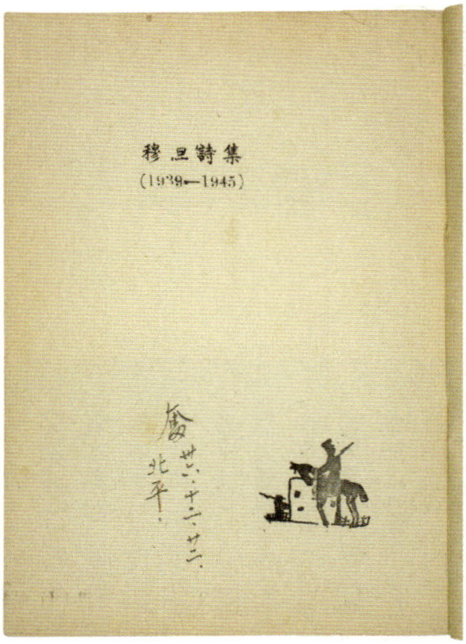

《穆旦诗集（1939—1945）》扉页

《穆旦诗集（1939—1945）》由穆旦创作并发行，属『自费出版』的自刊本。收录《合唱》《防空洞里的抒情诗》《从空虚到充实》《我向自己说》《哀悼》《小镇一日》《摇篮歌》《控诉》《打出去》《奉献》《反攻基地》《通货膨胀》《一个战士需要温柔的时候》《森林之魅》《神魔之争》等诗作共58首。书前有献词：『献给母亲』。穆旦的诗作具有现代性和智性的深度，在现代诗歌史上有着重要地位。该书《附录》是王佐良写的《一个中国诗人》：『最好的英国诗人就在穆旦的手指尖上，但他没有模仿，而且从来不借别人的声音歌唱。甚至他的奇幻都是新式的，他的联想的丰富，他有许多人所想不到的排列和组合。』汪曾祺曾经向唐湜推荐该书：『你先读读这本诗集，先给穆旦写一篇吧。诗人是寂寞的，千古如斯。』

该书封面平淡自然，白底素色，清清爽爽，仿照巴金主编的『文学丛书』装帧，只在封面上印书名、作者名。全书印制较为粗糙，所用纸张亦差，待作者校阅时，已来不及修改，只得加一页『正误表』，勘误23处。

294

《旧戏新谈》

作者：黄裳

封面设计：不详

出版社：开明书店

版本信息：1948年8月初版

印刷方式：铅印

尺寸：19×14厘米

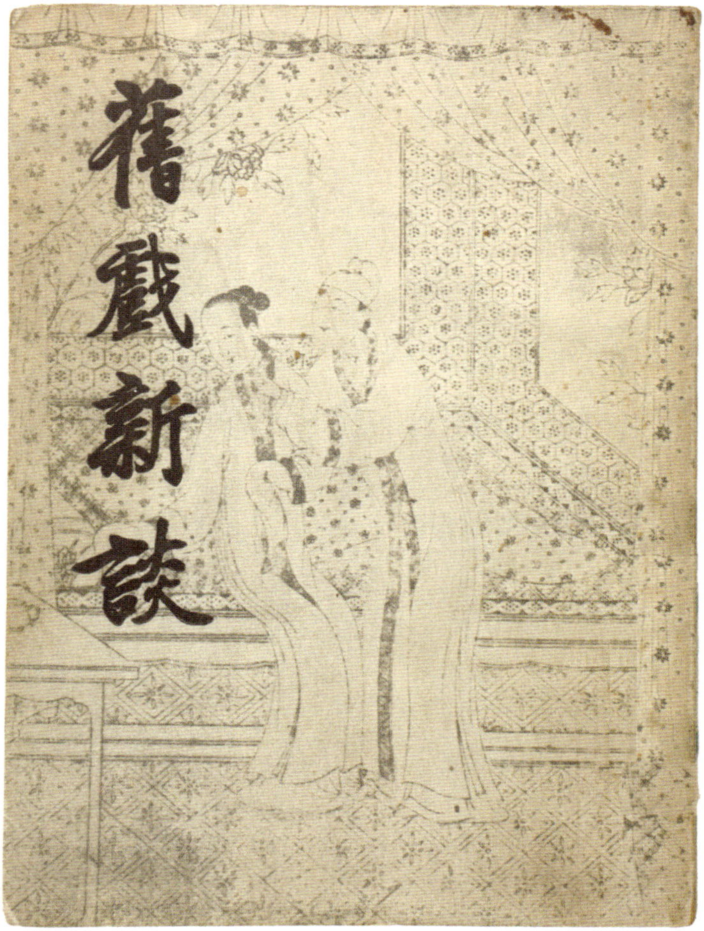

《旧戏新谈》封面

《旧戏新谈》是黄裳的文艺评论文集，对将近40部京剧剧目的艺术得失进行了评析，既分析各剧目的故事情节、人物形象、台词内涵，也批评表演者的扮相、眼神、唱功、武功、身段、舞姿，还论及京剧的发展历史、各流派的特长与相互差别等。

该书用『新』的眼光和标准鉴赏、品衡『旧』戏，是『五四』以后由新文学作家撰写的第一部专注于京剧艺术的评论文集。书中的文章大多以『旧史』为笔名刊发在《文汇报》副刊《浮世绘》上，受版面限制，篇幅均不长，文笔清新流丽，思辨严谨而内涵丰富。历史学家吴晗肯定黄裳对『旧日戏史事的批评，公平而有分寸，有分量』，认为黄裳是『对旧日形式的艺术具有高度的欣赏和批评能力的』。

该书封面设计颇为精巧，以淡绿色的明刻王李合评本《西厢记》『佳期』一折的插图为底，由叶圣陶先生选定，插图左侧是马叙伦题写的书名，笔墨沉厚遒劲，灵动洒脱。

295

《木刻手册》

作者：野夫
封面设计：黄永玉
出版社：浙江文化供应社
版本信息：1948年8月初版
印刷方式：铅印
尺寸：18×12.9厘米

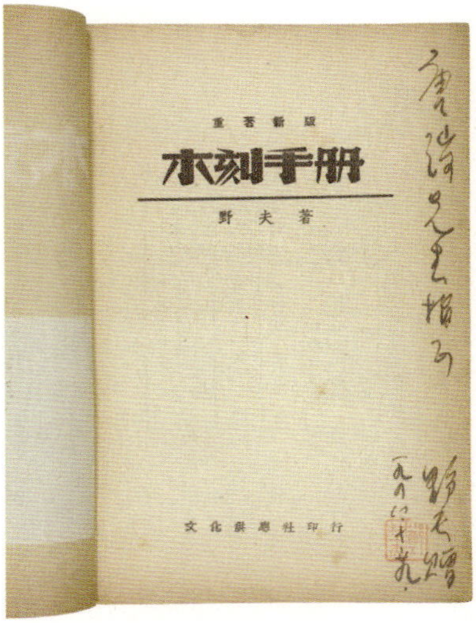

《木刻手册》扉页

《木刻手册》封面

《木刻手册》是由我国第一代新兴木刻家、版画活动家郑野夫创作的木刻技法参考书，介绍了木刻版画的基本知识、表现技法和创作经验，概述了中国古代版画的渊源与西洋版画的关系，记述了中国新兴木刻运动的发展过程，为中国现代版画史提供了第一手资料。全书收录了24幅插图，包括版画的铜版、木刻、石刻、砖刻、刮版画、石版腐蚀及各种刀法刻制的版样例子等。书中将鲁迅称为『中国新兴木刻艺术的保姆』。

该书由黄永玉作封面画《讲故事》，装饰风格独特，一个光着上身的老汉手拿扇子坐在柳树下的草地上，身后是一个茶壶一只碗，身侧是一把旱烟枪，右侧两个小孩坐在葡萄架下，有说有笑，画面非常温馨和谐，扑面而来的是乡村生活的悠闲与乐趣。

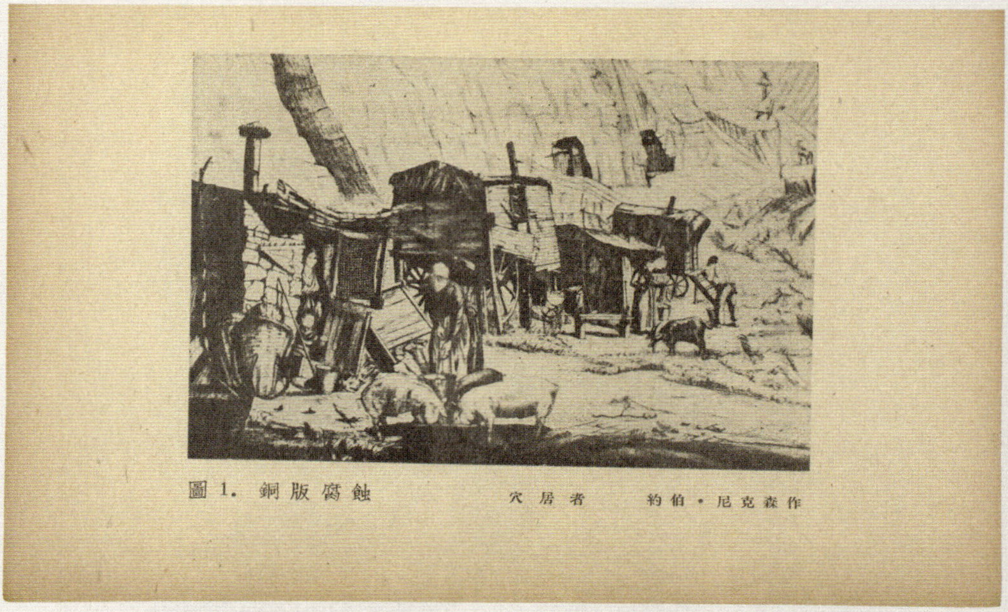
圖 1. 銅版腐蝕
穴居者
約伯・尼克森作

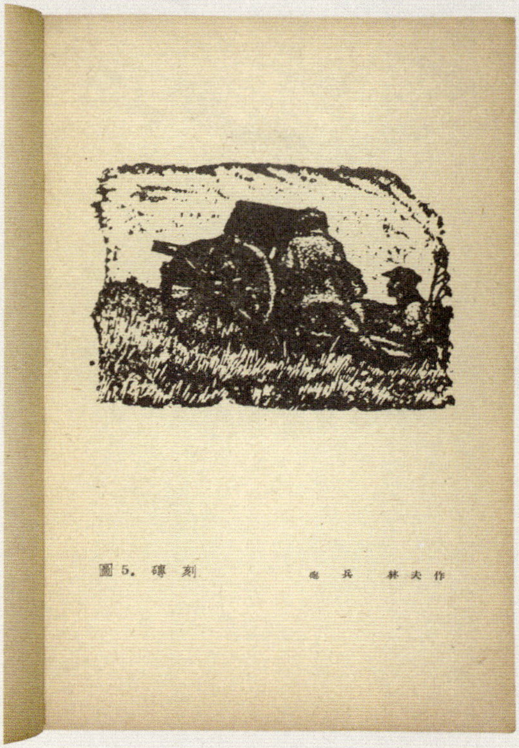
圖 5. 磚刻
砲兵
林夫作

《木刻手册》插图

圖 6. 刮版畫

烏鴉及其卵巢　頓尼克立夫作

《木刻手册》插图

296
《十四行集》

作者：冯至
封面设计：不详
出版社：文化生活出版社
版本信息：1949年1月初版
印刷方式：铅印
尺寸：18.3×13厘米

《十四行集》是冯至创作于1941年的诗歌，共27首，均采用『十四行体』，是中国新诗史上极具思想文化内涵的一部抒情诗集。诗人从个体经历和感悟出发，书写了西南联大高级知识分子20世纪40年代在灾难岁月中的体验和感受，是一部『沉思』之作。

解志熙称：『作者最关心的是人的生命态度或生存态度的问题。这一问题成为《十四行集》以及为数不少的散文的思想焦点。在这些作品中，冯至反复强调，作为自觉的生命个体，人应力求正当的死生，坚持认真的为人。』诗集前半部分大多谈论生与死、个体与人类命运及生命的相互转化问题，后半部分更多挖掘这种转化的内在根源与内在依据。

十四行诗体源于文艺复兴时期的意大利，在段式、字数和押韵格式上有严格的要求。冯至在使用该诗体时，采用『旧瓶装新酒』的姿态创作汉语新诗，并不完全囿于其形式。诗歌语言单纯朴素，风格庄严从容，情理交融、浑厚明澈。

该书封面简单自然，仅手书书名和作者名，毫无雕琢之意，颇有洗尽铅华、一尘不染之感，与该诗集的思想颇为契合。

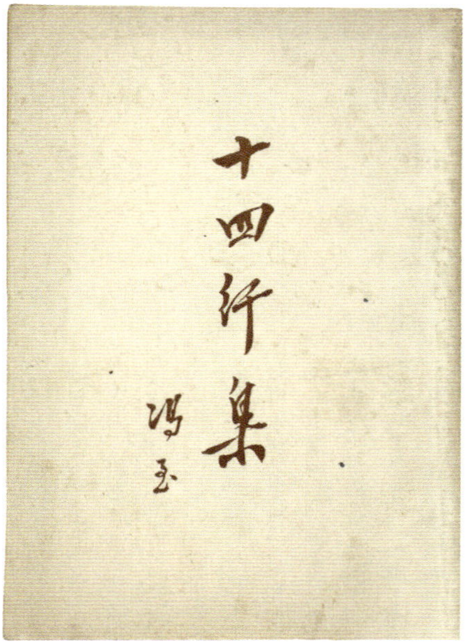

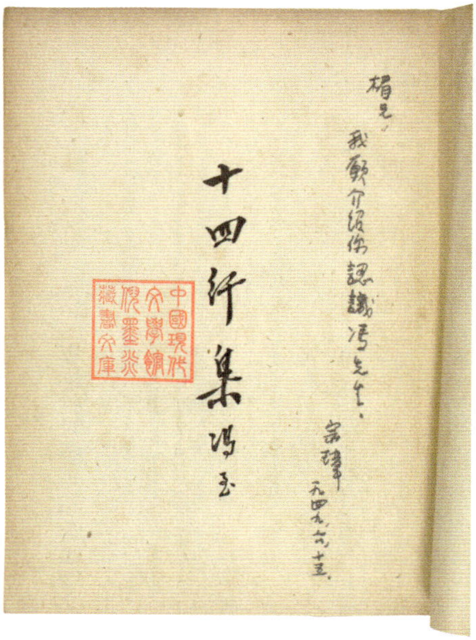

《十四行集》封面、扉页

297

《石下草》

作者：应悱村

封面设计：不详

出版社：海天出版社

版本信息：1949年3月初版

印刷方式：铅印

尺寸：18.1×12.9厘米

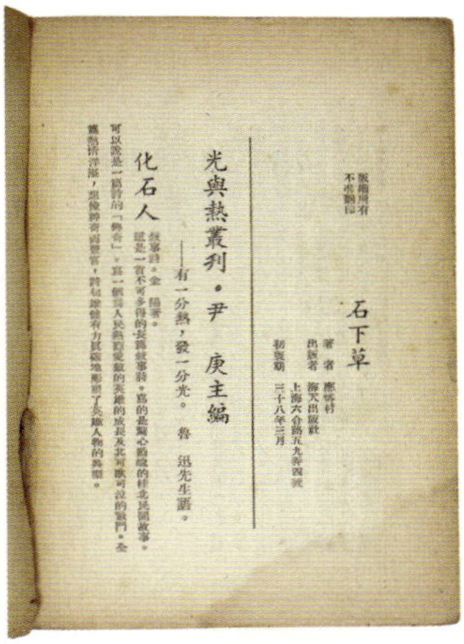

《石下草》内页

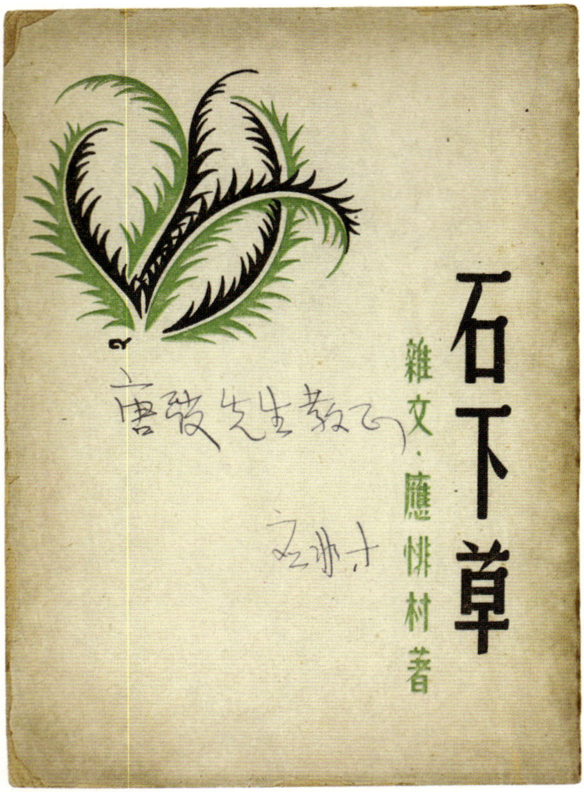

《石下草》封面

《石下草》是应悱村的杂文集。应悱村的笔名有应漫魂、高加索、老鹰等。该书收录《傅斯年之炮》《斥潘光旦之胡说》《阴历新年想到周作人之流》《物价杂感》《强盗与书生》《科学与民主》《官僚与资本》等篇目，对知识界中一些人士维护国民党统治或背离民族利益的言行进行谴责。时评介绍《石下草》称：『由于作者的存心厚道，故每委婉陈词，但他的笔触厚道中有尖刻，平和中有讽喻，鞭辟入里，饶有意趣，耐人寻味。』

应悱村对鲁迅和鲁迅杂文素怀崇仰敬佩，将自己的杂文比作憎恨并反抗巨石压迫的小草，其杂文在风格上可见鲁迅杂文的影响，又有自己的特色。该书封面以绿色和黑色搭配，描绘一株小草，富有生命力，右侧以黑色印书名，以绿色印作者名，落落大方。

石下草

雜文·應悱村著

唐弢先生教正

應悱村

298
《北风辞》

作者：李白凤
封面设计：不详
出版社：潮锋出版社
版本信息：1949年4月初版
印刷方式：铅印
尺寸：18×13厘米

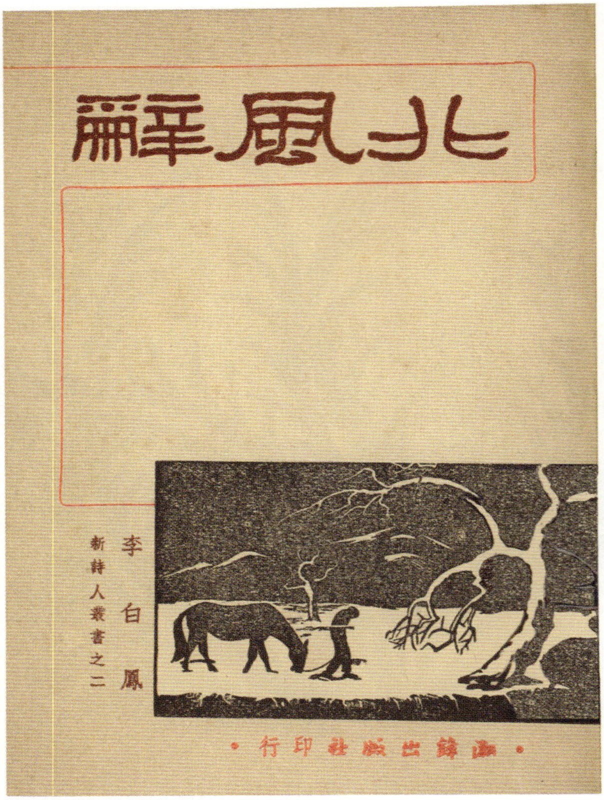

《北风辞》封面

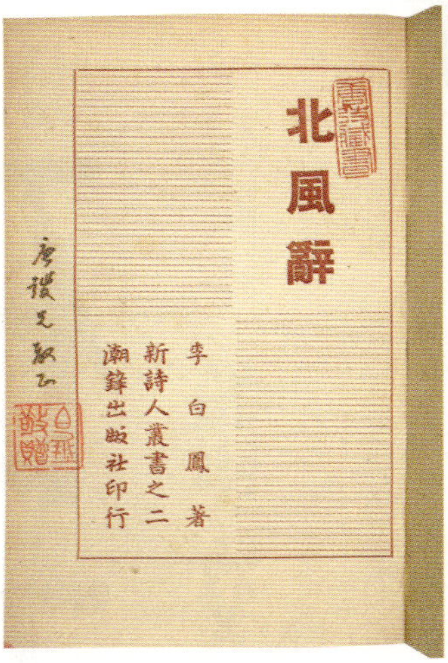

《北风辞》扉页

《北风辞》是李白凤编著的诗集，系『新诗人丛书』之二。收录了《你，泥土的儿子》《我们歌唱苦难的岁月》《雨景》《北风辞》《吃罢》《夜工作》《窄门》《舞厅里的男女群像》《口笛》《夜歌》《军舰与海》《我》《街》《牛》《给睡在坟墓里的活人》《城市二十四小时》《北平啊》《黑色的诅咒》共18首诗歌。无论是从对苦难的描写，还是从对社会现实的批判，我们都能感受到作者情感的真挚和深沉。

该书封面画展现出一个风雪之夜，树枝被狂风吹弯，一位『像影子一样孤寂的旅人』低头牵着马，迎着风雪坚定前行，与『北风辞』意境照应。书名采用隶书字体，颇为古雅。书中插图由黄永玉和洪荒绘制。

299

《挺进大别山》

作者：曾克
封面设计：不详
出版社：中原新华书店
版本信息：1949年6月初版
印刷方式：铅印
尺寸：17.4×12.5厘米

《挺进大别山》封面

《挺进大别山》是曾克创作的优秀的军旅报告文学，又名《千里跃进》，反映刘、邓大军执行毛主席战略部署千里挺进大别山，实行伟大战略转移的史实，文笔自然流畅，清新隽永。收《在大反攻浪潮中》《离开我们的太行山》《鲁西南人民重见太阳》《打向蒋管区去》《进入大别山》《和岳西群众共患难的半年》等6篇报道，书前有作者前记和茅盾的《读〈挺进大别山〉》。

1947年，曾克随第二野战军挺进大别山，参加了淮海、渡江、进军西南诸战役。她『不放过行军、作战、休息中一分一秒的时间，在膝盖上，弹药箱上，用新闻、通讯、日记、报告文学等形式写了不少东西』。茅盾称赞她：『「随时记录」，未尝刻意求工。用一句老调，便是「信手拈来」，神韵盎然。』

该书封面简洁别致，上方以绿色块为底，用白色字题写书名『挺进大别山』，中间的白底处用绿色字印作者名和出版社名，右下方是展现战斗场景的图像，与书名相互映衬。据封面题字，此书是第一次文代会（中华全国文学艺术工作者代表大会）期间曾克给唐弢的赠书。

300
《一个人的铸炼》

作者：许杰
封面设计：不详
出版社：中原书店
版本信息：1949年8月初版
印刷方式：铅印
尺寸：17.2×12.2厘米

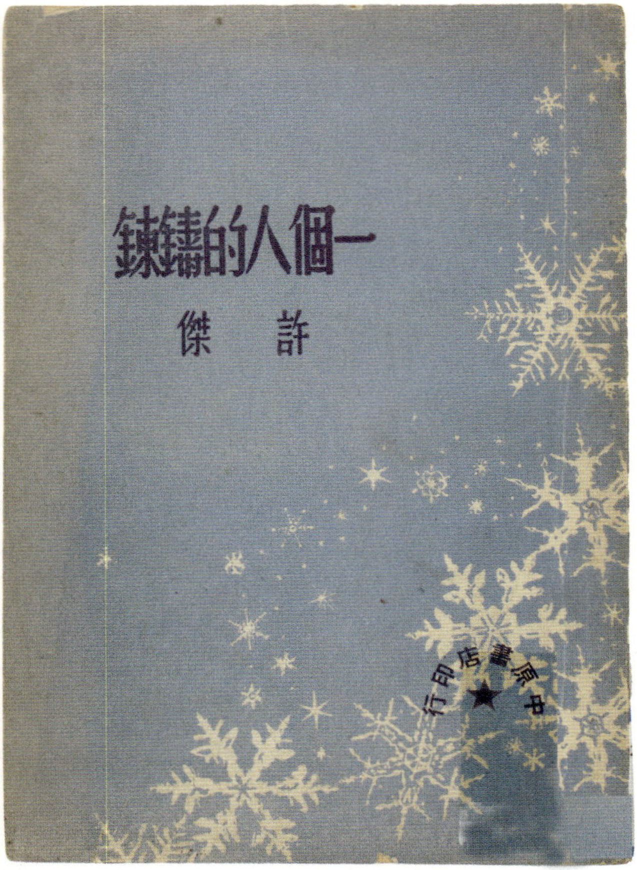

《一个人的铸炼》封面

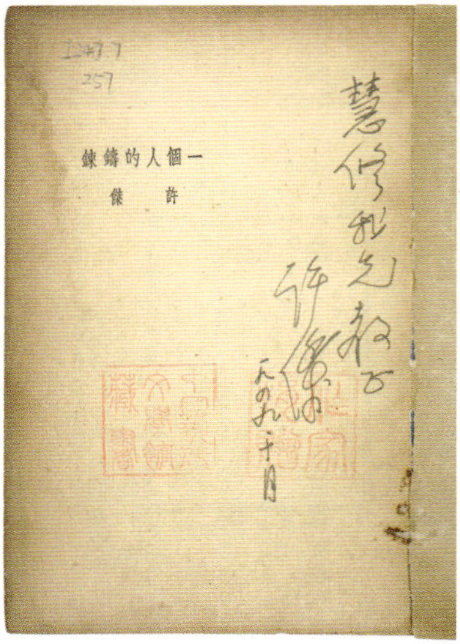

《一个人的铸炼》扉页

《一个人的铸炼》是许杰创作的短篇小说集，收录《一个人的铸炼》《沉闷的灵魂》《梦的埋葬》《病中的觉解》4篇小说。这几篇小说创作于1947年5月至1948年3月期间，当时国民党反动派的军事力量加紧对文化战线的压迫，作者作为一个知识分子身处这样的环境，内心彷徨又苦闷，于是创作了这些作品，反映新中国成立以前高级知识分子的苦闷与渴求解放的心情。

该书封面非常秀丽，淡蓝色的封面右下侧点缀着几朵晶莹剔透的雪花图案，并印出版社标志，左上角用宋体字题写书名和作者名。

后 记

《书海一勺：民国书衣300品》由中国现代文学馆与嘉德艺术中心联合编著，嘉德文库、国家图书馆出版社联合出品。本书以中国现代文学馆珍藏的300件民国时期（1912—1949）的出版物为载体，遴选兼具艺术价值与时代特色的书衣设计，系统呈现中国现代书籍装帧艺术的多元面貌。

全书分为“巨匠书衣百韵”“编年书装风华”两大篇章。第一部分聚焦鲁迅、陶元庆、陈之佛、丰子恺、司徒乔、叶灵凤、钱君匋、赵家璧、曹辛之九位大家的100件经典作品，展现个人独特的设计语言；第二部分精选200件具代表性的书衣作品，总体按时间顺序编排，同一作者的作品集中呈现，以展示民国装帧艺术的发展脉络和多元样貌。每件书衣均配有详实说明，涵盖版本信息、内容提要及装帧解析三部分，力求从文献价值、文学意涵、视觉语言等多维度还原书籍的全貌。

本书的编纂与嘉德国际艺术图书展形成深度联动，体现了嘉德艺术中心“从展览到出版”的立体传播思路。2024年，第三届嘉德国际艺术图书展的“藏书文化特展”板块以书籍装帧设计为主题，展出了中国现代文学馆珍藏的100件民国书衣实物。此次出版在展览的基础上进一步精选增补200件作品，经过系统梳理与重新编排，以期更全面、深入地展现这一时期书籍装帧艺术的卓越成就。

作为嘉德文库“藏书文化系列丛书”的第四部著作，本书延续了该系列对藏书文化的深度探索，将研究视野从藏书印、藏书票拓展至书籍装帧这一综合艺术领域，为藏书文化研究注入了新的活力。

最后，谨向中国现代文学馆的专家学者、国家图书馆出版社编辑同仁，以及所有为本书提供支持的机构与个人致以诚挚谢意。愿这本书成为一座桥，连接往昔与当下，让民国书衣的风华继续照亮未来的阅读之路，为当代书籍设计提供有益的借鉴与启示。

嘉德文库

2025年2月

图书在版编目（CIP）数据

书海一勺：民国书衣300品 / 中国现代文学馆，嘉德艺术中心编. -- 北京：国家图书馆出版社, 2025. 3. -- ISBN 978-7-5013-8178-4

Ⅰ. G256.22；G256.1

中国国家版本馆CIP数据核字第2024KJ8505号

书　　名　书海一勺：民国书衣300品
著　　者　中国现代文学馆　嘉德艺术中心　编
撰 稿 人　王　雪 等
责任编辑　许海燕　王燕来　王佳妍
特邀编辑　杨　涓　谢媛媛
特邀审校　张雪梅
书名翻译　王敬慧
设计顾问　宁成春
装帧设计　鲁明静
内文排版　许艳秋

出版发行　国家图书馆出版社（北京市西城区文津街7号　100034）
　　　　　（原书目文献出版社　北京图书馆出版社）
　　　　　010-66114536　63802249　nlcpress@nlc.cn（邮购）
网　　址　http://www.nlcpress.com
经　　销　新华书店
印　　装　天津裕同印刷有限公司
版次印次　2025年3月第1版　2025年3月第1次印刷
开　　本　787×1092　1/16
印　　张　30
书　　号　ISBN 978-7-5013-8178-4
定　　价　198.00元

编　委　**中国现代文学馆**

主　编：王　军

副主编：计　蕾　张明远　李宏伟

参　编：陈　艳

嘉德艺术中心

策　划：寇　勤　李　昕

撰稿人　王　雪　贺同越　王　十　张霁雯　赵雨佳　张欣阁

摄　影　沐定胜

出版联络　王　十

文献支持　刘　刚　邱俊平　李立云　田春英　赵伯仁　秦雨轩

特邀审校　计　蕾